나폴레옹과
샤토브리앙

최초의 현대적 정치인과 정치 작가

나폴레옹과
샤토브리앙

알렉상드르 뒤발 스탈라 지음

문신원 옮김

연암서가

옮긴이 **문신원**

이화여자대학교 불어교육과를 졸업하고 현재 프랑스어와 영어 전문 번역가로 활동하고 있다. 옮긴 책으로 『침묵의 예술』, 『길을 걸으며』, 『단순한 삶』, 『마음의 힘』, 『느리게 걷는 즐거움』, 『당신의 이성을 마비시키는 그럴듯한 착각들』, 『굿바이, 안네』, 『파리 카페』, 『악의 쾌락: 변태에 대하여』, 『죽음의 행군』 등이 있다.

나폴레옹과 샤토브리앙

2018년 1월 25일 초판 1쇄 인쇄
2018년 1월 30일 초판 1쇄 발행

지은이 알렉상드르 뒤발 스탈라
옮긴이 문신원
펴낸이 권오상
펴낸곳 연암서가
등 록 2007년 10월 8일(제396-2007-00107호)
주 소 경기도 고양시 일산서구 호수로 896, 402-1101
전 화 031-907-3010
팩 스 031-912-3012
이메일 yeonamseoga@naver.com
ISBN 979-11-6087-032-9 03990

값 20,000원

옮긴이의 말

뚝심 있게 교차 전기물을 펴내고 있는 프랑스의 변호사이자 작가 알렉상드르 뒤발 스탈라는 『말로와 드골』, 『모네와 클레망소』에 이어 이번에는 『나폴레옹과 샤토브리앙』이라는, 한 시대를 살았던 두 위인의 찬란했던 삶을 소개한다. 서로 증오하면서도 서로를 찬미했던 나폴레옹과 샤토브리앙의 이야기를 교차시키면서 프랑스 대혁명 이후 혼란스럽기 그지없었던 격동기의 역사를 한 편의 소설처럼 풀어낸다.

나폴레옹의 출생일은 1769년 8월 15일이라고 흔히 알려져 있지만, 샤토브리앙은 나폴레옹이 실제로는 1768년 2월 5일에 태어났다고 말한다. 운명이었는지, 샤토브리앙도 같은 해 9월 4일에 태어났다. 그리고 이 책의 저자는 수많은 사람들이 나폴레옹에 대해 글을 썼고 이야기를 남겼지만, 누구보다도 가장 객관적이고 예리하게 나폴레옹을 분석한 건 바로 샤토브리앙이었다고 주장한다. 운명처럼 같은 해에 태어나 동시대를 살았던 두 사람은 번갈아 실추와 비상을 거듭하면서 치열하게 역사의 한 장을 새로 썼다. 따라서 이 책은 나폴레옹(1768~1821)과 샤토브리앙(1768~1848)의 생애를 따라 프랑스 혁명 이후 제1제정, 왕정복고, 1848년에 7월 왕정이 끝날 무렵까지의 프랑스 역사를 배경으로 한다.

전체 아홉 장으로 구성된 이 책의 첫 장은 1802년 4월 22일에 있었던 나폴레옹과 샤토브리앙의 처음이자 마지막 만남으로 시작된다. 당시는 혁명기를 전후로 해서 반종교적 감정이 널리 퍼져 있던 프랑스가 로마 교황청과 화해를 하기 위해 정교협약(Cocordat)을 맺은 직후였다. 프랑스에서는 혁명기 이전 절대왕정 체제부터 교황의 영향력을 달가워하지 않았던 데다가, 성직자들이 특권 신분으로 세금을 면제 받고 많은 부를 차지하고 있던 터라 이에 대한 반감이 팽배했다. 대혁명 직후인 1790년에 혁명 정부는 성직자 기본법(Constitution civile du clergé)을 제정해 프랑스 내에 있는 가톨릭교회를 프랑스 정부에 종속시켜 축소했고, 주교와 본당 신부들은 정부에 충성 서약을 해야 했다. 그러나 가톨릭교회의 기반이었던 프랑스 교회를 프랑스의 통치기구로 전환하려는 이 법을 교황은 받아들이지 않았다. 그러자 국민의회는 성직자 충성 선서를 강제로 의결했고, 교황 비오 6세는 이 법에 대한 선서를 거부하도록 요청해서 성직자들은 선서한 사제와 선서 거부 사제로 분열되었다. 이에 의회는 1794년에 테르미도르 쿠데타가 일어나 다음해에 이 법률이 철폐될 때까지 혁명이라는 명분으로 비선서 성직자들을 탄압했다. 1799년에 브뤼메르 18일 쿠데타로 권력을 잡은 나폴레옹은 프랑스 국민의 절대 다수가 가톨릭교도였던 만큼 민심을 사로잡고 사회 질서를 가장 효율적으로 유지시켜주는 도구로 종교를 활용하기 위해 교황 비오 7세와 정교협약(1801년)을 체결했다. 이로써 부서진 교회는 재건되었고 예배의 자유는 다시 확립되어 국민들 대다수가 열망하던 종교의 자유를 되찾게 되었다. 때마침 샤토브리앙은 8년간의 고된 망명 생활 끝에 돌아와 기독교를 예찬하는 저서 『기독교의 정수』 초판을 출간했고, 이 책은 정교협약 최고의 선전물이 되었다. 언뜻 보기에 두 사람은 마치 기독교의 부흥을 위해 서로 협력하는 듯했지만, 실은 그 만남 이후 얼마 되지 않아 앙기앵 공작 처형 사건(1804년 3월 15일)을 계기로 둘 사이는 완전히 단절되어 증오의 역사가 시작된다.

2장에서부터 6장까지는 나폴레옹과 샤토브리앙의 성장 과정부터 번갈아 비상과 실추를 이어가는 두 사람의 파란만장한 생애를 시대 흐름에 따라 서술한다. 묘하게 서로 닮은 구석이 많은 두 남자는 각자 코르시카와 브르타뉴에서 고독한 어린 시절을 보냈다. 그 무렵은 인간 개개인의 자유와 평등을 주장하는 계몽주의 사상의 영향을 받아 절대 왕정주의 체제에 대한 반발이 유럽 전역으로 확산되던 때였다. 혁명의 불씨가 소용돌이치면서 타오르기 시작했다. 지중해 북부 보니파시오 해협에 위치한 코르시카도 상황은 마찬가지였다. 나폴레옹은 아홉 살부터 프랑스에서 교육을 받고 자랐지만 고향 코르시카에 대한 자부심과 애정이 각별했다. 현재는 프랑스령인 코르시카는 당시에는 오랫동안 이탈리아의 도시국가 제노바 공화국의 지배를 받다가 독립을 선포해서 코르시카 공화국이 되었으나, 1768년에 제노바가 코르시카를 프랑스에 매각하면서 이번에는 프랑스 왕국의 영토로 편입되어 있는 상태였다. 코르시카의 독립운동을 이끌던 파스콸레 파올리(파스칼 파올리라고도 한다)는 영국으로 망명 갔다가 프랑스가 혁명의 혼란기에 빠진 틈을 타서 다시 조국의 독립을 꾀했다. 나폴레옹은 포병대 소위로 임관된 후에도 틈틈이 가족을 돌보려 코르시카로 돌아갈 때마다 코르시카의 독립을 지지했다. 하지만 끝내 파올리의 신임을 얻지 못했고, 코르시카와 파올리와도 결별하고 프랑스와 혁명을 택했다.

한편, 프랑스에서는 특권 계층인 소수 귀족과 성직자들의 횡포를 더는 참을 수 없었던 평민들이 1789년 5월 5일에 베르사유 궁에서 삼부회를 소집해 특권층 보수파 의원들과 대립했다. 그때 삼부회에서 결성된 의회가 최초의 근대적 의회인 국민의회(Assemblée nationale)였다. 국민의회의 움직임에 위협을 느낀 왕권은 국경지대에 있던 군대를 불러들여 베르사유에 집결시켰고, 이에 대한 불안과 분노가 폭발한 시민들은 7월 14일에 당시 정치범을 수용하던 바스티유 감옥을 함락시켰다. 프랑스혁명의 시작을 알리는 사건이었다. 국민의회라는 명칭은 이후 '헌법제정국민의회'로 개칭되었다가 1791년 9월에 국민제헌의회가 새로운 헌법을 공표하면서 해체되어 입헌의회(Assemblée legislative)로 대체된다. 하지만 입헌의회의 주도권을 장악한 온건공화파인 지롱드당이 우유부단한 태도를 보여 인기가 떨어지고 급진적인 자코뱅당이 힘을 얻었다. 이듬해인 1792년에 입헌의회 대신 다시 국민공회(Convention nationale)가 새로 소집되어 공화정 수립을 선언했다. 공화정은 새 시대를 선언하면서 새로운 공화력(혁명력이라고도 한다)을 채택했고, 이에 따라 봄은 파종의 달(제르미날), 꽃의 달(플로레알), 초원의 달(프레리알)로, 여름은 수확의 달(메시도르), 폭염의 달(테르미도르), 열매의 달(프뤽티도르)로, 가을은 포도의 달(방데미에르), 안개의 달(브뤼메르), 서리의 달(프리메르)로, 겨울은 눈의 달(니보즈), 비의 달(플뤼비오즈), 바람의 달(방토즈)로 정해졌다. 국민선거로 구성된 국민공회는 우익인 지롱드파와 중도파 그리고 좌익인 자코뱅파로 나뉘었는데, 머지않아 장 폴 마라, 조르주 당통, 막시밀리앙 로베스피에르를 주축으로 정권을 장악한 자코뱅파는 왕당파의 반혁명 반란에 대처하기 위해 혁명지도 기관인 공안위원회(Comité de Salut Public)를 창설해 공포정치를 펼쳐 피의 숙청을 시작했다. 이후로 이어진 로베스피에르의 피의 독재에 반발심을 느낀 국민공회의 나머지 의원들은 테르미도르 쿠데타를 일으켜 로베스피에르 일파를 처형했다. 로베스피에르가 몰락한 뒤인 1795년부터 나폴레옹이 권력을 장악할 때까지 프랑스 정부는 오백인

회와 원로원의 양원제 의회로 구성되어 다섯 명의 총재가 행정부를 책임지는 총재정부(Directoire) 체제였다. 하지만 무능한 총재정부 체제에서 국민은 극심한 생활고에 허덕였고, 국내외는 여전한 혁명전쟁으로 혼란스러웠다. 이렇게 나라 안팎이 극도로 불안정한 상황에서 파리에서 왕당파를 진압해 총재정부의 신임을 얻고 이탈리아 원정에서 무패의 신화를 이루어낸 삼십대 초반의 젊은 장군 나폴레옹은 일약 국민 영웅으로 급부상했다. 그 기세를 몰아 나폴레옹은 총재정부의 지도자인 조제프 엠마뉘엘 시에예스와 손을 잡고 브뤼메르 18일 쿠데타를 일으켜 체제를 전복시키고 통령정부(Consulat)를 수립했다. 이 통령정부는 1804년에 나폴레옹이 황제로 즉위할 때까지 4년간 이어졌다.

나폴레옹이 파죽지세로 권력을 향해 도약하는 동안, 샤토브리앙은 혁명의 격류에 휩쓸려 기나긴 망명 생활과 함께 문학적인 모험을 시작했다. 아메리카의 미개하지만 웅대한 자연에 매혹되었고, 루이 16세가 처형되었다는 소식에 다시 유럽으로 돌아와 왕당파 군대에 합류했다. 티옹빌 전투에서 큰 부상을 당한 뒤, 브뤼셀을 거쳐 영국에서 프랑스어 교사 일과 번역으로 근근이 생계를 이어가면서 글쓰기에 몰두했다. 『기독교의 정수』가 거둔 성공으로 로마대사관 일등 서기관에 임명되어 나폴레옹을 보필할 생각도 잠시 가졌지만, 1804년 앙기앵 공작의 처형 소식과 함께 나폴레옹과 공식적인 결별을 선언하고 그리스, 예루살렘, 카르타고 등지로 순례 여행을 떠났다. 그렇게 해서 한 사람은 혁명을 끝낸 국민 영웅에서 통령의 지위에 올랐다가 스스로 머리에 황제의 관을 쓰고 서서히 파멸에 이르는 동안, 다른 한 사람은 신랄하게 권력자들과 독재를 비판하면서 정치적 글쓰기만이 아니라 정치하는 문인으로서의 서막을 연 당대 최고의 문인이 된다.

7장에서는 사랑에 있어서만큼은 똑같이 이기적이었던 나폴레옹과 샤토브리앙의 연애사를 다루고, 8장은 나폴레옹의 백일천하 이후 루이 18세의 왕정복고 시대부터 샤를 10세의 폐위로 이어지는 1829년의 7월 혁명까지 정치 작가 샤토브리앙의 행보를 담고 있으며, 9장은 두 사람의 말년과 회고록을 다룬다. 나폴레옹과 샤토브리앙 모두 생을 마칠 때까지 회고록 집필에 몰두했다. 나폴레옹은 자신이 남긴 업적을 후대에 알려 자신의 서사시와 유산이 영원히 잊히지 않도록, 샤토브리앙은 죽기 전에 아름다운 시절들을 떠올려 당시에는 설명하지 못했던 자신의 마음을 설명하기 위해서.

1811년 이후로 샤토브리앙은 대사로, 장관으로 본격적인 정치 생활을 했고, 무엇보다도 유려하고 신랄한 언변으로 쉴 새 없이 정치 논평을 발표했다. 권력에 아첨하지 않고, 궁정조신들과 방계 왕족을 경멸하며, 정통왕조를 옹호하고 민주주의를 예언하면서 고결한 태도로 말년을 보냈다. 샤토브리앙은 풍부한 상상력과 서정적인 문체로 동시대인들에게는 마법사로 불렸으며, 프랑스 낭만주의 문학에 큰 영향을 끼쳐서 '프랑스 낭만주의 문학의 아버지'라고도 불린다. 『기독교의 정수』에서 그는 기독교의 교의와 교리 그리고 시학을 감각적이면서도 감동적으로 묘사해서 당시 사람들의 가슴속에 억눌려 있던 종교심을 고취시켰다. 그리고 1809년부터 집필을 시작해 오랜 시간 공들여 1846년 말에야 최종 수정 작업을 끝낸 『죽음 저편에 대한 사색』은 샤토브리앙의 걸작이자 프랑스 문학의 강력한 걸작으로 손꼽히고 있지만 무엇보다도 화려한 필체로 자신의 인생을 한껏 미화한 회상록이었다(애초의 제목은 『내 인생에 대한 회고록(Mémoires de ma vie)』이었는데 1831년에 『죽음 저편에 대한 사색』으로 제목을 바꾸었다). 그 책에서 문학적인 동시에 정치적인 경력에 관계된 자신의 삶을 회상하면서 프랑스 혁명에 대한 냉정한 고찰과 함께 나폴레옹의 꾸밈없는 초상화를 그려냈다. 권력에 대한 의지로 시대와 맞서 싸웠던 나폴레옹의 진면목을 적나라하게 드러냈다. 두 사람은 통찰력 있는 정신과 자기도취적인 거만한 성격까지 서로 닮은 점이 너무 많아 그토록 서로를 미워했는지 모른다. 하지만 나폴레옹과 샤토브리앙은 영광의 이면에 있는 권력의 민낯과 권력에 맞서는 말의 무게를 인식한 최초의 현대적인 정치인과 정치 작가였다고, 이 책의 저자는 말한다.

"프랑스는 혁명과 함께 태어났다. 영광과 위대함에 대한 생각들도 마찬가지다. 나폴레옹이 영광과 위대함을 세운 건축가라면, 샤토브리앙은 선구자다. 두 사람은 정치적인 그리고 문학적인 브뤼메르 18일을 통해 오랫동안 프랑스에서 정치와 문학을 연결했다. 분노와 공포 속에 프랑스 혁명이 모든 것을 휩쓸어낸 후, 샤토브리앙과 나폴레옹은 프랑스 역사의 새로운 장을 썼다. […] 나폴레옹과 샤토브리앙은 지금의 현대성의 기본 형태를 가르쳐주었다. 정치인과 작가는 유일하게 세상에 맞서는 이들이다."

문신원

차례

어머니께.
언제나 사랑과 애정으로 감싸주신 어머니가 안 계셨더라면
지금 같은 행복은 누리지 못했을 겁니다.
나폴레옹 보나파르트

누구나 자신이 보고 사랑한 것들로 이루어진 세상을 품는다.
인간은 쉼 없이 그 세상으로 돌아간다.
낯선 세상을 누비며 살아갈 때조차.
프랑수아 르네 드 샤토브리앙

화합과
타고난 재능

1장

[문인들과 학자들은] 감언이설로 교제를
유지해야 하는 아첨꾼들이어서
아내로 맞거나 대신으로 부릴 생각은
절대 하지 말아야 한다.

나폴레옹 보나파르트

미쳤다고 할지 모르지만, 어디서나 예수 그리스도가 보인다.
[…] 불행하게도 나 역시 파스칼처럼
기독교만이 유일하게 인간 본성의 문제를 설명했다고 믿는다.

프랑수아 르네 드 샤토브리앙

"나폴레옹은 나를 발견하자마자 알아보았다, 이유는 잘 모르겠지만."[1] 나폴레옹 보나파르트(Napoleon Bonaparte)와 프랑수아 르네 드 샤토브리앙(François René de Chateaubriand)의 독보적이고 역사적인 만남은 1802년 4월 22일, 생 도미니크가(rue Saint-Dominique)에 위치한 브리엔 저택의 살롱에서 뤼시앵 보나파르트(Lucien Bonaparte, 나폴레옹 보나파르트의 동생이자 훗날 나폴레옹 3세의 아버지—옮긴이)가 주최한 파티에서 이루어졌다. 이 만남은 결코 우연이 아니었다. 우연은커녕 주도면밀하게 준비된 만남이었다. 이날의 만남은 혁명기 프랑스와 가톨릭교의 타협을 상징했고, 나폴레옹이 그 타협을 빚어낸 장인이라면 샤토브리앙은 선구자였다. 나폴레옹의 정교협약(Concordat)에 샤토브리앙이 『기독교의 정수(Génie du Christianisme)』로 응수한 셈이었다.

---

1 F.-R 드 샤토브리앙, 『죽음 저편에 대한 사색』, 갈리마르 출판사, 《라 플레야드》, 1부, 14권, 4장, p. 490.

*

이 만남은 가톨릭교가 배척당하고 부인되고 박해받던 비극적인 격동기의 결말이었다. "프랑스를 제외하고 그 어디에서도 이처럼 편협하고 격렬한 반종교적 감정이 널리 퍼졌던 적은 없었다. 또한 이토록 독선적인 적도 없었다"고 샤토브리앙의 먼 친척이기도 한 정치철학자 알렉시 드 토크빌(Alexis de Tocqueville)은 회상했다. "[반종교적 감정은] 다수의 견해가 아니라 당대의 왕족들과 재사(才士)들에게 널리 퍼져 있던 일부의 변덕스러운 경향이었다." 프랑스 대혁명은 종교를 악착같이 추격했다. "맹렬하게 가톨릭교를 몰아세웠다[⋯]. 사람들의 영혼을 가득 채우고 있던 신앙심을 지우려고 연신 아등거리면서 영혼을 공허하게 만들었다. [⋯] 종교에 대한 절대적인 불신은 인간의 타고난 본능과 너무도 상반되는 정신이자 인간의 영혼을 한없이 고통스럽게 만드는 일이라 오히려 대중의 마음을 끌었던 모양이다. 그때까지만 해도 국민들을 끝도 없이 무기력한 상태로 몰아넣던 반종교적 감정이 이제는 광신적으로 사람들을 선동하고 있었다." 그때 "무모하리만큼 과감한 낯선 혁명가들"이 나타났다. "이들은 어떤 혁신에도 눈 하나 깜박하지 않고, 아무런 양심의 거리낌도 받지 않으며, 계획을 실행하기 전에 주저하는 법도 없다. 이 새로운 존재들이 그저 스쳐 지나갈, 한순간의 예외적이고 일시적인 피조물이라고 생각해선 안 된다. 그때부터 그들은 지상의 문명화된 모든 부분에 두루 퍼져 영속되는 어떤 혈통을, 어디서든 똑같은 외모와 똑같은 열정과 똑같은 성격을 지닌 혈통을 만들어냈기 때문이다."[2] 혁명이 진행되는 동안 가톨릭교를 완전히 없애려는 시도가 이루어졌다. 교회 재산은 모조리 양도되고 매각되었다. 교회와 수도원은 철거되었고, 성직자들과 신자들은 학살되었다. 성직자 기본법(프랑스 혁명 이후 성직자의 관료화를 추진하고 교회 재산을 국유화시켜서 프랑스 내에 있는 가톨릭 교회를 정부에 종속시키려고 했던 법률―옮긴이)이 제정되어 가톨릭교를 양분시켰다. 교황 비오 6세(Pius VI)는 로마에서 멀리 떨어진 프랑스 남부 발랑스(Valence)로 끌려가 프랑스 5인 총재정부 소속 병사들의 감시 아래 핍박받다가 죽음을 맞았다. 이어서 새 교황 선출을 방해하려는 위협 속에 가까스로 콘클라베(교황을 선출하는 추기경단의 선거회―옮긴이)가 진행되었다.

샤토브리앙이 1800년 5월에 팔 년이라는 기나긴 망명 생활을 마치고 고국 땅을 다시 밟을 때 마주한 모습은 이처럼 가톨릭교가 뿌리째 뽑히고 모욕당하고 박해받는 프랑스였다. "한바탕 화마가 휩쓸고 가기라도 했던 것처럼 마을들은 무참히 허물어져 있었다. 사방을 둘러봐도 진흙에 먼지, 오물, 무너진 건물 잔해뿐이었다. 길 양쪽으로는 무너진 성들이 보였다. 베어낸 나무숲 사이 네모나게 잘린 나무 그루터기들 위에서 아이들이 뛰놀았다. 듬성듬성 이가 빠진 담장 벽들과 버려진 교회들이 보였다. 수많은 사람들이 그곳에서 내몰리고 죽임을 당했다. 종은 사라지고 종탑만 남았고, 무덤에서는 십자가가 사라졌으며, 성인상들은 본래서 있던 보금자리에서 머리가 잘린 채 내동댕이쳐졌다. 성벽들은 공화당원들이 괴발개발 갈겨쓴, 이미 닳아버린 문구들로 너저분했다. 자유, 평등, 박애가 아니면 죽음을 달라. 이따금 사람들이 '죽음'이라는 단어를 지우려고 해보았지만 검붉은 글자들은 이내 석회층 위로 다시 나타났다. 하지만 이 나라는 겉보기에는 무너지기 직전의 형국이었지만, 실

2　알렉시 드 토크빌, 『구체제와 혁명』, 갈리마르 출판사,《라 플레아드》, 3부, pp. 178-185.

은 중세의 야만과 파괴의 어둠을 뚫고 나오는 국민들처럼 새로운 세상을 다시 시작하고 있었다."[3] 십여 년간 탄압과 박해를 거듭했던 반계몽주의는 끝내 가톨릭교를 이기지 못했다. 찬란한 여명은 혁명기 프랑스의 격랑 속에서도 여전히 가톨릭교를 쉼 없이 밝히고 있었다.

*

권력을 다지기 위해서는 민심을 모아야 했다. 나폴레옹은 브뤼메르(혁명력의 두 번째 달, 10월 22일~11월 21일—옮긴이) 쿠데타로 권력을 잡은 뒤 왕정복고를 막기 위해 가톨릭 교인들을 자신의 통령 정부에 잡아두려고 안간힘을 썼다. 프랑스 인구에서 가톨릭 교인은 팔십 퍼센트에 육박했다. 따라서 국민적인 타협을 이루려면 가톨릭 교인들의 손을 잡아야 했다. 나폴레옹은 정치적으로나 도덕적으로 그 점을 충분히 이해하고 있었다. "도덕 없이는 어떤 사회도 존재하지 못한다. 종교가 없으면 올바른 도덕도 없다. 따라서 국가를 든든하게 지속적으로 뒷받침할 수 있는 건 오로지 종교뿐이다. 종교 없는 사회는 나침반 없는 배와 같아서 항로를 확보하지 못해 항구에 들어설 엄두도 내지 못한다."[4] 나폴레옹과 마찬가지로 샤토브리앙도 당시의 시대상을 그대로 반영하는 전형적인 인물이었다. 둘 다 가톨릭식의 교육을 받았으나 그다지 가톨릭의 축복은 받지 못했다. 두 사람은 빠르게 불가지론자가 되었지만 결국 가톨릭교로 귀의했다. 나폴레옹은 정치적 기회주의, 샤토브리앙은 문학적 재능

---

3 F.-R. 드 샤토브리앙, 『죽음 저편에 대한 사색』, 위의 책, 1부, 13권, 3장, p. 437.
4 나폴레옹 보나파르트, 밀라노 성직자 앞에서의 훈시, 1800년 6월 5일.

때문이었다. 하지만 그 과정은 결코 순탄하지 않았다. 옛 자코뱅파(중앙 집권적 공화정을 주장한 급진파—옮긴이) 당원들과 탈당자들이 경계를 늦추지 않고 정치적 압박을 가했기 때문이다. 심지어 일부는 개신교를 공식 종교로 채택하라고 주장했다. 하지만 나폴레옹은 새로운 전선을 내세운다는 게 영 꺼림칙했다. "나는 지금 충분히 막강하다. 그런데 프랑스의 오랜 종교를 바꾸려 한다면 그들이 들고 일어나 나를 꺾으려 할지 모른다. 가톨릭교는 국교이자 어머니와도 같은 종교이다. 가톨릭교는 논쟁을 피하는 심사숙고된 정치 체제를 갖고 있을 뿐만 아니라, 토론하기 좋아하는 인간 정신과도 공존할 수 있다."[5] 물론 나폴레옹은 가톨릭교에 완전히 냉담하지 않았다. "내가 가톨릭교를 좋아하는 이유는 내 영혼에 말을 걸어오기 때문이다. 기도를 드리면 혼신에 감응해주기 때문이다. 반면에 개신교는 이성에만 말을 건다."[6]

1800년 8월 16일, 나폴레옹은 국가 참사원(중앙 정부와 행정 일반에 관해서 원수를 보좌하는 자문 기관—옮긴이)에 지난 십여 년간 프랑스 사회에 깊은 외상을 입힌 종교 위기를 자신이 해결하겠다고 호언장담했다. 해결의 실마리는 로마였다. 나폴레옹은 평소처럼 안절부절못하면서 부리나케 교황청과 협약을 맺으려 했지만, 이에 반감을 품은 체제 공화당 간부들은 완강히 반대했다. 게다가 군대뿐 아니라 학사원(프랑스 최고의 학술 기관—옮긴이) 및 국가 참사원까지 일제히 반대하고 나섰다. 그러나 나폴레옹은 평소 경찰과 도지사들의 보고를 통해 국민들이 실질적으로 열망하는 바가 무엇인지 익히 알고 있었다. 보고서에서는 하나같이 교회에 더

---

5 아돌프 티에르, 『통령 정부와 제국의 역사』에서 인용, 우테르스, 1845, p. 137.
6 샤를 트리스탕 몽톨롱, 『황제 나폴레옹의 세인트헬레나 유배기』, 폴린, 1847, 2권, p. 174.

자주 가야 한다고 입을 모았다. 나폴레옹은 이미 가톨릭교회와 화해하기 위해 첫발을 디딘 상태였다. 성직자 기본법에 선서를 거부했던 성직자들의 추방 무효화(1799년 11월 29일)부터 시작해서 일요일 교회 개방 허용(1799년 12월 29일), 교황 비오 6세의 장례(1799년 12월 30일), 밀라노 성직자 회의(1800년 6월 5일), 마렝고(Marengo) 전투의 승리를 감사하면서 〈테데움(Te deum, 성부 하느님과 성자 그리스도에 대한 라틴 찬송가─옮긴이)〉이 울려 퍼지는 가운데 밀라노 대성당에 입성(1800년 6월 25일)하기까지. 나폴레옹이 로마와 협약을 맺을 수 있도록 거침없이 물꼬를 터준 사건이 바로 마렝고 전투(1800년 6월에 벌어진 오스트리아와의 전투로, 나폴레옹은 자신의 정치적 영향력을 강화할 수 있었다─옮긴이)에서 승리를 거둔 일이었다. 나폴레옹은 이 협약을 통해 국민 타협과 사회 평화를 이룰 뿐만 아니라 왕당파들과 부르봉 일가를 후원하지 못하게 하고, 동시에 오스트리아와 신성로마제국의 세력을 약화시키려고 했다.

마렝고 전투에서 승리한 직후에 나폴레옹은 베르첼리(Vercelli)의 주교이자 교황 비오 7세(Pius Ⅶ)의 친구인 카를로 마르티니아나(Carlo Martiniana) 추기경을 만나 오랫동안 대화를 나누었다. 나폴레옹은 장차 이루어질 협약의 요점들을 제시했다. "프랑스 교회의 교황권 제한을 백지화하려고 한다. 망명한 주교들은 […] 더는 프랑스에서 인정받지 못한다. […] 따라서 정권의 선택을 받아 교황청의 임명과 칙서를 받들 새로운 주교들이 필요하다. 게다가 혁명과 함께 이미 여러 해 전에 프랑스 교회가 소유하고 있던 모든 재산이 양도되었고, 그에 대한 반환 청구가 불가능함에 따라[…], 국가가 너무 큰 부담을 지지 않도록 주교 수를 최대한 축소하고 주교들의 생계 수당은 각 주교구에 부동산이 할당될 때까지 국가 재정에서 연금으로 지불한다."[7] 이 토론은 결정적이었다.

1800년 7월 초, 교황은 마르티니아나 추기경을 통해 나폴레옹에게 협상을 받아들일 의사가 있다고 밝혔다. 그리고 1800년 9월 13일에는 여전히 로마 교황청에 충성해 선서를 거부했던 프랑스 주교들에게 협상이 임박했음을 알렸다. 이튿날, 특별 교구에 모인 추기경들은 나폴레옹이 이집트에서 돌아왔을 때부터 안면이 있는 코린토스 대주교 요세프 스피나(Joseph Spina)를 선출해서 프랑스로 파견했다. 스피나 대주교는 콘살비(Ercole Consalvi) 국무장관 추기경이 써준 여행 허가증과 로마에서 특별히 사전 승인을 받은 경우를 제외하고는 서명 권한이 없는 제한된 교섭 위원 신분을 지니고 출발했다.

1800년 11월 5일, 스피나 대주교가 파리에 도착했다. 대주교는 탈레랑 페리고르(Charles-Maurice de Talleyrand-Perigord, 나폴레옹을 정계에 등장시키고 외무장관을 지낸 성직자 출신 정치가—옮긴이)를 통해서 지체 없이 입성했다. 탈레랑이 스피나 대주교를 홀대한 건 아니지만, 대주교는 그가 영 탐탁지 않았다. 사실 탈레랑은 1790년 7월 14일에 대혁명 일주년 기념 축제를 집전할 때 헌법에 선서한 최초의 주교들을 축성해주어 합헌적인 교회 분리를 주도한 장본인이었다. 탈레랑은 성직에서 물러난 뒤 속세로 돌아가서 개신교도 이혼녀인 그랑 부인(Mme Grand)의 품에서 향락을 탐닉했다. 그리고 그 추문으로 끝까지 고난을 감내한 사람 역시 탈레랑이었다.

나폴레옹은 조바심을 치면서 요구 사항을 제시했다. 주교직을 완전히 쇄신할 것, 국유재산 양도를 교회에서 인정하고 주교구를 재분할할 것 등 빤한 내용이었다. 물론 로마 측에서도 가톨릭 교인들을 보호해줄 것, 종교에 불리한 법안을 폐지하고 국가가 가톨릭 교단의 특별한 지위

---

7 마티유 추기경, 『1801년의 종교협약: 그 기원과 역사』에서 인용, 페랭 출판사, pp. 3-5.

를 인정해줄 것과 같은 요구를 했다. 그런가 하면 새 주교 임명에서 주교단이 완전히 손을 뗄 것(중대한 잘못을 저질렀거나 교회법상 주교들의 파면을 허락하지 않는 경우는 제외), 국가 내 교회의 지위 또는 이혼이나 사제들의 결혼 가능성처럼 종교에 불리한 몇몇 법안들은 난항을 겪기도 했다. 그나마 교회 재산의 국유화 문제는 빠르게 해결책을 찾은 편이었다. 다만 성직 자들의 봉급을 국가에서 부담하고 이미 매각된 교회 재산은 돌려주지 않는 조건으로 수락하였다. 또 135개이던 주교 관구는 50개의 대주교구와 10개의 주교구로 나누어 축소되었다.

1800년 11월 26일에 스피나 대주교는 정교협약 초안을 보냈다. 1801년 봄까지 여러 수정안들이 뒤를 이었다. 1801년 3월 초에 열두 명으로 구성된 추기경단이 퀴리날레 궁(1583년에 교황 그레고리오 13세가 여름 궁전으로 세운 뒤 교황 선거 장소로 사용되었으며, 현재는 이탈리아의 대통령 관저로 사용—옮긴이)에 모여 협약에 대해 내린 결론을 교황에게 전달했다. 탈레랑은 프랑스 외교관 프랑수아 카코(Francois Cacault)를 전권 공사 자격으로 로마에 보내 교황청과 교황을 닦달했다. 논의는 두 달 동안 이어졌다. 그러자 나폴레옹은 분통을 터뜨렸고, 수도 없이 채근하고 위협했다. 1801년 5월 12일, 스피나 대주교는 참을 수 없이 화가 난 나폴레옹에게 소환되어 말메종(Malmaison)으로 향했다. "그대들이 합의해야 할 상대도 나고, 믿어야 할 사람도 나고, 그대들을 구할 수 있는 사람도 오로지 나뿐이요. 교황 특사를 요구하는 거요? 군대를 철수하라고요? 모든 건 그대들이 내 요구에 어떤 대답을 하느냐에 따라, 특히 주교 문제에 관해 어떻게 대답하느냐에 달렸소. 나는 태어났을 때부터 가톨릭 교인이었고, 평생 가톨릭 교인으로 살다가 죽을 각오로 오로지 가톨릭교를 복권시킬 생각뿐인데, 정작 교황은 나뿐만 아니라 프랑스 전체를 오히려 루터파나 칼뱅파라도 되는 듯 처신하는군요. 속히 태도를 바꿔 내 말을 듣는 편이 나을 게요! 그렇지 않으면 아무 종교나 내세워서 국민들이 종소리에 맞춰 행렬하고 예배하게 만들고, 교황이란 존재가 아예 없는 것처럼 만들어버릴 거요. 오늘 당장 로마로 전보를 보내서 이 얘기를 빠짐없이 전하시오!"[8] 단절이 임박했다. 그러나 프랑수아 카코를 통해 나폴레옹의 지시 사항을 전해들은 비오 7세는 미동도 않을 뿐더러 일정을 바꿀 의사도 없었다. 다행스럽게도 프랑수아 카코는 협약서에 서명할 수 있을 정도의 권력을 지닌 신망 높은 인사를 파리로 보내도록 교황을 설득해 간신히 단절만은 피했다.

1801년 6월 21일에 콘살비 추기경은 나폴레옹의 초대를 받아 화려하게 튈르리(Tuileries)에 입성했다. 나폴레옹은 마침내 협약이 조인되리라는 생각에 한껏 들떠 있었다. 그런데 1801년 6월 29일, 노트르담에서 열린 전국 입헌교회 주교회의에서 성직자 헌법에 선서하고 주교가 되었던 사제 앙리 그레고아르(Henri Grégoire)가 성직자 기본법의 취지를 설명하면서 로마 교황청과 화해하자는 의견에 반대하는 격렬한 발언을 했다. 양쪽 모두 반발이 만만치 않았다. 그럼에도 타협을 일단락 짓는 사건이 발생했다. 탈레랑이 관절염을 치료하기 위해 부르봉 라르샹보(Bourbon-l'Archambault)라는 온천 도시로 휴양을 떠난 것이다. 탈레랑이 자리를 비우자 모두의 마음이 가벼워졌다. 나폴레옹은 일을 매듭짓게 되어 마음이 홀가분해졌다. 1801년 7월 12일, 나폴레옹은 형 조제프 보나파르트(Joseph Bonaparte)와 참사원 의원 엠마뉘엘 크르테(Emmanuel Cretet)를 지명해서 오를레앙 주교 베르니에(Étienne-Alexandre Bernier)를 보좌해

---

8 앞의 책, p. 156.

7월 14일까지 일을 마무리 지으라고 명령했다. 다수의 수정안과 대안이 오간 뒤 마침내 1801년 7월 15일에 최종 문서에 날인을 했고, 장장 십일 년에 걸친 종교 박해도 끝을 맺었다. 1801년 8월 15일에 비오 7세는 협약에 관해 〈그리스도교의 교회론(Ecclesia Christi)〉이라는 칙령을 발표했고, 〈탐 물타(Tam multa)〉라는 교서를 내려 프랑스 주교들에게 사직을 권했다. 남다른 성공으로 자신감을 얻은 나폴레옹은 의기양양했다. 호시탐탐 왕위를 노리던 릴 백작(comte de Lille)과 아르투아 백작(comte d'Artois)은 무력하게 패배를 곱씹었다. 운명론자인 젊은 앙기앵 공작(duc d'Enghien)은 이런 글을 남겼다. "그에게 저항할 자는 아무도 없다, 심지어 신조차도."[9]

그렇지만 미사에 대한 이야기는 아직 없었다. 사실상 의회의 승인은 녹록치 않았다. 나폴레옹은 정교협약에 극렬하게 반대하는 옛 혁명가들과 함께 협약안을 작성해야 했다. 국가 참사원, 입법부, 법제 심의원과 상원의회는 노골적으로 반감을 표시했다. 그때부터 그들이 담당한 모든 계획이 이의신청의 대상이 되었다. 실제로 의회의 반란은 여러 달 지속되었다. 그리고 정교협약에서 반란을 구체화할 방법도 모색되었다. 하지만 나폴레옹은 단호한 태도로 일관하면서 이렇게 통보했다. "내가 루이 16세처럼 질질 끌려 다닐 거라고 생각하지 마시오. 나는 군인이자 혁명의 아들이오. 일개 왕처럼 모욕당하는 일을 절대 묵과하지 않을 게요."[10] 1802년 1월에 나폴레옹은 모든 법률 계획안을 철회하고 의회의 일을 종결지었다. 토론은 사실상 유보되었다. 1802년 3월과 4월에는 법제 심의원을 쇄신했고, 뒤이어 입법부에서 훼방꾼들을 모두 제거하고

---

9 카스트리 공작, 『망명귀족들』에서 인용, 탈랑디에, 1979, p. 306.

고분고분한 의원들로 대체했다. 1802년 4월 3일, 정교협약이 최종 승인되었다. 1802년 4월 18일 부활절 일요일에 영국과 맺은 아미앵 평화 조약(Paix d'Amiens)을 축하하는 축하연과 함께 정교협약이 엄숙히 선언되었다. 십 년 만에 노트르담의 거대한 종이 다시 울리고 대미사가 집전되었다. 새 주교들이 선서를 했다. 미사가 거행되는 동안 행사 때문에 부대에 복귀한 병사들이 투덜대는 소리가 들리자, 나폴레옹은 매서운 눈길로 쏘아보았다. 나폴레옹은 멋진 승리를 거두어 권력을 강화했다. 자신과의 싸움뿐 아니라 적들과의 싸움에서도 승리했기 때문이다. 반면에 왕당파 같은 외부 세력들은 왕위 정통계승권과 다를 바 없던 종교를 빼앗기고 말았다.

*

그로부터 며칠 전인 1802년 4월 14일, 샤토브리앙은 이런 우호적인 분위기에 때맞추어 『기독교의 정수』 초판을 출간했다. 다른 망명자들처럼 샤토브리앙도 망명지에서 선조들의 종교를 다시 이어갔다. 책의 서문에서 그는 1798년 여름에 어머니와 누이 쥘리(Julie de Farcy)가 죽었을 때 받았던 청천벽력 같은 충격을 떠올렸다. "죽은 두 사람의 목소리가 무덤에서 흘러나왔다. 죽음이란 무엇인지를 깨닫게 해주었던 그 일은 크나큰 충격이었다. 나는 깨달음을 얻었다. 단언컨대 불가사의한 거대한 불빛에 조금도 굴하지 않았고, 오히려 마음에서 확신이 우러났다. 그

---

10 도미니크 드 비유팽, 『1796-1807년 권력의 어두운 태양』에서 인용, 페랭 출판사, 2009,《템푸스》, p. 294.

래서 눈물을 흘렸다. 그리고 믿음을 얻었다."[11] 그날부터 샤토브리앙은
가톨릭교의 광명을 되찾는 일에 전념했다. 특히 그는 런던의 망명객들
사이에서 지대한 관심의 대상이 되었다. 믿음이 사라진 망명객들은 런
던 거리에서 자그마한 성당을 볼 때마다 종교에 대한 향수를 느꼈다. 샤
토브리앙이 쓴『혁명론(Essai sur les révolutions)』은 망명중인 프랑스인들 사
이에서 일대 파장을 일으켰다. "『혁명론』은 반종교적인 책이 아니라 회
의와 고통의 책이었다. 내 요람을 비추던 기독교의 빛줄기 하나가 이 책
의 어둠을 뚫고 새어나왔다.『혁명론』의 회의주의에서『기독교의 정수』
의 확신으로 돌아가는 데 대단한 노력은 필요치 않았다."[12] 샤토브리앙
은 반종교적 인물이라는 부정적인 인상을 만회하려고 애썼다. 무엇보다
도 샤토브리앙을 가톨릭교 귀환의 선구자로 만드는 일에 적극 동참한
사람이 있었다. 바로 루이 퐁탄(Louis Fontane)이었다. 루이 퐁탄은 1798년
1월에 런던에 도착했다. 그는 선거를 통해 새로운 왕당파 대다수를 제
거한 혁명력 5년 프뤽티도르(fructidor, 열매의 달) 18일의 쿠데타 결과 왕당
파 저널리스트로 지목되어 프랑스에서 강제 추방되었다. 샤토브리앙과
루이 퐁탄이 서로 알게 된 건 1789년 파리에서였다. 평소 여자들의 꽁무
니나 따라다니면서 고급 야회를 전전하던 루이 퐁탄은 그다지 모범적
인 교인은 아니었지만 종교를 되찾아야 할 필요성을 확실히 느끼고 있
었다. "정말입니다, 우리는 오로지 하느님과 함께할 때만 매사에 위안을
얻을 수 있습니다. 나는 이 생각이 인생을 살아가는 데 있어서 얼마나
필요한지 나날이 느낍니다. […] 인류에게는 종교가 반드시 필요합니다.

---

11 F.-R. 드 샤토브리앙,『기독교의 정수』, 갈리마르 출판사,《라 플레예드》, p. 1282.
12 같은 저자,『죽음 저편에 대한 사색』, 위의 책, 1부, 11권, 4장, p. 398.

그렇지 않으면 모조리 끝입니다."[13] 한편 샤토브리앙은 항상 기탄없이 의구심을 털어놓았다. "내 영혼에 종교의 새싹들이 돋아났고, 이내 가시덤불을 헤치고 첫 수확물을 품은 순결한 대지처럼 무르익었다. 그러다 돌연 건조하고 싸늘한 바람이 덮쳐와 땅이 메말랐다. 하늘은 이를 딱하게 여겼는지 포근한 이슬을 내려주었다. 곧이어 미풍이 다시 불어왔다. 번갈아 이어지는 의혹과 믿음은 오랫동안 내 인생에 절망과 형용할 수 없는 열락이 뒤죽박죽 오가게 만들었다."[14]

루이 퐁탄이 런던에 체류한 기간은 고작 몇 달에 지나지 않았다. 1798년 6월까지였다. 하지만 샤토브리앙이 가야 할 길을 확신하기에는 충분했다. "[…] 문학으로 나를 이끌어준 사람이자 우정으로 인생의 커다란 위안이 되어준 사람. […] 내 안에서 일명 낭만주의 학파와 함께 프랑스 문학의 혁명이 시작되었다. 어쨌든 친구는 나의 야만성에 격분하기는커녕 오히려 열광했다. […] 그는 새로운 세상에 들어섰다고 느꼈고, 새로운 본성을 보고 생경한 언어를 이해했다. 나는 그에게서 훌륭한 조언들을 받았고, 덕분에 내 문체는 정확해졌다. 그는 경청하는 법을 가르쳐주었다. 터무니없는 이야기를 꾸며내거나 나를 따르는 신봉자들의 거친 행동에 현혹되지 않도록 붙잡아주었다."[15] 무엇보다도 퐁탄은 샤토브리앙을 신뢰했다. "노력하고 또 노력하게나. […] 유명 인사가 되게. 그렇게 되면 미래는 자네 것이라네."[16] 루이 퐁탄이 런던을 떠난 후 샤토브리앙은 책상 앞에서 매일 열두 시간에서 열다섯 시간씩 보냈다. 영광의 시

13 에일린 윌슨, 퐁탄, 『전기적 그리고 문학적 에세이』, E. 드 보카르 출판사, p. 121.

14 F.-R. 드 샤토브리앙, 『죽음 저편에 대한 사색』, 위의 책, 2부, 39권, 7장, pp. 734-735.

15 위의 책, 1부, 11권, 3장, pp. 388-390.

16 앞의 책, p. 395.

간이 도래했다. 그도 느꼈다. 가톨릭교의 복권에 걸맞은 책과 작가가 부족하다는 생각에 그러한 느낌은 더욱 강해졌다. 게다가 루이 15세의 장례 기도와 루이 16세의 대관식을 집전한 엑스(Aix)의 부아즐랭 대주교 (Mgr de Boisgelin)의 후원도 받았다. "문인들은 엄숙한 인문주의자들이 종교로부터 빼앗은 모든 걸 되돌려주어야 한다. 그러려면 제대로 글을 쓸 줄 아는 사람이 있어야 한다."[17] 습관적인 반감을 갖고 있던 샤토브리앙이지만, 사실은 명예에 목말라 있었다. 그런 책을 쓰고 싶고, 그런 작가가 되고 싶었다.

풍탄은 나폴레옹이 정권을 장악하고 수립한 통령 정부에서 요직을 맡았다. 그는 나폴레옹의 여동생 엘리자 바치오키(Elisa Baciocchi)와 연인 관계였고, 엘리자는 내무장관인 오빠 뤼시앵 보나파르트와 유독 가까웠다. 뤼시앵은 아내를 잃고 홀아비가 되자 엘리자에게 장관직과 관련된 사교 생활을 전부 맡겼다. 엘리자는 예술가들과 문인들을 후원하겠다고 나섰다. 그리고 그들을 자주 접견했다. 조제프 푸셰(Joseph Fouché, 혁명기에 지롱드파였다가 급진파인 자코뱅파로 돌아서서 반혁명 세력을 진압하며 악명을 높였다. 로베스피에르 처형 후 프랑스 집정관이 되어 총재정부의 경찰총감에 임명되었다—옮긴이)는 그런 엘리자를 "도도하고 신경질적이고 열정적이고 방종했으며, 사랑과 야망이라는 이중 딸꾹질에 허덕였다"[18]고 묘사했다. 풍탄은 엘리자가 이끄는 사교계의 중심에 있었다. 그때부터 사교계 출입이 잦아져 나폴레옹으로부터 그 무렵 사망한 조지 워싱턴(George Washington, 미국의 초대 대통령—옮긴이)을 기리는 추도사 작성 임무를 받았다. 1800년 2월 9일, 풍탄

---

17 호세 카바니스, 『나폴레옹의 대관식』, 갈리마르 출판사, 2007, p. 72.
18 조제프 푸셰, 『회상록』, 르 루주, 파리, 1824, 1권, p. 279.

은 충실한 관리답게 앵발리드(Invalides)에서 조지 워싱턴을 언급하면서 나폴레옹을 한껏 칭송했다. 또한 퐁탄은 재빨리 엘리자, 뤼시앵과 함께 확고한 보수주의 가톨릭 당파를 이루어 나폴레옹에게 힘을 실어주면서 조제프 푸셰 같은 자코뱅파를 숙청했다. 뤼시앵 보나파르트는 퐁탄에게 문예지 〈메르퀴르 드 프랑스(Le Mercure de France)〉의 관리를 맡겼다. 샤토브리앙은 출세하기 위해 퐁탄에게 많이 의지했다. 퐁탄을 채근하고 보챘다. 편지와 청원서를 거듭 보내며 추천을 부탁했다. 1800년 5월 파리에 도착해서도 가장 큰 관심사는 퐁탄을 다시 만나는 일이었다. 샤토브리앙은 퐁탄에게 거는 기대가 컸다. 망명 신세를 면할 수 있기를, 책이 출판되기를, 부와 명예를 얻게 되기를 바랐다. 결국은 전부 얻어냈다. 제일 먼저 퐁탄은 엘리자 바치오키 덕분에 망명객 명부에서 샤토브리앙의 이름을 말소시키는 데 성공했다. 이어서 문예지 〈메르퀴르 드 프랑스〉에 그를 끌어들였다. 샤토브리앙은 문예지에 기사들을 기고했다. 또한 1801년 4월에는 『아탈라(Atala)』를 출판하는 명예를 누렸고, 책은 제대로 성공했다.

샤토브리앙은 전력을 다해 『기독교의 정수』 집필에 매달렸다. 1801년 여름에는 정부(情婦) 폴린 드 보몽(Pauline de Beaumont)과 함께 여섯 달동안 시골에 칩거하다 1801년 12월에야 파리로 돌아갔다. 마침내 집필이 끝났다. 『기독교의 정수』에서 샤토브리앙은 현대인이 기독교 문명의 혜택을 입고 있다는 점을 상기시키면서 기독교를 세상의 기반으로 바라보는 새로운 해석을 열렬히 옹호했다. 더불어 현대인의 자유와 시와 인류애도 옹호했다. 기독교는 도덕과 제도를 통해 인간을 완전하게 만들었고, 과학과 예술을 발전시켰으며, 풍속을 바꾸었다. 인생에 대한 새로운 시학이었다. "기독교는 인간의 미래와 자유에 대한 사상이다."[19] 샤토브리앙은 엘리자와 뤼시앵의 보수주의 당파에서 차차 입지를 다졌다. 퐁탄은 샤토브리앙에게 쓰는 편지에서 이렇게 말했다. "내가 아는 한 개선 부대를 제외하고는 신의 이름으로 양심을 좌지우지하는 사람들보다 훌륭한 동맹은 절대로 없다."[20] 그렇지만 출간 시기가 아직 적절치 않았다. 샤토브리앙은 정교협약이 공식 선언될 때까지 기다려야 했다. 『기독교의 정수』는 정교협약 최고의 선전문이었기 때문이다. 그때까지 그는 〈메르퀴르 드 프랑스〉지에 싣는 기사에 '『기독교의 정수』 저자'라고 서명했다.

나폴레옹은 입법부에 힘을 실어줄 수 있도록 동생 뤼시앵을 내세워 퐁탄이 작성한 담화를 발표했다. 종교를 고양하고 무신론을 비난하는 내용이었다. 파리에 새로 온 교황 특사는 감명을 받았다. 샤토브리앙은 의회를 나서면서 이렇게 외쳤다. "마침내 우리도 문명한 국민이 되었다! 그대의 명문가에 은총이 있기를! 마지막까지 금과옥조인 훌륭한 담화였다. 옆 사람들도 감탄해 마지않았고, 나 역시 감동받았다. 나도 모르게 눈물이 솟구쳤다."[21] 1802년 4월 3일, 마침내 정교협약이 비준되었다. 축하 행사는 1802년 4월 18일 부활절 미사 때로 계획되었다. 그렇게 샤토브리앙은 1802년 4월 14일에 『기독교의 정수』를 출간했다. 책은 곧바로 호평을 얻었다. 엘리자 바치오키는 오빠인 나폴레옹에게 『기독교의 정수』를 한 권 건넸다. 샤토브리앙은 성공의 희열을 맘껏 누렸다. "나는 흡사 여인처럼, 첫사랑처럼 영광을 사랑했다. 하지만 워낙 겁이 많아서 열정만큼 두려움도 컸다." 그는 비평가들을 개의치 않았다. "자만도

19 F.-R. 드 샤토브리앙, 『죽음 저편에 대한 사색』, 위의 책, 1부, 13권, 11장, p. 468.
20 가브리엘 파일레스, 『샤토브리앙과 그의 아내, 그리고 친구들』에서 인용, 페레와 아들, 1896, p. 79.
21 F.-R. 드 샤토브리앙, 『일반 서신』, 갈리마르 출판사, 《블랑슈》, 1권, p. 155.

낙담도 하지 않았고, 찬사와 모욕을 모두 견뎌냈다. 무릇 찬사는 평범한 이들에게, 모욕은 재능 있는 이들에게 아끼지 않는 법이니까."[22] 샤토브리앙은 정교협약과 동시에 책을 출간함에 따라 정교협약이라는 국민적 합의에 예술적인 의미를 부여했다. 확실히 『기독교의 정수』는 십여 년에 걸친 종교 박해 끝에 다시 종교를 되찾을 수 있는 기회로 여겨졌다. 19세기 지식인들에게 종교적 영감을 주어 다양한 가톨릭 운동을 선동한 새로운 오순절(성령 강림 대축일―옮긴이)인 셈이었다. 또한 숱한 작가들에게 문학적 소명을 일깨웠다. "문학은 내가 그린 종교화의 색채로 물들었다. [⋯] 무신론과 물질주의는 이제 젊은 지성들의 신앙이나 무신앙의 기반이 아니었다[⋯]. 이제는 반종교적 편견 때문에 박해받지 않을 수 있었다[⋯]. 『기독교의 정수』는 지성인들에게 충격을 주었고, 18세기의 구습에서 벗어나게 해주었다."[23]

*

그런 사연 끝에 샤토브리앙과 나폴레옹은 마침내 뤼시앵 보나파르트 소유의 브리엔 저택에서 처음이자 마지막으로 만났다. 샤토브리앙은 살롱에서 영웅을 발견하고 일순 매혹되었다. "회랑에 있을 때 나폴레옹이 들어왔다. 그에게서 기분 좋은 호감이 느껴졌다. 처음에는 멀리 떨어져 있어서 전혀 알아차리지 못했다. 그의 미소는 다정하고 아름다웠다. 특히 훤한 이마 아래, 짙은 눈썹에 둘러싸인 눈매가 인상적이었다. 눈빛에

---

22 같은 저자, 『기독교의 정수』, 위의 책, p. 1095.
23 같은 저자, 『죽음 저편에 대한 사색』, 위의 책, 1부, 13권, 10장, pp.462-464.

는 음흉한 구석도, 과장된 면이나 부자연스러운 면도 전혀 없었다." 그렇게 회상한 샤토브리앙은 그들의 만남을 일생일대의 순간으로 미화했다. "당시에 소문이 파다하던 『기독교의 정수』가 나폴레옹에게 영향을 미친 모양이었다. 놀라운 상상력은 냉철하기 그지없는 정치인에게도 생기를 불어넣었다. 아무리 나의 존재가 뮤즈가 되어 그에게 영감을 불어넣었다고 해도 나폴레옹은 더 이상 예전과 달리 생기 넘치는 사람이 아니었기 때문이다. 결국 이성이 시인의 뜻을 이루어주었다. 원래 이런 위인들은 늘 두 가지 기질을 모두 갖고 있는 법이다. 영감을 받아들일 줄도, 행동에 옮길 줄도 알아야 하기 때문이다. 영감은 계획을 만들고, 행동은 이를 실행한다." 상상과 현실의 결합은 여기에서 빠지면 안 되는 마법사다. 샤토브리앙은 이 굉장한 만남을 이렇게 각색했다. "무엇 때문인지 모르겠지만, 그는 나를 발견하자마자 이내 알아보았다, 나폴레옹이 내가 있는 쪽으로 향할 때만 해도 그가 뭘 찾는지 알 수 없었다. 사람들이 차례로 길을 터주었다. 저마다 보나파르트 통령이 자기 앞에 멈추기를 기대했다. 나폴레옹 역시 사람들의 조바심 어린 착각을 느끼는 눈치였다. 나는 주변 사람들 뒤로 물러서 있었다. 그때 나폴레옹이 별안간 목소리를 높여 내게 말했다. '샤토브리앙 선생!' 그러자 어느새 나 홀로 우두커니 앞으로 나와 있었다. 사람들이 뒷걸음치면서 순식간에 우리 주위를 에워쌌기 때문이다." 일순 시간이 정지된 듯한 묘한 분위기 속에서 나폴레옹의 독백이 이어졌다. "나폴레옹은 자연스럽게 나에게 다가왔다. 아무런 찬사도, 쓸데없는 질문도, 서두도 없이 다짜고짜 이집트와 아랍 사람들에 대해 말을 건넸다. 마치 내가 그의 측근이라도 되는 것처럼, 이미 시작된 대화를 이어가는 것처럼. '사막 한가운데에서 족장들이 동쪽을 향해 몸을 돌린 뒤 무릎을 꿇고 이마를 모래 바닥에 조아리는 모습을 볼 때마다 늘 깊은 감명을 받았소. 대체 그들은 무엇 때문에 동쪽을 향해 경배하는 걸까요?' 나폴레옹은 말을 멈추고 뜬금없이 다른 이야기로 넘어갔다. '기독교? 관념론자들은 기독교를 천문학 이론쯤으로 깎아내리려던 게 아니었소? 그렇게 되면 혹시 내가 기독교를 하찮게 여길 거라고 생각한 걸까요? 기독교 사상이 고작 천체 운동의 비유, 별들의 기하학이라고 생각한다면 자유사상가들도 별 수 없구려. 그들의 의도와 상관없이 '파렴치한' 기독교는 여전히 충분히 위대하니 말이오.'"
그 장면은 그렇게 나폴레옹의 혼잣말로 끝났다. "하고 싶은 말을 참지 못하는 나폴레옹이 멀어져갔다. 흡사 욥기에서 묘사되는 장면처럼, 어둠 속에서 '어떤 영 하나가 내 앞을 지나가니, 온몸의 털이 곤두섰다. 영이 멈추어 서기는 했으나 그 모습은 알아볼 수 없었고, 죽은 듯 조용한 가운데서 그의 목소리가 들렸다(욥기 제4장 15~16—옮긴이).'" 이후로도 두 사람의 관계는 계속 이어졌지만, 일정한 거리를 둔 채 경쟁했다. "사람들 사이를 돌아다니던 나폴레옹이 내 앞에 멈춰서 말을 건넬 때보다 훨씬 더 강렬하게 나를 바라보는 시선이 느껴졌다. 나 역시 눈으로 그를 좇았다."[24]

샤토브리앙은 여전히 허기를 느꼈다. "퐁탄과 엘리자 바치오키 부인은 통령이 '나와 나눈 대화'에 만족스러워했다고 전했다. 그 말은 나폴레옹이 우리가 함께 나눈 대화에 만족했다는 의미지만, 나는 무심한 척 아무 대꾸도 하지 않았다."[25] 샤토브리앙은 공인된 기독교 예찬론자와는 사뭇 다른 명예를 꿈꾸었다. 영웅 곁에서 확실한 지위나 역할을 맡

---

24 앞의 책, 14권, 4장, pp. 490-491.
25 앞의 책, 14권, 5장, p. 492.

고 싶었다. 흔히 지성인들은 자신이 재능에 걸맞은 높은 직책을 맡아 마땅하다고 생각한다. 그러나 사실상 그런 사람들은 대체로 직책에 필요한 소질이 부족한 편이다. 관례와 법규는 그들의 자유분방함과 도통 어울리지 않기 때문이다. 하지만 샤토브리앙은 일찌감치 로마 주재 프랑스 대사관이라는 고위직을 차지했다. 『기독교의 정수』가 출간된 직후인 1802년 4월 15일에 그는 퐁탄에게 이렇게 쓴 편지를 보냈다. "이보게 소중한 친구, 혹시 과감하게 나를 후원해서 로마로 보내줄 수 있는지 생각해주게."[26] 며칠 후 〈주르날 데 데바(Journal des debats, 루이 프랑수아 베르탱이 만든 토론지로, 문예란이 인기 있었다—옮긴이)〉지에 샤토브리앙이 로마 공사관 서기가 되었다는 소식이 실렸다. 소식에 놀라서인지 아닌지 모르겠지만, 그는 탈레랑에게 편지를 보내 소문이 사실이냐고 물었다. 사실은 샤토브리앙을 골탕 먹인 낭설이었다. 그는 미칠 듯 조바심이 났지만 조금 더 참고 기다려야 했다. "이곳은 온통 비열한 책략에 당파와 파벌 투성이다. 휴식과 어둠만큼 명예로운 건 이제 없다……. 나는 완전히 은퇴하고 시골구석에 처박힐지 아니면 새로운 망명지로 떠날지 망설이고 있다."[27] 그래서 샤토브리앙은 엘리자 바치오키에게 『기독교의 정수』두 번째 판본을 나폴레옹에게 헌정하게 해달라고 간청했다. "영웅에게 바치는 헌사가 으레 그러하듯, 저 역시 간결하면서도 고결한 헌사를 바치고자 합니다. 부인은 이 특별한 분께 제가 얼마나 깊이 경탄하고 절대적으로 헌신하는지 잘 아실 겁니다."[28] 아부로 가득한 과장된 헌사였다. "당신의 운명에 하느님의 섭리가 담겨 있음을 인정할 수밖에 없습니다.

---

26 같은 저자, 『일반 서신』, 위의 책, 1부, p. 156.
27 앞의 책, p. 162.
28 앞의 책, p. 183.

하느님께서는 먼발치서 경이로운 섭리를 완수하기 위해 당신을 지목하셨습니다. 백성들이 당신을 바라보고 있습니다. 당신이 거둔 승리로 더욱 위대해진 프랑스는 당신이 '종교'를 국가의 근본이자 당신이 이룩한 번영의 근본이라고 천명하신 이후로 당신에게 희망을 걸고 있습니다. 당신이 돌려준 제단 아래에서 당신을 위해 기도하는 삼천만 교인들에게 계속해서 도움의 손길을 뻗어주시길 바랍니다."[29]

두 번째 판본은 1803년 4월 말에 출간되었다. 샤토브리앙은 기꺼이 곁에서 보필하려는 의지를 비쳤건만 끝내 나폴레옹의 총애는 받지 못했다. "얘기는 들었지만 사람들에게 다시는 그 문제를 거론하지 말라고 못 박았다. 샤토브리앙은 자유와 독립에 대한 자신만의 사상을 갖고 있어서 내 휘하로는 절대 들어오지 않을 것 같다. 억지로 친구를 만드느니 차라리 공공연한 적으로 두는 편이 낫다. 우선은 낮은 자리를 하나 내주어 시험해보고 괜찮으면 그때 승진시킬까 한다."[30] 몇 달 후에 샤토브리앙은 마침내 로마 주재 대사관에 자리를 얻었다. 1803년 5월 4일, 샤토브리앙은 엘리자 바치오키와 루이 퐁탄의 적극적인 후원을 받아 나폴레옹의 외숙부인 조제프 페슈(Joseph Fesch) 추기경을 보좌하는 로마 주재 공사관 서기로 임명되었다. 샤토브리앙은 그 일을 이렇게 미화했다. "그 만남 후에 보나파르트는 나를 로마에 낙점해두었다. 내가 자신에게 어떤 쓸모가 있을지 한눈에 간파했던 모양이다. 내가 그런 일에 경험도 없고 실질적으로 외교에 문외한이라는 사실쯤은 대수롭지 않게 여긴 듯하다. 이 정도 지성이면 뭐든 잘 알 거라고, 따로 일을 배울 필요는 없다

29 같은 저자, 『기독교의 정수』, 위의 책, 1권, p. 1284.
30 루이 앙투안 포블레 드 부리엔, 『나폴레옹에 대한 회상록, 총재정부, 통령 정부, 제국 그리고 왕정 복고』, 파리, 1829, 라드보카, 5부, p. 282.

고 생각했던 모양이다. 그는 인재를 발굴하는 데 일가견이 있었고, 상대의 재능이 널리 알려지지 않는 상태에서 오직 자신만을 위해 그 재능을 발휘하기를 바랐다. 명예욕이 강한 나머지 자신의 명성을 침해하는 것으로 여겼기 때문이다. 세상에는 오로지 나폴레옹만 있어야 했다."[31] 샤토브리앙의 허영심으로는 견디기 힘든 일이었다. 남들이 자신에 대해 이야기해주기를 간절히 바랐으니까.

어쨌든 샤토브리앙은 중요한 역할을 맡지 못해 실망했다. "하지만 당시에 나폴레옹은 샤토브리앙이 처음에는 거절했다가 에므리 사제(abbé Émery) 같은 성직자들의 간청에 겨우 마음을 돌렸다는 사실은 몰랐다 […]. 그들은 『기독교의 정수』 저자에게 로마에서 제1통령의 외숙부를 수행하는 일은 종교에 이롭고 중요한 일이라고 설명했다. 그리하여 샤토브리앙은 떠나기로 마음을 굳혔다."[32] 샤토브리앙은 대사직은 아니지만 마지못해 그 직위를 수락했다. 1803년 5월 26일, 샤토브리앙은 페슈 추기경을 기다리지도 않고 로마로 휑하니 가버렸다. 먼저 리옹에 들러서 자신의 저서가 거둔 성공만큼 환대를 받았다. 그는 엘리자 바치오키에게 보낸 편지에 자신이 얼마나 행복한지 언급했다. "저는 매일 온갖 미사여구로 찬양 받고 있습니다. 그러나 부인, 그건 공사관 서기가 아니라 어디까지나 『기독교의 정수』 저자로서 입니다(다들 제가 그런 지위보다 훨씬 대단한 가치를 가진 사람이라는 사실을 알고 있습니다. 부인께서도 제 재능을 있는 그대로 인정해주시길 바라옵니다). 모든 서적 상인들은 싫든 좋든 제가 책을 더 출간해주기를 바라고 있습니다. […] 로

---

31 F.-R. 드 샤토브리앙, 『죽음 저편에 대한 사색』, 위의 책, 1권, p. 492.
32 루이 앙투안 포블레 드 부리엔, 『나폴레옹에 대한 회상록…』, 위의 책, 5부, p. 346.

마에 도착하는 제 모습이 얼마나 근사할지, 저로 인해 대사관의 체면이 얼마나 설지 생각해 보십시오."[33] 그는 자신의 조언과 영향력이 페슈 추기경에게 도움이 되리라 확신했다. 그러나 페슈 추기경이 고마워하는 기색이 없자 샤토브리앙은 대사를 기다리라는 명령에도 아랑곳하지 않고 1803년 6월 15일에 리옹을 떠나 로마로 향했다. 그는 페슈 추기경을 수행하면서 여행할 마음이 조금도 없었다.

1803년 6월 27일 저녁, 로마에 도착한 샤토브리앙을 맞아준 건 후임인 페슈 추기경을 기다리던 프랑수아 카코였다. 샤토브리앙은 몹시 기뻤다. "아주 매력적인 자리를 차지했다. 하는 일 없이 떠받들리면서 격찬과 아첨을 받는 로마의 주인이다. 부족한 게 있다면 단 한 가지, 돈이다."[34] 사치를 좋아하는 사내에게 돈은 영원한 근심거리였다. 이튿날부터 샤토브리앙은 비오 7세를 영접하려고 서둘렀다. 이틀 후에 교황은 관례에 따라 공식적으로 대사를 소개받기 전에 샤토브리앙을 먼저 만나주었다. "[성하께서는] 더없이 기품 있고 다정한 태도로 나를 맞아주셨다. 친히 다가와 내 손을 이끌어 곁에 앉히시고는 친애하는 샤토브리앙 씨라고 불러주시면서 요즘 내 책을 읽고 감명 받았다고 말씀해주셨다[…]. 이렇게 좋은 분, 이보다 거룩한 성직자, 이보다 소박한 군주는 찾아볼 수 없을 듯하다……."[35] 사실 샤토브리앙은 교황을 알현하는 도중에 본분을 망각했다. 그래서 자신이 대변인이라도 되는 양 성직자들을 위해 프랑스에서 가톨릭교를 완전히 회복시키려면 국가조직법을 폐지해 그 범위를 제한함으로써 정교협약을 보완해야 한다며 태평하게 월

---

33 F.-R. 드 샤토브리앙,『일반 서신』, 위의 책, 1부, p. 211.
34 앞의 책, p. 229.
35 앞의 책, p. 231-232.

권하는 발언을 했다. 알현에 동석한 프랑수아 카코는 대사에게 정식으로 허락받지 않으면 공사 서기관에게 외교를 다룰 권한이 없다면서 샤토브리앙을 꾸짖었다.

사흘 후에 도착한 페슈 추기경 역시 나폴레옹에게 그 일을 전하면서 불만을 토로했다. 첫 번째 실수에 이어서 샤토브리앙은 로마에 망명 중이던 사르데냐(Sardaigne) 군주들을 멋대로 방문하는 실수를 또 다시 저질렀다. 그들은 페슈 추기경조차도 가급적 피하라는 명령을 받았던 요주의 인물들이었다. 몹시 역정이 난 페슈 추기경은 나폴레옹에게 보내는 편지에 이렇게 털어놓았다. "정말 난감한 인물입니다. 파리에서 들었던 말들이 실제로 일어났습니다. 로마에서 제가 겪게 될 가장 힘든 일은 분명 샤토브리앙 씨의 어처구니없는 야망으로 빚어지는 일일 거라 말씀하셨지요. [⋯] 그는 작품의 명성을 뛰어넘을 거라는 확신을 갖고 로마에 온 모양입니다. 하지만 이곳에는 그의 작품을 명백한 이단이라고 생각하는 학자들과 신학자들뿐입니다. 그런데도 마치 프랑스 종교를 재편하는 위인이라도 되는 양 신교도 파당과 교황청 사이에서 협상을 중재하려는 모양입니다."[36] 페슈와 샤토브리앙의 불화가 깊어지자 교황청과 파리까지 소문이 자자하게 퍼졌다. 퐁탄은 이 점을 우려했다. "샤토브리앙의 경거망동 때문에 제가 맹렬한 비난을 받았습니다. 이 딱한 친구가 자신과 제일 어울리지 않는 직업을 택한 건 아닌지 염려되는군요. 단언컨대 로마 대사는 분명 얼간이지만, 그래도 엄연히 절대 권력자의 외숙부 아닙니까. 가공할 만한 적을 곁에 두고 누구보다 근신해야 할 텐데 오히려 그에 대해 불평하는 서신들이 넘치고 있습니다. 아시다시피 가

---

36 기슬랭 드 디스바흐, 『샤토브리앙』에서 인용, 페랭 출판사, 1995, p. 176.

뜩이나 유럽에서는 무슨 소문이든 메아리 퍼지듯 금방 퍼지는데, 하필 소문의 근원지가 온갖 편지들이 개봉되는 우체국이나 다름없는 셈입니다. 그러니 비슷한 다른 기밀들은 어떻게 될지 생각해 보십시오. 로마, 콘살비 추기경, 교황이 앞장서서 대사에게 비난 받는 우리의 친구 샤토브리앙을 고발하고 있습니다. 교황도 이제는 일개 부영사보다 나을 바가 없는데, 샤토브리앙은 아직도 그 사실을 모르는 모양입니다."[37] 페슈 추기경은 샤토브리앙이 잠잠히 지내도록 여권 승인이나 소송 사건 같은 하찮은 일만 잔뜩 맡겼다. 그런 까닭에 샤토브리앙은 란첼로티 궁 (palais Lancelotti)의 거리 쪽 꼭대기 층, 벼룩이 득시글대는 비위생적인 로마의 여름 더위 속에 고립되었다.

샤토브리앙은 참다못해 폭발했다. "대사 서기는 나에게 너무 하찮은 자리다."[38] "[…] 나는 제일 중요한 자리에 앉아야 할 인물인데 말이다!"[39] 그는 나폴레옹에게 진정서를 썼다. 이 글이 바로 「로마 대사에 대한 고찰(Observations sur l'embassade de Rome)」이다. 애초에 명망 높은 대사가 되고자 했던 페슈 추기경의 초심 그리고 그의 야망과 도저히 양립될 수 없는 저속한 생활양식 사이의 괴리감을 강조하며 힐난했다. 페슈 추기경이 콘살비 국무장관 추기경에 비해 나약하다는 점도 지적했다. 뿐만 아니라 바티칸의 풍속도 고발했다. 요컨대 견디기 너무 힘든 상황이니 직책을 바꿔주든지 아니면 그리스에 보내달라고 요청했다. 나폴레옹은 로마에서 흘러나온 소문을 듣고 여전히 문인들을 후원하는 누이에게 이렇게 못 박았다. "샤토브리앙에 대해서는 더 이상 내게 말도 꺼내지

37 M. 비유맹, 『M. 샤토브리앙』에서 인용, 미셸 레비 프레르, 리브레르 에디퇴르, 1858, p. 124.
38 F.-R. 드 샤토브리앙, 『일반 서신』, 위의 책, 1권, p. 249.
39 같은 저자, 『죽음 저편에 대한 사색』, 위의 책, 1부, 15권, 7장, p. 527.

말거라. 작가로서의 재능은 높이 사지만 말썽꾼이라 내 일에 개입시키고 싶지 않구나."[40] 실제로 나폴레옹은 정치하는 지식인들에 대한 확신을 굳혔다. "[문인들과 학자들은] 감언이설로 교제를 유지해야 하는 아첨꾼들이어서 아내로 맞거나 대신으로 부릴 생각은 절대 하지 말아야 한다."[41]

샤토브리앙은 실망했지만 결국 로마에 남기로 했다. 연인 폴린 드 보몽을 땅에 묻어야 했던 상황도 한몫했다(당시 유명한 사교계 여성이자 문인이었던 폴린이 결핵에 걸려 죽어가면서도 연인을 찾아온 사연이 알려지자 당시 로마 내의 프랑스 사회에서 큰 연민의 대상이 되었다―옮긴이). 1803년 10월 중순에 폴린은 죽음이 임박한 채 로마에 도착했다. 그녀는 샤토브리앙의 결점들이 세간에 잊히는 데 일조했다. 로마의 많은 사람들이 비통함에 잠겨 그녀의 침상을 지켰다. 1803년 11월 4일, 폴린이 세상을 떠나자 성대한 장례가 치러졌다. 그러자 페슈 추기경은 샤토브리앙을 측근에 두고 관심을 늘리려 애썼다. 샤토브리앙도 태도가 누그러졌다. "만일 내가 봄에 사직한다면 모두가 만족스러워하는 가운데 물러나는 모양새가 되겠지요……. 하지만 이제 사임 시기는 중요하지 않습니다. 내가 아직 로마에 머물고 있을 뿐만 아니라 다들 나에게 무척 만족하고 있다고 당당하게 말씀하셔도 됩니다. 그게 진실이니까요."[42] 결국 얼마 지나지 않아 로마 공사관 서기직을 사임했다.

1803년 11월 29일, 샤토브리앙은 나폴레옹으로부터 발레(Valais, 현재

---

40 장 폴 클레망, 『샤토브리앙』에서 인용, 플라마리옹, 1998, p. 222.

41 생트 뵈브, 『샤토브리앙과 제국 치하에서의 그의 문학적 그룹』에서 인용, 모리스 알랭 출판사, 1권, pp. 320-321.

42 F.-R. 드 샤토브리앙, 『일반 서신』, 위의 책, 1권, p. 279.

스위스 남부에 있는 주―옮긴이) 지역 공사로 임명되었다. 발레는 프랑스에서 이탈리아로 이어지는 길목에 전략적 위치를 점유하는 신생 공국이었다. 산과 추위, 촌스러운 시골 풍경이 고작인 발레는 생각하기에 따라 망명이 될 수도, 다시없을 기회가 될 수도 있었다. 샤토브리앙은 시옹(Sion, 발레 주의 주도―옮긴이)으로 출발하기 전에 로마를 떠나 1804년 1월 말엽에 파리에 도착했다. 내심 시옹에 아주 잠시 머무는 동안 더 나은 대사직을 새로 얻어 옮겨가기를 바랐다. 그리고 운명처럼 발레의 망명자 신세를 면하게 되었다. 샤토브리앙은 시옹으로 떠나기 전에 파리에서 나폴레옹을 접견하기로 했다. 접견은 몇 주 동안 연기되다가 드디어 1804년 3월 18일로 정해졌다. 사실 공식 접견에 지나지 않았다. 두 사람은 서로 한 마디도 주고받지 않았다. 눈길만 오갈 뿐이었다. "그는 걸음을 멈추지 않고 지나갔다. 내게로 다가올수록 표정이 바뀌는 모습을 보고 놀랐다. 창백하고 해쓱한 두 뺨, 매서운 눈빛과 핏기 없는 안색은 어둡고 무시무시한 분위기를 풍겼다. 예전에 나를 끌어당겼던 매력은 온데간데없었다. 나는 그가 지나는 길목에 서 있는 대신 피하려고 몸을 움직였다. 그는 나를 알아보려고 애쓰는 듯 시선을 던지더니 내 쪽으로 몇 발짝 움직이다가 이내 몸을 돌려 멀어져갔다. 내가 어떤 경고처럼 느껴졌던 걸까?"[43] 이는 결별을 알리는 신호였다.

사흘 뒤인 1804년 3월 21일, 샤토브리앙은 일간지 판매인들이 외치는 소리를 듣고 앙기앵 공작의 처형 소식*을 알게 되었다. "그 외침은 흡사 천둥처럼 나를 덮쳤다. 그리고 나폴레옹의 인생을 바꾼 것처럼 내 인생을 바꾸었다. 나는 집으로 돌아가 아내에게 이렇게 말했다. '앙기앵 공

---

43 같은 저자, 『죽음 저편에 대한 사색』, 위의 책, 1부, 16권, 1장, p. 533.

작이 총살되었다는군.' 그리고 책상 앞에 앉아서 사직서를 쓰기 시작했다. […] 내용은 중요하지 않았다. 나의 견해와 과오가 사직 내용이었으니까. 물론 나폴레옹은 속지 않았다."[44] 편지 내용은 신랄했다. "통령께서 뱅센(Vincennes)에 파놓은 구덩이는 이제부터 각하와 저 사이에 넘을 수 없는 장벽이 될 겁니다. 전지전능한 통령께서도 절대 못 하실 일이 한 가지 있습니다. 바로 저를 당신이 거느린 무수한 하인들 중 한 명으로 만드는 일입니다. 당신은 가장 중요한 분이고, 저는 별 볼 일 없이 하찮은 인물이지요. 그래도 각하를 떠나는 쪽은 접니다. 당신은 천재이자 행복과 승리의 화신이라 불립니다. 하지만 당신보다 제가 더 강합니다. 저는 인간의 양심이라 불리니까요. 그리고 저로 인해 울려 퍼진 항변의 외침은 온 국민의 마음속에, 심지어 각하의 마음속에까지 메아리칠 테니 말입니다. 우리가 이 땅에서 사라지더라도 그 외침은 인류의 번영과 양심 속에서 불멸의 메아리가 되어 울려 퍼질 겁니다."[45] 외무장관인 탈레랑에게 보내는 편지는 더욱 신중했다. "의사들 말로는 제 아내의 목숨이 위태로울 정도로 건강이 나쁘다고 합니다. 이런 상황이라 아내의 곁을 한시도 떠날 수 없을 뿐더러 굳이 위험한 여행을 무릅쓰기 어렵습니다. 그리하여 발레 지역을 맡기면서 내려주신 위임장과 임무들을 정중히 고사하는 바이니 양해 바랍니다. 통령께서 영광스럽게도 제게 하

---

* 1803년, 런던에서 왕당과 행동주의자인 카두달(Georges Cadoudal)은 나폴레옹을 납치해서 제거하려는 음모를 꾸몄다. 그는 파리에서 체포되었는데, 심문 과정에서 자신이 체포되기 전에 어떤 왕족을 기다리고 있었다고 자백했다. 하지만 귀족의 이름은 밝히지 않았다. 그 왕족이 1789년에 망명을 떠나 바덴 지역의 에텐하임(Ettenheim)에 피신해 있던 부르봉 왕족인 앙기앵 공작이라고 생각한 나폴레옹은 1804년 3월 14일 밤과 15일 새벽 사이에 기병 소대를 시켜 그랑 콩데의 후손인 앙기앵 공작을 잡아오게 했고, 뱅센 성으로 끌고 가서 재판을 하고 처형시켰다.

44 F.-R. 드 샤토브리앙, 『죽음 저편에 대한 사색』, 위의 책, 1부, 16권, 1장, pp. 534-535.

45 장군 뤼미니, 『회상』, 에밀 폴 출판사, p. 159.

사하신 임무를 맡지 못하는 고통스러운 이유를 너그러이 헤아려주시기 바라며, 각하의 지극한 자비심에 맡기는 바입니다."[46] 속삭임처럼 보이지만 강렬한 외침이었다. 하지만 그 결별에 속은 사람은 아무도 없었다. 며칠 동안 샤토브리앙은 정말 아내의 건강을 염려하는 듯했다. 사실 나폴레옹은 무관심하다 못해 빈정거리기까지 했다. 그는 누이인 엘리자에게 위세 좋게 말했다. "네 친구 때문에 그동안 걱정이 많았겠구나."[47]

결별은 소리 없이 이루어졌다. 샤토브리앙은 자신의 진가에 맞는 적수를 찾아냈다. 요직을 맡지 못했지만 그를 보필하는 수고도 없었다. "감히 나폴레옹을 떠난 나는 그와 같은 반열에 올랐다. 그는 마치 내가 충심으로 맞서기라도 했다는 듯 나를 향해 온갖 권력을 휘둘렀다. 자신이 실추할 때까지 양날 검을 내 머리 위에 매달아놓았다. 가끔은 타고난 기질을 발휘해 자신이 누리는 치명적인 번영 속에 다시 나를 끌어들이려고도 했다. 가끔은 나 역시 그에게 탄복할 때도, 단순한 왕조의 변화가 아닌 사회 변혁을 목도하고 있다는 생각에 마음이 기울 때도 있었다. 그러나 수많은 관계 속에 서로 상충되는 성향이 다시 드러났고, 그가 나를 총살하려 한다면 나 역시 아무 죄책감 없이 그를 죽일 수 있을 것만 같았다."[48] 흔히 뭔가를 정말 싫어하는 이유는 으레 그 대상을 통해 자신에게 결핍된 부분이 보여서다. 그렇게 시작된 증오의 역사는 『죽음 저편에 대한 사색(Memoires d'outre-tombe)』이라는 걸작으로 탄생하게 되었다.

---

46 F.-R. 드 샤토브리앙, 『일반 서신』, 위의 책, 1권, p. 322.
47 같은 저자, 『죽음 저편에 대한 사색』, 위의 책, 1부, 16권, 1장, p. 536.
48 앞의 책, p. 537.

코르시카 사내와 브르타뉴 사내

나는 귀족으로 태어났다. 출신의 우연을 십분 활용했고, 마지막 순간이 임박한 귀족 계급 특유의 자유에 대한 더욱 굳건한 사랑을 간직했다. 귀족 계급은 연이은 세 번의 시대를 거친다. 우월성의 시대, 특권의 시대, 허영의 시대. 첫 번째 시도에서 나온 귀족 계급은 두 번째 시도에서 타락하고, 마지막 시대에서 꺼지고 만다.

프랑수아 르네 드 샤토브리앙

나는 조국이 쓰러져갈 때 태어났습니다. 삼만 명의 프랑스인들이 조국의 연안에 욕설을 퍼부으면서 자유의 왕좌를 피의 물결 속에 잠기게 했습니다. 내 눈길을 제일 먼저 사로잡은 것은 바로 그런 추악한 장면이었습니다.

나폴레옹 보나파르트
〈파스콸레 파올리(Pasquale Paoli)에게 보내는 편지〉, 1789년 6월 12일 나폴레옹은 코르시카에서 태어났다. 샤토브리앙은 브르타뉴 출신이었다. 원주민들 스스로도 항상 프랑스인이라는 점을 인정하기 힘들었던 두 지방의 앙팡테리블(생각보다 태도가 영악하고 조숙한 무서운 아이들을 뜻한다―옮긴이). 나폴레옹과 샤토브리앙도 다른 원주민들과 크게 다르지 않았다. 열정적으로 프랑스를 포용하기 전에는 둘 다 외떨어진 고장에서 자랐다. 나폴레옹은 야심찬 유지 집안 출신이었고, 샤토브리앙은 몰락한 귀족 가문 출신이었다. 한 아이가 몽상에 잠겨 있는 동안, 다른 아이는 호된 신고식을 치르고 있었다. 낭만주의에 투박한 전원주의로 응답하듯이.

*

"보나파르트의 본명은 부오나파르트(Buonaparte)다. 그는 이탈리아 원정 때도 그랬고, 서른세 살이 될 때까지 내내 그렇게 서명했다. 그러다가 서명을 프랑스식으로 바꾼 뒤로는 보나파르트라고만 했다. 그래서 나 역시 본인이 직접 바꾸고, 영원할 자신의 조각상 발치에 새겨 넣은 그 이름으로 글을 남긴다. […] 보나파르트는 1768년 2월 5일에 태어났다. 1769년 8월 15일이 아니라 […]. 그래서 보수 원로원은 1814년 4월 3일 성명서에서 나폴레옹을 '이방인'이라 칭했다."[1] 샤토브리앙은 나폴레옹의 출생 비밀부터 시작해서 적의에 찬 전설을 많이 만들어냈다. 보나파르트는 엄밀히 말하면 프랑스인이 아니라고 할 수 있다. 실제로 코르시카가 프랑스령이 된 건 코르시카의 독립투사 파스콸레 파올리가 루이 15세의 왕립 군대에 맞서 싸우다가 패배한 폰테 노보(Ponte-Novo) 전투 이후 일 년 만인 1769년 5월 8일의 일이었으니까.[*] 당시에 코르시카는 유럽에서 특별한 위치를 차지하고 있었다. 코르시카는 1755년부터 수장 파스콸레 파올리를 '통령'으로 내세운 독립 공화국이었다. 그 무렵은 유럽 강대국들이 둘로 나뉘어 한창 7년 전쟁에 빠져 있을 때였다. 파스콸레 파올리는 독립을 유지하기 위해 강대국들 사이의 반목을 능수능란하게 활용했다. 헌법을 갖춘 코르시카는 장 자크 루소(Jean Jacques Rousseau)가 크게 감탄할 만한 유럽 최초의 '민주주의' 국가였다(루소는 1764년 9월 파올리에게 코르시카의 헌법을 만들어달라는 요청을 받고 독립된 국가를 전

---

1   F.-R. 드 샤토브리앙, 『죽음 저편에 대한 사색』, 위의 책, 1부, 19권, 4장, pp. 674-675.

*   법적인 현실은 조금 더 복잡하다. 1768년 5월 15일 베르사유 조약으로 코르시카는 여전히 법적으로 제노바 공화국의 영토였지만 십 년 동안 프랑스의 지배를 받았다. 그 기간 동안 제노바 공화국은 프랑스에 프랑스 군비를 포함한 부채를 모두 상환해야 했다. 이 사실을 모르는 사람은 없었고, 특히 볼테르는 이렇게 말했다. "제노바 공화국은 코르시카를 아예 팔아 넘겼다. 제노바는 코르시카 왕국을 되살 형편이 안 될 뿐만 아니라 설령 되산다 해도 제노바 사람이라는 굴레를 쓰고 사느니 차라리 죽겠다고 맹세한 코르시카 국민을 상대로 나라를 유지할 가능성은 더욱 희박했기 때문이다."(볼테르, 『루이 15세 치하에 대하여(Précis du siècle de Louis XV)』, 『역사 전집』, 갈리마르, 《라플레야드》, p. 155.

제로 그에 걸맞은 법제도의 골격을 제안하는 초안을 작성했다―옮긴이). "용감한 국민이 자국의 자유를 되찾고 수호할 수 있었던 기질과 기백과 끈기는 분명 위인에게서 배웠다고 할 만하다. 언젠가 이 작은 섬이 유럽을 깜짝 놀라게 하리라는 예감이 든다."[2] 그럼에도 전략적 위치 그리고 민주주의가 군주주의 세계에 드러내는 위협 때문에 코르시카의 독립은 그다지 오래 지속되지 못했다. 프랑스 왕립 군대가 승리를 거두면서 독립도 끝났다. 그렇지만 샤토브리앙의 말이 완전히 틀린 건 아니었다. 1769년 8월 15일에 프랑스인으로 거듭났다고 해도 나폴레옹 부오나파르트는 오랫동안 스스로를 코르시카 사람으로 여겼다. "[…] 섬사람들은 대륙이 겪는 끊임없는 침입과 간섭을 면할 수 있어서 항상 독창적인 면이 있다. […] 그중에서도 산지 사람들은 기개가 의연하고 특유의 강인한 기질을 지니고 있다."[3] 나폴레옹은 어린 시절 내내, 특히 프랑스 왕립학교에 다니는 동안에도 코르시카에 완고하게 집착했다. 그 집착은 훗날 코르시카를 완전히 떠나면서 비로소 끝났다. 스물네 살이 되던 1793년 여름 이후로 두 번 다시 코르시카로 돌아가지 않았다. 그 부분에 대해서 샤토브리앙은 이렇게 말했다. "코르시카에서 태어난 나폴레옹은 그곳의 혁명 속에서 유년 시절을 보냈다. 초창기 그의 모습에서 느꼈던 건 냉정함이나 젊은이의 열정이 아니라 이미 정치적 열망으로 충만한 정신이었다."[4]

나폴레옹은 자신의 혈통뿐만 아니라 계보학자들마저 비웃으며 형 조제프에게 '가문의 계보학자'[5]라는 직위를 내렸다. 이탈리아의 리구리아

2 루소, 『사회계약론』, 갈리마르 출판사, 《라 플레야드》, p. 391.
3 라스 카즈, 『세인트헬레나 회상록』, 갈리마르 출판사, 《라 플레야드》, 1권, p. 653.
4 F.-R. 드 샤토브리앙, 『죽음 저편에 대한 사색』, 위의 책, 1부, 19권, 5장, p. 679.
5 라스 카즈, 『세인트헬레나 회상록』, 위의 책, 1권, p. 71.

(Ligurie) 주에 위치한 사르잔(Sarzane) 마을의 공증인 가문 출신인 부오나 파르트 가문의 역사는 17세기 말엽으로 거슬러 올라간다. 가문의 일원인 무어인 프란체스코(Francesco le Maure) 혹은 바사네(Basané)라는 용병이 아작시오(Ajaccio)에 자리 잡은 건 1514년 8월이었다. 이어서 부오나파르트 가문은 아작시오의 세습 귀족 가문으로 승격되었다. "신문에 보나파르트 일가의 우스꽝스럽고 보잘것없는 계보가 실렸다. 누가 보나파르트 일가가 언제부터 시작되었느냐고 묻는다면 대답은 아주 간단했다. 브뤼메르 18일부터라고 말하면 된다."[6] 달리 뭐라고 하겠는가? 그런데 나폴레옹에게도 분명 아버지가 있었다. 열정적이고 매력적인 남자였던 카를로 마리아 보나파르트(Carlo-Maria Bonaparte)는 아들의 인생에서 그다지 중요한 자리를 차지하지 못했다. 물론 1785년에 서른아홉 살이라는 젊은 나이로 세상을 떠난 탓도 있었다. 그리고 아들들을 프랑스 왕립학교에서 공부시키느라 일찍감치 멀리 떼어놓은 탓에 부자관계도, 아버지에 대한 기억도 소원했는지 모른다. 하지만 아버지의 역할은 결정적이었다. 나폴레옹은 아버지의 빈자리와 낭비벽을 비난하면서도 성향에 대해서는 대단히 강렬한 이미지를 간직하고 있었다. "크고 훤칠한 키에 잘생긴 분이셨다. 로마에서 교육을 받았고, 피사에서는 법률 공부를 하셨다. 아버지는 열성적이고 활기찬 분이었다. 프랑스에 굴복하자고 제안한 코르시카 특별의회에서 그곳에 모인 지성인들을 들끓게 한 연설을 한 사람도 아버지였다. 당시 아버지는 약관의 나이였다. '자유를 얻는 데 가장 중요한 것이 의지라면[…] 모든 국민들이 자유로울 겁니다. 하지만 우리는 역사를 통해서 활력과 용기, 미덕을 갖추지 못하면 자유를 얻지

---

6 나폴레옹 보나파르트, 〈르 모니퇴르〉, XIII년 메시도르 25일.

도, 자유의 혜택을 누리지도 못한다는 사실을 뼈저리게 배웠습니다'."[7] 나폴레옹과 그 일가는 아버지가 한 말이라고 늘 주장했지만, 사실은 파올리가 한 말이라고 보는 편이 더 확실하다. "만일 운명이라는 책에 세상에서 가장 위대한 군주는 세상에서 가장 보잘것없는 국민을 상대로 싸워 힘을 겨루어야 한다고 적혀 있다면, 마땅히 우리는 자부심을 갖고 명예롭게 살다가 죽을 겁니다……. 우리는 아무 희망도 없지만 죽을 각오로 맞서 싸워서 무찌를 겁니다."[8] 사실 샤를 보나파르트(카를로의 프랑스식 이름—옮긴이)는 파올리 지지자였다. 상대적으로 살림이 넉넉한 변호사였지만 부유하지는 않았다. 그에게 업무와 정치, 여자 외에 가장 중요한 관심사는 가족이었다. 귀족 작위를 얻고, 자식들을 프랑스 최고의 학교에 보내 교육시키려고 복잡한 과정을 거친 것도 모두 가족을 위해서였다. 그리고 항상 가족의 생계유지에 필요한 후원금을 찾아다녔다. 하지만 정작 자신이 꿈꾸던 삶은 살지 못했다. 파올리의 신임을 받던 그는 1768년과 1769년 군사작전에 참여했다. 파올리의 망명지까지 따라가려 했지만 이성과 책임감 때문에 결국 코르시카에 남아 프랑스를 선택했다. 그렇게 해서 코르시카 최고회의의 변호사가 되었고, 1777년에는 귀족 대표가 되었다. 1778년에는 프랑스 루이 16세로부터 귀족 작위를 하사 받았다. 그리고 샤를 보나파르트의 아름다운 아내 마리아 레티치아 라몰리노(Maria-Letizia Ramolino)에게 반한 프랑스 총독 루이 샤를 르네 드 마르뵈프(Louis Charles René de Marbeuf)의 비호를 받았다.

나폴레옹의 어머니는 "당대 최고의 미녀로, 미모에 대한 명성이 섬에

---

7   라스 카즈, 『세인트헬레나 회상록』, 위의 책, 1권, p. 72.
8   앙투안 마리 그라지아니, 『파스콸레 파올리, 코르시카의 국부』에서 인용, 탈랑디에 출판사, p. 23.

자자했다[…]. [어머니는] 정신력이 강하고 의연하며 고상하고 자부심이 강한 여성이었다."[9] 그녀는 열다섯 살에 가족의 강요로 자신을 사랑하지 않는 열여덟 살 남자와 결혼했다. 두 사람의 자식들은 결코 알지 못했지만, 카를로와 레티치아의 결혼은 종교적으로 무효나 다를 바 없었다. 자신이 사랑했던 여자를 포기할 수밖에 없어서 화가 난 카를로가 레티치아와 결혼할 때 아작시오 성당에 가기를 거부했기 때문이다. 하지만 아내의 내조에 이내 분노는 가라앉았다. 레티치아는 자녀를 열셋이나 낳았지만 그중 여덟 명만 살아남았다. 연이은 임신과 집안 살림으로 너무 바빠서 나폴레옹에게 애정을 많이 쏟지 못했다. 어머니는 처음에는 형 조제프를, 그 다음에는 동생 뤼시앵을 편애했다. 하지만 나폴레옹은 어머니를 깊이 존경했다. "어린 시절 어머니의 훈육 덕분에 이렇게 높은 지위에 오를 수 있었다. […] 어머니는 내 성격에 지혜롭게 영향을 미치셨다. […] 출세와 내가 이룬 모든 것이 어머니의 올바른 신조 덕분이다. 모두 어머니 덕분이다."[10] 그렇다고 해도 프랑스에서 보낸 시간이 길어서 모자 사이에는 어느 정도 감정적인 거리가 존재했다. 무엇보다 레티치아 보나파르트가 마르뵈프 총독과 연인 관계여서 나폴레옹의 친부에 대한 온갖 추측과 불신이 난무했다. 훗날 나폴레옹은 직접 이 문제를 언급했다.

*

"나는 저항했고, 삶을 혐오했다. […] 태어날 때부터 거의 죽은 목숨

---

9 라스 카즈, 『세인트헬레나 회상록』, 위의 책, 1권, pp. 74-75.
10 파트리스 구에니피, 『보나파르트』에서 인용, 갈리마르 출판사, p. 73.

과 다를 바 없었다. 추분을 알리는 돌풍으로 거세진 파도의 노호에 묻혀서 내 울음소리는 들리지도 않았다. 자라면서 그 이야기를 종종 들었다. 세세하고 슬픈 속사정은 결코 뇌리에서 지워지지 않았다. 과거에 대한 몽상에 잠길 때마다 내가 태어난 암벽 위의 성, 어머니가 나에게 삶이라는 고통을 주었던 방, 나의 첫 잠을 어르고 재워주었던 폭풍우 소리, 언제나 나를 불행 속으로 끌고 다닌 이름을 물려주고 떠났다는 박복한 형이 머릿속을 떠난 날이 단 하루도 없었다. 하늘은 요람 속에 내 운명의 이미지를 심어주려고 그토록 다양한 상황들을 모은 모양이다."[11] 비극에 대한 예리한 감각을 지닌 낭만주의자 프랑수아 르네 드 샤토브리앙은 1768년 9월 4일에 태어났다. 반항적인 귀족 가문 출신답게 평생 반항적인 성격을 유지하며 절대주의 왕정의 간섭에 맞서 지방의 이익을 옹호했다. 샤토브리앙 가족은 귀족 작위에 합당한 선조들의 무훈과 업적(헤이스팅스(Hastings) 전투와 부빈(Bouvines) 전투, 성 루이(Saint Louis)와의 투옥 생활)이 무색하게도 늘 가난하게 살았다. 그래서 샤토브리앙의 아버지는 재산을 모아 가문을 다시 일으키는 일에 평생을 바쳤다. "아버지를 사로잡았던 단 하나의 열정은 바로 가문이었다. 아버지는 늘 침묵을 지키셨다. 이따금 나이 들수록 늘어가는 깊은 슬픔과 격노를 표출하실 때 외에는 좀체 침묵을 깨지 않으셨다. 가문을 처음처럼 찬란하게 되살리려는 희망으로 탐욕스러웠고, 브르타뉴 공국의 귀족이라는 자부심으로 거만했으며, 아랫사람들에게는 더없이 엄격했고, 집안에서는 과묵하고 독선적이고 가부장적인 가장이었다. 자식들이 아버지를 보면 느껴지는 감정은 두려움이었다."[12]

---

11 F.-R. 드 샤토브리앙, 『죽음 저편에 대한 사색』, 위의 책, 1부, 1권, 2장, pp. 17-18.

청년 귀족이었던 샤토브리앙의 아버지 르네 오귀스트 드 샤토브리앙 (René Auguste de Chateaubriand)이 할 수 있는 일은 아무것도 없었다. 가정 형편은 변변찮았다. 그는 왕립해군사관학교에 들어가려다가 퇴짜를 맞았다. 가난해서 입학이 허락되지 않았기 때문이다. 샤토브리앙의 아버지는 가난한 농부의 삶을 거부하고 관습을 무시하며 생말로(Saint-Malo)에서 귀족들에게 허용된 해상 무역에 뛰어들었다. 아이들이 수없이 들으면서 자란 가족의 전설은 바로 이 장면에서 시작되었다. "당시 아버지가 드러낸 첫 번째 성격은 익히 알던 단호한 면모였다. 아버지가 열다섯 살 무렵이었다고 한다. 모친의 염려를 알아차린 아버지는 할머니가 누워계신 침상으로 다가가 이렇게 말했다. '이제 더 이상 어머니께 부담이 되고 싶지 않습니다.' 그 말에 할머니는 울기 시작하셨다[…]. 그리고 이렇게 대답하셨다고 한다. '르네, 대체 뭐가 하고 싶어서 그러는 게냐? 그냥 밭을 일구면 안 되겠니?' '그래서는 먹고 살 수 없습니다. 떠나게 해주세요.' '그렇다면 신이 이끄시는 대로 네 길을 가려무나.' 할머니는 흐느껴 울면서 자식을 끌어안으셨다."[13] 소년 견습 선원, 수습 선원에 이어 항해사가 된 르네 드 샤토브리앙은 강인한 기질을 증명했다. 테르 뇌브(Terre-Neuve, 현재 캐나다의 뉴펀들랜드—옮긴이) 연안에서 석 달 동안 낚시를 한 다음 마르세유(Marseille)나 제노바(Gênes)로 가서 어획물을 파는 원양 항해였다. 그곳에서 포도주, 기름, 담배, 비누 같은 값나가는 상품을 배에 묵중하게 싣고 생말로로 돌아가는 길에 있는 항구에서 되팔았다. 한 번 출항하면 족히 열 달은 걸리는 원정이었다. 그런 식으로 십오 년이 지난 후,

---

12 앞의 책, 1권, 1장, p. 15.
13 앞의 책, p. 14.

오스트리아 왕위 계승 전쟁 동안 사략선의 선장이 되어서 영국 선박들을 습격해 화물의 일부를 빼앗았다. 전쟁이 끝난 다음에도 원정을 계속 다녔고, 산토도밍고(Santo Domingo)에서는 아프리카 연안의 노예선을 지휘했다. 그리고 마침내 생말로에 저택을 세웠다. 그렇지만 재산을 축적한 르네에게는 아직 완수해야 할 두 번째 운명이 남아 있었다. 바로 샤토브리앙이라는 가문의 명성을 회복하는 일이었다. 1761년 5월 3일, 그는 높은 탑들과 총안 그리고 돌출 회랑을 갖춘 낡은 봉건제의 성이 있는 콩부르(Combourg) 백작령을 매입했다. 1762년 11월에는 브르타뉴 삼부회 모임에도 참여할 수 있게 되었다. 그런데 콩부르는 지상 낙원과는 거리가 먼 곳이었다. "콩부르 사람들은 미개하기 짝이 없었고, 콩부르는 이제껏 본 중에서 가장 더럽고 투박한 지역이었다. 창문도 없는 흙집들, 하도 부서져서 행인들마저 발길을 멈추게 만드는 포석……. 그런 곳에 성이 한 채 있었고, 심지어 그 안에서 사람들이 살았다. 그런 저택을 소유하고, 엄청난 오물과 빈곤함 속에서 살만큼 강철 신경을 지닌 샤토브리앙이라는 사람은 대관절 누구일까?"[14] 아들의 묘사에 의하면, 아버지 샤토브리앙은 "키가 크고 무뚝뚝했다. 매부리코에 얇고 창백한 입술, 흡사 사자나 옛날 야만인들처럼 작고 움푹 들어간 짙은 파란색 혹은 청록색의 눈을 가졌다. 그런 눈빛은 한 번도 본 적 없었다. 분노가 차오르면 번득이는 눈동자가 금방이라도 튀어나와 총알처럼 나를 후려칠 것만 같았다."[15]

르네 드 샤토브리앙은 1753년에 아폴린 드 베데(Apoline de Bedée)와 결

14 아더 영, 『프랑스, 에스파냐, 이탈리아 여행』, 레쾨브르 르프레장타티브 출판사, p. 87.
15 F.-R. 드 샤토브리앙, 『죽음 저편에 대한 사색』, 위의 책, 1부, 1권, 1장, p. 15.

혼했다. 그다지 명망 높은 집안은 아니지만 훨씬 부유하고 사교계 출입이 자유로운 가문이었다. 결혼 덕분에 콩부르의 혈통과 재정은 보장되었다. 샤토브리앙은 어머니에 대해서도 별다른 애정을 품지 않았다. "어머니의 넘치는 교양과 풍부한 상상력은 프랑수아 페늘롱(François Fénelon), 장 라신(Jean Racine), 세비녜 부인(Mme de Sévigné)의 책을 읽고 루이 14세 궁정의 일화들을 들으면서 다듬어졌다[…]. 이목구비가 시원한 어머니는 까무잡잡한 피부에 작고 못생긴 편이었다. 하지만 기품 있는 품행과 활달하면서도 우아한 거동은 아버지의 엄격하고 차분한 성격과 사뭇 대조를 이루었다. 아버지는 고독을 좋아하는 반면 어머니는 사교 생활을 좋아했고, 아버지가 차분하고 냉정한 반면 어머니는 생기발랄하셨다. 그래도 남편이 눈살을 찌푸릴 만한 취미 생활은 하지 않으셨다. 대신 남편에 대한 불만 때문에 원래의 유쾌하고 명랑한 성격은 차츰 우울해졌다. 말하고 싶을 때 입을 다물어야 했던 어머니는 답답함을 토로하듯 한숨 섞인 요란한 슬픔으로 아버지의 소리 없는 슬픔을 방해했다."[16]

*

샤를 보나파르트는 다가가기 힘든 아버지였지만, 자식들의 미래와 교육에는 신경을 많이 썼다. 그는 귀족 작위를 인정받은 후에 마르뵈프 총독의 후원을 받아 오툉(Autun) 왕립학교에 조제프와 나폴레옹을 입학시켰다. 오래 전부터 세워둔 계획이었다. 구체제 사회에서 특권을 누릴

---

16 앞의 책, p. 16.

수 있는 계층은 귀족과 성직자뿐이었다. 삼부회는 온갖 특전에서 동떨어져 있었다. 샤를 보나파르트는 그 점을 알고 있었다. 그래서 귀족 작위를 얻는 일과 장학금을 후원해줄 재정 원조를 찾는 일에 혈안이 되었다. 샤토브리앙은 위대한 운명을 만드는 전조들을 늘 명석하게 알아챘다. "어떤 사람이 유명해지면 그에 얽힌 일화들을 지어낸다. 전기 작가들에 따르면 위인의 운명을 타고난 아이들은 혈기왕성하고, 떠들썩하며, 길들일 수 없는 기질을 갖고 있다고 한다. 뭐든지 닥치는 대로 배우거나 아무것도 배우지 못한다. 또한 성격이 우울해서 친구들과 어울리지 못하고 홀로 몽상에 잠기거나 이미 친구들에게 위협적인 존재가 된 경우도 허다하다.[…] 하지만 장차 어떻게 될 조짐이 보인다는 말 따위는 아무런 의미도 없다. 우리는 상황에 따라 얼마든지 달라지는 존재니까. 명랑하든 우울하든, 조용하든 요란스럽든, 학업에 재능을 보이든 안 보이든 그 정도로는 미래를 예측할 수 없다. […] 나폴레옹은 동년배 아이들보다 출중한 점이 별로 없는, 평범한 소년이었다. […] 그는 이렇게 말하곤 했다. '나는 고집 세고 호기심이 왕성한 아이였다.' […] 아버지의 품을 떠날 때만 해도 아는 거라곤 이탈리아어 밖에 없었다. […] 나폴레옹이 악필이 된 연유도 분명 무식함을 감추기 위해서였을 것이다."[17] 나폴레옹이 대단한 명예를 얻게 되리라고 예측할 만한 구석은 조금도 없었다. 오히려 어느 모로 보나 별 볼일 없는 사람이 될 징조만 무성했다. 그러나 나폴레옹은 급격한 변화 속에서 열정적인 기질로 스스로를 단련시켜 운명을 일구어냈다. 가족, 파올리, 코르시카와도 단절했다. 나폴레옹은 결코 자신의 의지는 어느 누구도 길들일 수 없다고 늘 주장했

---

17 앞의 책, 19권, 5장, pp. 679-680.

다. "사실 나는 언제나 안하무인으로 명령을 내렸다. 어렸을 때부터 성격이 강해서 주변 상황도 힘으로 장악했고, 권력을 쥐고부터는 지배자도 법도 안중에 없었다."[18]

1778년 12월, 나폴레옹은 형 조제프와 함께 코르시카를 떠나 당시 프랑스에서 가장 유서 깊은 명문학교인 오툉 왕립학교에 입학했다. 아홉 살부터 열일곱 살이 될 때까지 가족과 만나지도, 고향에 가지도 못한 채 지냈다. 그로부터 넉 달 후에 나폴레옹은 파리 사관학교에 가기 위한 준비 과정으로 열두 개의 왕립 사관학교 중 하나인 브리엔(Brienne) 사관학교로 옮겼고, 조제프는 그대로 오툉에 남았다. 임종이 가까워 오던 뤼시앵 숙부가 조제프에게 보낸 편지를 통해서도 알 수 있듯이 나폴레옹은 집안에서 권력을 쥐고 있었다. "조제프, 네가 장남이지만 어디까지나 가장은 나폴레옹임을 잊지 말거라. 그건 […] 진정한 상속권 박탈이었다."[19] 브리엔 사관학교는 가문의 부양을 받는 학생 60여 명과 왕정의 후원을 받는 학생 60여 명을 입학시켰다. 무일푼이 된 귀족이 군대 고위 계급에 오를 수 있게 하려는 왕가의 의지 때문이었다. 보나파르트는 사관학교를 오 년간 다녔다. 반항적인 기질이 구축되기에 충분한 시간이었다. 일정하고 엄격한 시간표에 맞추어 종교 수련과 훈련이 이어졌다. 세상과 단절되어 홀로 남겨진 어린 소년에게는 가혹한 체제였다. 오 년 동안 나폴레옹은 면회 온 부모를 딱 한 번 만났을 뿐이다. "나는 학급 친구들 중에서 제일 가난한 아이였다. 친구들은 용돈이 두둑했지만, 나는 무일푼이었다. 하지만 자존심이 강해서 그 사실을 아무도 눈치 채지

---

18 라스 카즈, 『세인트헬레나 회상록』, 위의 책, 2권, p. 232.
19 앞의 책, 1권, p. 82.

못하도록 각별히 조심했다……. 나는 다른 아이들처럼 웃을 줄도, 놀 줄도 몰랐다. 학생 보나파르트는 성적은 좋았지만 사랑은 받지 못하는 아이였다."[20] 학교 규칙은 엄격하면서도 혹독했다. 학기 중에는 집에 돌아가지 못했고, 난방도 되지 않는 좁은 감방 같은 침실에서 보내는 겨울은 특히 고달팠다.

프랑스어를 잘 못해서 영락없는 외국인처럼 보인 나폴레옹은 거만하고 과묵하고 공격적이어서 브리엔 사관학교 동료들 사이에서 독보적인 존재였다. 1779년 5월 15일, 처음 학교에 도착했을 때 교장이 이름을 묻자 나폴레옹은 코르시카 방언이 강하게 섞인 서툰 프랑스어에 이탈리아 발음으로 대답했다. 그래서 학생들은 "나폴레오네(Napoléoné)"라는 이름을 "파요네(paille au nez, 코에 붙은 지푸라기—옮긴이)"라고 바꿔 부르면서 놀렸다. 그때 나폴레옹은 친구 루이 드 부리엔(Louis de Bourrienne)에게 큰소리쳤다. "내가 할 수 있는 못된 짓을 너희 프랑스 놈들에게 모조리 해주마."[21] 그런데 브리엔 사관학교는 일부 사람들이 묘사한 것처럼 지옥은 아니었다. 그 시기는 나폴레옹에게 무척 중요하고 행복한 시절이기도 했다. "브리엔은 나에게 특별한 곳이다."[22] 그 역시 1805년 4월 모교를 다시 찾았을 때 그렇게 털어놓았다. 그때 나폴레옹은 수행원단 곁에서 슬그머니 사라져 브리엔 영지를 세 시간이나 거닐면서 어린 시절의 추억에 잠겼다. 특히 교내 사제들의 주도로 학생들을 대대와 중대로 배치하고 생도들 중에서 대장을 정해 벌였던 전투들을 떠올렸다. 어느 해인

---

20 루이 비비앙 드 생 마르탱, 『나폴레옹, 통령 정부와 제국의 역사』에서 인용, E. 와 V. 프노 형제, 1841, p. v.

21 F.-R. 드 샤토브리앙, 『죽음 저편에 대한 사색』, 위의 책, 1부, 19권, 5장, p. 680.

22 파트리스 구에니피, 위의 책에서 인용, p. 56.

가 나폴레옹은 중대장으로 임명되었다. "그런데 교내 군법회의에서 나폴레옹은 동급생들에게 명령을 내릴 자격이 없다고 선언했다. 그 판결로 강등되어 대대 최하위로 내쫓기고 동급생들 사이에서 누리던 특별한 지위도 빼앗겼다. 나폴레옹은 그런 불명예에도 무덤덤해 보였다. 어쩌면 자존심이 너무 강해서 속상한 티를 내지 않았는지도 모른다."[23] 나폴레옹은 이듬해 겨울에 그 일을 설욕했다. 눈이 펑펑 내려서 운동장을 이용할 수 없게 되자 친구들에게 자신이 고안한 놀이를 제안했다. 당시 학생들 중 한 명은 그때의 이야기를 이렇게 전했다. " '얘들아, 재미있는 놀이가 생각났어. 삽을 들고 나가서 운동장에 쌓인 눈을 이용해 서로 통로를 터서 각보(角堡, 원추형 축성 방법―옮긴이)를 만들고 참호를 판 다음 흉벽을 만드는 거야. 그렇게 첫 번째 작업이 끝나면 소대로 팀을 나눠서 눈덩이로 포위전을 벌이는 거지. 이 놀이는 내가 만들었으니까 공격 명령도 내가 내리겠어.' 나폴레옹이 선언하듯 말하자 들뜬 아이들은 신이 나서 제안을 받아들였다. 아이들은 시키는 대로 했고, 작은 전쟁놀이는 무려 이 주일 동안이나 계속되었다. 눈덩이를 뭉칠 때 눈 속에 자갈이나 작은 돌멩이들을 섞는 편법이 등장했고, 결국 공수 가릴 것 없이 양쪽 생도 몇 명이 제법 심각한 부상을 입은 뒤에야 놀이가 끝났다."[24]

그 무렵은 나폴레옹이 지적으로 단련되는 시기이기도 했다. 군대 축성술 수업 외에도 프랑스어, 라틴어, 수학, 역사, 지리는 물론이고 그림과 음악, 검술 수업까지 받았다. 그는 자존심이 강해서 급우들에게 뒤처지지 않으려고 악착같이 공부했고, 고대사에 특히 열성적이었다. "쉬

---

23 앙드레 카스틀로, 『보나파르트』에서 인용, 파리, 페랭 출판사, 1967, p. 35.
24 앞의 책, p. 36.

는 시간에도 공부했고, 심지어는 낮에 배운 내용을 복습하느라 밤을 새우기 일쑤였다. 타고난 기질상 학급에서 일등을 하지 않고는 못 배겼다."[25] 당시에 그리스 로마 시대의 고전은 빠지면 안 되는 학습 자료였다. 나폴레옹은 도서관 사서가 귀찮을 만큼 "이를테면 맹렬한 기세로 열정적으로"[26] 책들을 섭렵했다. 특히 위인전이나 역사 또는 군사학 관련 도서, 지리학과 과학 개론서 그리고 피에르 코르네유(Pierre Corneille), 라신, 라퐁텐(Jean de La Fontaine), 보쉬에(Jacques-Bènigne Bossuet), 페늘롱, 에스프리 플레시에(Valentin Esprit Fléchier), 마시용(Jean-Baptiste Massillon), 부알로(Nicolas Boileau) 같은 작가들의 고전 작품과 타키투스(Tacitus), 수에토니우스(Suetonius), 티투스 리비우스(Titus Livius), 베르길리우스(Vergilius), 호메로스(Homeros) 같은 고전 작품 번역본, 무엇보다 플루타르코스(Plutharcos)의 『영웅전(Bioi Paralleloi)』에 심취했다. 말하자면 알렉산더 대왕(Alexandros), 카이사르(Cesar), 키케로(Cicero), 브루투스(Brutus) 같은 고대 영웅들이 교차되는 전기를 통해 상상력을 단련시켰다. "역사책을 읽으면서 나도 최고위직에 오른 인물들만큼 위대해질 수 있겠다는 자신감이 일찌감치 들었다."[27]

1783년 학년 말에 사관학교 장학관은 나폴레옹이 파리 왕립사관학교(École royale militaire de Paris)에서 학업을 마칠 자격이 있다고 판단했다. "1769년 8월 15일 출생, 4피에(pied, 약 32.48센티미터), 10푸스(pouce, 약 2.7센티미터), 10리뉴(ligne, 약 1센티미터)의 신장(약 166센티미터—옮긴이)을 가진 부오나파르트 군(나폴레옹)은 4년 과정을 마쳤다. 체력도 좋고 건강 상태도 양

25 앞의 책, p. 39.
26 라스 카즈, 『세인트헬레나 회상록』, 위의 책, p. 80.
27 콜랭쿠르 장군, 『황제와 함께 러시아 썰매를 타고』, 아를레아, 2013, p. 160.

호하며, 순종적이고 정직하며, 감사할 줄 아는 품성을 가졌고, 품행도 매우 방정하다. 수학 성적은 항상 탁월하다. 역사와 지리는 곧잘 하고, 무용과 라틴어는 조금 취약하지만 이제 겨우 4학년을 마쳤을 뿐이니 이정도면 훌륭한 군인이 될 재목이다. 파리 왕립사관학교에 갈 자격이 충분하다."[28] 하지만 나폴레옹은 일 년 후에야 그 학교에 입학했다. 교사들이 판단하기에 나폴레옹이 너무 어렸기 때문이다. 당시 나이가 겨우 열네 살이었다. 1784년 10월에 나폴레옹은 마침내 파리 왕립사관학교에 입학해서 엘리트 장교 양성 교육을 받았다.

파리 왕립사관학교는 엄격했던 브리엔 사관학교에 비해 호화로웠다. 나폴레옹은 학교 교감에게 보내는 의견서에서 이렇게 탄식을 늘어놓았다. "생도들이 하인을 거느리지 않나, 제대로 된 식사를 매일 두 번이나 하다니요? 뿐만 아니라 마술교관은 물론이고 말들까지 상당히 고가인 승마 열병까지, 과연 그런 호사가 군이 필요할까요? 스스로 식사 준비까지 하는 건 학업의 흐름을 끊을 수 있으니 그렇다쳐도, 군용 빵이나 그 비슷한 뭔가로 검소한 끼니를 직접 챙기는 편이 낫지 않겠습니까? 제 손으로 군복의 먼지를 털고 구두와 군화를 닦게 해도 좋을 듯합니다. 혹시 가난해서 군복무를 할 수밖에 없는 처지라고 하면, 그것이야말로 진정한 교육이 되지 않겠습니까? 그러면 옷매무새를 가다듬는 검소한 생활로 더욱 강건해지고, 계절의 악천후에도 용감하게 맞설 테고, 전쟁의 피로를 굳건히 견딜 것이며, 그런 장교의 명령을 따르는 병사들도 맹목적인 존경과 헌신을 바칠 것입니다."[29] 그해는 빠르게 지나갔다. 훗날 포병

28 조르주 보르도노브, 『나폴레옹』에서 인용, 제뤼 출판사, 2002, p. 24.
29 루이 앙투안 포블레 드 부리엔, 『나폴레옹에 대한 회상록…』, 위의 책, 1권, p. 44.

대에서 유용하게 쓰일 수학과 지리학에 대한 지식을 심화하는 시간이었다. 그는 1785년 9월에 58등에서 42등으로 성적이 향상되었다. 불과 한 학년 만에 두각을 드러낸 보기 드문 생도로, 칭찬받을 만했다. 나폴레옹은 직업 군인의 길을 택해 포병대의 부중대장으로 부임했다. 장차 영광을 향한 첫 걸음이 될 선택이었다.

몇 달 후인 1785년 2월 14일, 나폴레옹은 "소중한 사람들이 있는 고향에서 백 리외(약 400킬로미터—옮긴이)나 떨어진, 아는 이 하나 없는 타지에서"[30] 아버지가 돌아가셨다는 부고를 받았다. 세상 경험이 그다지 많지 않은 이상주의자 청년 특유의 고집으로, 코르시카가 프랑스에 병합되는 데 아버지가 기여했던 일을 맹렬히 비난했던 터라 여전히 아버지에 대한 애정은 깊지 않은 편이었다. 그러나 살면서 가장 영광스러웠던 순간인 1804년 12월 2일 대관식에서 나폴레옹은 형을 향해 몸을 돌려 이렇게 말하면서 아버지를 기렸다. "아버지께서 우리 모습을 보셔야 하는데!"[31] 자신을 위해 많은 일을 해주었던 한 사내에 대한 깊은 감사의 표현이었다.

*

나폴레옹과 마찬가지로 샤토브리앙 역시 외로운 어린 시절을 보냈다. 어린 시절은 두 사람 모두에게 낭만주의로 물든 영광에 대한 꿈을 키우는 시간이었다. "나는 태어나자마자 어머니의 품을 벗어나 시골

30 루이지 마스킬리 미글리오리니, 『나폴레옹』에서 인용, 파리, 페랭 출판사, 2006, 《템푸스》, p. 29.
31 자크 뱅빌, 『나폴레옹』에서 인용, 파리, 탈랑디에 출판사, 2012, 《텍스토》, p. 234.

마을 플랑쿠에(Plancouët)의 외가댁에 맡겨지는 생애 첫 망명을 가야 했다."[32] 그곳 외할머니 댁에서 생후 삼 년을 보냈다. 샤토브리앙은 플랑쿠에에서 자라면서 강인하게 단련된 듯했다. 샤토브리앙에게는 누나 여섯과 형 셋이 있었는데, 그중 형 한 명과 누나 네 명만 살아남았다. 샤토브리앙은 네 살 무렵 생말로에 돌아와서도 살뜰한 보살핌을 받지 못했다. 늘 유모들의 품을 전전했다. "[어머니의] 애정은 모두 형에게만 집중되었다. 나머지 자식들에게는 그다지 신경 쓰지 않고 장남인 어린 콩부르백작만 맹목적으로 편애하는 모습을 보이셨다. […] 결국 나는 사람들의 손에 맡겨졌다. 게다가 교양과 기품이 넘치는 어머니는 사교생활과 종교적인 의무들에 몰두했다. […] 어머니는 정치, 떠들썩한 분위기, 사교계를 좋아하셨다[…]. 기질적으로 산만한 상상력의 소유자인 데다 검소하고 잔소리가 많은 탓에 어릴 때에는 어머니의 훌륭한 장점들을 알지 못했다. 하지만 어머니는 명령하지 않고도 아이들을 휘어잡으셨고, 인색한 척하면서도 너그러우셨으며, 늘 투덜댔지만 마음은 여리셨다. 아버지가 집안 식구들에게 두려움의 대상이었다면 어머니는 골칫거리였다."[33] 어머니는 샤토브리앙에게 거리감을 뒀을 뿐만 아니라 심한 모욕까지 했다. "못생겨서는!"[34] 샤토브리앙이 어린 시절 내내 듣던 핀잔이었다. 그는 부모에게 사랑받지 못한 서러움을 달랠 길이 없었다. 부모의 무관심과 냉대로 고통 받았다. 특히 어머니의 애정에 몹시 굶주렸다. 물론 시대 탓이기도 했지만, 부모는 아버지가 그토록 힘겹게 되살린 가문의 이름과 지위를 굳건하게 지킬 장남만 유독 편애했다.

---

32 F.-R. 드 샤토브리앙, 『죽음 저편에 대한 사색』, 위의 책, 1권, 3장, p. 18.
33 앞의 책, pp. 19-20.
34 앞의 책, 1권, 4장, p. 30.

아버지는 가르치는 대로 아들이 따라하지 못할 때마다 걸핏하면 "무뢰한, 반항아, 게으름뱅이, 멍청이"라고 몰아붙이면서 "샤토브리앙의 기사들은 하나같이 토끼몰이꾼, 주정뱅이에 싸움꾼들이었다"[35]고 비꼬았다. 그러니 샤토브리앙이 "천둥벌거숭이마냥 즐거워야 할 어린 나이에 걸핏하면 이리저리 시달리느라 […] 우울증이 생긴 건"[36] 당연한 일인지도 모른다. 생말로에서 이미 미래는 정해졌다. "내 미래는 이미 정해져 있어서 어린 시절에는 빈둥대면서 노는 일 말고 할 게 없었다. 뱃사람으로 험난한 삶을 살아가도록 일찌감치 운명이 낙점된 사내아이의 교육으로 그림, 영어, 수리학(水理學)과 수학에 대한 기초 지식 몇 가지면 더없이 충분해 보였다."[37] 샤토브리앙은 이따금 플랑쿠에의 외할머니 댁으로 돌아갔다. 여동생과 함께 사는 외할머니는 작은 사교계를 꾸려가셨는데, 숙부 앙투안 드 베데(Antoine de Bédée)가 오가며 들를 때마다 분위기를 돋워주었다. 앙투안 드 베데는 이십 년 전에 지은 작은 성에서 유쾌한 모임이 끊이지 않는 분위기 속에 살았다. 1777년 봄부터 콩부르에 정착한 샤토브리앙 가족의 음울한 분위기와는 사뭇 대조적이었다. "음울하고 적막한 아버지의 집에서 지내다가 요란한 축제의 집에 오면 흡사 천국에 있는 느낌이었다."[38]

콩부르 집으로 돌아온 샤토브리앙은 아홉 살이 되자 다시 돌(Dol, 브르타뉴의 중심 도시인 렌의 북쪽에 위치한 소도시—옮긴이)에 있는 기숙학교로 보내졌다. 여름에만 콩부르에 돌아올 수 있었다. 형편없고 게으르던 샤토브리

---

35 앞의 책, 1권, 3장, p. 21.

36 앞의 책, 1권, 5장, p. 38.

37 앞의 책, 1권, 4장, p. 30.

38 앞의 책, 1권, 4장, p. 25.

앙은 학교에 다니면서 완전 딴판으로 변했다. "조기교육에서 찾지 못했던 장점들이 학교에서 비로소 깨어났다. 학교 성적은 우수했고, 기억력은 탁월했다. 나는 수학 성적이 빠르게 올랐다. [⋯] 동시에 어학에서도 확실하게 두각을 나타냈다. 어린 학생들에게는 고문이나 다름없는 기초 단계에서는 배울 게 하나도 없었다. 그래서 자못 조바심치면서 라틴어 시간을 기다렸다."[39] 샤토브리앙은 그곳에서 첫 영성체를 받고 고해성사를 하기 전에 자신의 천성에 대해 심각하게 고민했다. "그때까지만 해도 마냥 순수하던 나는 정신적, 신체적으로 혼란스러운 상태에서 질풍노도처럼 휘몰아치는 열정과 미신의 공포와도 싸워야 했다."[40] 1781년 10월에는 렌(Rennes)에 있는 새로운 학교로 옮겨 해군 사관후보생 시험을 준비하게 되었다. 그곳에서 지내는 동안은 행복하고 만족스러웠다. "나의 유연한 지성은 잡기(雜技)에서도 두각을 드러냈다. 체스에 능했고, 당구와 사냥, 무기 조작에도 재주가 있었다. 그림도 곧잘 그리는 편이었다. 목소리를 진작 가다듬었더라면 노래도 잘했을지 모른다. 그동안 받은 교육을 통해 훗날 군인이자 여행자로서 살아가게 될 자질을 모두 갖춘 나는 잘난 체하지 않았다. 또한 옛 문인들처럼 얼빠진 분위기나 으스대는 태도, 어수룩함, 비열한 습관도 없었다. 하물며 신진 작가들이 보이는 허풍스런 거만함과 확신, 시기와 허영은 더욱 없었다."[41] 1783년 1월, 샤토브리앙은 소위 후보생 자격을 얻으러 브레스트(Brest)로 향했다. 지역의 여러 권위자들에게 추천을 받으러 다녔지만 별 소득은 없었다. 결국 추천을 받지 못해 시험을 준비해야 했다. 고독을 달랠 겸 항구에서

---

39 앞의 책, 2권, 1장, p. 48.
40 앞의 책, 2권, 3장, p. 57.
41 앞의 책, 2권, 7장, p. 70.

돛단배들을 바라보면서 시험공부를 했다. 샤토브리앙은 이내 자신이 그 일로 크게 성공할 가망이 없다는 사실을 알아차렸다. 왕실은 해군사관학교 병력을 축소시키고 더 이상 젊은 신병들을 모집하지 않았다. 샤토브리앙이 다시 콩부르로 돌아가겠다고 하자 가족들은 모두 놀랐다. 그런데 뜻밖에도 아버지가 격노하지 않아서 오히려 샤토브리앙이 더 놀랐다. 그는 침착하게 마음을 다잡고 성직자의 길을 가고 싶다고 털어놓았다. 일단은 시간을 벌고 싶었을 뿐, 정말로 그럴 마음은 전혀 없었다. 샤토브리앙은 디낭(Dinan)에 있는 다른 학교로 다시 옮겼다. 그리고 그곳에서 특별한 사건 없이 한 해를 보냈다.

1784년 가을에 샤토브리앙은 다시 콩부르로 돌아와 그곳의 음울한 분위기 속에서 하는 일 없이 무기력하게 이 년을 보냈다. "아이는 온데간데없고, 즐거웠던 추억과 슬픔만 남은 사내가 모습을 드러냈다."[42] 과묵해서 옆에 있기만 해도 부담스러운 아버지는 여전히 아랫사람들을 괴롭히며 콩부르 영주 노릇을 톡톡히 하고 있었다. 세금을 걷고 다양한 권리를 한껏 누렸으며, 그밖에도 많은 것들을 요구했다. 샤토브리앙은 누이들의 잔소리에도 아랑곳 않고『죽음 저편에 대한 사색』에 엄격하고 과묵한 아버지에 대한 대목들을 고치지 않았다. 오히려 아버지의 인간적인 면면을 보여주는 첫 번째 판본의 한 대목을 빼버렸다. "이따금 아버지는 산책을 가려던 발길을 멈추고 난롯가에 앉아서 궁굼했던 어린 시절과 살아온 이야기를 들려주실 때가 있었다……. 나는 아버지의 이야기를, 스스로에게도 그토록 엄격하던 사나이가 가족에게 부족함 없이 해주지 못한 걸 후회하며 짧지만 씁쓸하게 운명을 탄식하는 이야기

---

42 앞의 책, 3권, 5장, p. 85.

를 경청했다. 아버지는 말을 마치고 벌떡 일어나 망토를 입고 다시 산책을 나섰다. 처음에는 종종걸음을 치다가 이내 심장 박동에 맞추어 굼뜨게 걷는 아버지를 보자니, 불현듯 차오르는 효심에 눈물이 고이면서 아버지의 슬픔이 마음에 와 닿았다. 그동안 내 삶을 괴롭힌 아버지 때문에 겪었던 고통이 피치 못했던 일처럼 느껴졌다."[43] 샤토브리앙은 오랜 시간 지칠 때까지 광야를 걸었다. 스스로를 납득시키기 위해 사냥도 했다. 낚시도 하고 책도 읽었다. 오랜 산책은 몽상에 잠기는 시간이자 상상하고 꿈꾸던 운명을 미친 듯 찾아 헤매는 시간이기도 했다. 그는 자기 자신, 인생, 여자에 열광했다. 샤토브리앙에게 여자란 늘 신비로운 존재였다. 한번은 콩부르에서 손님들의 잠을 깨울 정도로 요란한 소란이 있었다. 때마침 옆방에 묵던 예쁜 아가씨와 동시에 같은 창으로 내다보려다가 실수로 몸을 스쳤다. 샤토브리앙은 그때 몹시 당황했다. 생판 아무것도 모르는 순진한 청년답게 철없이 들떴다. 샤토브리앙은 환상 속에서 살았다. "그래서 내가 본 여자들을 바탕으로 한 여자를 만들어냈다. 나와 가슴이 부딪친 아가씨는 이국적인 머리카락과 키, 미소를 가졌다. 나는 그녀에게 마을에 사는 어느 아가씨의 눈매와 또 다른 아가씨의 풋풋함을 부여했다. […] 오직 하나뿐인 나의 여인은 무수한 여성들로 변했고, 나는 그들의 모습에 담긴 제각각의 매력들을 일일이 숭배했다. […] 꿈에서 깨고 나면 영광도, 아름다움도, 재능도 없는 칙칙하고 가난하고 자그마한 브르타뉴 사내로 다시 돌아왔다. 어느 누구의 시선도 끌지 못하고, 눈에 띄지도 않으며, 어떤 여성에게도 절대 사랑받지 못할 남자. 절망이 나를 덮쳤다."[44] 샤토브리앙은 막내누나 뤼실(Lucile)에게 자신이

---

43 앞의 책, 3권, 10장, p. 38.

느낀 절망을 털어놓았다. 권태와 삶의 고통으로 괴로운 나날의 연속이었다. "누나와 나는 서로에게 아무런 도움도 되지 못했다. 우리가 이야기하는 세상은 우리 내면에만 있는, 현실과는 조금도 닮은 구석이 없는 곳이었다. […] 내가 쉽게 해소하지 못했던 암울한 생각들을 누나는 이해했다. 열일곱 살에 누나는 젊음을 잃었다고 한탄했다. 그리고 수도원에 은둔하고 싶어 했다. 누나에게는 모두가 근심이고 슬픔이고 상처였다. 누나가 찾는 표현, 스스로 만들어낸 공상은 일 년 내내 누나를 괴롭혔다. […] 누나는 아름다움과 재능, 불행을 풍부하게 갖춘 은둔자에 지나지 않았다."[45] "그런 몽상은 이 년 동안 계속되었고, 그 사이 내 영혼의 재능은 가장 높은 열광의 지점에 도달했다. 나는 거의 말을 하지 않았다. 아니, 더는 말을 하지 않았다. 더욱 열심히 공부했고, 책들을 머릿속에 쏟아 붓다시피 했다. 고독은 한층 깊어졌다. 격렬한 열정의 증상은 모조리 나타났다. 눈은 움푹 들어갔고 몸은 야위었으며 잠도 못 잤다. 어수선하고 슬프고 불같고 거칠었다. 난폭하고 이상야릇하면서도 희열로 가득한 나날의 연속이었다."[46]

요컨대 샤토브리앙은 이 년 동안 지독한 우울증에 시달렸다. 이번 생에서는 아무런 기대도 할 수 없다는 생각에 삶을 끝낼 작정을 할 정도였다. 그래도 낡고 고장 난 총을 가져다 총구를 입에 넣으면서 불발될 여지는 남겨두었다. 장전도 되어 있었고 총신도 바닥에 닿았지만 총알은 발사되지 않았다. 샤토브리앙은 무사히 살아남았다. 죽음마저도 그의 우울함은 원치 않았던 모양이다. 어머니가 질겁할 정도의 고열에 시달

---

44 앞의 책, 3권, 10장, pp. 93-94.
45 앞의 책, 3권, 6장, pp. 86-87.
46 앞의 책, 3권, 11장, p. 94.

릴 때도 마찬가지였다. 결국 우울증을 끝낼 때가 왔다. 어머니는 아들에게 선택을 부추겼다. "네가 성직자 신분을 택해서 추잡스러운 신부가 되는 꼴을 보느니 차라리 사교계 인사가 되는 편이 낫겠다."[47] 샤토브리앙은 마침내 성직자가 되기를 거부했다. 그러고도 선뜻 미래를 정하지 못해 미적거렸고, 막연히 캐나다에 가서 숲을 개척하거나 인도에 가면 좋겠다고 생각했다. 자신의 운명에 대한 확신이 서지 않았다. "나는 결코 출세하지 못할 것이다. 열정과 사악함도, 야망과 위선도 부족하기 때문이다."[48] 그나마 꾸며낸 겸손함과 자존심으로 스스로를 위로했다.

*

1785년 11월 3일에 나폴레옹은 발랑스에 있는 라페르(La Fère) 연대에 합류했고, 그곳에서 제대했다. 그의 나이 열여섯이었다. 나폴레옹은 그 시기에 대한, 특히 제복에 대한 행복한 추억을 간직했다. "라페르 포병대 제복보다 아름다운 건 본 적 없다."[49] 군대에는 위대함과 구속이 모두 있었다. 환경은 쾌적했지만 몹시 답답했다. 다행히 몇 차례 허락을 받아 군대를 벗어날 수 있었다. 특히 아버지의 상속 문제를 해결하고 가족을 부양하기 위해서 짬짬이 휴가를 냈다. 1786년 9월부터 1787년 9월까지 일 년, 1788년 1월부터 6월까지 반 년, 1789년 9월부터 1791년 사이에 일 년 반, 1791년 9월부터 1792년 5월 사이 그리고 1792년 10월부터 1793년 5월 사이 총 아홉 달. 그 기간 외에는 틈나는 대로 책을 읽었다. 특히

---

47 앞의 책, 3권, 15장, pp. 101-102.

48 앞의 책, p. 102.

49 파트리스 구에니피, 『보나파르트』에서 인용, 위의 책, p. 64.

루소의 책에 열광했다. 책의 상당 부분에 빼곡히 메모를 해놓기도 했다. 영광을 꿈꾸며 권태 속에 살았다. "막막한 기분으로 일어나 권태로운 몸뚱이를 이 거리 저 거리로 끌고 다니노라면, 미래를 생각해봐도 늘 무미건조하고 암담해서 매일 매일이 엇비슷해 보인다. 왜 태어난 걸까 자문하는 사람이야말로 세상에서 제일 비참한 존재다. 그런 사람은 결국 심신이 고장 난다. 가슴 속에 품고 있던 인간 본연의 활기를 잃는다. 그런 공허한 마음으로 어떻게 살아갈까?"[50] 나폴레옹은 일개 포병에서 하사로, 중사를 거쳐 중위까지 진급하면서 차차 주둔 생활을 익혀갔다. 파수대에 들어가 탄도학과 전술, 전략을 익혔다. 나폴레옹은 포병 부대를 좋아했다. "유럽에서 가장 뛰어난 조직적인 부대다……. 가족 같은 병영 생활이었다. 더없이 용감한 아버지 같은 대장들, 황금처럼 순수한 세상에서 가장 의젓한 사람들이었다."[51] 1888년 6월, 나폴레옹은 여섯 달의 공백 끝에 부르고뉴 옥손(Auxonne)에 있던 주둔 부대로 돌아가 일 년 남짓한 시간을 보냈다.

1789년 7월 14일, 상황이 달라졌다. "방금 파리에서 소식을 받았다. […] 대단히 충격적이고 놀라운 소식이다. […] 동요가 절정에 달했다. 사태가 어떻게 흘러갈지 한 치 앞을 예측할 수 없는 상황이다."[52] 혁명이 프랑스를 뒤흔들 무렵, 나폴레옹은 고향 섬에서 대부분의 시간을 보내던 중이었다. 코르시카는 이제 쓰는 말도 다르고 꿈에서 보던 모습과도 다른, 낯선 곳이 되었다. 그는 무능력한 형을 대신해서 가족의 막막한 생계 문제를 해결하려고 애썼다. 예전에 아버지가 그랬던 것처럼 코르

50 앞의 책, p. 70.
51 자크 뱅빌, 『보나파르트』에서 인용, 위의 책, p. 43.
52 나폴레옹 보나파르트, 『일반 서신』, 파야르, 1권, n.30[1789년 7월 15일], pp. 77-78.

시카와 파리에서 청원과 교섭을 거듭했지만 허사였다. 삼 년이 흘러도 상황은 나아지지 않았다. 나폴레옹은 남동생들과 누이동생들, 어머니, 숙부들도 돌봐야 했다. "가족에 대한 근심이 젊은 시절을 망가뜨렸다."[53] 그건 시작에 불과했다……. 그렇지만 숱한 돌발 상황과 다양한 곤경을 겪으면서도 나폴레옹은 그 시절에 대한 향수를 간직했다. "우리는 서로를 사랑했다. 한순간도 형제애를 느끼지 않은 적이 없었다. 나는 모두를 사랑했고, 사실상 그들도 나에게 그 사랑을 돌려주었다고 생각한다."[54]

팔 년 가까운 시간 동안, 나폴레옹은 늘 독립을 바랐던 고향 코르시카에 어떻게든 자신의 운명을 다시 연결 지어 보려고 애썼다. 그러나 훗날 코르시카는 그를 배신한다. 1786년에 나폴레옹은 독립 투쟁을 지지하기 위해 코르시카의 역사를 기술하려고 시도했다. 그런데 프랑스 혁명이 발발하면서 사태는 전복되었다. 프랑스 군주제는 코르시카의 독립에 장애물이었던 반면, 프랑스 혁명은 독립을 위한 열쇠로 여겨졌다. 나폴레옹이 코르시카를 세 번째 방문했던 1789년 9월, 그곳의 정세는 몹시 불안했다. 코르시카 사람들은 제노바로 반환되는 사태를 피하기 위해 독립을 쟁취하려고 안간힘을 썼다. 프랑스 정부와의 협상도 마다하지 않을 정도였다. 파올리는 코르시카 국민들의 뜻에 따라 프랑스와 협상을 시도했다. 하지만 당국은 모든 중재와 협정을 단호하게 거절했다. 그러자 코르시카의 소요는 열띤 혁명으로 바뀌었다. 1789년 10월 중반에 나폴레옹은 프랑스 의회에 청원을 보냈다. "자유의 달콤함을 음미하려는 찰나에 자유를 뺏긴 우리는 이십 년째 군주제에 합병된 채 지내고

---

53 루이 마들랭, 『통령 정부와 제국의 역사』에서 인용, 탈랑디에, 1권, p. 53.
54 라스 카즈, 『세인트헬레나 회상록』, 위의 책, 1권, p. 960.

있습니다. 이십 년 동안 어떤 희망도 없이 독단적인 행정부의 구속에 짓눌려 살아왔습니다. 그러나 인간에게 권리를, 프랑스인들에게 조국을 돌려준 행복한 혁명을 목도하면서 낙심해 있던 우리에게도 용기와 희망이 되살아났습니다."[55] 청원의 목적은 프랑스로부터 공식적으로 인정을 받아 제노바로 반환될 위험을 없애고 파리에서 표결에 붙여진 개혁안을 코르시카에도 적용하는 것이었다. 11월 초에는 폭동이 일어나 코르시카 섬의 주도(主都)인 바스티아(Bastia)가 피로 물들었다. 1789년 11월 30일, 마침내 입헌의회는 법령으로 코르시카를 프랑스에 병합시켰다. 미라보 백작(comte de Mirabeau)은 1769년에 망명을 강요당했던 파올리와 그의 신봉자들이 조국으로 돌아갈 수 있도록 허락하는 조치를 채택시켰다. 나폴레옹은 자택 합각 위에 현수막을 매달았다. "조국 만세! 파올리 만세! 미라보 만세." 또한 「코르시카에 대한 글(Lettres sur la Corse)」 출간을 포기했다. 이제 코르시카는 혁명기 프랑스 덕분에 자유로워졌다. 그렇지만 코르시카에서, 특히 아작시오에서 이번에는 프랑스인들을 몰아내자는 행동 강령 때문에 여전히 반란은 계속되었다. 1790년 6월, 나폴레옹은 프랑스인들을 아작시오에서 추방시키려는 격랑에 휘말렸다. 당시 프랑스인들은 수도원에 숨어 지내야만 목숨을 부지할 수 있었다.

그제야 파올리는 망명지를 벗어나 프랑스인들이 추방된 코르시카로 돌아갔다. 1790년 8월, 파올리는 바스티아에서 나폴레옹을 만났다. 나폴레옹은 그를 반갑게 맞았고, 과거는 청산된 듯했다. 나폴레옹은 평온하게 프랑스로 돌아가 연대에 복귀했다. 그런데 막상 돌아가서 보니 나라는 심하게 분열되어 있었다. "당시 프랑스 전역에서는 살롱과 거리, 여

---

55 파트리스 구에니피, 『보나파르트』에서 인용, 위의 책, p. 83.

인숙 할 것 없이 곳곳에서 의견이 분분했다. 모두들 금방이라도 열을 올릴 태세였고, 자신이 놓인 처지에 따라 당파와 사상의 영향력을 혼동하는 일도 비일비재했다. 그래서 혁명파는 살롱이나 장교 모임에 있을 때면 수적으로 밀려 금세 주눅 들었다가도 거리로 나가거나 병사들 틈에 끼면 언제 그랬냐는 듯 기세등등해졌다."[56] 발랑스에서 나폴레옹은 지역 자코뱅 클럽에 가입해 공화주의 사상을 옹호하면서 정치 토론에 열렬히 참여했다. 그 무렵 리옹 아카데미가 주최한 경합에서 행복에 관한 시론을 쓰기도 했다. 결국 수상은 못했고, 그때 작가의 길을 완전히 포기했다.

나폴레옹의 공화주의 사상 뒤에는 사실 코르시카의 독립과 파올리에 대한 깊은 애정이 깔려 있었다. 그런데 파올리는 나폴레옹이 몇 차례 부탁을 했는데도 그를 기용하기 꺼림칙한 기색이었다. 사실 파올리는 나폴레옹의 아버지가 예전에 프랑스 측으로 전향했던 일로 보나파르트 일가를 상당히 불신하는 상태인데다 옛 충신들을 더 선호했다. 그래도 나폴레옹은 포기하지 않았다. 심지어 프랑스를 몇 번 오가는 과정에서 희망을 품기까지 했다. 프랑스 전역에서 십만 명 가까운 의용군을 모집하는 법안이 표결에 붙여지자 희망은 더욱 커졌다. 나폴레옹은 내심 코르시카 의용군을 지휘할 장교에 자신이 적임자라고 생각했다. 그래서 1791년 10월에 다시 코르시카로 돌아갔다. 유럽 군주 세력들을 상대로 예고된 전쟁이 임박했다. 프랑스 국민공회는 선거로 뽑히는 경우가 아니면 장교들이 코르시카 의용군 지도자로 나서지 못하게 금지했다. 나폴레옹은 선택의 여지가 없자 마지못해 선거에 나섰다. 그는 파올리

---

56 라스 카즈, 『세인트헬레나 회상록』, 위의 책, 1권, p. 960.

의 지지를 받는 장 바티스트 퀜자(Jean-Baptiste Quenza)와 동맹을 맺고 2인자 역할을 맡았다. 선거는 활기를 띠었고, 결국 1792년 4월 초에 두 사람이 뽑혔다. 며칠 후, 파올리의 사주를 받은 퀜자와 나폴레옹이 이끄는 코르시카 의용군은 프랑스 군대가 점령하고 있던 아작시오 요새를 탈환하려고 했다. 당시만 해도 프랑스는 중립을 지키고 있을 때였다. 결국 코르시카 의용군이 퇴각하면서 실패로 끝났다. 나폴레옹은 파올리의 신뢰를 잃었고 명령도 받지 않고 멋대로 행동했다는 비난을 받았다. 1792년 5월, 나폴레옹은 입신출세를 위해 파리로 돌아갔다. 사실상 프랑스 군대에서 그가 얻은 마지막 휴가는 1791년 12월 31일에 끝난 상황이었다. 1792년 2월 6일, 나폴레옹은 군대 지휘관에서 제명되자 집행부에 자신의 사정을 하소연했다. 마침 왕권이 실추되어 군대 지휘관이 필요했던 터라 나폴레옹은 쉽게 복직되었을 뿐만 아니라 심지어 대위로 승진했다.

1792년 6월 20일, 나폴레옹은 튈르리 궁이 군중에 점령당하는 모습을 보았다. 군중은 무력하고 운신이 어려운 루이 16세에게 붉은 혁명 모자를 씌우고 튈르리 궁을 포위했다. "튈르리를 향해 진군하는 하층민들을 보았다. 나는 대중운동을 한 번도 좋아한 적이 없었다. 하층민들의 상스러운 거동에 분개했다. 그들을 봉기시킨 지도자들에게 분별력이 없다고 생각했다. '이 혁명의 혜택을 저들은 못 받겠구나.' 그런데 루이 16세가 혁명당원들이 쓰는 붉은 모자를 썼다는 얘기에 이제 왕의 통치가 끝났구나 싶었다. 정치란 품위가 떨어지면 그걸로 끝이니까."[57] 8월 10일에는 튈르리 궁이 군중에게 장악되어 루이 16세의 친위대인 스위스 용병

---

57 앙드레 말로, 『나폴레옹 자신이 쓴 생애』에서 인용, 파리, 갈리마르 출판사, 1930, 《레 카이예 드 라 NRF》, p. 12.

들이 학살되는 모습을 보았다. "이제껏 참전했던 어떤 전쟁터에서도 그날 스위스 용병들의 시신만큼 어마어마한 시체 더미는 듣도 보도 못했다. 장소가 협소한 탓에 더 많아 보였는지, 그런 광경을 처음 봐서 인상이 강렬했던 건지 모르겠다. 버젓이 차려입은 여자들이 스위스 용병들의 시체를 무례하게 훼손하고 있었다."[58] 나폴레옹은 혁명의 지나친 잔혹 행위에 질색했다. "지금 나는 그 어느 때보다 확신이 서지 않는다."[59] 그렇지만 루이 16세에 대해서는 평생 혹독하게 평가했다. "혁명은 왕의 잘못이다. 루이 16세는 우유부단했고, 주변에는 아무도 없었다. 한마디로 말하자면, 그는 겁쟁이였다."[60]

코르시카에서 평판이 나빠진 나폴레옹은 이후 행보에서 갈팡질팡하는 모습을 보였다. 프랑스 상황도 그에게 유리해 보이지 않았지만 일단 부대에 합류해야 했다. 아작시오에서 겪었던 실패를 만회해야 했다. 그는 새로운 국민공회가 소환되면 설욕하리라 마음먹었다. 1792년 10월 15일, 코르시카에 도착한 나폴레옹은 의원 후보로 나섰던 형 조제프가 선출되지 못했다는 소식을 접했다. 그때까지 나폴레옹을 냉대했던 파올리는 이제 노골적으로 불신을 드러냈다. 그래서 감시하기 편하도록 나폴레옹을 코르테(Corte, 코르시카 공화국의 옛 수도이자 당시 파올리가 살던 마을—옮긴이) 주둔 코르시카 의용군 대장으로 임명했다. 사르데냐 왕국을 점령하기 위한 원정이 추진되었다. 전쟁 준비는 오래 걸렸다. 서로 다른 파벌 사이에서 코르시카인들의 증오는 커져만 갔다. 파올리는 국민공회 선거에서 정적인 살리체티(Antoine Christophe Saliceti) 파에 패배했던 설욕

---

58 파트리스 구에니피, 『보나파르트』에서 인용, 위의 책, p. 100.
59 앞의 책, p. 101.
60 도미니크 드 비유팽, 『1796-1807년 권력의 어두운 태양』에서 인용, 위의 책, p. 77, 주석 1.

을 하려고 했다. 1792년 12월에 지역 행정부를 쇄신할 때, 파올리는 모든 의석을 차지한 뒤 포조 디 보르고(Pozzo di Borgo)와 그 일당에게 한 자리씩 맡겼다. 왕위 후계자가 지명되었다(새로 독립한 코르시카는 영국의 지원을 받아 앵글로 코르시카 왕국으로 출범했다―옮긴이). 보나파르트 일가는 절대 피해야 할 인물 명단에 올랐다. 그때부터 파올리와 나폴레옹 사이의 적대감은 공공연해졌다. 한편 프랑스와의 관계도 소원해지기는 마찬가지였다. 사실 프랑스 국민공회는 더 이상 코르시카의 독립에 우호적이지 않았다. 오히려 런던에서 이십 년이나 살았던 파올리가 실은 적국인 영국의 숨은 조력자가 아니냐는 의혹이 제기되었다. 프랑스 국민공회는 1793년 2월 1일 영국과의 전쟁 선포를 앞두고 투표 중이었다. 그런 상황인데도 나폴레옹은 여전히 사르데냐 원정을 통해 파올리에게 인정받을 수 있으리라 믿었다. 1793년 2월 말, 드디어 원정 지시가 떨어졌다. 사르데냐의 북쪽 제일 끝에 있는 작은 마들렌 섬(Madeleine)에서 교란 작전이 시작되었다. 나폴레옹은 콜로나 체자리(Colonna-Cesari) 연대장의 지시로 작전에 참가했다. 하지만 작전은 패배로 끝났다. 게다가 어느 부대는 참전을 거부하면서 반란까지 일으켰다. 나폴레옹의 첫 번째 전투는 비록 그를 비난할 수 없다고 해도 완전한 실패작이었다.

1793년 3월 초, 보니파시오(Bonifacio)에서 돌아온 나폴레옹은 보고서를 통해 에두른 표현으로 파올리에 대해 문제를 제기했다. 파올리가 원정을 성공으로 이끌기 위해 최선을 다했다고는 하나 의심과 미온적인 태도를 보였다고 힐난했다. 때마침 파올리의 반대파가 갈수록 더 많아지는 실정이었다. 툴롱(Toulon)에서는 살리체티의 선동에 잔뜩 흥분해서 들뜬 자코뱅 당원들 앞에서 뤼시앵 보나파르트가 격정적인 연설로 파올리의 배반을 규탄했다. 1793년 4월 2일, 툴롱 결사대의 탄원을 받은 국민공회는 파올리와 포조 디 보르고의 체포령을 내렸다. 하지만 누가 봐도, 심지어 살리체티가 보기에도 성급하고 부적절해서 이 체포령을 무효화하려는 시도가 몇 차례 있었다. 어쨌든 그때부터 보나파르트 일가와 파올리 사이는 완전히 단절되었다. 1793년 4월 6일, 프랑스 국민공회 의원 대표단 세 명이 지역 상황을 조사하러 바스티아에 도착했다. 1793년 4월 18일, 체포령이 공식 발표되자 코르시카 상황은 그야말로 화약에 불을 붙인 격이었다. 파올리는 여전히 코르시카에서 존경받는 인물이었다. 지지자들 수백 명이 그를 옹호하러 코르테로 몰려들었다. 체포령이 내려졌다는 소식을 뒤늦게 듣고 깜짝 놀란 나폴레옹은 파올리에게 충성을 맹세했다. 하지만 파올리는 들은 척도 하지 않았다. 오히려 5월 초에 지지자들을 보내서 나폴레옹을 체포했다. 나폴레옹은 구금된 채 하룻밤을 보낸 뒤 바스티아로 달아났다. 그곳에서 코르시카를 되찾기 위해 나폴레옹 형제와 동맹을 맺기로 결심한 살리체티를 다시 만났다. 하지만 소용없는 일이었다. 1793년 5월 말에 나폴레옹이 인솔한 공회부대의 아작시오 상륙 작전은 또 다시 완패했다. 그리고 나폴레옹 일가는 공소 대상이 되었다. "보나파르트 형제는 코르시카를 포악한 급진파에 굴복시킨 뒤 제노바에 팔아넘기겠다고 위협하는 프랑스 국민공회 의원들에게 협력한 아레나(Arena)[살리체티의 보좌관] 일당의 사기 행각을 지원했다. 또한 아레나와 보나파르트 두 가문에 관심을 갖는 것 자체가 코르시카 국민의 자존심을 상하게 하는 일이다. 그러니 이제부터는 혐오스럽고 파렴치한 그들을 끊임없이 단죄하는 여론과 그들 스스로의 양심의 가책에 맡긴다."[61]

1793년 6월 9일, 가문의 재산이 강제로 약탈당하는 모습을 본 나폴레옹은 가족을 모아 프랑스로 향했다. 그리고 툴롱에서 파올리를 비난하는 장문의 문서를 작성했다. "예순여덟의 늙은이는 도대체 어떤 치명적인 야욕에 사로잡혀 있단 말인가? 파올리는 겉보기에 선량하고 온화하지만 속마음은 증오와 복수심으로 가득하다. 눈은 언뜻 경건해 보이지만 마음은 악의로 가득하다."[62] 파올리는 영국으로 돌아갔고, 나폴레옹은 프랑스로 향했다. 나폴레옹에게는 이중의 단절이자 다른 운명으로 접어드는 길이기도 했다. 코르시카에서 영광의 꿈을 이루지 못했던 그는 프랑스와 혁명을 선택했다. 1796년 가을, 나폴레옹의 군대가 코르시카를 재정복한 후로 딱 한 번 돌아갔을 뿐이다. 1799년 10월 초, 이집트에서 함대를 이끌고 돌아오던 나폴레옹은 악천후 때문에 어쩔 수 없이 아작시오 만으로 피신해야 했다. 그에 대한 코르시카 국민들의 원망이 완전하게 사라진 건 아니었지만 환호 속에 귀향했다. 그러나 이후로는 두 번 다시 코르시카로 돌아가지 않았다. 꿈의 종말이자 어린 시절의 종말이었다.

*

우울하게 무위도식하는 막내아들의 꼬락서니를 더 이상 두고 볼 수 없었던 샤토브리앙의 아버지는 아들에게 캉브레(Cambrai)에 주둔하는 나바라(Navarre) 연대의 소위 자격증을 얻어주었다. 마침내 엄격한 아버지의 곁을 떠나게 되었다. 1786년 8월 9일, 샤토브리앙은 가족들과 눈물어린 작별을 나누었다. 아버지가 1786년 1월에 뇌출혈로 쓰러졌던 터라

---

61 파트리스 구에니피, 『보나파르트』, 위의 책, p. 110.
62 나폴레옹 보나파르트, 『문학 전집과 군사문서』, 파리, 2001, J. 튈라르 출판사, 2권, p. 286.

슬픔은 더했다. "나는 늙고 병들었다. 살날이 많지 않구나. 부디 가문의 이름에 먹칠하지 말고 덕망 있는 사람이 되어다오."[63] 한 달도 채 지나지 않아 그토록 두려워하던 아버지는 세상을 떠났고, 남은 가족은 얼마 되지 않는 유산을 둘러싸고 싸움을 벌였다. 결국 고집 센 장남과 어머니가 남은 유산의 가장 큰 몫인 3분의 2를 차지했다. 샤토브리앙은 그 틈을 타 연대에서 받은 휴가를 1787년 여름까지 연장했다. 그리고 누이 셋이 살고 있는 푸제르(Fougères, 파리 남서쪽에 있는 작은 도시—옮긴이)로 향했다. 작은 도시로 시집간 누나들은 고위층으로 완전히 정착해서 잘 살고 있었다. 사교 모임과 파티 등 갖가지 오락을 즐기면서 사는 누나들의 집은 샤토브리앙에게 더할 나위 없는 환경이었다. "그는 누구보다 명랑하고 사랑스러웠다. 샤토브리앙의 말투에는 독특한 맵시가 있었다. 별 것 아닌 얘기로도 사람들을 즐겁게 만들었다. 그가 하는 말은 그대로 따라 할 순 있어도 매력은 감히 흉내 낼 수 없었다. 생각보다 표현이 더 빛나는 사람이었기 때문이다. 그리고 아이들을 좋아해서 다정다감하게 돌봐주는, 사교성이 좋은 사람이기도 했다……. 내 아버지는 샤토브리앙을 무척 좋아하셔서, 언젠가는 그가 큰 반향을 불러일으키는 대단한 작가가 될 거라는 말씀을 종종 하셨다."[64] 실제로 샤토브리앙은 드디어 소명을 찾은 기분이었다. 몇 달 전, 대단히 몽상적인 산보를 하던 중이었다. "여느 날처럼 산책을 하던 중에 뤼실 누나는 내가 고독에 대해 황홀하게 이야기하는 걸 듣고 있다가 이렇게 말했다. '아무래도 너는 이 내용을 모두 생생하게 묘사해야 할 것 같아.' 그 말에 불현듯 시적 영감이 떠올랐

---

63 F.-R. 드 샤토브리앙, 『죽음 저편에 대한 사색』, 위의 책, 1권, p. 104.
64 에티엔 오브레, 『푸제르의 형제 집에서 뤼실과 르네 드 샤토브리앙』, 오노레 샹피옹 출판사, 1929, p. 102.

다. 신의 숨결이 나를 스치는 듯했다. 나는 마치 처음 말문을 떼는 아이처럼 더듬거리며 시구를 읊기 시작했다. 밤낮으로 기쁨을, 나의 숲과 계곡을 노래했다. 사랑스러운 전원시들과 자연에 대한 묘사를 만들었다. 산문을 쓰기 전에 오랫동안 시를 썼다."[65]

그런데 푸제르를 떠날 무렵, 평소 별로 친하지 않던 형이 차마 거절하지 못할 부탁을 해왔다. 『죽음 저편에 대한 사색』에서도 형에 대한 언급이 전혀 없는 점은 편애 받던 형에 대한 반감을 잘 보여준다. 샤토브리앙의 형은 동생을 궁정에 소개하고 싶어 했다. 국왕에게 소개된다는 것은 유서 깊은 귀족 집안으로 인정받는다는 뜻이어서 출세에 큰 도움이 되는 일이었다. 말제르브(Chrétien Guillaume de Lamoignon de Malesherbes, 정계와 법조계의 명문 집안 출신으로 학예를 사랑한 프랑스의 정치가—옮긴이)의 손녀와 약혼한 샤토브리앙의 형은 온전한 말제르브 가문의 일원이 되려면 궁에 들어가 국왕의 눈에 들어야 했다. 샤토브리앙은 망설였다. 형도, 뭔가 구속받는 느낌도, 남들 앞에서 망신당하기도 싫었다. 하지만 누나들의 고집에 마지못해 베르사유에 가기로 했다. 1787년 2월 중반, "국왕의 침실 문이 열렸다. 관례대로 몸단장을 마치고 시종장의 손에서 모자를 받아드는 국왕의 모습이 보였다. 국왕은 미사에 참례하기 위해 앞장섰다. 나는 절을 올렸다. 뒤라스(Emmanuel-Félicité de Durfort Duras) 원수가 내 이름을 불렀다. '폐하, 샤토브리앙 기사입니다.' 국왕은 나를 바라보았고, 인사에 답하려고 발길을 멈춘 뒤 말을 걸 듯 말 듯 멈칫거렸다. 아마 국왕이 말을 건넸다면 평소의 소심함은 온데간데없이 자신감에 찬 태도로 대답했을지 모른다. 내가 무슨 일을 겪는지도 모를 만큼 어안이 벙벙한 상

---

65 F.-R. 드 샤토브리앙, 『죽음 저편에 대한 사색』, 위의 책, 1부, 3권, 7장, p. 88.

태여서 장군이나 군주에게 말을 하면서도 별 감흥이 없었기 때문이다. 오히려 국왕이 나보다 더 당황해서는 끝내 할 말을 찾지 못하고 그냥 지나쳤다."[66] 소개가 끝나고 샤토브리앙은 다른 사람들과 함께 성당에서 돌아오는 왕비가 지나는 길목으로 달려갔다. "이윽고 왕비가 눈부신 행렬에 둘러싸인 채 모습을 드러냈다. 왕비는 우리를 향해 우아하게 무릎을 숙이면서 인사했다. 삶이 아주 만족스러워 보였다."[67] 샤토브리앙은 루이 16세에게 실망해서 떠나려고 했다. 그러자 형은 왕비의 놀이 모임에 참석하면 분명히 루이 16세가 말을 걸어올 거라 고집을 부렸다. 하지만 샤토브리앙은 형의 제안을 거절하고 파리로 돌아갔다.

그런데 베르사유에서의 일은 여전히 끝나지 않았다. 왕의 사냥에도 참석해야 했다. 왕의 수석 시종인 쿠아니 공작(François-Henri de Franquetot Coigny)이 내린 지시는 단호했다. 절대 왕의 사냥을 가로막지 말아야 했다. 그런 행동은 출세를 망치는 불경죄였다. 샤토브리앙에게는 왕의 사냥을 따라갈 수 있도록 '행복(Heureuse)'이라는 암말이 할당되었다. 그런데 고분고분하지 않고 제멋대로인 말의 기세에 손을 쓸 수가 없어서 하마터면 어떤 귀부인을 넘어뜨릴 뻔했다. 가까스로 그 상황을 모면하려다 이번에는 그만 왕 앞으로 튀어나가고 말았다. "그제야 쿠아니 공작의 지시가 생각났지만, 이미 엎지른 물이었다. 전부 빌어먹을 '행복' 때문이었다. 말에서 내린 나는 한 손으로 말 엉덩이를 밀고 다른 한 손으로 모자를 벗어 들었다. 국왕은 나를 쳐다보았지만 그저 자신보다 먼저 도착한 신참내기 정도로만 보는 듯했다. 국왕은 화를 내는 대신 인심 좋게

---

66 앞의 책, 1부, 4권, 9장, pp. 129-130.
67 앞의 책, p. 130.

웃으면서 친절하게 말을 건넸다. '고삐를 놓치셨나 봅니다.'"[68] 샤토브리앙도 조급하게 자리를 뜨고 싶었다. 형은 마침내 동생의 알현 허락을 얻어냈다. 하지만 샤토브리앙은 형의 만류를 뿌리치고 사냥이 끝나기도 전에 파리로 떠났고, 이내 푸제르로 향했다. 시골의 보잘것없는 귀족인 샤토브리앙은 평생 궁정 귀족들이라면 질색을 했다. "궁정은 내가 상상했던 것보다 훨씬 더 가증스럽게 느껴졌다. 두려웠지만, 기가 죽지는 않았다. 오히려 깨달은 바가 있어서 막연하게나마 내가 더 우월하다고 느꼈다. 궁정에 대해 주체할 수 없는 혐오감이 일었다."[69]

1787년 8월, 마침내 샤토브리앙은 디에프(Dieppe, 프랑스 북서부에 있는 항구 도시—옮긴이)로 옮겨간 왕립 나바라 연대로 복귀했다. 썩 내키진 않았지만 그럭저럭 새로운 여건에 만족했다. 그리고 언제나 그렇듯이 자신의 경험을 특별하게 묘사했다. "나는 소위들이 신참에게 시키던 시험을 하나도 보지 않았다. 이유는 모르겠지만, 감히 군대의 유치한 짓거리들을 나에게 시키지 못했다. 부대에서 지낸 지 보름밖에 안 되었는데도 나를 '고참'처럼 대접했다. 나는 무기 조작과 이론을 쉽게 터득했다. 교관들의 칭찬 속에 중사와 하사 계급을 건너뛰었다. 내 숙소는 젊은 소위들과 나이 든 대위들의 사랑방이 되었다. 나이 많은 대위들은 원정 이야기를 들려주었고, 젊은 소위들은 사랑 이야기를 털어놓았다."[70] 샤토브리앙은 푸제르에 자주 들렀고, 오래 머물렀다. 그때부터 그에게 진짜 야망이 생겼다. 바로 글 쓰는 일이었다. 그런데 그 야망은 파리에서만 펼칠 수 있었다. 1787년 연말에 샤토브리앙은 뤼실, 쥘리 두 누나와 함께 문

---

68 앞의 책, pp. 132-133.
69 앞의 책, p. 133.
70 앞의 책, 4권, 4장, p. 117.

예 활동을 하기로 마음먹고 파리로 향했다. 파리의 살롱들을 드나들면서 다양한 작가들을 만났다. 처음에는 경탄을 금치 못했지만, 작가들에 대한 환상에서 깨어난 뒤에는 그때 만난 작가들을 신랄하게 비판했다. 어쨌든 작가들과 어울린다고 저절로 작가가 되는 건 아니었다. 게다가 1788년 3월에 샤토브리앙은 봉급도 절반으로 깎이고 연대에서 해임되었다. 같은 해 9월이 되어서야 다시 복직되었다. 그 사이에 형은 샤토브리앙에게 몰타기사단(11세기 십자군원정 때 순례자, 부상병 등을 구호하기 위해 설립되어 몰타 섬에 자리잡은 주권 구호기사수도회―옮긴이)의 녹봉지를 얻어주었다. 그래서 샤토브리앙은 수도 서약은 하지 않았지만, 어쩔 수 없이 신품성사의 첫 단계인 부제품(副祭品)을 받아 머리를 둥글게 삭발했다. 물론 그 모습에 속은 사람은 아무도 없었다. 1788년 12월 16일에 성무 일과를 집행해준 고위 성직자조차 속지 않았다. 그러나 샤토브리앙의 어머니는 신실한 소교구 신자여서 아들이 삭발한 모습을 보고 미사를 드려도 되겠다고 생각했다. 며칠 후, 샤토브리앙은 렌(Rennes)에서 베르사유 삼부회의 전조인 브르타뉴 삼부회가 열리는 모습을 지켜보았다. 제3계급은 더 많은 권리를 요구했고, 더 이상 토론은 불가능했다. 1789년 1월 7일, 한 달 동안 논의가 중단되었다. 여기저기서 소규모 충돌이 일어났고, 샤토브리앙도 동참했다. 친구 두 명이 목숨을 잃었다. 그래도 소요는 그치지 않았다. 결국 삼부회는 무기한 연기되었다. 샤토브리앙은 생말로로 돌아가 삭발에 대한 보상을 기다리기로 했다. 그리고 푸제르로 가서 예전처럼 빈둥대면서 지냈다. 그런데 이번에는 상황이 달랐다. 문인의 길을 택한 샤토브리앙은 파리로 돌아가고 싶었다. 망명 기간 동안 혁명의 격동 속에서 살아남아야겠다는 욕구에 맞부딪치면서 그의 소명은 어렴풋하게 바뀌고 있었다.

*

　샤토브리앙도, 나폴레옹도 고독한 어린 시절을 보내면서 삶을 상상
하고 꿈꾸었다. 꿈을 이루기 위해 멈추지 않았다. 그리고 자신들의 기대
를 훨씬 뛰어넘었다. 어린 시절에 꾸었던 꿈을 훌쩍 넘어섰다.

자코뱅파와
망명 귀족

3장

내가 살 운명이라면 […] 나의 인간적인 면모로 이 시대를
서사시로 표현할 테다. 하나의 세계가 끝나고
시작되는 모습을 지켜보았던 만큼 그리고 그 종말과
시작에 맞섰던 사람들이 내 의견에 동조하는 만큼.
나는 두 강의 합류점 같은 두 세기 사이에 있다.
그 혼탁한 물에 뛰어들어 내가 태어났던
낡은 강둑에 대한 회한으로부터 멀어지면서 새로운
세대가 다가오는 낯선 강둑을 향해 희망차게 헤엄친다.

프랑수아 르네 드 샤토브리앙

마치 공중에 떠 있기라도 한 듯
이 세상이 벌써 내 발밑에서 달아나는 것 같았다.

나폴레옹 보나파르트

"당시에는 나도 나폴레옹처럼 보잘것없는 무명의 소위에 지나지 않았다. 우리는 같은 시대에 차례차례 어둠에서 출발했다. 나는 고독 속에서 명성을 찾기 위해, 나폴레옹은 사람들 속에서 영광을 찾기 위해."[1] 나폴레옹은 야망을 위해 프랑스를 택한 반면, 샤토브리앙은 불가피하게 망명을 떠났다. 한 사람은 권력을 향해 승승장구하면서 날아올랐고, 한 사람은 환멸에 환멸을 거듭하면서 나락으로 떨어졌다. 혁명이라는 격렬하고도 참혹한 격동 속에서 두 사람의 인생은 반전을 맞았다. 혁명 속에서 어떤 사람들은 출세했고, 어떤 사람들은 단두대에서 참수되었다. 어느 쪽이든 모두에게 불확실하고 고통스러운 운명이었다. 누군가에게는 폭력적인, 누군가에게는 두려운 삶이었다. 전장을 바꿔가면서 엄청난 흔적을 남긴 혁명은 사라진 희망들과 순교자들의 피로 얼룩졌다. 나폴

---

1   F.-R. 드 샤토브리앙, 『죽음 저편에 대한 사색』, 위의 책, 1부, 5권, 15장, p. 188.

레옹은 조심스럽게 모험 속으로 뛰어들었고, 반면 샤토브리앙은 신중하게 몸을 사리면서 모험으로부터 멀어졌다.

*

"내가 살 운명이라면 […] 나의 인간적인 면모로 이 시대를 서사시로 표현할 테다. 하나의 세계가 끝나고 시작되는 모습을 지켜보았던 만큼 그리고 그 종말과 시작에 맞섰던 사람들이 내 의견에 동조하는 만큼. 나는 두 강의 합류점 같은 두 세기 사이에 있다. 그 혼탁한 물에 뛰어들어 내가 태어났던 낡은 강둑에 대한 회한으로부터 멀어지면서 새로운 세대가 다가오는 낯선 강둑을 향해 희망차게 헤엄친다."[2] 샤토브리앙의 정신은 그렇게 요약되었다. 두 세계에 다 속하고 싶었지만 결코 어느 쪽도 편하지 않았다. 세상은 그런 그의 운명을 번갈아 결정지으면서 생명력을 불어넣고 깊은 내면까지 변화시켰다. 1789년 7월 14일, 샤토브리앙은 달라진 분위기를 이렇게 기록했다. "눈을 떠보니 왕권의 실추를 예고하는 바스티유 함락 소식이 들렸다. 거만하기 그지없던 베르사유는 좌절에 휩싸였다."[3] 그 거만함을 샤토브리앙은 구체제 사회에서 이미 꿰뚫어 보았다. "그 시절은 다가오는 혁명의 조짐으로 사상과 풍습 모두 혼란스러웠다. 사법관들은 조상들이 엄숙하게 걸치던 법복이 부끄러웠다. 대법관 출신의 라무아뇽(Lamoignon), 몰레(Molé), 세귀에(Séguier), 아그소(Aguesseau) 가문은 재판을 그만 두고 맞서 싸우고자 했다. 재판장의 부

---

2 앞의 책,《유언 서문》, 1부, p. 1046.
3 앞의 책, 5권, 9장, p. 170.

인들은 위엄 있는 어머니상을 던지고 어두운 저택을 박차고 나와 찬란한 모험을 향해 떠났다. 설교단에 서 있던 사제는 예수 그리스도라는 이름을 차마 입 밖으로 내지 못하고 '기독교인들의 신'이라고만 언급했다. 대신들은 차례차례 쓰러졌다. 모두의 손에서 권력이 슬그머니 빠져 달아났다. 도시에서는 미국인, 궁정에서는 영국인, 군대에서는 프로이센인인 척하는 게 최고의 처세였다. 프랑스인만 아니면 누구든 상관없었다. 사람들이 하는 일, 말하는 내용 모두가 모순의 연속이었다. 사제들은 종교가 필요하다고 말했지만 실제로는 아무 관심도 없었다. 귀족만 아니면 누구든 장교가 될 수 있었다. 사람들은 귀족 계급에 대해 거칠게 욕을 퍼부었다. 살롱에서는 평등을 부르짖었지만, 주둔지에서는 매질이 난무했다."[4] 체제에 아무런 미련도 없는 샤토브리앙은 혁명의 진정한 책임을 두고 명석한 시선을 유지했다. "케케묵은 국가 조직에 결정타를 입힌 건 귀족이었다. 혁명을 시작한 건 세습귀족이었지만, 혁명을 완수한 건 평민이었다. 옛 프랑스가 귀족에게 영광을 돌렸다면, 신생 프랑스는 자유에 영광을 돌려야 한다. 프랑스를 위한 자유가 있다면 말이다."[5] 샤토브리앙은 이 사건을 다각도로 꼼꼼히 평가했다. "사람들은 예전 같았으면 단죄해야 마땅했을 그 사건을 찬미했다. 그러면서도 장차 다가올 국민의 성숙한 운명과 풍습, 사상, 정치권력의 변화는 모색하지 않았다. 바스티유 함락과 함께 문이 열린 새 시대는 인류의 혁신이지만, 흡사 핏빛으로 물든 잔치와도 같았다. 난폭한 분노는 닥치는 대로 깨부수었고, 그런 분노 밑에 감춰져 있던 지성은 새 건물의 토대를 폐허 속에 던졌

---

4 앞의 책, 4권, 13장, pp. 143-144.
5 앞의 책, 5권, 10장, pp. 172-173.

다."[6]

프랑스 혁명은 세간의 삶과 마찬가지로 샤토브리앙의 삶도 바꾸어 놓았다. 루소의 영향을 받은 샤토브리앙은 머지않아 사태가 과격해지리라는 사실을 알아차렸다. 1789년 7월 22일, 그는 재무장관 조제프 풀롱(Joseph François Foulon)과 사위 베르티에 드 소비니(Bertier de Sauvigny)가 처형되는 장면을 목격했다. "혁명이 범죄로 시작되지 않았다면 내 마음을 사로잡았을지도 모른다. 나는 창끝에 매달린 머리를 처음 보고 뒷걸음쳤다."[7] 샤토브리앙은 재빨리 프랑스를 떠나기로 마음먹었다. "야만적인 향연에 두려움을 느꼈고, 프랑스를 떠나 머나먼 나라로 가야겠다는 생각이 마음속에서 움텄다."[8] 샤토브리앙은 얼마 전부터 형수의 조부인 말제르브와 자주 어울렸다. 루이 15세 때 사법관을 지낸 크레티앵 기욤 라무아뇽 드 말제르브는 서적 검열 관장으로서 의회의 명령에 따라 불온 서적을 압수해야 했지만, 오히려 드니 디드로(Denis Diderot)의 『백과전서(Encyclopédie)』 전권을 집에 감춰둘 정도로 언론의 자유에 호의적이고 철학자들을 옹호했다. 그리고 루이 16세를 그리 좋아하지 않았지만 왕의 대신으로서 맡은 역할은 명철하게 행했다. "좋은 대신이 되려면 학식과 성실함만으로는 충분치 않다. 튀르고(Anne-Robert-Jacques Turgot, 백과전서 집필에 참여했던 전직 재무총감 정치인이자 경제학자—옮긴이)와 내가 그 증거다. 책 속에는 온갖 학문이 담겨 있지만, 정작 우리는 인간이라는 존재를 전혀 이해하지 못한다."[9] 말제르브는 재판에서 루이 16세를 변호하겠다고 자

---

6 앞의 책, 5권, 8장, p. 169.

7 앞의 책, 4권, 13장, p. 145.

8 앞의 책, 5권, 9장, p. 171.

9 기슬랭 드 디스바흐, 『샤토브리앙』, 위의 책, p. 52.

청했다. 이 일은 루이 16세가 마지막으로 승인한 명령이기도 했다. "어차피 내 목숨은 구하지 못할 거요. 자칫 그대의 목숨마저 위험하게 만들수 있으니, 그대의 희생이 더없이 고결하구려."[10] 말제르브는 결국 1794년에 가족과 함께 단두대에서 처형되었다. 그는 샤토브리앙과 서로 뜻이 잘 통하는 사이였다. "말제르브가 이야기할 때면 첫마디에서부터 유서 깊은 가문과 최고 법관다운 기품이 풍겼다. 철학적인 소양이 깊어서태도가 조금은 부자연스럽기도 했지만, 소탈하고 덕망이 높은 분이었다. 학문과 성실함, 용기로 가득한 분이었다. 반면 격렬하고 열정적이기도 했다[…]. 혁명의 물결에 휩쓸린 그는 명예로운 죽음으로 명성을 드높였다."[11] 말제르브와 함께 지리와 식물학에 대해 이야기를 나눈 뒤로샤토브리앙은 이로쿼이 인디언들을 찾아 미국으로 머나먼 여행을 떠날계획을 세웠다. 그의 생각에 형도 덩달아 흥분했다. "내가 조금만 젊었더라면 너와 함께 떠났을 텐데. 그러면 이곳에 난무하는 무참한 범죄와비겁함과 광기들을 안 봐도 될 텐데. 하지만 이 정도 나이가 되면 고향에서 죽어야 하는 법이란다."[12] 가족들이 "코를 박고" 들여다본 미국 지도는 샤토브리앙의 마음속에 장대한 숲, 광막한 공간, 고독한 모험에 대한 애착을 일깨웠다. 그는 "자연인의 서사시"를 묘사하고 싶었다. 미시시피 강의 원류와 북서 지방의 샛길을 발견하고 싶었다. 잊지 않고 말제르브에게 씨앗을 가져다주고 싶었다. 샤토브리앙과 말제르브는 여러 달동안 파리와 말제르브 성을 오가며 나이를 초월해 격렬하고 열정적으로 토론과 상상을 이어갔고, 원대한 탐험 계획을 함께 세웠다*.

---

10 같은 저자, 『전집』, 가르니에 프레르 출판사, 1861, 12권, p. 482.
11 같은 저자, 『죽음 저편에 대한 사색』, 위의 책, 1부, 4권, 13장, p. 144.
12 앞의 책, 5권, 15장, p. 188.

그러는 동안 샤토브리앙은 혁명의 공포를 체험했다. 특히 미라보를 만나면서 타인이라는 거울 속에 투영된 자신의 모습을 처음으로 발견하게 되었다. 샤토브리앙은 미라보를 이렇게 묘사했다. "삶의 무질서와 우연 속에서 굵직한 사건들에 연루되어 전과자, 유괴범, 협잡꾼으로 치부되었던 미라보는 귀족 계급을 옹호하는 대중 연설가이자 민주주의 대표로서 그라쿠스(Tiberius Sempronius Gracchus, 평민을 위한 사회 개혁을 꿈꾼 로마 공화정 말기의 정치가—옮긴이)와 돈 후안(don Juan, 중세 유럽 민간 전설에 나오는 바람둥이 귀족—옮긴이), 카틸리나(Lucius Sergius Catilina, 원로원에 맞서 로마 공화정을 전복하려 한 공화정 말기의 정치가—옮긴이), 구스만 데 알파라체(Gusman d' Alfarache, 스페인 작가 마테오 알레만의 소설 제목이자 주인공—옮긴이), 리슐리외 추기경(cardinal de Richelieu), 레 추기경(cardinal de Retz, 세속적인 삶을 좋아하고 정치적 술수에 능했던 루이 14세 시대의 추기경—옮긴이), 섭정시대의 방탕아, 혁명의 야만인이 한데 뒤섞인 인물이었다. 망명한 피렌체 가문 '미라보' 가의 일원인 그는 타고난 달변에 단테가 찬양했던 위대한 반란분자의 면모를 지닌 인물이었다. [...] 애초에 자연은 그를 빚을 때 머리는 제국 아니면 교수대에, 두 팔은 국민을 끌어안거나 한 여자를 빼앗는데 안성맞춤으로 재단한 듯했다. 미라보가 사자 갈기 같은 텁수룩한 머리를 흔들면서 국민들을 바라보면 다들 동작을 멈추었다. 그리고 앞발과도 같은 손을 들어 발톱을 드러내면 평민들은 격앙되어 날뛰었다. [...] 그는 방탕한 생활을 통해 활력을 얻었는데, 그 방탕함은 차가운 기질에서 비롯된 게 아

---

* 파리에서 한 시간 거리에 있는 말제르브 성에는 수도원이 하나 있다. 샤토브리앙의 외조부 내외가 신혼 때 한동안 이 수도원에서 지낸 적이 있다. 이후에 샤토브리앙의 어머니는 몇 킬로미터 떨어진 곳에서 샤토브리앙이 어린 시절을 보냈던 콩부르와 꼭 닮은 마을을 발견했다. 샹탕브르 (Chantambre)라는 매혹적인 이름을 지닌 그 마을 "숲에서 나는 지금의 내가 되었다[...]."

니라서 깊고 뜨거운 열정들을 품고 있었다. […] 미라보는 말이 많았다. 특히 자기 자신에 대해서 말을 많이 했다. 키마이라의 머리를 지닌 사자의 자식이자 매사 지나치게 긍정적인 그는 상상력과 언어를 구사할 줄 아는 지극히 비현실적이고 시적이며 정열적인 사람이었다. […] 미라보는 태생적으로 관대하고, 우정을 귀하게 여기고, 모욕을 쉽게 용서했다. 부도덕할지언정 양심을 버린 적은 없었다. 방탕할지언정 곧고 단호한 정신은 지성의 숭고함을 해친 적 없었다. 어떤 이유에서든 도살장과 쓰레기장은 찬미하지 않았다."[13] 샤토브리앙은 이 사자 같은 인물과 맞닥뜨린 순간을 묘사할 때도 잊지 않고 자신을 미화했다. "저녁식사를 마치고 나오다가 미라보의 정적들에 대해 의견을 나누었다. 나는 옆에서 한마디도 하지 않고 있었다. 미라보가 거만하고 영악한 눈빛으로 나를 똑바로 바라보더니 내 어깨에 한 손을 올리면서 말했다. '그들은 내가 우월하다는 사실을 절대 용서하지 않을 겁니다!' 그 손의 느낌이 아직도 생생하다. 마치 사탄이 불붙은 발톱으로 만진 듯했다. 미라보는 내 눈을 응시하면서 말없는 청년의 장래를 예감하기라도 했던 것일까? 자신이 언젠가 내 추억 앞에 나타나리라 예상했을까? 나는 위인들의 역사가가 될 운명이었다. 나보다 앞서 다녀간 위인들의 망토 자락에 굳이 매달리지 않아도 그들과 함께 후대에 길이 남을 운명이었다."[14] 시대가 어수선해지자 귀족들은 망명을 떠났다. 샤토브리앙은 스물두 살이 되던 1791년 1월이 되어서야 비로소 미국으로 떠날 결심을 했다. "새로이 찾으리라! 이곳에서는 더 이상 할 일이 없다. 왕은 사라졌고, 그대들은 혁명을

13 앞의 책, 1부, 5권, 12장, pp. 175-177.
14 앞의 책, pp. 178-179.

막지 못한다. [···] 나는 숲으로 간다. 그게 코블렌츠(Coblenz, 프랑스인들이 많이 망명하여 갔던 독일 도시―옮긴이)로 망명하는 것보다 낫다. 그저 프랑스를 떠나기만 한다면 무슨 소용 있겠는가? 나는 세상으로 나아갈 것이다. 길에서 죽는다면 모를까, 훨씬 대단한 인물이 되어 돌아오고 말 테다!"[15] 샤토브리앙이 미국으로 향하는 배에 오를 때, 나폴레옹은 프랑스에 상륙했다.

*

"그곳(툴롱)에서 역사는 두 번 다시 떠나지 못하도록 그를 붙잡았다. 불후의 명성이 시작되었다."[16] 1793년 6월 13일, 코르시카의 공포를 겪었던 나폴레옹과 보나파르트 일가는 내란이 한창일 때 툴롱에 도착했다. 자코뱅파들은 파리에서 완전히 힘을 잃은 지롱드파의 반란을 진압하고 싶던 참이었다. 남부 지방에서 국민공회에 맞서는 반란이 일어났다. 나폴레옹은 니스에 있던 장 뒤 테유(Jean du Teil) 장군 휘하의 포병 연대에 합류했다. 그는 화약과 설비 호송대에 배치되었다. 지루했다. 국민공회 의원들인 살리체티와 가스파랭(Adrien Étienne Pierre de Gasparin)에게 신세 한탄을 하면서 지휘권을 달라고 부탁했다. 그러자 살리체티는 공화당에 대한 충성심을 널리 알려보면 어떻겠느냐고 제안했다. 그래서 나폴레옹은 「보케르의 만찬(Le Souper de Beaucaire)」을 썼다. 한때 지롱드 당원이었던 마르세유 상인 두 명과 훨씬 온건한 사상을 지닌 몽펠리에 수

---

15 기슬랭 드 디스바흐, 『샤토브리앙』, 위의 책, p. 66.
16 라스 카즈, 『세인트헬레나 회상록』, 위의 책, 1권, p. 91.

공업자 한 명 그리고 특징으로 짐작컨대 나폴레옹 자신으로 보이는 카르토(Jean François Carteaux) 장군 휘하의 남부군 한 명, 이렇게 네 명이 나누는 대화가 담긴 글이다. 이 글은 1793년 7월 말에 공개되었다. 나폴레옹은 이 글에서 혁명 대표자들의 태도를 비난하는 동시에 내란은 국가와 혁명 장악을 가로막는 시급한 위험이라고 표현했다. "당신들은 아비뇽에서 영장도, 체포령도, 행정부의 구형도 없이 사람들을 투옥했습니다. 가족의 안식처에 침입해 개인의 자유를 침해했습니다. 공공장소에서 부당하게 사람들을 살해한 냉혈한입니다. 경악할 만한 광경들을 되풀이하면서 공포를 조장했습니다. 아무런 정보도 과정도 없이, 희생자도 알려주지 않은 채 오직 적들의 지명에만 의지해 혁명의 근원을 훼손했습니다. 아이들에게서 부모를 빼앗아 길거리로 끌고 가서는 칼을 휘둘러 절멸시켰으며 [⋯] 자유의 여신상을 진흙탕 속으로 끌고 갔습니다. 공개적으로 그런 짓을 저질렀습니다. 자유의 여신상은 절제할 줄 모르는 젊은이들에게 공공연한 모욕을 당했습니다[⋯]. 결국 당신들이 공화국에 원한 게 정녕 그런 것입니까?"[17] 그런데 군대 상황을 감안할 때 나라를 지킬 수 있는 건 자코뱅 당원들뿐이었다. 사실 지롱드 당원들은 사상적인 완고함 때문에 적과 타협해서 자국의 도시들을 외국 군대에 넘길 소지가 다분했다.

단순한 예감이었을까? 한 달 후에 왕당파는 지롱드파의 동의로 툴롱을 영국인들에게 넘겼다. 외국에 자국의 영토를 점령당한 이 사태는 남부와 북서부가 연합해 일으킨 반란과 더불어 혁명기 프랑스에 무시무시한 위협이 되었다. 1793년 9월 7일, 나폴레옹은 살리체티와 가스파랭

---

17 루이 앙투안 포블레 드 부리엔, 『나폴레옹에 대한 회상록⋯』, 위의 책, 1부, p. 341.

의 후원을 받아 툴롱에서 작전을 지휘하던 카르토 장군의 포병대 사령관으로 임명되었다. 나폴레옹은 재빨리 군사 작전을 제안했다. "그 지역을 장악하려면 레기에트(l'Eguillette) 요새를 차지해야 합니다."[18] 실제로 툴롱의 지형을 분석한 뒤 나폴레옹은 폭도들은 영국 함대의 지원 없이는 버티지 못한다고 결론 내렸다. 영국 함대를 툴롱에서 내보내야 했다. 딱 한 지점 영국 함대의 숙영지만 점령하면 충분했다. 바로 레기에트 곶의 끝단에 있는 카이로(Caire) 산이었다. 나폴레옹은 계획을 제안하고 단호하게 주장했지만 채택되지 않았다. 결국 두 달 동안 총사령관 두 명을 설득하고, 훗날 유언장에 "내 앞길을 열어주었다"[19]고 인정한 살리체티와 가스파랭이 개입한 뒤에야 뜻을 관철시킬 수 있었다. 이제 대포, 포탄, 화약 등 모든 포화를 동원해 포병 연대를 결집시킬 때였다. 하지만 군대가 와해되어 쉽지 않았다. 나폴레옹은 혼자서 병사들의 마음을 사로잡았다. 그리고 이후로도 나폴레옹에게 충성을 다하는 장 자크 가상디(Jean-Jacques Vasilien Gassendi), 클로드 빅토르(Claude Victor), 니콜라 쇼베(Nicolas Chauvet), 미셸 뒤록(Géeraud Christophe Michel Duroc), 앙도슈 쥐노(Andoche Junot), 장 바티스트 뮈롱(Jean-Baptiste Muiron), 오귀스트 마르몽(Auguste Frédéric Marmont)과 함께 오합지졸이던 군대를 한데 모았다. "나는 나폴레옹을 깊이 존경한다. 평생 만났던 어떤 사람들보다 훨씬 탁월한 사람이었다. 따로 대화를 나누어 보니 속도 무척 깊고 대단히 매력적인 사람이었다. 장래가 아주 유망해 보였다."[20]

드디어 나폴레옹의 모험이 시작되었다. 1793년 12월, 그의 작전에 회

18 나폴레옹 보나파르트, 『일반 서신』, 위의 책, n.111, 1부, p. 142.
19 라스 카즈, 『세인트헬레나 회상록』, 위의 책, 1부, p. 94.
20 오귀스트 프레데릭 루이 비에스 드 마르몽, 『회상록』, 페로탱, 1857, 1부, pp. 60-61.

의적이던 상관들이 마침내 작전을 승인했다. 나폴레옹은 12월 11일에 공격을 시작해서 닷새에 걸쳐 적의 진지를 포격했다. 1793년 12월 16일 밤부터 17일 사이에는 돌격전을 치렀다. 그 과정에서 두 차례 부상도 입었고, 포병이 기절하자 직접 대포를 발포하기도 했다. 심지어 그 포병의 옴도 옮았다. 그래도 나폴레옹의 계획대로 순조롭게 진행되었다. 1793년 12월 19일, 마침내 툴롱은 해방되었다. "그때 젊은 포병 사령관의 명성은 절정에 달했다. […] 평생 그가 […] 가장 큰 만족감을 느꼈던 순간이기도 했다. 첫 성공이었으니까. 가장 달콤한 기억으로 각인될 순간임을 알 수 있었다."[21] 툴롱 주둔군 총사령관 자크 프랑수아 뒤고미에 (Jacques François Dugommier)는 공안위원회(혁명기인 1793년에 국민공회가 설치한 집행 기관ー옮긴이)에 나폴레옹의 승진을 제안했다. "우리가 승진시키지 않아도 아마 알아서 진급할 겁니다."[22] 1793년 12월 22일, 나폴레옹은 분대장으로 임명되었다. 겨우 스물넷의 나이였다! 살리체티와 툴롱 공성전을 목격한, 일명 '청렴가'라 불리던 막시밀리앵 로베스피에르(Maximilien Robespierre)의 동생 오귀스탱 로베스피에르(Augustin Robespierre) 덕분이었다. 또한 나폴레옹은 당시 남부 지방 위원이었던 폴 바라스(Paul Francois Jean Nicolas de Barras)에게도 인정을 받았다. 툴롱 탈환을 믿지 않던 바라스였기에 나폴레옹의 이름을 마음 깊이 새겼다. 두 사람의 인생은 이후에 자주 엮이게 된다. 툴롱 공성전에서 나폴레옹은 스스로에게 그리고 다른 사람들에게 존재를 각인시켰다. 아직 역사는 쓰이지 않았지만, 누구나 나폴레옹의 앞길에 어떤 일이 펼쳐질지 예감했다. 툴롱에서 나폴레

---

21 라스 카즈, 『세인트헬레나 회상록』, 위의 책, 1부, p. 91.
22 루이지 마스킬리 미글리오리니, 『나폴레옹』, 위의 책, p. 68.

옹은 처음으로 자신의 능력과 성격, 기질을 여실히 보여주었다. 영광의
여명이 시작되었다.

*

1791년 4월 7일, 여러 달에 걸친 사전 준비 끝에 샤토브리앙은 생말
로에서 범선 '생피에르(Saint-Pierre)'호에 올랐다. 떠나기 전에 잠시 들러
본 휑뎅그렁한 콩부르의 모습에 울적하고 가슴이 아팠다. 마흔 명 남짓
한 승선 인원 중 절반은 승무원이고 절반은 승객이었는데, 승객 대부분
은 선서를 거부한 성직자들과 그 제자들이었다. "나는 분열된 국가를 떠
난다. […] 내가 가져가는 건 젊음과 환상뿐이다. 먼지를 밟으며 별을 헤
아리던 세상을 버리고, 땅도 하늘도 낯선 세상을 향해 간다."[23] 항해는
아소르스(Açores) 제도와 뉴펀들랜드를 기항해 무려 석 달이나 걸렸다.
가톨릭 신자들의 인솔을 맡은 나고(François Charles Nagot) 신부는 뱃멀미로
탈진해 간이침대 신세를 지는 바람에 신자들을 내내 지켜볼 수 없었다.
그 사이에 샤토브리앙은 젊은 스코틀랜드 신학생인 프랜시스 툴로치
(Francis Tulloch)와 아주 친한 사이가 되었다. 그런데 1791년 7월 9일 볼티
모어(Baltimore) 항구에 도착하자 프랜시스 툴로치는 열정적인 토론을 함
께했던 친구에게 한 마디 말도 없이, 눈길 한 번 주지 않고 훌쩍 떠났다.
그래도 샤토브리앙은 자신이 만났던 사람들 중에 "툴로치만큼 마음이
잘 통했던 사람"[24]은 없었다고 털어놓았다. "눈빛에 뭔가 꿍꿍이가 있어

23 F.-R. 드 샤토브리앙, 『죽음 저편에 대한 사색』, 위의 책, 1부, 5권, 5장, p. 190.
24 F.-R. 드 샤토브리앙, 『혁명론』, 파리, 갈리마르 출판사, 1978, 《라 플레야드》, p. 423.

보여서"[25] 꺼림칙했지만 말이다. 삼십 년이 지나 샤토브리앙이 영국 대사로 런던에 부임하고 나서 프랜시스 툴로치의 편지를 받긴 했지만 "이미 우정은 끝났다."[26]

1791년 7월 10일, 필라델피아에 도착하자마자 샤토브리앙은 미국 독립의 아버지 조지 워싱턴을 만나려고 했다. 그래서 아르망(Armand) 연대장이라고 불리는 라루에리 후작(Armand-Charles Tuffin La Rouërie)의 추천장까지 받았지만, 당시 워싱턴의 건강이 좋지 않았다. 결국 만남은 성사되지 않았다. 그래도 샤토브리앙은 『죽음 저편에 대한 사색』에 성사되지 않았던 그들의 만남을 이렇게 언급했다. "마음이 상하진 않았다. 나는 원래 영혼의 위대함이나 부의 막대함에 절대 위압감을 느끼지 않는다. 영혼의 위대함에는 위축되지 않을 정도의 감탄을 느낄뿐이고, 부의 막대함 앞에서는 존경보다 연민을 느낀다. 어떤 사람을 보고 못 보고의 문제로 동요되는 일은 전혀 없다. […] 뭔가 고요한 것이 워싱턴의 행동을 감싸고 있다. 움직임이 차분하다. 미래의 자유에 대해 책임감을 느끼는 듯하다[…]. 새로운 유형의 영웅이 짊어지고 있는 건 자신의 운명이 아니라 조국의 운명이다[…]. 과연 그 깊은 겸양에서는 어떤 빛이 솟아오를까! […] 워싱턴은 자신의 전장에 미국이라는 전리품을 남겼다."[27] 샤토브리앙은 탐험 준비를 위해 올버니(Albany)로 가서 추천 받은 상인을 만났다. 상인은 여행의 어려움에 대해 설명해주었다. 추천장도 없고, 돈과 무기와 생필품도 부족한 상태에서 풍토에 적응해야 하고, 수족과 이로쿼이족 그리고 에스키모족의 언어도 배워야 했다. 배우는 데만 4-5년은

---

25 앞의 책, 위의 인용문에서.
26 같은 저자, 『죽음 저편에 대한 사색』, 앞의 책, 1부, 6권, 6장, p. 218.
27 앞의 책, 6권, 7장, p. 221 ; 8장, p. 223.

족히 걸리는 일이었다. 기본적으로 인내심이라는 미덕을 갖추지 못한 샤토브리앙은 말 두 필을 사서 인디언 방언을 많이 아는 네덜란드인 안내인과 동행했다. 그렇게 안내인과 함께 곧장 북쪽으로 떠나서 당시만 해도 인적 없는 거대한 숲을 가로지르며 자유에 한껏 취했다. "누구도 밟은 적 없는 숲길에 들어서자 뭔지 모를 해방감이 짜릿하게 느껴졌다. 나는 나무와 나무 사이를 이리저리 누비면서 생각에 잠겼다. '이곳에는 길도, 도시도, 군주제도, 공화국도, 통령도, 왕도, 사람도 없구나.'"[28] 안내인은 그를 미치광이라고 생각했다. 이내 샤토브리앙의 첫 '야만인들'이 오지에 모습을 드러냈다. "스무 명 남짓으로, 남자들만큼이나 여자들도 많았다. 모두 마법사들처럼 알 수 없는 말을 웅얼거렸다. 반쯤 벌거벗은 몸에 귀는 잘려 있었다. 머리에는 까마귀 깃털을, 콧구멍에는 고리를 꿰고 있었다."[29] 야만인들 틈에서 "분을 바른 얼굴, 싸구려 모직 저고리, 가슴 장식에 모슬린 소맷부리가 달린 밝고 선명한 초록색 옷차림을 한 곱슬머리의 키 작은 프랑스인"[30]이 바이올린을 연주하고 있었다. 미개인들의 선구자를 자처하는 샤토브리앙에게는 초현실적인 장면이었다. "나는 소리 내어 웃고 싶은 마음이 굴뚝같았지만 몹시 당황스러웠다."[31]

당시에 샤토브리앙은 모피 사냥꾼처럼 차려입었다. 곰 가죽, 붉은 빵모자, 총 한 자루, 탄띠 그리고 개들을 부를 때 쓰는 각적을 걸치고 있었다. 기이한 옷차림에 설상가상 머리카락과 수염도 자르지 않고 텁수룩하게 길렀다. 그는 당시 자신의 모습을 "야만인 같기도 하고, 사냥꾼이

---

28 앞의 책, 7권, 2장, pp. 231-232.
29 앞의 책, p. 232.
30 앞의 책, 위의 인용문에서.
31 앞의 책, 위의 인용문에서.

나 선교사 같기도 했다"[32]고 묘사했다. 며칠 동안 새로 만난 이로쿼이 친구들과 함께 낚시와 사냥을 다녔다. 그런 뒤 나이아가라를 향해 다시 길을 떠났다. 가는 길에 여러 부락과 인디언 가족들을 만나 친해지기도 했다. 그러면서 제대로 실망도 했다. "당시에 나는 루소처럼 야성을 크게 지지하는 사람이어서 사회 계급이 못마땅했다. 하지만 이제는 사람들과 타협하는 법을 배워서 [볼테르의 말처럼] 부(富)도 어느 정도는 필요하다고 생각한다."[33] 샤토브리앙은 나이아가라 폭포의 황홀한 광경에 매료되었다. "인간의 천성도, 운명과 불행과 함께 저 하늘과 땅에 있다면, 땅과 하늘을 보면서 무심히 떨어지는 폭포는 대체 무엇이란 말인가?"[34] 그렇게 명상을 마치고 발길을 돌리려는데 갑자기 말이 제멋대로 고집을 부리는 바람에 하마터면 낙마할 뻔했다. 어쩌면 하늘의 경고였나 보다. 결국 얼마 못가서 물에 빠진 그는 인디언들의 도움으로 간신히 살아났다. 하지만 그 사고로 골절상을 입고 열흘 넘게 꼼짝 못하는 신세가 되었다. 건강을 회복한 샤토브리앙은 다시 여행을 떠났다. 여정은 즉흥적이었다. 피츠버그(Pittsburg)에 들렀다가 미주리강(Missouri)과 미시시피강(Mississippi)의 합류점인 세인트루이스(Saint Louis)로 가는 어떤 무리에 합류했다. 그러다 피츠버그로 되돌아가기로 결심했다. 그곳에서 샤토브리앙은 오하이오(Ohio)로 가는 배를 타고 세인트루이스까지 갔다. "나는 세차게 흔들리는 항아리 속 강물처럼 내 인생의 작은 흐름을 때로는 이쪽 산기슭에, 때로는 저쪽 산기슭에 흩뿌리며 다녔다. 이런 저런 실수로 변화무쌍했지만 나쁘지 않았다. 가난한 골짜기보다는 풍요

---

32 앞의 책, 7권, 3장, p. 233.
33 같은 저자, 『혁명론』, 위의 책, 페이지 하단 주석, p. 193.
34 같은 저자, 『죽음 저편에 대한 사색』, 위의 책, 1부, 7권, 8장, p. 244.

로운 평야가 더 좋았던 나는 웅장한 건물보다는 꽃을 보고 발길을 멈추는 편이었다."[35] 머지않아 그는 두 강의 합류점에 도착했다. 마침내 플로리다(루이지애나Louisiana) 나체즈족의 영지에 접근했다. 하지만 굳이 시간을 내서 그 영지를 지나지는 않았다. 사실 그는 내슈빌(Nashville)과 녹스빌(Knoxville), 세일럼(Salem)을 거쳐서 필라델피아(Philadelphia)에 가기로 마음먹었다. 이 여행은 무엇보다도 샤토브리앙에게 끊임없는 이동과 사색의 기회가 되었다. "끈끈이대나물꽃으로 치장한 냇가, 그 근처에서 윙윙거리는 하루살이 떼. 반짝이는 장신구들을 뽐내며 다채로운 꽃밭과 누가 더 화사한지 경쟁을 벌이는 벌새들과 나비들도 있었다. 그렇게 한가로이 거닐면서 자연을 배우다가도 이따금 그들의 무의미함에 충격을 받았다. 이럴 수가! 나를 짓눌러 숲속으로 내몰았던 혁명이 이보다 진한 감흥을 자아내지 못했다니! 이럴 수가! 조국이 격변에 시달리는 동안 나는 풀과 나비와 꽃들을 보고 묘사하는 일이나 신경 쓰고 있었다니! 인간의 개체성은 중대한 사건들이 실은 얼마나 하찮은지 가늠하는 데 사용된다. 얼마나 많은 사람들이 이 사건들에 무관심한가? 얼마나 많은 다른 사람들이 그 일을 모르고 있을까? 지구 전체 인구는 십일억에서 십이억 명 정도로 추산된다. 일 초에 한 명씩 죽는다. 따라서 살아가는 동안 그리고 우리가 웃고 즐기는 동안 일 분마다 육십 명이 죽고, 육십 가구가 울고 한탄한다. 삶은 영원한 전염병이다. 우리를 감싸는 슬픔과 죽음의 사슬은 조금도 끊어지지 않고 길어지기만 한다. 그리고 우리는 그 사슬로 고리를 이룬다. 그러니 우리가 겪는 재난들이 얼마나 중대한지 큰소리로 외치자. 어차피 세상의 반 이상은 이 재난에 대해 절대 듣지

---

35 앞의 책, 8권, 2장, p. 257.

못할 테니까! 우리 무덤에서 얼마 멀리 날아가지 못하더라도 명성을 열망하자! 끊임없이 새로워지는 육십 개의 관 사이로 매 순간 흘러가는 기쁨의 바다에 뛰어들자!"[36]

미국 여행은 애초의 목적은 이루지 못했을지언정 문학적으로는 대단히 유익했다. 나체즈족, 아탈라……. 인디언의 이국적인 정서에서 자연과 관련된 어떤 몽상적인 기질을 얻어 돌아왔다. 샤토브리앙은 여행을 통해 장차 자신이 쓸 소설의 인물들과 배경에 대한 착상도 얻었다. 몸에 분칠을 한 플로리다 매춘부 두 명도 그랬다. 어느 날 그는 하루 종일 두 여자의 호의를 받았다. 샤토브리앙이 수줍게 그들의 매력을 음미하는데, 기둥서방인 인디언계 혼혈이 부르자 여자들은 부리나케 달려갔다. 그러잖아도 샤토브리앙은 여행에 실망하던 참이었다. "모든 점에 진저리가 났다. 나는 하루하루 권태로움 속에 간신히 지냈다. 어디서나 인생에 권태를 느꼈다."[37] 그렇다고 선량한 미개인에 대한 환상에 빠진 것도 아니었다. "인디언은 벌거벗었건 가죽옷을 입었건 뭔가 위대하고 고귀한 것을 갖고 있다. 하지만 이 시간에도 누더기를 걸친 유럽인들은 벌거벗은 몸뚱이를 가릴 것이 없어서 비참함에 떨고 있다. 그저 문 앞의 걸인일 뿐 숲속의 미개인과는 다르다."[38]

샤토브리앙은 남들에게 잊히는 은둔 생활에 만족하면서도 떠들썩한 세상을 격렬하게 갈구했다. 다행스럽게도 본래의 삶을 일깨워주는 사건이 일어났다. 샤토브리앙은 불가에서 몸을 녹이다가 우연히 어느 영국 일간지에서 루이 16세가 탈주를 시도했다가 바렌(Varennes)에서 체포되

---

36 앞의 책, p. 259.
37 앞의 책, 8권, 4장, p. 266.
38 앞의 책, 7권, 10장, p. 249.

었다는 소식을 접했다. 넉 달 반 후에 그는 프랑스에 돌아가기로 결심했다. "무기들이 덜그럭거리는 소리, 세상의 소란스러움이 낯선 숲속 방앗간 초가지붕 아래에 있는 내 귓가에까지 울려 퍼졌다. 나는 움직임을 멈추고 생각에 잠겼다. '프랑스로 돌아가야겠다.' 그렇게 의무처럼 느껴진 생각은 애초의 계획을 뒤집어 내 업적에 첫 발자국을 남길 대파란 속으로 나를 이끌었다. […] 내 인생을 바꾼 그 일간지로 파이프에 불이나 붙이고 여행을 계속했더라면, 끝내 아무도 나의 부재를 알아채지 못했을 것이다. 내 삶은 그렇게 잊혀서 나의 긴 담뱃대에서 뿜어져 나오는 연기만큼의 무게도 나가지 않았을 것이다. 나와 내 의식 사이의 다툼은 나를 세상의 무대로 떠밀었다."[39] 미국 여행은 샤토브리앙 신화의 일부분이 되었다. 오직 소설가만이 누릴 있는 온갖 자유는 책과 영광의 자양분이 되었다. "나는 실제 일어났던 일들에 허구를 섞었다. 불행히도 허구는 시간이 흐르면서 조금씩 현실과 비슷해지면서 이야기를 바꾸었다."[40] 1791년 11월 27일 필라델피아에서 배에 오른 샤토브리앙은 유난히 험난했던 횡단을 마치고 1792년 1월 2일 르아브르(Le Havre) 항에 도착했다. 훗날 『죽음 저편에 대한 사색』에는 다음과 같이 초연하게 서술했다. "여행을 하는 동안은 반쯤 난파된 듯한 상태였지만 조금도 불안하지 않았다. 그렇다고 구원받는 기쁨도 들지 않았다. 젊을 때는 시대의 흐름에 떠밀려 삶에서 쫓겨날 바에 차라리 도망치는 게 낫다."[41]

---

39 앞의 책, 8권, 5장, p. 268.
40 기슬랭 드 디스바흐, 『샤토브리앙』에서 인용, 위의 책, p. 82.
41 F.-R. 드 샤토브리앙, 『죽음 저편에 대한 사색』, 위의 책, 1부, 8권, 7장, p. 283.

*

    툴롱에서 나폴레옹은 오귀스탱 로베스피에르와 가까워졌다. 특히 툴롱이 함락된 후 진행된 엄청난 탄압에 동참하기를 거부하면서 더 친해졌다. 오귀스탱은 나폴레옹을 맹목적으로 믿었고, 형 막시밀리앵 로베스피에르에게 나폴레옹의 "탁월한 장점"[42]을 늘어놓았다. 1794년 2월 7일, 나폴레옹은 꿈에 그리던 이탈리아 방면군 포병대 사령관으로 임명되었다. 사령관이 되어 제일 먼저 맡은 임무는 파리에 진정서를 보내 이탈리아에서 공격을 재개할 수 있도록 설득하는 일이었다. 그의 계획은 채택은 되었지만 결국 유보되었다. 그러자 라자르 카르노(Lazare Nicolas Marguerite Carnot)는 "방향을 잘못 잡은 혁명 조직과 정복정신으로 바뀌어버린 민족정신이 갑자기 프랑스에 확산된 것은 아닌지"[43] 염려했다. 나폴레옹에게 승진 직후는 불확실한 시간이었다. 시대가 혼란스럽다 보니 무작정 충성하기도 위험했고 불운한 일도 많았다. 혁명의 핏빛 하늘에서 날벼락이 떨어졌다. 혁명력 2년 테르미도르 9일(1794년 7월 27일) 이튿날, 막시밀리앵 로베스피에르가 단두대에서 처형되었다. "순수하게 믿고 좋아했던 로베스피에르가 그런 참담한 일을 당했다는 사실은 다소 충격적이었지만, 만일 아버지가 전제정치를 열망했다면 나 역시 칼로 찔러 죽였을 것이다."[44] 나폴레옹은 로베스피에르를 무척 존경했지만, 실패한 로베스피에르와 달리 자신은 혁명을 끝내면서 성공했다고 생각했다. "로베스피에르는 독재자라서가 아니라 혁명의 효과를 가로

---

42 A.와 M. 로베스피에르, 『서신, 1794년 4월 5일자 편지』, G. 미송 출판사, 1926-1941, 1부, p. 274.
43 장 콜랭, 『나폴레옹의 군사 교육』에서 인용, 테세드르 출판사, 2001, p. 286.
44 나폴레옹 보나파르트, 『일반 서신』, 위의 책, n.232, 1권, p. 196.

막으려고 해서 죽었다. 그가 없애려고 했던 혁명의 효과는 그 자신보다 더 잔인했다[…]. 로베스피에르는 기세등등하고 거대했던 당통(Georges Jacques Danton)파를 등졌다. 아마도 다른 수가 없었을 터이다. 로베스피에르도 야망이 없는 사람은 아니었다. […] 결코 예사롭지 않은 인물이었다. 어느 누구보다도 훨씬 뛰어났다. […] 자신이 자초한 일에 염증을 느낀 로베스피에르는 종교도 도덕도 원하지 않는 무기력한 사람들 속에서 종교의 필요성을 느꼈다. 사람들의 사기를 진작시켜야 했다. 그는 윤리 의식을 되살릴 용기도 있었고, 결국 해냈다. […] 대단한 정치적 수완가였다. 물론 사람들을 죽인 건 사실이다. 하지만 잘못을 따지면 장 랑베르 탈리앙(Jean-Lambert Tallien)이나[…] 루이 프레롱(Louis Marie Stanislas Fréron)보다 […] 나은 편이다. 그들은 정말로 사형집행인들이었으니까. 로베스피에르가 죽지 않았다면 아마도 가장 특별한 사람이 되었을 것이다. 물론 이 모든 일에서 우리가 얻을 수 있는 교훈은 혁명을 일으켜선 안 된다는 점이다. 맞는 말이다. 하지만 혁명을 일으키면서 과연 피를 흘리지 않을 수가 있을까? […] 혁명의 범죄를 고발하는 건 입헌의회가 해야 할 일이다."[45] 오귀스탱 로베스피에르도 1794년 7월 28일에 단두대에서 처형되었다. 며칠 후인 1794년 8월 9일, 나폴레옹은 로베스피에르의 '계획 입안자'[46]로 몰려 체포되어 니스(Nice)에 구금되었다. 열흘 동안 투옥되었다가 석방된 뒤 이탈리아 군대로 복귀하면서 나폴레옹의 일은 세간에서 잊혔다. 경고를 제대로 이해한 셈이었다.

1794년 9월, 이탈리아에서는 라자르 카르노의 명령으로 군사 작전

---

45 앙리 가티엥 베르트랑, 『세인트헬레나 수첩』, P. 폴뢰리오 드 랑글르 출판사, 1부, pp. 175-179.
46 도미니크 드 비유팽, 『1796-1807년 권력의 어두운 태양』에서 인용, 위의 책, p. 85.

이 결국 중단되었다. 이듬해는 나폴레옹에게 지긋지긋한 한 해였다. 하지만 위대한 기질은 오히려 되는 일이 하나도 없던 불안정한 시간, 극도의 초조함과 견디기 힘든 불만에 사로잡혀 있던 그 시간에 운명을 지배했다. 1795년 3월, 코르시카를 재탈환하기 위해 툴롱에서 출발한 원정대는 영국과 나폴리 연합 함대에 무참히 패배했다. 1795년 3월 29일, 나폴레옹은 반(反)혁명군의 온상을 진압하라는 임무를 맡고 서부군 포병대 사령관으로 임명되었다. 썩 내키지 않았던 그는 사령부에 복귀하기 전에 파리에 들렀다. 그런데 파리에 도착하자마자 자신이 장군 명단에서 삭제되었다는 사실을 알게 되었다. 병력 감소 때문에 어쩔 수 없다고 했다! 그는 사령관직을 되찾으려 애썼지만 소용없었다. 그래서 계급이 강등된 채 방데(Vendée)에 가고 싶지 않아 거짓으로 병가를 냈다. 더군다나 배속 명령이 내려진 부대는 포병대도 아니고 보병대였다. 1795년 8월 16일에 귀대 명령이 재차 내려졌다. 다행히 툴롱 공성전을 치르는 동안 새로 알게 된 체제 실력자 폴 바라스의 신임을 얻어 몇 주 전부터 정치권력에 한 발짝 더 가까워졌다. 덕분에 비공식적으로 공안위원회 전략회의에도 참석했다. 복귀 독촉에 이어 1795년 8월 20일에는 정식으로 전투 지형학 위원회에 임명되었다. 나폴레옹은 하루에 열다섯 시간씩 열정적으로 일했다. 특히 이탈리아에서 펼칠 새로운 공격 작전을 계획했고, 1796년에는 그 작전을 직접 실행하기도 했다. 나폴레옹은 이미 칼을 갈고 있었다. "포위 작전을 펼쳐서 한 지점에 화력을 집중시킵니다. 돌파구가 열리면 균형이 깨지기 마련입니다. 그러면 나머지는 무용지물이 되고 요새는 점령될 것입니다."[47] 하지만 나폴레옹은 원칙보다 임

---

47 나폴레옹 보나파르트, 『문학 전집과 군사문서』, 파리, 2001, J. 튈라르 출판사, 2권, p. 311.

기응변에 능한 사람이었다. "요즘 사람들은 진지를 구축할 때 야영할 건지 곧바로 돌격할 건지를 두고 지나치게 심사숙고하는 경향이 있다. 그리고 그 일에 경험과 눈썰미, 천재성까지 동원한다. […] 하지만 해결책은 그때그때 처한 상황에 따라 매번 달라진다[…]. 절대적인 해결책은 권장할 수도 없고, 해서도 안 된다. 전투에서 자연스러운 명령 같은 건 절대로 없다." 그리고 이렇게 결론지었다. "장군의 천성과 장점 또는 결점, 군대의 속성, 무기의 역량, 계절 그리고 매번 천차만별인 상황에 따라 시시각각 달라진다."[48] 그러나 방데가 다시 나폴레옹의 발목을 붙잡았다. 정부는 나폴레옹에게 서부군에 복귀하라는 명령을 재차 내렸다. 나폴레옹은 다시 배속을 거부했다. 1795년 9월 15일, 그는 또다시 현역 장군 명단에서 삭제되었다. 그래서 몇몇 장교들과 함께 오스만투르크 사절단으로 떠나려했지만 청원에 대한 심리가 장기화되어 다시 발목을 잡혔다.

때마침 파리 폭동이 일어나 나폴레옹의 불확실한 상황에 종지부를 찍어주었다. 사실 그를 복귀시킨 건 바라스였다. 테르미도르반동(Convention thermidorienne, 혁명 정부를 무너뜨린 테르미도르 9일의 쿠데타―옮긴이)은 왕당파 폭도들 때문에 위태로운 지경이 되었다. 그래서 국민공회는 새로운 헌법을 공포해 왕당파들이 합법적인 수단을 통해 군주제로 회귀할 가능성을 원천 봉쇄했다. 1795년 10월 2일, 왕당파가 반란을 일으켰다. 10월 4일, 국민공회로부터 파리 군대 지휘권을 받은 바라스는 나폴레옹을 보좌관으로 소환했다. 나폴레옹은 망설인 끝에 내란에 뛰어들었

---

48 같은 저자,《"전쟁 기술에 대한 서신"이라는 제목의 작품에 대한 열여덟 가지 주석》,『나폴레옹 1세의 서신』에서, 파리, 1869, XXXI부, pp. 330-331, p. 365.

다. 그는 "해야 할 일을 두고 족히 삼십 분을 골똘히 생각에 잠겼다. 국민공회와 파리 사이에 죽음의 전투가 벌어졌다. 과연 프랑스 전체를 운운하며 나서는 게 현명한 일일까? 누가 감히 국민공회의 투사를 자처해 홀로 싸움에 뛰어들 것인가? 승리한다 해도 추악하고, 패배하면 영원히 국민들의 저주를 면치 못할 것이다. 외국이라면 엄청난 범죄로 여겨졌을 일에 어쩌려고 굳이 나서서 희생양이 된단 말인가? 얼마 지나지 않아 입에 담기도 끔찍해질 이름들 사이에 뭐 하러 끼어든단 말인가? 하지만 국민공회가 이대로 굴복한다면 혁명의 위대한 진실들은 어떻게 될까? 수많았던 승리들, 무수히 흘렸던 우리의 피는 수치스러운 행동에 지나지 않으리라. 숱하게 패했던 외국 군대가 승리를 거두고 우리를 경멸할 것이다.[…] 그리고 국민공회가 패배하면 외국에 전선을 내주게 될 테고, 조국은 수치를 겪고 속박당할 게 분명하다. 스물다섯이라는 나이에 그런 감정, 자신의 힘과 운명에 대한 확신이란!……"[49] 나폴레옹이 국민공회 진영을 선택한 이유는 너무도 많았다. 하지만 결심만으로는 충분하지 않았다. 반드시 이겨야 했다. 그리고 운명을 지배해야 했다. 그래서 나폴레옹은 조아생 뮈라(Joachim Murat)와 기병 삼백 명을 거느리고 사블롱(Sablons) 평원으로 가서 대포를 확보했다. 이튿날인 혁명력 4년 방데미에르 13일(1795년 10월 5일), 파리에서는 국민공회가 반란군에 포위되었다(파리에서 왕당파와 혁명 정부 사이에서 일어난 전투. 나폴레옹의 신속한 진압으로 정부를 전복시키려는 왕당파를 진압한 이 날의 일을 방데미에르 13일의 반란 또는 포도달 13일의 폭동이라고 한다―옮긴이). "긴박한 상황이었다. 오래 전에 조직된 국민위병 사만 명이 무장한 채 국민공회를 상대로 잔뜩 격앙되어 있는 상태

---

49 라스 카즈, 『세인트헬레나 회상록』, 위의 책, 1부, pp. 336-337.

였다. 반면에 국민공회를 보호할 근위대 수는 너무 적어서 자칫하면 자신들을 에워싼 반란군에 감정적으로 쉽게 휘말릴 수도 있는 상황이었다."[50] 반란군이 튈르리를 향해 진격했다. 국민공회 회의실에서는 다급하게 총을 나누어주었다. 왕당파의 승리가 임박한 듯했다. 바로 그때 반란 세력의 중심부를 가르며 생 로슈 교회(église Saint-Roch) 앞에서 나폴레옹의 대포들이 불을 뿜기 시작했다. 나폴레옹은 한 치의 망설임도 없이 왕정주의 선동자들을 향해 발포했다. 왕당파는 패주했고, 공화국은 살아났다. 국민공회가 느꼈던 두려움이 컸던 만큼 그에 대한 보상도 컸다. 1795년 10월 16일, 나폴레옹은 사단장으로 임명되었다. 10월 26일에는 국내 치안군 사령관으로 임명되어 파리에 대한 전권을 부여받았다. 다섯 달 동안 상당히 전략적인 지위에 앉아 명령권과 통제권을 발휘하던 나폴레옹은 정치 놀음과 함께 정치적 관례와 허영, 타협 그리고 희극을 목도하게 되었다.

*

반면 샤토브리앙의 귀국은 의기양양함과는 거리가 멀었다. "조국에 돌아가서 비참한 상황을 변화시키고 과거의 내 모습과는 완전히 다른 존재가 되어야만 했다. 바다의 품에서 태어난 나에게 그 바다는 두 번째 삶의 요람이 될 것이다. 나는 바다에 몸을 실었다. 유모의 품에 안겨서 가던 생애 첫 여행처럼, 생애 첫 눈물과 기쁨을 곁에서 지켜준 이의 품속처럼."[51] 샤토브리앙은 훼손된 노르망디의 르아브르 항에 내렸다. 그

---

50 앞의 책, p. 338.

곳에서 형의 도움을 기다리지만 매몰차게 거절당했고, 대신 어머니가 보태준 돈으로 무사히 통관했다. 그는 황폐해진 지방, 무너진 성들, 약탈된 교회들과 마주했다. 하지만 샤토브리앙을 기다리고 있던 진짜 재앙은 결혼이었다. 어머니와 누나는 유복해 보이는 고아 여성과 결혼시킬 계획을 짜두었다. 한때 로랑 총독이자 성 루이의 기사를 지낸 자크 뷔송 드 라 비뉴(Jacques Buisson de La Vigne)의 슬하에서 자란 손녀이자 인도 회사(Compagnie des Indes) 사장의 딸인 셀레스트 드 뷔송 드 라 비뉴(Celeste de Buisson de la Vigne)가 그 상대였다. 설상가상으로 그 불행한 결혼을 위해 예식을 두 번이나 치러야 했다. 첫 번째는 어머니의 저택에서 성직자 기본법에 선서하기를 거부했던 성직자 앞에서, 두 번째는 셀레스트 숙부들의 요구에 따라 선서 사제 앞에서 치렀다. 혁명파였던 셀레스트의 숙부들은 그들의 결혼을 두고 납치라며 생트집을 잡았다. "그 결혼에는 납치도, 위법도, 심지어 연애나 사랑도 없었다. 그저 재미없는 소설의 한 부분 같았다[…]."[52] 그런 생각은 시간이 흘러도 변함없었다. 샤토브리앙은 평생 결혼이라는 답답한 문을 빠져나가려고 안달했다.

1792년 5월부터 7월까지 샤토브리앙은 파리에서 세상의 종말을 목격했다. 혁명이 가속화되고 있었다. 그는 파리 하층민들에게 경악했다. "제 운명에 취한 사람들은 길을 잃고 방황하면서 깊은 구렁을 지나고 있었다. 사람들은 더는 소란스럽지도, 호기심을 갖지도, 열성적이지도 않았다. 그저 불길해 보일 뿐이었다. 거리에서 마주치는 얼굴은 하나같이 겁먹은 얼굴이거나 사나운 얼굴이었다. 시선을 끌지 않으려고 저

---

51 F.-R. 드 샤토브리앙, 『죽음 저편에 대한 사색』, 위의 책, 1부, 5권, 15장, p. 191.
52 앞의 책, 9권, 1장, p. 288.

택을 끼고 조심스럽게 걷는 사람들은 겁에 질린 눈길을 내리깔고 외면 했고, 먹잇감을 찾듯 어슬렁대는 사람들은 적의에 찬 눈빛으로 쏘아보면서 상대의 정체를 파악하려 했다."[53] 루이 16세는 튈르리에 감금되었다. 혁명군은 국경을 넘었고, 오스트리아에 선전포고를 했다. 그럼에도 호기심을 느낀 샤토브리앙은 위험을 무릅쓰고 의사당이나 코르들리에 클럽(club des Cordeliers, 프랑스 혁명기 파리에서 결성된 급진 성향의 대중적 정치 클럽—옮긴이)으로 향했다. "가장 꼴사나운 패거리가 우선 발언권을 얻어 떠들어댔다. 비뚤어진 몸과 마음은 우리가 겪는 혼란 속에서 단단히 한몫을 했다. 보상받지 못한 자존심이 다수의 혁명가들을 만들어냈기 때문이다."[54] 아무것도 변하지 않았다. 혁명에 대한 환상을 모조리 잃은 말제르브는 샤토브리앙에게 형을 따라 망명해서 적군에 가담하라고 조언했다. "정부가 사회의 기본법을 보장하기는커녕 법의 공정성을 해치고 정의의 규칙들을 위반한다면, 그건 없느니만 못한 정부일세. 인간을 다시 원시 상태로 돌려놓고 있어. 그러니 할 수 있을 때 자네의 안위부터 먼저 챙기게. 적절한 방법을 찾아서 독재를 타도하고 자신의 권리와 더불어 모든 인간의 권리를 되찾는 게 마땅하지."[55] 그런 주장에 충격을 받은 샤토브리앙은 "망명은 어리석은 짓이자 미친 짓이다"[56]고 확신했다. 하지만 결국 뜻을 굽히고 이렇게 강조했다. "난 애초에 절대군주제에 애착이 없었던지라 내가 속한 당파에도 아무런 환상도 없었다."[57]

---

53 앞의 책, 9권, 3장, pp. 292-293.
54 앞의 책, p. 297.
55 앞의 책, 9권, 8장, p. 312.
56 앞의 책, p. 302.57.
57 앞의 책, pp. 302-303.

입헌의회가 망명자들을 대상으로 1789년 7월 1일 이후 모든 부재자들의 재산을 몰수하는 법안을 표결에 부치는 동안, 샤토브리앙 형제는 1792년 7월 중반에 플랑드르(Flandre)로 건너갔다. 형 장 바티스트(Jean-Baptiste)는 브르퇴유 남작(Louis Charles Auguste Le Tonnellier Breteuil) 주변 망명자들의 온상에 정착했지만, 샤토브리앙은 왕당파 풍자 작가인 리바롤(Livarol, 당시의 문학가나 정치가를 신랄하게 비판한 글로 유럽에서 명성을 떨치던 18세기 풍자 작가—옮긴이)을 구심점으로 한 살롱의 망명귀족들에게 환멸을 느껴 제 갈 길로 떠났다. 샤토브리앙은 "거드름을 피우면서 혼자 떠들고 권위자라도 되는 양 권리를 들먹이는 남자의 말에 충격을 받았다. 리바롤의 정신은 그의 재능에, 말은 그의 글에 해로웠다."[58] 리바롤이 어디 출신이냐고 묻자 샤토브리앙은 퉁명스럽게 대답했다. "나이아가라에서 왔소." 어디로 가느냐고 재차 묻자 샤토브리앙은 다시 거칠게 대꾸했다. "투쟁하는 곳으로." 실제로 샤토브리앙은 트레브(Trèves)를 거쳐서 코블렌츠에 주둔해 있던 왕당파 군대에 합류했다. 그는 우연히 프로이센 국왕 프리드리히 빌헬름 2세(Friedrich Wilhelm II)와 마주쳤다. 빌헬름 2세는 샤토브리앙의 용기를 칭송했다. "선생, 우리는 항상 프랑스 귀족의 감정을 존중합니다."[59] 샤토브리앙이 도착하자 초창기 망명자들은 노골적으로 반감을 드러냈다. 그럼에도 그는 구용 미니악 백작(Gouyon-Miniac)이 이끄는 아르모리크(Armorique) 중대에 말단 병사로 자원했다.

혁명군에 맞서는 오스트리아 프로이센 연합군의 장군 브라운슈바이크(Friedrich-Wilhelm Brunswick-Wolfenbüttel)는 병사들보다 장교가 훨씬 더 많

---

58 앞의 책, 9권, 11장, p. 320.
59 앞의 책, p. 314.

은 왕당파 군대의 진가에 의구심이 들어 후방에 놓고 티옹빌(Thionville) 공략에 나섰다. 오스트리아 프로이센 연합군이 공격의 선두에 섰다. 비가 하염없이 내렸다. 저주받은 전쟁에 어울리는 음울한 날씨였다. "무기를 겨누고 조국의 국경을 넘는 일은 이루 표현할 수 없을 만큼 충격적이었다. 흡사 미래에 대한 계시를 받는 기분이었다. 게다가 동료들의 환상도, 그들이 상대적으로 지지하는 명분도, 그들이 품은 승리에 대한 환상도 전혀 공유할 수 없었기에 기분이 더욱 묘했다."[60] 문명의 오묘한 변화가 진행 중이라는 사실을 감지한 만큼 그 느낌은 더 강했다. "혁명전쟁이 발발했을 때 왕족들은 조금도 상황을 이해하지 못했다. 반란이라고 생각할 뿐 민족의 변화를, 한 세상의 종말과 시작을 보지 못했기 때문이다. 그들의 관심사는 프랑스에서 얻어낸 지방 몇 개로 자신들의 영토를 확장하는 일뿐이었다. 왕족들은 낡은 군사 전략, 옛날의 외교 조약 및 내각 협정들을 믿고 있었다[…]. 낡은 유럽은 프랑스와 싸울 생각뿐이었다. 새로운 시대가 자신들을 짓밟을 줄 미처 몰랐다."[61] 1792년 9월 6일, 녹초가 되어 잠들었던 샤토브리앙은 허벅지에 포탄 파편을 맞았다. 이어서 왕당파 군대의 나머지 병사들처럼 이질에 걸리더니, 설상가상으로 퇴각하는 신세가 되고 말았다. 1792년 9월 20일, 오스트리아 군대는 발미(Valmy)에서 멈추었다. 티옹빌을 공략하던 병력이 물러났고, 10월에는 프랑스 혁명군이 베르됭(Verdun)을 재탈환했다. 왕당파 군대는 병사들을 해산시켰다.

그때부터 방황과 굶주림이 시작되었다. 샤토브리앙은 지친 몸을 이

---

60 앞의 책, 9권, 11장, p. 320.
61 앞의 책, 19권, 1장, p. 668.

끌고 가까스로 아르덴(Ardènnes)을 지났다. 급기야 천연두에 걸려 횡설수설하다가 의식을 잃고 위독해졌다. 우연히 연합군 병사들의 발부리에 몸이 차이는 바람에 구사일생으로 구출되었다. 샤토브리앙은 브뤼셀(Bruxelles)로 후송되었다. 1792년 10월 말에는 티옹빌 전투에서 그나마 나은 상태로 돌아온 형을 만나 어느 여인숙에 함께 묵었다. 그런데 1792년 11월 6일에 벨기에 제마프(Jemmapes) 전투에서 오스트리아 군대가 프랑스 의용군에 패배하면서 브뤼셀에 있던 망명자들의 상황은 극도로 위태로워졌다. 브라운슈바이크 원수는 결국 후퇴했고, 샤토브리앙은 형에게 저지(Jersey)로 넘어가자고 했다. 형도 그의 생각에 찬성하면서 여행 경비를 빌려주었다. 하지만 이때가 샤토브리앙 형제의 마지막 만남이었다. 형은 프랑스로 돌아가 말제르브가 써준 추천장으로 자신의 권리를 주장하며 유배와 재산 몰수를 피해보려고 했다. 그러다가 체포되어 아내와 말제르브와 함께 단두대에 섰다. 어머니와 누이들은 투옥되었다. 아버지의 무덤은 파헤쳐졌고, 콩부르 영지는 국가에 몰수되었다.

*

　이탈리아에서 나폴레옹은 야망을 가감 없이 드러냈다. 1796년 3월에 이탈리아 방면군 사령관으로 임명된 나폴레옹은 영광을 향해 승승장구했다. 툴롱 공성전 이후부터 1795년 방데미에르 사건 사이에 구상된 이탈리아 원정은 대혁명과 프랑스의 전망에 대한 깊은 정치적, 전략적 사색의 결실이었다. 나폴레옹의 구상은 프랑스 혁명의 최종 승리를 목표로 브뤼메르 18일까지 이어졌다. 사실 오스트리아는 대프랑스 동맹의 주요 적국이었다. 따라서 오스트리아를 물리치는 건 혁명을 성공시키는 일이었다. 그리고 혁명을 마무리하는 일이기도 했다. 이때까지만 해도 이탈리아는 혁명의 부차적인 무대였을 뿐, 핵심은 외국 군대의 통로를 차단하는 일이었다. 하지만 나폴레옹은 이탈리아를 통해 빈(Wien)으로 가는 길을 열어 오스트리아를 패배시키려고 했다. 그러나 상황은 호락호락하지 않았다. 이탈리아 방면군은 삼만 명밖에 안 되는 병력에 장비는 보잘 것 없었으며, 군수품 납품업자들이 매수되어 물자 보급마저 어려워지자 여건은 더욱 악화되었다. 정면에는 팔만 명의 적군 병사들이 버티고 있었다. 상대는 볼리외(Jean-Pierre de Beaulieu) 장군이 이끄는 오스트리아 군대와 콜리(Michelangelo Alessandro Coli-Marchi) 장군이 지휘하는 피에몬테 군대였다.

니스 사령부에서 나폴레옹은 장교들에게 강한 인상을 심어주었다. "나폴레옹은 이미 권력을 위해 태어난 사람처럼 행동했다. 더없이 명민한 눈매가 한눈에 봐도 사람들을 복종시킬 줄 아는 사람 같았다."[62] 당시 나폴레옹의 휘하에 있던 루이 알렉상드르 베르티에(Louis Alexandre Berthier), 장 란느(Jean Lannes), 장 마티유 필리베르 세뤼리에(Jean Mathieu-Philibert Sérurier), 피에르 오주로(Charles Pierre François Augereau), 조아생 뮈라(Joachim Murat), 앙투안 드 라살(Antoine-Charles-Louis de Lasalle), 앙드레 마세나(André Masséna) 같은 장교들은 충성을 다했다. 또한 나폴레옹은 엄숙한 연설로 병사들의 마음도 휘어잡았다. "제군이여, 그대들은 지금 제대로 먹지도 못하고 헐벗고 있다. 정부는 제군에게 많은 빚을 지고 있지만 아무것도 해주지 못한다. 제군의 인내와 용기는 그대들을 명예롭게 해줄 수 있지만 혜택과 영광을 주지 못한다. 나는 제군을 세상에서 가장 비옥

---

62 오귀스트 프레데릭 루이 비에스드 마르몽, 『회상록』, 위의 책, 1부, p. 152.

한 평야로 이끌고자 한다. 제군은 그곳에서 위대한 도시들, 부유한 지방들을 발견할 것이다. 그곳에서 명예와 영광과 부를 찾을 것이다."[63] 연설은 계속 이어졌는데, 매번 새로운 내용이었다. "제군이여, 그대들은 보름 동안 여섯 차례의 승리를 거두었다. 스물한 개의 깃발과 쉰다섯 문의 대포, 여러 거점을 쟁취했으며, 피에몬테에서 가장 풍요로운 지역을 점령했다. 제군은 만 오천 명의 포로들을 사로잡았다……. 가진 것 하나 없는 그대들이 부족한 부분을 채워주었다. 제군은 대포도 없이 전투에서 승리했고, 구두도 없이 강을 건넜다. 브랜디도 없이, 걸핏하면 빵도 없이 야영을 했다. 제군이여, 조국은 그대들에게 큰 기대를 걸고 있다. 과연 그 기대에 부응하겠는가?……. 제군에게는 아직도 치러야 할 전투가, 점령해야 할 요새가, 건너야 할 강들이 숱하게 남아 있다. 그대들 중에 용기가 꺾이는 사람이 있는가? 없다! 모두 영광스러운 평화를 바라고 있다……. 모두들 고향으로 돌아가면서 이렇게 말하고 싶을 것이다. 내가 바로 이탈리아 정복군의 일원이었노라고."[64]

이탈리아 방면군은 이탈리아로 향하는 알프스 길목을 가로막은 피에몬테 사르데냐 왕국의 방어진을 뛰어넘었다. 나폴레옹은 단 한 지점에 총력을 기울여 사르데냐인들과 오스트리아인들을 떼어놓는 데 성공해 첫 전투에서 승리를 거두었고, 이어서 몬테노테(Montenotte)와 밀레시모(Millésimo), 데고(Dego), 몬도비(Mondovi), 로디(Lodi) 전투까지 연전연승하면서 진격했다. 포위 작전과 함께 정면 돌파로 적을 옴짝달싹못하게 하는 나폴레옹의 전략은 적의 퇴로를 위협하면서 완벽하게 성공했

63 나폴레옹 보나파르트, 『일반 서신』, 위의 책, 1부, p. 107.
64 조르주 보르도노브, 『나폴레옹』에서 인용, 위의 책, p. 79.

다. 보름이 채 되지 않아 피에몬테 사르데냐 왕국은 함락되었다. 사르데냐 왕국은 휴전을 요청했다. 치열한 접전 끝에 오스트리아 군대를 무찌른 로디의 승리는 밀라노로 가는 성문을 열어주는 데 결정적인 역할을 했다. 나폴레옹의 전설은 로디에서 탄생했다. "대포 삼십 문으로 로디 다리의 통로를 방어했다. 나는 포병대 전체에 포격 준비를 시켰다. 여러 시간 동안 맹렬하게 집중포격을 실시했다. 군대는 도착하자마자 긴밀하게 종대를 이루어 정렬했다. 기병총으로 무장한 기병대가 전투의 선두에 섰고, 정예병 부대가 일제히 뒤를 따랐다. '공화국 만세!' 하는 외침과 함께 그들은 길이가 족히 이백 미터는 되는 다리 위로 모습을 드러냈다. 적군은 인정사정없이 발포했다. 선두 부대가 잠시 주춤하는 듯했지만, 망설임은 일순간에 사라졌다. 베르티에, 마세나, 세르보니(Jean-Baptiste Cervoni), 달마뉴(Claude d'Allemagne) 장군, 란느 여단장과 뒤파(Pierre Louis Dupas) 대대장이 분위기를 재빨리 감지하고 선두로 달려가 다그쳤기 때문이다. 가공할 만한 군대는 길을 가로막는 상대를 가차 없이 쓰러뜨렸다. 포병대 전체가 그 자리에서 전멸되고 볼리외의 전투 명령은 중단되었다. 눈 깜박할 사이에 적군은 뿔뿔이 흩어졌다."[65] 그때부터 나폴레옹은 완전히 딴사람이 되었다. "방데미에르 사건을 겪고 몬테노테를 지날 때까지만 해도 내가 탁월한 사람이라고는 생각하지 않았다. 로디 이후에야 비로소 정치 무대에서 주인공이 될 수 있겠다는 생각이 들었다. 그렇게 원대한 야망의 첫 불씨가 타올랐다."[66] 로디 전투 이후에 나폴레옹은 개선 행진을 시작했다. "1796년 5월 15일, 보나파르트 장군은

---

65 나폴레옹 보나파르트, 『일반 서신』, 위의 책, p. 582.
66 라스 카즈, 『세인트헬레나 회상록』, 위의 책, 1부, p. 98.

혈기왕성한 군대의 선봉에 서서 밀라노(Milan)에 입성했다. 그리고 오랜 세월 끝에 카이사르와 알렉산더 대왕의 뒤를 이을 계승자가 마침내 탄생했음을 세상에 알렸다."[67]

그런데 이틀 전에 나폴레옹은 이탈리아 방면군의 지휘를 켈레르만(François Étienne Kellermann)과 나누어 맡으라는 총재정부의 명령을 받았다. 자신을 불신하는 듯한 말도 안되는 명령에 나폴레옹은 발끈했다. "편지를 받고 곰곰이 생각해 봤지만 이런 정신 나간 조치로는 이탈리아 원정에 실패할 수밖에 없습니다[…]. 이제 나의 우월함을 피력해야겠습니다. 나는 이보다 더 나은 대접을 받을 만한 사람이고, 이런 명령을 내린 행정부보다 훨씬 강한 사람입니다. 훨씬 더 유능한 통치자가 될 수 있단 말입니다. 그런데 이 정부는 너무도 무능하고 판단력이 흐려서 중대한 사리 분별조차 하지 못하는군요. 이래서는 프랑스를 지키지 못합니다. 반면에 나는 프랑스를 구하기 위해 태어난 사람입니다. 이제 목표를 정했으니 곧장 목표를 향해 가겠습니다."[68] 나폴레옹은 총재정부의 명령을 거부했을 뿐 아니라 오히려 총재정부가 손을 떼게 만들겠다고 으름장을 놓았다. 결국 총재정부가 굴복했다. 그때부터 나폴레옹의 운명을 가로막을 상대는 아무도 없었다. 이제 총재정부는 숱한 승리를 거두어 막대한 금과 예술 작품을 가져다주는 장군의 뜻에 순순히 따랐다. 하지만 뒤로는 나폴레옹의 상승세를 막으려고 이탈리아에 도시 국가 세력을 만들지 못하도록 방해 공작을 펼치기도 했다. 하지만 부질없는 짓이었다. 나폴레옹은 총재정부의 저지에도 아랑곳하지 않고 나아갔다.

67 스탕달, 『파르므 수도원』, 갈리마르 출판사, 《라 플레야드》, 3부, p. 338.
68 앙리 가티엥 베르트랑, 『세인트헬레나 수첩』, 위의 책, 3부, p. 78.

처음에는 잠시 머뭇거렸지만, 오스트리아 군대와 전투를 치르는 동안 후방에서의 입지를 다지기 위해 마음을 단단히 먹었다. 총재정부는 새로운 도시 국가들을 마다하면서 나름의 정책을 나폴레옹에게 강요하려고 안간힘을 썼다. 하지만 결국 나폴레옹이 권력을 장악했다. 총재정부는 참패를 인정했다. 나폴레옹은 그 틈을 이용해 자신을 감시하는 임무를 맡았던 위원들을 해고했다. 결국 채 여섯 달도 지나지 않아 이탈리아의 모든 세력을 수중에 넣었다. "그는 독보적인 인물이다. 모두가 그의 우월한 천재성 아래, 타고난 지도력 아래 무릎을 꿇는다. 온몸에 위엄이 서려 있다[…]. 대부분의 사람들이 복종하기 위해 태어났다면, 그는 지배하기 위해 태어났다. 포탄이나 싣고 다니는 일로 만족하지 못하는 그는 앞으로 사 년 안에 망명을 떠나든지 아니면 왕관을 쓰게 될 것이다."[69]

오직 오스트리아만이 나폴레옹에게 끈질기게 저항했다. 1796년 여름에 오스트리아는 공격을 감행해서 영지를 되찾았다. 나폴레옹은 후퇴하는 척하다가 이내 반격을 감행했다. 1796년 8월 5일, 그는 카스틸리오네(Castiglione)에서 잃었던 땅을 탈환하면서 승리를 거두었다. "오스트리아 군대는 거품처럼 사라졌다."[70]

프랑스 병사들은 빠르게 진군해 수적 열세를 극복해나갔다. 그러나 가을이 되고 시간이 지날수록 수적 열세를 뒤집기란 쉽지 않았다. 나폴레옹은 주춤했다. 그의 운명은 아르콜레(Arcole) 다리 위에서 결정되었다. 1796년 11월 17일, 사흘에 걸친 전투 끝에 한 손에 깃발을 든 나폴레

---

69 도미니크 드 비유팽, 『1796-1807년 권력의 어두운 태양』, 위의 책, p. 96.
70 나폴레옹 보나파르트, 『일반 서신』, 위의 책, n. 838, 1부, pp. 538-539.

옹이 진두지휘하면서 마침내 그 유명한 다리를 건너는 모습이 담긴 영웅담이 탄생했다. 하지만 그때까지도 전투는 끝나지 않았다. 완전한 승리를 거두기까지는 몇 주가 더 걸렸다. 1797년 1월 14일, 나폴레옹은 리볼리(Rivoli)에서 승리를 거머쥐었다. 오스트리아 군대를 무찌른 덕분에 마침내 수도 빈으로 가는 길이 열렸다. 원정 열 달 만에 프랑스 병사 오만 오천 명이 오스트리아 병사 이십만 명을 무찔렀다. 그중 이만 명 이상이 부상을 당하거나 전사했고, 팔만 명이 포로로 잡혔다. 총 열두 차례의 전투에서 육십 번 넘는 대치 상황 동안 얼마나 많은 강과 장애를 넘었는지 모른다. 반면 라인 방면군(당시 오스트리아와 직접 대면하고 있던 프랑스 정예 군대─옮긴이)은 여러 달 동안 전진하지 못하고 제자리걸음만 걷고 있던 터라, 나폴레옹은 자신의 승리에 더욱 만족했다. 1797년 3월 10일, 그는 알프스 산맥에서 돌격을 외쳤다. 나폴레옹과 그의 군대 앞에는 오스트리아에 맞서 거머쥘 승리의 영광이 놓여 있었다. 나폴레옹 군대는 "눈 위로, 눈밭 한가운데로, 얼어붙은 평야 위로"[71] 진격했다. 어느 것도, 심지어 자연도 그들을 막을 수 없었다. 나폴레옹의 영광은 정치적 선전으로 미화되었고, 칼로 이루어낸 정복은 전사한 병사들의 희생을 칭송하는 문구로 미화되었다. "그는 적군 앞에서 영광스럽게 전사했다[…]. 분별력 있는 사람이라면 누구라도 그런 죽음을 부러워하지 않을까? 파란만장한 삶을 살아야 했던, 그리도 역겹던 세상을 이렇게 영광스럽게 벗어나는 사람이 또 누가 있으랴? 인간의 행동을 멋대로 좌지우지하는 험담과 시기, 그 모든 악착같은 집착에서 벗어나지 못한 걸 땅을 치며 후회하지 않은 사람이 우리 중 누가 있더냐?"[72]

---

71 아돌프 티에르, 『프랑스 혁명사』, 퓌른 출판사, 9부, p. 70.

나폴레옹은 자신의 장점을 밀어붙여 모 아니면 도로 과감하게 운명을 걸었다. 이후로도 오랫동안 자신의 운을 쓰고 또 쓰며 남용한다. 이제 두 군대는 수적으로 동등했지만 정신 상태는 완전히 달라졌다. 오스트리아 군대는 연패를 당하면서 사기가 땅에 떨어진 반면, 리볼리 전투 이후로 스스로 천하무적이라 느끼는 프랑스 군대는 기세가 하늘을 찌를 듯했다. 도처에서 오스트리아 병사들이 뒷걸음을 쳤다. 그때 라인 방면군이 또 흔들리기 시작했다. 자칫했다가는 기지에서 멀어질 위험도 간과할 수 없었다. 총재정부는 라인 방면군의 지원이 없어도 행동을 개시하라고 지시했지만, 나폴레옹은 이제 평화를 사랑하는 사람처럼 보여야 할 때라고 생각했다. 1797년 3월 31일, 나폴레옹은 오스트리아군을 이끄는 카를 대공(Erzherzog Karl)에게 편지를 보냈다. "이번 여섯 번째 원정은 불길한 조짐이 보이고 있소. 어떤 결과가 나오든 양쪽 모두 몇 천 명은 더 죽을 겁니다. 그러니 합의하는 편이 좋을 것 같소. 모든 일에는 끝이 있기 마련이니까요. 아무리 증오에 찬 열정이라 할지라도 말입니다."[73] 카를 대공은 단호히 거절했고, 전쟁은 계속되었다. 마세나 장군은 다시 전진했다. 카를 대공은 1797년 4월 2일에 노이마르크트(Neumarkt)에서, 이튿날 운츠마르크트(Unzmarkt)에서 연달아 패배했다. 1797년 4월 7일, 이탈리아 원정군 전위대는 오스트리아의 빈을 향해 행군을 시작한 지 사흘 만에 레오벤(Leoben, 오스트리아군의 방어 거점인 클라겐푸르트와 빈의 중간 지점에 위치한 도시—옮긴이)에 도착했다. 오스트리아에게는 선택의 여지가 없었다. 결국 오스트리아는 백기를 들고 휴전을 요청했다. 마침내 나폴

---

72 나폴레옹 보나파르트, 『일반 서신』, 위의 책, n. 1061, 1부, p. 667.
73 앞의 책, n. 1484, 1부, p. 894.

레옹과 그의 군대가 승리를 거두었다. 1797년 4월 18일, 양국은 평화조약 사전 절충안에 조인했다. "보나파르트에게 일평생 가장 순수하고 찬란한 시대였다.[…] 고대와 현대를 통틀어 그토록 허술한 수단으로, 그토록 강력한 적들을 상대로, 그토록 짧은 시간에, 그토록 수많은 위대한 전투에서 이긴 장군은 누구도 없었다. 스물여섯 살의 청년이 불과 일 년 만에 알렉산더, 카이사르, 한니발, 프리드리히의 영광을 무색하게 만들었다."[74]

*

험난한 횡단을 마친 후에도 샤토브리앙은 여전히 건강을 회복하지 못했다..부상으로 얻은 괴저와 천연두 때문에 쇠약해질 대로 쇠약해진 채 1792년 12월에 영국 섬 저지에 도착했다. 그곳에서 숙부 앙투안 드 베데를 만나 보살핌을 받았다. 샤토브리앙은 넉 달 반 정도 "생사가 오락가락"[75]했다. 결국 영국 라 루에리 후작의 유격대에 합류하려던 계획은 포기했고, 숙부에게 부담이 되지 않도록 1793년 5월 중반에 저지를 떠나 영국으로 향했다. 샤토브리앙은 1793년 5월 17일 사우스햄튼(Southampton)에서 하선해서 5월 21일에 런던에 도착했다. 그렇게 해서 길고 가난한 망명 생활의 첫 발을 내디뎠다. 초췌한 샤토브리앙은 한때 브르타뉴 의회 의원이었던 사촌 조제프 드 라 부에타르데(Joseph de La Bouëtardais)와 함께 고미다락방에서 지냈다. 사촌은 샤토브리앙의 상태가

---

74 스탕달, 『나폴레옹의 생애』, 파리, 페요 소총서, 파요&리바주 출판사, 2006, p. 18.
75 F.-R. 드 샤토브리앙, 『죽음 저편에 대한 사색』, 위의 책, 1부, 10권, 3장, p. 345.

악화되는 모습을 보면서 염려했다. 의사들도 지극히 비관적이었다. "오래 살지 못할 겁니다." 바로 그 순간에 작가가 탄생했다. "나에게 주어진 유예 기간을 어떻게 보내야 할까? 전쟁터라면 당장은 살 수도, 죽을 수도 있겠지. 하지만 이제는 칼을 휘두를 수 없다. 그렇다면 뭐가 남았단 말인가? 글? 작가로서의 생활은 해보지도 못했고, 그 위력 또한 알지 못한다. 내 안에 있는 선천적인 문인의 취향, 어린 시절 가졌던 시에 대한 취향, 여행의 밑그림만으로 대중의 관심을 끌 수 있을까? 그러다 문득 혁명들을 비교한 작품을 써야겠다는 생각이 떠올랐다. 그러자 머릿속은 작금의 관심사에 더없이 적절한 주제들로 가득 찼다. 그런데 알아주는 사람 하나 없는 원고를 과연 누가 맡아서 인쇄한단 말인가? 그리고 원고를 쓰는 동안은 누가 나를 먹여 살린단 말인가? 설령 내가 이 땅에서 살아갈 날이 얼마 안 남았다고 해도 그동안 의지할 수단은 어떻게든 구해야 했다. 가지고 있던 돈 삼십 루이는 이미 바닥이 보이기 시작해 얼마 버틸 수 없었다. 게다가 나만의 유별난 고뇌뿐 아니라 망명자들이 흔히 겪는 우울증에도 시달려야 했다. […] 우리 민족의 결점인 가벼움은 이제 미덕으로 바뀌었다. 행운 따위는 우습게 여겼다. 그러자 이 행운이라는 놈도 굳이 달라고 애원하지 않는 운을 빼앗아가기도 난감했던 모양이다."[76] 샤토브리앙은 저널리스트이자 문학계와 실업계의 괴짜인 장가브리엘 펠티에(Jean-Gabriel Peltier)의 도움을 받았다. 샤토브리앙의 『혁명론(Essai sur les révolutions)』 계획에 흥분한 펠티에는 옥스퍼드 거리 근처에 있는 어느 인쇄업자의 집에 방을 얻어주었고, 생계를 유지할 수 있도록 번역 일감도 구해주었다. 샤토브리앙은 밤에는 글을 쓰고 낮에는 번

---

76 앞의 책, 10권, 4장, p. 352. .

역을 했다. 하지만 겨울이 되어 금전적으로 힘겨워지자 이내 열정도 식고 말았다. 점점 끼니 때우기도 힘겨워졌다. 그래서 돈을 더 아끼려고 숙소를 옮겼다. 집필 작업은 도무지 진척을 보이지 않았다. 번역 의뢰도 끊겼다. 한마디로 최악의 상황이었다.

다행히 펠티에가 서픽(Suffolk) 주의 작은 도시 베컬스(Beccles)에 있는 두 학교에서 프랑스어 교사 자리를 찾아주어서 1794년 1월 15일부터 일을 시작했다. 하지만 그 일이 부끄러웠던 샤토브리앙은 12세기 프랑스 수사본을 해독하라는 지시를 받았다고 허풍을 떨었다. 몇 주 후에는 다시 집필 작업을 시작했다. 도서관 출입을 허락해준 베컬스 학장의 호의 덕분이었다. 1794년 5월, 샤토브리앙이 어느 여인숙에서 저녁을 먹고 있는데, 누군가가 파리에서 단두대형에 처해진 인물들의 이름을 큰 소리로 낭독했다. 1794년 4월 22일에 처형된 샤토브리앙의 형과 형수 그리고 말제르브의 이름도 포함되어 있었다. 그는 슬픔에 잠겨 두문불출했다. 그래도 삶은 계속 되었다. 강의도 계속 되었다. 그리고 1795년 1월 15일부터는 베컬스에서 팔 킬로미터 정도 떨어진 작은 소도시 번게이(Bungay)에 있는 어느 새로운 시설에서 이브(Ives) 목사를 만났다. 쾌활하고 지적 호기심이 많은 이브 목사는 샤토브리앙과 친구가 되어 자신의 집에 기거하게 해주었다. 기력을 되찾은 샤토브리앙은 목사의 딸 샤를로트(Charlotte)에게 반하면서 생기도 되찾았다. 1796년 봄, 샤토브리앙이 낙마 사고를 당하면서 순정적인 사랑은 더욱 진지한 국면을 맞았다. 그를 보살피면서 간호해주던 샤를로트 이브는 깊은 사랑에 빠졌고, 갈수록 진중해졌다. 1796년 4월에 샤토브리앙은 런던으로 돌아가고 싶다는 의사를 내비쳤다. 떠나기가 두려웠을 수도 있지만 어쩌면 샤를로트 이브의 순수한 감정이 부담스러워 출발 시기를 앞당겼을 수도 있다. 이브 씨 가족이 정성껏 차려준 저녁 식사가 끝나자, 목사와 딸은 자리를 뜨고 이브 부인과 샤토브리앙 단 둘만이 남았다. 이브 부인은 샤토브리앙에게 딸과 결혼하라고 말했다. 샤토브리앙은 그제야 자신이 유부남이라고 털어놓았다. 이브 부인은 그대로 기절하고 말았다. 그는 소지품과 『혁명론』 원고도 내팽개친 채 부랴부랴 런던으로 달아났다. 그리고 자신을 용서해달라는 내용의 문학적인 편지를 보냈다. "이브 씨 가족은 명성도 얻지 못한 저를 다정하게 맞아주시고 잘되길 빌어주신 유일한 분들이었습니다. 가난하고, 무시당하고, 조국에서 추방당한 데다 잘생기지도 못하고 매력도 없는 저는 보장된 미래도 조국도 없는 사람이었습니다. 제게는 고독에서 벗어나게 해줄 아리따운 아내, 노모를 대신해줄 아름다운 어머니, 하늘이 저에게서 앗아간 아버지 대신 자상하면서도 문인들을 발굴하실 줄 아는 교양 있는 아버지가 필요했습니다."[77]

사실 샤토브리앙은 결혼의 행복이나 가족의 행복을 경험하지 못했다. "그에게 필요한 건 근심[…], 영광과 명성이었다. 설령 영광의 무게에 짓눌려 신음할지라도, 명성을 시기하는 자들의 모함에 시달릴지라도 간절하게 필요했다. 권태를 이기려면 모험이 필요하고, 변덕스럽고 별난 운명의 주인공이 되려면 불행도 필요한 법이다. 물론 실피드(Sylphide, 공기의 요정—옮긴이)와 닮은 외모로 상상에 현실감을 부여할 외모를 가진 여인들과 사랑에 빠질 필요도 있었다."[78] 그런데 삼십여 년이 훌쩍 지나 런던 대사가 되어서 샤를로트 이브를 다시 만났을 때, 샤토브리앙은 다른 남자와 결혼한 그녀를 오히려 나무랐다. "한때 순결한 내 아내가 될

---

77 앞의 책, 10권, 9장, p. 370
78 기슬랭 드 디스바흐, 『샤토브리앙』, 위의 책, p. 105.

뻔했던 여인, 이제 다른 사람의 아내이자 어머니가 된 여인을 포옹했던 건 다른 사내의 아내가 되어 살아온 이십칠 년의 세월을 고통스럽고 치욕스럽게 만들려는 패썸한 마음에서였다."[79]

런던으로 돌아간 샤토브리앙은 프랑스 망명자들을 돕기 위해 창립된 위원회에서 지급하는 연금을 받았다. 가구가 딸린 아파트도 임대해 초창기 고미다락방 이후로 상대적인 유복함을 맛보았다. 재정적인 보조를 받게 되어 안도한 샤토브리앙은『혁명론』을 열정적으로 다시 집필하며 큰 기대를 걸었다. 1797년 3월 18일, 그는 마침내 펠티에 덕분에 첫 저서를 출간했다.『오늘날 프랑스 혁명과의 관계에서 고찰한 고대와 현대 혁명들에 관한 역사적 그리고 도덕적 평론 혹은 그 문제들에 대한 검토(Essai historique et moral sur les révolutions anciennes et modernes, considerées dans leur rapport avec la Révolution francaise de nos jours ou examen de ces questions)』. 무려 693쪽이나 되는 분량이었다. 내용은 장황하고 두서가 없었지만, 속은 후련했다. 내친김에 혁명에 관한 이야기를 만들고 그 원동력을 제대로 이해해보겠다는 결심을 했다. "공화주의적 견해로 봤을 때 모든 혁명의 공통된 특징은 대중이 혁명을 시작한 경우는 극히 드물다는 점이다. 최고 권력을 먼저 공격한 쪽은 언제나 귀족들이었다. 아마도 소시민들보다 부유한 사람들이 더 쉽게 시기심에 눈을 떠서, 최하위 계급보다 최상위 계급이 더 부패해서, 권력의 분배가 오히려 권력에 대한 갈증을 더 자극해서, 운명이 한 번 점찍은 희생자들의 눈을 멀게 만드는데 재미를 들여서인지도 모르겠다."[80] 샤토브리앙은 프랑스 문인들의 지독한 허영심

---

79 F.-R. 드 샤토브리앙,『죽음 저편에 대한 사색』, 1부, 10권, 2장, p. 376.
80 같은 저자,『혁명론』, 위의 책, 1부, 11권, 2장, p. 398.

128

에도 일침을 가했다. "그들은 어떻게든 세상을 떠들썩하게 만들려고 한다. 작가로 유명세를 얻을 수만 있다면 여론 따위는 개의치 않는다. 얼간이 취급을 받느니 차라리 사기꾼 취급 받는 걸 더 좋아한다."[81] 이 책은 출간된 뒤 논평이나 언론 기사는 거의 없었지만 런던에 있는 프랑스 지성인들의 심기를 불편하게 만들었다. 프랑스 혁명을 객관적이고 명철하게 바라본 샤토브리앙의 시각은 가히 충격적이었다. 그가 평생 비판적인 태도를 보인 구체제 사회에 대한 묘사도 마찬가지였다. 『혁명론』은 샤토브리앙의 인생에 결정적인 역할을 했다. "흔히 삶은 오르막이 있으면 내리막도 있는 산과 같다고 표현한다(우선 나부터도 그런 표현을 쓴다). 한편으로는 정상에 올라도 풀 한 포기 없이 온통 얼음으로 뒤덮인 알프스 산에 비유해도 맞을지 모른다. 알프스 산의 정상과도 같은 인생의 정점에 오른 여행자는 언제나 오르기만 할 뿐 결코 내려오지 않는 사람이다. 하지만 그 사람의 눈에는 자신이 지나온 공간, 선택하지 않은 길들, 경사가 완만하여 오르기 쉬웠던 길들이 더 잘 보인다. 그러면 자신이 길을 잃고 헤매기 시작한 지점을 후회와 고통으로 바라보게 된다. 그렇게 나는 『역사론』의 출간과 더불어 평화로운 길에서 벗어나 첫 발자국을 남기려 한다. […] 오늘은 내 인생이 바뀌는 날이다."[82] 그때부터 샤토브리앙은 영국의 이민자 사회에서 어느 정도 명성을 누리게 되었다. 그는 다양한 유력인사들의 모임이나 지성인들의 모임은 물론, 아름다운 여성들의 모임에도 드나들었다. 그러면서 이미 기독교가 다양한 모임의 정치적, 도덕적 삶속에서 갖는 중요성 그리고 예술과 문학에 미

---

81 앞의 책, p. 381.
82 앞의 책, 11권, 4장, p. 382.

치는 영향력을 보여줄 새로운 작품을 구상하고 있었다. 그래서 부지런히 메모를 하고 여러 저서들을 섭렵하면서 작업에 돌입했다.

그때 가슴을 찢는 충격적인 소식이 들려왔다. 어머니가 돌아가셨다는 소식이었다. 프랑스를 떠난 이후로 한 번도 만나지 못했던 어머니는 체포되어 옥살이를 치르면서 고초도 많이 겪으셨고, 아들과 며느리가 단두대에서 처형되는 모습까지 지켜보아야 했다. 샤토브리앙은 불현듯 어떤 깨달음을 얻었다. "나는 눈물을 흘렸고, 믿음을 얻었다."[83] 어머니의 부고를 접하자 가슴에 사무치는 후회와 함께 『혁명론』이 어머니 마음을 아프게 할 거라며 비난을 늘어놓던 누나의 편지 구절이 새삼 떠올랐다. 누나는 집필을 포기하라고 애원했다. 하지만 샤토브리앙은 오히려 '어머니의 능'[84]을 짓기로 결심하고 책 제목을 『기독교의 정수』라고 정했다.

그 작업 외에도 샤토브리앙은 『나체즈족(Natchez)』의 서사시를 출간하려 마음먹고 1797년 12월에 작업을 끝냈다. 편집자에게 강압적인 편지를 보냈는데도 『나체즈족』은 출간되지 않았다. 샤토브리앙은 그 책을 통해 구체제를 매섭게 비판했다. "다양한 원칙만큼이나 수완도 다양한 고위 성직자들, 글재주 없이 주목받는 문인들, 서로 반목하는 교양인들이 모이는 살롱, 왕좌 주변을 어슬렁거리는 성직자들 그리고 그런 그들과 함께 음모를 꾸미는 관능적인 여인들, 서로 허물을 다투는 대신들, 분열된 장군들, 서로 합의하지 못하는 사법관들, 처음에는 탄복하지만 이내 어겨지고 마는 칙령들, 선포되고도 항상 왕의 절대 권력으로 유보되는 왕령, 한시적으로 형을 선고받았을 뿐인데도 평생을 그 상태로 살

---

83 앞의 책, 『죽음 저편에 대한 사색』, 1부, 11권, 2장, p. 398.
84 앞의 책, 11권, 5장, p. 399.

아야 하는 사람, 불가침 선고를 받았는데도 제멋대로 몰수당하는 소유권, 원하는 대로 갈 수 있고 생각하는 대로 말할 수 있지만 왕의 기분에 따라 체포되거나 여론의 자유를 증명한답시고 교수대로 보내지는 모든 시민들."[85] 책을 출간하지 못하게 되자 샤토브리앙은 자주 드나드는 모임들에서 인쇄본을 읽어주었다. 종교에 대한 사색과 기묘한 미개인들의 이야기가 뒤섞인 내용에 사람들은 의문을 품거나 빈정대기 일쑤였다.

프뤽티도르 쿠데타(1797년 9월 4일 바라스, 뢰벨, 라 루베리에르 등 세 명의 총재가 군부의 지지를 얻어 정부에서 왕당파를 몰아내기 위해 벌인 사건—옮긴이) 이후로 샤토브리앙은 루이 퐁탄을 다시 만났다. 그때부터 루이 퐁탄은 샤토브리앙의 절친한 친구이자 보호자가 되었다. 두 사람은 첼시(Chelsea)나 템스 강의 선술집에서 문학에 대해 토론하면서 우정을 다졌다. 퐁탄이 1798년 7월에 프랑스로 돌아가자 샤토브리앙은 그동안의 우정에 감사했다. "자네는 내가 진심으로 교감을 나눌 수 있는 사람이라고 말해주었지. 나 역시 자네야말로 내가 찾던 모든 조건을 충족시킨 사람이라고 생각한다네. 자네에게서 지성과 마음과 기질, 그 모두를 찾았기에 이제부터 평생 자네에게 애착을 느낄 것 같군."[86] 사실 퐁탄은 삶을 즐기는 쾌활한 지식인이었다. 그는 샤토브리앙에게 용기를 북돋워주었다. 그리고 샤토브리앙의 비뚤어진 기질을 조금이나마 바루어 더 꾸밈없는 사람으로 만들어주었다. 퐁탄 덕분에 힘을 얻은 샤토브리앙은 마침내 『기독교의 정수』 수정에 나섰고 『나체즈족』은 잊었다. 샤토브리앙은 하루에 몇 시간씩 책에 매달렸다. 1799년 봄, 그는 출판사를 물색하면서 원고를 430쪽

---

85 앞의 책, 『나체즈족, 낭만과 여행 전집』, 갈리마르 출판사, 《라 플레야드》, 파리, 1969, p. 263.
86 같은 저자, 『일반 서신』, 위의 책, 1부, p. 85.

분량으로 수정했다. 1799년 여름에는 퐁탄의 힘을 빌려 파리에서도 출판사를 찾았다. 쉴 없이 쓰고 고치고 수정한 끝에 원고는 이제 350쪽 분량의 책 두 권이 되었다. 책 홍보에 으레 쓰는 문구가 동원되었다. "소설 못지않게 흥미진진한 책." 다양한 광고는 기대를 증폭시키면서 명성을 높였다. 샤토브리앙은 신간과 함께 장래가 촉망되는 작가가 되었다. 그리고 퐁탄도 그를 돕기 위해 더욱 애썼다. "내가 도울 수 있는 일은 뭐든 아낌없이 해주겠네. 자네에게 기대가 크군."[87] "우리의 우정이 더욱 돈독해지길 바라네. 앞으로도 자네가 필요할 걸세. 어려운 부탁을 많이 하게 될 것 같으이."[88] 프랑스는 마침내 샤토브리앙에게 문을 활짝 열어주었다. 몇 달 전에 나폴레옹에게 그랬던 것처럼.

*

이탈리아에서는 나폴레옹이 연거푸 승리를 거두었지만, 파리에서는 혼란스러운 상황이 계속되었다. 1797년 4월 국민공회 선거에서 왕당파가 득세하면서 입법의회의 삼분의 일을 쇄신하려고 했다. 그쯤 되자 1798년 봄에 치러질 다음 선거에서 왕당파가 다수당이 되리라는 사실을 아무도 의심하지 않았다. 총재정부는 더 이상 왕당파를 제지하지 못했다. 그러나 어떻게든 권력을 지키기 위해 왕당파 일당을 체포하였고, 여전히 밀라노에 있는 나폴레옹에게 도움을 청했다. 나폴레옹은 무모한 작전에 연루되지 않으려고 몸을 사렸다. 그러면서 오주로 장군을 파리

---

87 앞의 책, p. 104.
88 앞의 책, p. 105.

에 보내 바라스를 돕게 했다. 파리의 군 사단장으로 임명된 오주로는 총재정부가 유지될 수 있게 해준 쿠데타의 실력자였다. 1797년 프뤽티도르 18일, 왕당파의 음모가 실패했음이 백일하에 드러났다. 선거 결과는 무효가 되었다. 왕당파 의원들은 총재 두 명과 우파 대신들 그리고 기자들과 함께 체포되어 유형에 처해졌다. 1797년 12월 5일, 캄포포르미오 (Campoformio) 평화조약이 체결된 후 마침내 나폴레옹이 파리로 돌아왔다. 그야말로 금의환향이었다. 사람들은 환호를 지르며 몰려들어 환영했다. 1797년 12월 6일, 나폴레옹은 처음으로 탈레랑을 만났다. 두 사람은 서로 훑어보면서 마음에 들어 했다. 탈레랑은 첫 만남을 이렇게 묘사했다. "전에는 한 번도 만난 적 없었다. […] 첫눈에 매력적인 인물로 보였다. 전투에서 스무 번 넘게 승리한 사람치고는 너무도 젊고 아름다운 눈매에, 안색은 창백하고 조금 지쳐보였다."[89] 나흘 후, 총재정부는 나폴레옹의 귀환을 성대하게 환영했다. 탈레랑이 기념사를 발표했다. 로베스피에르 이후로 지칠 대로 지친 프랑스인들은 혁명을 끝내줄 사람을 애타게 찾고 있었다.

총재정부는 나폴레옹을 어떻게 처리할지 궁리했다. 반면 나폴레옹은 권력을 쟁취하기에 유리한 때를 노리고 있었다. "내가 고작 총재정부의 옹호자들, 라자르 카르노나 폴 바라스 같은 자들에게 권세를 만들어주기 위해서 이탈리아에서 승리를 거둔 줄 아는가? 일개 공화국을 세우기 위해서였다고? 어림도 없지! 프랑스의 풍습과 악습을 그대로 갖고 있는 삼천만 명의 공화국이라니? 그게 가당키나 한가? 헛소리는 집어치워라! 프랑스인들은 헛꿈에 빠져 있다. 그저 영광과 허영심을 채우고 싶

---

89 샤를 모리스 드 탈레랑 페리고르, 『회상록과 서신』, 로베르 라퐁, 2007, 《부캥》, p. 224.

을 뿐, 자유는 안중에도 없다."[90] 그런데 파리의 삶은 온통 계략과 시기, 원한으로 가득했다. 나폴레옹은 그런 곳에서 지내고 싶지 않았다. 음모와 배반이 지나치게 만연했다. 게다가 반대 진영인 우파와 언론으로부터 이탈리아 상황을 두고 맹비난을 들었다. 다들 그 일의 책임 여부를 놓고 이러쿵저러쿵 떠벌렸다. 나폴레옹은 불만을 토로했다. "다섯 번의 평화 조약을 맺고 대프랑스 동맹에 결정적인 최후의 일격을 가했는데, 시민의 개선식까지는 아니어도 최소한 조용히 살 권리와 최고 권력자들의 보호를 받을 자격은 있지 않은가. 나의 명성이 곧 조국의 명성인데, 지금 나는 갖은 비난과 박해와 악평을 받고 있다."[91] 그렇지만 같은 시기에 나폴레옹은 총재정부에 다시 충성을 다짐했다. 그는 공화국이 자신의 미래이고 왕당파들은 허접한 자리밖에 내주지 않을 것을 확신했다. 나폴레옹은 상황을 명철히 파악하고 있었다. "혁명은 많은 것을 허물었을 뿐 아무것도 건설하지 못하는 과오를 저질렀다. 그래서 해야 할 일들로 넘쳐난다."[92] 그는 자신이 무엇을 원하는지 알고 있었다. "정직하고 강한 정부를 가진 프랑스[…]. 투명한 행정, 변호사들과 기자들의 끝없는 떠벌임을 상대하지 않고 권위 있게 복종시킬 줄 아는 집행부가 우리나라에 필요하다. 그래야 비로소 자유를 얻게 될 터이다[…]. 우리는 프랑스에 반발하는 전(全)유럽과 맞설 만큼 충분히 강하다. 그런데 프랑스 정부는 행동 수단을 재량껏 활용하지 못하고 있다[…]. 이런 식이라면 혁명력 3년 헌법(혁명력 3년인 1795년에 제정된 헌법으로, 국민공회를 해체하고 오백인 의회와 원로원에 의한 양원제를 채택해 총재정부를 설립했다―옮긴이)은 국민공회 체제만

---

90 미오 도 멜리토, 『회상록』, 미셸 레비 프레르 출판사, 1부, pp. 163-164.
91 나폴레옹 보나파르트, 『일반 서신』, 위의 책, n. 1741, 1부, pp. 1036-1037.
92 앞의 책, n. 1822, 1부, p. 1081.

도 못하다. 최소한 국민공회 체제에선 정부에 일관성도 있었고 따라서 힘도 더 강했다."[93]

나폴레옹은 대단히 신중한 태도를 보였다. 이제 분위기를 쇄신할 때였다. "파리에는 아무런 미련도 없다. 오랫동안 어떤 행동도 하지 않는다면 나는 지고 말 것이다!"[94] 게다가 총재정부는 나폴레옹의 인기에 반감을 품고 있었다. 바라스를 선두로 한 총재들은 나폴레옹을 멀리하려 했다. 바라스는 나머지 총재들을 설득해 영국 침략 임무를 맡을 새로운 군대의 수장으로 나폴레옹을 임명하려 했다. 하지만 나폴레옹도 그리 호락호락하지 않았다. 영국 원정은 실패할 게 불 보듯 뻔했기 때문이다. 그래도 일단은 원정 계획에 착수해서 2월에 불로뉴(Boulogne)에서 앙베르(Anvers)까지 북부 연안을 둘러본 뒤 원정이 불가능하다는 결론을 내렸다. 배도 터무니없이 부족한데다 제대로 관리도 안 되었고, 무기도 없었으며, 필요한 장비도 갖춰지지 않은 상태였다. 그래서 나폴레옹은 몇 주 전부터 구상해온 이집트 정복이라는 카드를 다시 꺼냈다. 이집트 정복은 구체제와 혁명의 숙원 사업이기도 했다. "가만히 있다가는 나 또한 영원히 신망을 잃고 말 것이다. 이곳에서는 모든 게 쇠퇴하고 있다. 나에게 더 이상의 영광은 없다. 작은 유럽으로는 성에 차지 않는다. 동방으로 가야 한다. 위대한 영광은 모두 그곳에서 오리니."[95] 샤토브리앙이 볼 때 동방은 "전제군주제로 보나 찬란함으로 보나 나폴레옹의 천성에 딱 맞는 곳"[96]이었다. 나폴레옹은 탈레랑의 지지 속에 이집트를 거쳐야

---

93 루이 귀스타브 르 둘체 드 퐁테쿨랑, 『역사적 의회 회상록』에서 인용, 미셸 레비 프레르 출판사, 1863, 2부, pp. 474-475.

94 루이 앙투안 포블레 드 부리엔, 『나폴레옹에 대한 회상록…』, 위의 책, 2부, p. 32.

95 앞의 책, 『회상록』, 가르니에, 1899, 1부, p. 221.

96 F.-R. 드 샤토브리앙, 『죽음 저편에 대한 사색』, 위의 책, 1부, 19권, 9장, p. 694.

만 영국의 세력을 약화시킬 수 있다고 총재정부를 설득했다. 1798년 3월 5일, 총재정부는 이참에 눈엣가시 같은 나폴레옹을 쫓아버리기로 했다. 마침내 나폴레옹은 이집트를 향해 출발했다.

나폴레옹은 더없이 은밀하게 원정 계획을 세웠다. 오만 사천 명이 1798년 5월에 배를 타고 영국 함대들이 지키고 있는 지중해를 건넜다. 첫 점령지는 1798년 6월 9일 몰타 섬이었다. 1798년 7월 2일에는 알렉산드리아(Alexandria)를 점령했다. 이집트의 맘루크 왕조(Mamelouks)는 군사적 무능함을 드러내며 어이없이 패배했다. 나폴레옹은 사막을 가로질러 카이로로 행군을 강행했고, 이내 그곳도 맘루크족의 대패로 유혈이 낭자했다. 하지만 승리는 마냥 달콤하지만은 않았다. 나폴레옹에게 아부키르만(Aboukir) 해전의 패배 소식이 전해졌기 때문이다. 프랑스 함대는 영국의 넬슨(Horatio Nelson) 제독에게 격파되고 말았다. 이집트 원정대는 전투에서 승리했지만, 파라오들이 묻힌 사막의 포로가 되고 말았다. 더는 돌아갈 배도 없었다. "지금이야말로 상관으로서의 자질을 발휘할 때다. 폭풍우 몰아치는 파도 위로 당당히 고개를 치켜들어 물결을 잠재워야 한다. 어쩌면 우리는 동방의 모습을 변화시켜 역사 속에 찬란하게 기억되는 동방의 위인들과 중세의 위인들 이름 옆에 나란히 우리의 이름을 새길 운명을 타고났는지도 모른다."[97] 나폴레옹은 이탈리아에서 했던 것처럼 이집트의 행정을 조직하고 이집트 국민들과 민사적인 화합을 도모했다. 이를 위해 지배계층인 맘루크 족을 적으로 지칭하고 이슬람으로 개종할 의사까지 내비치면서 이집트인들의 환심을 사려고 했다. 1798년 8월 22일, 이집트 원정을 문명의 찬란함과 공화국의 진보로 채

---

97 오귀스트 프레데릭 루이 비에스 드 마르몽, 『회상록』, 위의 책, p. 390.

색하는 이집트 연구소가 설립되었다. 여론이 보기에는 일종의 지식 전쟁이었다. 나폴레옹은 현실에서 벗어났다. "나는 이집트에서 거추장스러운 문명의 굴레를 벗어던졌다. 모든 것을 꿈꾸었고, 내가 꿈꾸던 이상을 실현시킬 방법들을 보았다. 나는 종교를 만들었다. 머리에 터번을 쓰고 내 마음대로 작성할 수 있는 새로운 코란을 한 손에 든 채 코끼리를 타고 아시아로 향하는 내 모습을 보았다."[98] 하지만 소리 없이 저항이 시작되었다. 카이로에서 오스만투르크족과 이슬람교도들이 선동해 반란을 일으켰다. 유혈이 낭자했다. 반란은 무자비하게 진압되었다. 그러자 오스만투르크는 프랑스군에 맞서서 시리아와 알렉산드리아 성문으로 군대를 출격시켰다. 나폴레옹은 엘 아리슈(El-Arich, 1799년 2월 20일), 가자(Gaza, 1799년 2월 24일), 자파(Jaffa, 1799년 3월 7일)에서 그들을 무찌르는 데 성공했다. 그리고 오스만투르크 포로 삼천 명을 무참히 학살했다. 그러다 생장다크르(Saint-Jean-d'Acre)에서 기세가 꺾였다. 나폴레옹의 병사들이 실패했다. 그때부터 병사들은 의구심을 품기 시작했다. 나폴레옹은 비로소 망상에서 깨어나 정신을 차렸다. "동양 정복에 대한 유혹 때문에 생각했던 것 이상으로 유럽에서 멀어지고 말았다. 나의 상상력은 이번 원정을 실행하는 데 도움이 되었지만, 생장다크르에서는 수명이 다한 모양이다."[99] 전염병이 군영을 강타하기 시작하자 다급하게 성지에서 철수해야 했다. 시리아에서는 패배했지만, 다행스럽게도 1799년 7월 25일에 나폴레옹은 아부키르만에서 오스만투르크 군대를 성공적으로 무찔렀다. 이집트 원정군을 안심시켜주는 잠깐 동안의 휴식이었다. 하지

---

98 레뮈자 백작부인, 『레뮈자 부인의 회상록(1802-1808)』, 메르퀴르 드 프랑스, 2013, pp. 75-76.
99 앞의 책, p. 75.

만 돌아갈 때가 되었다. 자칫하면 이집트 모험이 완전한 실패작으로 끝날 우려가 있었다. 상황이 모호하긴 해도 미래는 파리에 있었다.

이집트 모험과 그에 따른 시련들을 겪으면서 나폴레옹은 관리자이자 지도자로서의 자질을 완전히 가다듬었다. 나폴레옹의 위신은 높아진 반면 총재정부의 인기는 완전히 곤두박질쳤다. 누구나 대단원을 기대했다. 엠마뉘엘 조제프 시에예스(Emmanuel-Joseph Sieyès)는 총재정부를 전복시키는 데 전념했다. 자신의 구상을 집행해줄 실력자를 찾던 시에예스에게 나폴레옹은 더할 나위 없는 동반자였다. 1799년 8월 23일, 나폴레옹은 군대를 뒤에 남겨둔 채 은밀하게 이집트에서 출항했다. 타고난 행운과 영국의 공모자들 덕분에 1799년 10월 9일 프레쥐(Fréjus)에 무사히 도착했다. 눈앞에 찬란한 권력이 펼쳐지고 있었다.

*

삼십대에 접어들면서 샤토브리앙과 나폴레옹은 운명을 완성하고 영광의 월계관을 받을 준비를 했다. 한 사람은 권력으로, 다른 한 사람은 문학으로. 이제 프랑스와 프랑스인들을 끊임없이 도취시킬 춤의 서막이 시작되었다. 문학과 정치가 서로를 갈구하는 춤의 서막. 이루어질 수도 없고 영원히 만족할 수도 없는 사랑 같은 춤. 상대 앞에 절대 나서지 않는 사랑. 두 사람 모두에게 커다란 실망만 남기는 사랑.

작가와
제1통령

4장

나는 파리에 도착할 것이다.
우리를 비웃고 프랑스를 제대로 다스리지 못한
무리들을 몰아낼 테다.
정부의 수장에 오르고야 말겠다.

나폴레옹 보나파르트,
1799년 8월

첫 번째 행로의 끝에 도착하자
'작가로서의 길'이 눈앞에 펼쳐졌다.
일개 시민이던 나는 이제 공인이 되려 한다.
순결하고 고요한 은신처에서 나가
더럽고 소란스런 세상의 교차로에 들어선다.
환한 빛이 생각에 잠긴 나의 삶을 비추고
어둠의 왕국에 스며들리라.[…]
안식처에 남겨둔 다시는 보지 못할 누이들처럼,
연인들처럼 내 젊은 시절의 생각과 상상을 떠난다.

샤토브리앙

권력을 잡겠다고 결심한 나폴레옹과 샤토브리앙은 각자 정치적, 문학적 재능을 발휘해서 기필코 성공하리라는 결연한 의지를 품고 파리로 돌아갔다. 저속해진 파리는 조금 전까지도 격찬하던 대상을 이제는 사무치게 증오하고 있었다. 거만한 파벌들과 저속한 군중이 기이한 동맹을 맺은 결과였다. 파리는 이제 재능과 천재성의 숭고함을 받아들이지 못했다. 바로 그 도시에서 나폴레옹과 샤토브리앙은 프랑스 역사상 유례없는 눈부신 활동을 준비했다. 정치적인 그리고 문학적인 브뤼메르 18일을.

*

"거사를 모의하면서 내가 한 일은 단 하나, 정해진 시간에 나를 따르는 무리를 통솔해서 권력을 잡기 위한 행군을 했을 뿐이다."[1] 나폴레옹에게 브뤼메르 18일은 자신을 향한 단순한 부름이었다. 그리고 그는 부름에 응했다. 하지만 현실은 훨씬 복잡했다. 이집트에서 사십 여일에 걸친 기나긴 항해 끝에 1799년 10월 9일에 프레쥐에 도착했다. 총재정부에 미리 알리지도 않았고 허락도 받지 않은 상태였다. 그때까지만 해도 나폴레옹은 자신을 기다리는 운명이 영광이 될지 아니면 치욕이 될지 알지 못했다. 하지만 이내 마음을 놓았다. 아부키르 전투의 승전보가 그보다 며칠 앞섰기 때문이다. 그렇게 무패 장군의 후광은 더욱 빛을 발했다. 그런데 그가 이집트를 향해 떠난 이후로 프랑스의 분위기는 크게 달라졌다. 국민들은 총재정부와 그들의 정책, 국내의 폭동과 외부 상황에 지친 상태였다. 오스트리아와 러시아 동맹에 맞선 국경 전쟁이 다시 시작되었다. 최악의 상황이었다. 이탈리아는 빼앗겼고, 라인강 연안은 위협받고 있었다. 혁명 십 년 만에 나라는 만신창이가 되었다. 꿈에서 깨어난 국민들이 갈망하는 건 오로지 나폴레옹이 이뤄줄 공공의 평화와 군사적 평화였다. 사실 총재정부는 진작 그를 소환했는데, 소환 명령은 나폴레옹이 갑작스레 이집트를 출발한 후에야 도착했다. 그렇게 외부에서는 갖가지 위협이 닥쳐오고 총재정부의 정책은 허술하기 짝이 없는 와중에 과격파 자코뱅당의 공공연한 후계자들인 '신(新)자코뱅'파가 1793년에 귀환하면서 권력은 한층 위태로웠다. 마침내 프랑스인들은 환멸을 느끼게 되었다. 총재정부의 정치인들에게 신물이 났고, 눈곱만큼의 기대도 없었다. "대다수의 프랑스인들은 혁명 그리고 혁명이 가져온 혼란과 폭력, 부당함에 지친 반면 평등과 국유재산, 공화군의 승리에는 여전히 애착을 느껴 구체제를 거부하고 있었다. 1789년 대혁명 이전

---

1 라스 카즈, 『세인트헬레나 회상록』, 위의 책, 1부, p. 867.

보다 삶은 더 험난했다. 그래도 과거는 생각만 해도 치가 떨리도록 끔찍했다. 현재는 혐오스럽고, 미래는 암담했다. 정부는 물론이고 그들을 대신하겠다고 나서는 이들도 경멸스럽긴 매한가지였다. 요컨대 국민들이 사는 세상은 지도자들이나 의회, 헌법이 있는 세상과는 완전히 딴 세상이었다. 국민들은 더 이상 정치를 믿지 않았다. 혁명을 겪는 동안은 세상을 바꿀 수 있는 무한한 힘을 지닌 정치 투쟁에 집착했지만, 공포정치와 그 뒤를 이은 테르미도르 쿠데타 시절에 겪었던 환멸을 생각하면 충분히 그럴 만했다. 열정은 무자비한 혐오로 바뀌었다. 사람들은 정치에서 손을 떼고 각자의 영역에 틀어박혔고, 국가나 사상 또는 당파 싸움과 관련된 것들에는 철저히 무관심했다. 현재를 변화시킨다거나 미래를 극복할 수 있으리라는 막연한 기대마저 버린 회의주의만 난무했다. 더 이상 혁명을 믿지 않게 된 프랑스인들은 군주제가 유리할 수 있다는 생각도 하지 못한 채 나라가 무너지는 모습을 망연자실하게 보고만 있었다."[2]

요컨대 권력만 장악하면 되는 일이었다. 새로운 개혁 정책이나 헌법을 제시하는 척하는 게 아니라 신뢰가 깨진 위기 상황에 걸맞은 정치적 대안을 제시하면 되었다. 리옹에 이를 때까지 열렬한 환호를 받으며 개선 행렬을 한 나폴레옹은 파리로 가면서 이 점을 더욱 절감했다. "집집마다 환하게 불을 밝히고 깃발로 장식도 했다. 불꽃을 쏘아올리고 거리마다 군중들로 가득했다[…]. 광장에서는 사람들이 춤을 추었고, 곳곳에서 '조국을 구한 보나파르트 만세'라는 외침이 울려 퍼졌다."[3] 모두의 눈에 나폴레옹은 승리뿐 아니라 평화와 질서에 대한 보장을 상징했

2 파트리스 구에니피, 『보나파르트』, 위의 책, pp. 455-456.

다. 수많은 프랑스인들이 오랫동안 부르짖으며 기다려온 것들이었다. 자코뱅파와 왕당파 사이에서 나폴레옹은 권력이 뒷받침된 중도파 정책을 구현했다. "계율이든 법이든 명령에는 냉정함과 중용, 지혜와 이성이 담겨 있어야 하고, 실행에 옮길 때에는 힘과 단호함이 있어야 한다. 설령 중용이 프랑스에는 대단히 위험한 결점이라고 해도, 지혜롭게 법을 실행할 때에는 중용을 지켜야 한다."[4] 총재정부의 나약함과 부패 그리고 자코뱅파와 왕당파의 불안한 모험을 쇄신해야 했다. "혁명 이후 처음으로 다 같이 입을 모아 적임자 한 명을 지목했다. 그때까지만 해도 사람들은 이렇게 말했다. '입헌의회는 이런 일을 했고, 국민은 이랬고, 국민공회는 이랬다'. 그런데 이제는 모든 걸 제자리로 되돌려놓을 한 사람에 대한 이야기만 했다."[5] 그래도 나폴레옹은 신중했다. 정권 교체를 막으려는 정치적 함정이 있기 마련이니까.

파리에 도착한 나폴레옹은 침묵을 지키면서 신중을 기했다. 그러면서도 권력을 장악할 준비를 했다. 마침내 때가 되었다. "설득력도 없이 변덕스럽기만 한 탁상공론으로 번갈아 상대 파벌의 세력에 무너지면서 변변한 계획도, 이렇다 할 진전도 없이 하루하루 연명하던 정권은 무능함을 여실히 드러냈다. 온건하던 시민들마저 더 이상 국가에 지도자가 없는 상황을 받아들일 수 없었다. 급기야 아무짝에도 쓸모없는 정부를 자랑스러워하던 국민들조차 묵과할 수 없는 중대한 오류를 범했다. 결국 타락한 사회에 막연한 불안감이 확산되자 사회를 지키려는 절박함에 구원해줄 사람을 애타게 찾았다. 많은 국민들이 가슴에 수호신을 품

3 마르보, 『회상록』, 메르퀴르 드 프랑스 출판사, 1부, pp. 67-68.
4 나폴레옹 보나파르트, 『일반 서신』, 위의 책, n. 2344, 3부, p. 561.
5 제르맨 드 스탈, 『프랑스 혁명에 관한 고찰』, J. 고드쇼 출판사, 파리, 탈랑디에, 1983, p. 357.

고 있지만 수호신은 좀체 모습을 드러내지 않았다. 사실 구원자는 그저 존재하기만 해선 안 된다. 사람들에게 모습을 드러내고, 스스로 구원자임을 깨달아야 한다. 그때까지는 어떤 시도도, 어떤 음모도 소용없다. 무기력한 국민들이 허울뿐인 정부를 감싸고 있어서 그토록 미숙하고 약해빠졌는데도 적들은 아무리 기를 써도 꺾지 못했다. 그런데 때마침 애타게 기다렸던 구원자가 느닷없이 존재한다는 신호를 보내자, 국민은 본능적으로 그를 감지하고 소리쳐 불렀다. 그의 앞에 놓여 있던 장애물은 순식간에 사라졌고, 온 국민이 그가 지나는 길목으로 마중 나와 이렇게 외쳤다. '그분이 오셨다!'"[6] 실제로 총재정부나 총재들 때문에 죽음을 무릅쓸 사람은 아무도 없었다. 총재들의 신뢰는 완전히 곤두박질쳤다. 1796년에 총재정부는 그라쿠스 바뵈프(Gracchus Babeuf, 혁명 시대의 정치 선동가—옮긴이)의 음모가 발각된 후 좌파를 쳤다. 이어서 1797년에는 그런 기류를 틈타서 우파를 쳤다. 1798년에는 다시 우파의 퇴각을 활용했던 좌파를 공격했다. 총재정부는 한 번은 우파를, 또 한 번은 좌파를 치면서 유지되고 있었다. 하지만 1799년이 되자 그것도 지쳐서 숨을 헐떡거리는 꼴이 되었다. 1799년 4월 선거에서 기권율이 구십 퍼센트를 넘으면서 프랑스인 전체가 정치에 무관심할 수 있음을 보여주었다. "쿠데타에 지친 프랑스인들은 어느 편을 들어야 할지 종잡을 수 없게 되었다. 움직일 때마다 여기서 차이고 저기서 혼나다 보니 더는 오른쪽도 왼쪽도 볼 수 없었다. […] 이제는 지배자들에게 어떤 희망도 남아 있지 않았다. 하지만 그들을 거역하지도, 타도하지도 못했다. 더 이상 선거도 투표

---

6 가스파르 구르고, 『나폴레옹 구금 시절을 함께 한 장군들이 세인트헬레나에서 쓴 나폴레옹 치하 프랑스 역사를 돕는 회상록』, 파리, 피르맹 디도, 1823, 1부, p. 52.

도 법도 중요하지 않았다. 1798년부터 1799년까지 프랑스 국민은 정부, 의회, 헌법에서 손을 뗐다. 딴 세상에서 살았다."[7]

그럼에도 『제3신분이란 무엇인가(Qu'est-ce que le tiers état?)』를 쓴 저자이자 모든 혁명 체제를 섭렵한 시에예스와 함께라면 아직 희망은 있는 듯했다. 정부의 권위가 실추된 상황에서 시에예스는 공화국을 구원해줄 사람처럼 보였다. 벤자맹 콩스탕(Benjamin Constant)은 시에예스에게 보낸 편지에서 이렇게 말했다. "당신을 임명하는 일이야말로 지난 열여덟 달 동안 부도덕함과 어리석음에 맞서 싸웠던 이 가엾은 공화국에 남은 마지막 희망입니다……. 1789년에 여론을 조성한 인물이 십 년 만에 여론을 되살린다는 점도 놀랍지 않습니다……. 당신은 혁명 이후 모두의 소망과 신뢰를 한 몸에 받으면서 도착했고, 초라함과 부패에 지친 프랑스는 미덕과 빛에 목말라 있습니다."[8] 그런데 사실 장 프랑수아 뢰벨(Jean François Reubell) 대신 시에예스가 총재로 임명된 일은 부질없는 임시방편에 지나지 않았다. 그저 헌법이 한 번 더 바뀐다는 의미였다. 그래서 시에예스는 자신이 프랑스를 구할 수 있는 경이로운 헌법의 원문을 직접 한 문항씩 꼼꼼하게 살펴보았다고 거듭 강조했다. 그런데 헌법을 바꾸어도 정치인들은 변하지 않았다. 사실 총재정부는 자코뱅파의 귀환과 외세 침략이라는 두 가지 위협에 늘 짓눌려 있었다. 이러한 두려움은 나폴레옹의 출세에 도움이 되었다. 이제 권력을 장악하려면 돌아올 수 없는 강을 건너야 했다. 결코 권력은 저절로 주어지지 않으니 스스로 거머쥐어야 했다. 눈앞에는 양위할 준비가 전혀 안 된 정부와 나약하고 무력

---

7 에드가르 퀴네, 『대혁명』, 블랭 출판사, pp. 689-690.
8 장 드니 브르댕, 『시에예스, 프랑스 대혁명의 열쇠』에서 인용, 팔루아 출판사, p. 419.

하지만 적법성과 정당성을 대표하는 헌법이 있었다. 그래서 나폴레옹과 시에예스는 서로에게 의지했다. 시에예스에게는 치밀하게 준비된 계획이 있었다. 의회를 소집해 자코뱅파의 음모를 핑계 삼아 나폴레옹을 파리 주둔군 사령관으로 임명한 다음, 파리 군중의 압박으로부터 멀리 떨어진 생클루(Saint-Cloud)에서 의회를 소집해 헌법을 수정하고 나폴레옹을 내각에 임명하려는 계획이었다. 그렇게 새로운 쿠데타에 합법적인 외향을 갖출 생각이었다. 사실 두 남자는 서로를 거의 존중하지 않았다. 마치 "늙은 공작부인들이 발받침을 사이에 두고 다투듯"[9] 대했다. "불안에 휩싸인 노인"[10]과 "필요할 때만 공화국과 잠자리를 하는 젊은 협잡꾼"[11] 사이에서 이루어지는 결혼에 비길 만했다.

브뤼메르가 준비되었다. 시에예스와 나폴레옹은 많은 후원자들, 특히 총재들을 무시하는 탈레랑과 푸셰를 합류시켰다. 일명 "지적인 공화국", "장화 신은 공화국"[12]이라는 빅투아르 가(rue de la Victoire, 브뤼메르 18일이 준비된 장소—옮긴이)에 사람들이 줄지어 몰려들었다. 다들 나폴레옹을 "뜨는 태양"[13]이라 여겼다. 1799년 11월 1일 밤, 나폴레옹은 동생 뤼시앵의 집에서 시에예스를 만나 최종 계획안을 수정하고 행동 강령을 마지막으로 조율했다. 나폴레옹은 자신의 헌법 계획을 직접 통과시키고 싶어 하는 시에예스를 점잖게 타일렀다. "설마 한 문항씩 꼼꼼하게 논의하지도 않고 프랑스 새 헌법을 내놓을 생각은 아니겠지요. 급하게 해치

9 앙투안 클레르 티보도, 『나폴레옹 보나파르트의 일반적인 역사, 그의 사생활에서 공적인 생활, 정치와 군사 경력, 행정과 통치에 대하여』, 르누아르, 1828, 6권, p. 19.

10 파트리스 구에니피, 『브뤼메르 18일』에서 인용, 갈리마르 출판사, 2008, p. 252.

11 자크 뱅빌, 『브뤼메르 18일』에서 인용, 아셰트, 1925, p. 22.

12 파트리스 구에니피, 『브뤼메르 18일』에서 인용한 텐느의 말에 따라, 위의 책, p. 245.

13 파트리스 구에니피, 『보나파르트』에서 인용, p. 461

울 일은 아니지만 꾸무럭거릴 시간도 없소. 우리에게 지금 절실하게 필요한 건 이양 받는 바로 그날부터 국민의 신망을 얻을 임시 정부 그리고 합리적인 헌법을 준비해서 국민 투표에 부칠 수 있는 입헌의회란 말이요. 자유롭게 논의해서 확실하게 투표로 승인받지 않으면 소용없단 말이오[…]. 그러니 생클루로 이전해 즉시 임시 정부를 수립할 일만 신경 쓰시오. 나는 이 정권을 삼인 통령 체제로 하는 것에 찬성하겠소. 그럴 필요가 있다고 판단되오. 선생과 선생의 동료인 로제 뒤코(Roger Ducos)와 나, 이렇게 셋이서 임시 통령을 맡는 것에 동의하오. 최종 정부에 관해서는 따로 이야기합시다. 선생이 입헌의회와 결정하는 내용들을 확인한 뒤에 말이오. 나는 선생의 결정을 존중하겠지만, 집행 권력에 참여하거나 군대의 통솔권만 선택하는 건 보류하겠소. 그건 선생이 어떻게 해결하느냐에 달려 있소."[14] 시에예스는 마지못해 나폴레옹에게 동의했다. 그렇게 쿠데타를 위한 구체적인 준비가 강구되었다. 나폴레옹은 오주로, 주르당(Jean-Baptiste Jourdan), 베르나도트(Jean-Baptiste Bernadotte) 같은 몇몇 장군들의 중립성도 확인했다. 이에 발맞추어 이집트에서 나폴레옹과 함께 돌아온 장교들은 믿을 만한 사람들을 선별하는 데 전념했다. 마르몽은 포병들, 뮈라는 기병들, 란느는 보병들, 베르티에는 장교들을 맡았다. 가장 주요 인물인 바라스를 포함한 총재들은 달콤한 말로 회유했다 (당시 총재정부의 5인은 바라스, 시에예스, 고예, 몰랭, 뒤코였다—옮긴이). 이들은 시간이 흐른 뒤에야 함정에 빠졌음을 깨달았다.

브뤼메르 18일(1799년 11월 9일) 이른 새벽, 쿠데타가 시작되었다. 각 연대에서 차출된 삼천 여 명의 병사들이 길을 나섰다. 양원 의원들은 자

---

14 파트리스 구에니피, 『보나파르트』에서 인용, 위의 책, p. 466.

다 깨서 영문도 모른 채 튈르리로 소환되었다. 정부를 전복할 음모가 진행되었다. 오백인 의회와 원로원 그리고 행정권을 가진 5인 총재정부를 생클루로 즉각 이전시켜야 했다. 의원들은 동요하며 해명을 요구했다. 아무런 논의도 없이 법안이 채택되었다. 의회를 휴회시킨 뒤 생클루 성으로 소환했고, 파리와 그 인근에 주둔해 있던 군대를 모조리 나폴레옹 휘하에 배치했다. 나폴레옹은 원로원으로 가서 충성을 다짐했다. 그리고 탈레랑과 브륀스 장군을 보내 바라스의 사임을 받아냄으로써 남은 두 총재 루이 고예(Louis Gohier)와 장 프랑수아 물랭(Jean François Moulin)이 아무 조치도 할 수 없게 만들었다. 결국 실질적인 실력자인 바라스가 사임하면서 총재정부는 최후의 일격을 맞고 붕괴되었다. 쿠데타의 서막은 성공리에 올랐다. 나폴레옹은 몹시 들떠서 태연한 척할 수 없었다. 하지만 두 번째 막이 남아 있었다. 브뤼메르 19일, 아직은 얼마든지 상황이 역전될 수 있었다. 생클루로 가기 위해 혁명 광장을 지나면서 나폴레옹은 이렇게 털어놓았다. "내일 우리는 뢱상부르(Luxembourg)에서 자거나 여기서 끝날 것이다."[15] 밤이 되자 경솔하던 태도가 진정되었다. 나폴레옹은 이렇게 기록했다. "가장 열성적인 사람들은 중립이 되었고, 가장 소심한 사람들은 이미 깃발을 바꿔 들었다."[16] 반면 밤새도록 다른 사람들, 특히 자코뱅파는 실력 행사에 나서기로 단단히 결심했다. 원로원에서는 끝없이 격론이 이어졌다. 더 이상 참을 수 없었던 나폴레옹은 끝장을 보려고 거칠게 몰아붙였다. 그는 원로원으로 쳐들어갔다. 나폴레옹이 개입하자 의회는 아수라장이 되었다. 그의 달변도 아무런 효과를 발

---

15 루이 앙투안 포블레 드 부리엔, 『회상록』에서 인용, 위의 책, 2권, p. 82.

16 『나폴레옹 1세의 서신』, XXX권, p. 319.

휘하지 못했다. 결국 의원들의 야유를 받으며 쫓기듯 나올 수밖에 없었다. 그러자 불안해진 그는 이번엔 오백인 의회로 달려갔다. 사실 나폴레옹은 무력행사를 정당화시켜줄 만한 구실을 찾고 있었다. 그가 들어서자 의원들이 적대감에 찬 고함을 질렀다. 견디기 힘든 상황이었다. 나폴레옹은 사람들에게 떠밀렸고, 주먹질이 오갔다. 병사들이 간신히 그를 구해냈다. 몰골이 영 말이 아니었다. 그러다 나폴레옹은 오백인 의회가 자신을 탄핵하려 한다는 귀띔을 받았다. 더 이상 생각할 시간이 없었다. 나폴레옹은 말에 올라 군대를 향해 연설했다. 오백인 의회를 주재하던 동생 뤼시앵이 의원들에게 붙잡혔을지도 모른다는 말을 들은 나폴레옹은 드디어 무력행사를 정당화할 "합법적인 방법"[17]을 찾았다고 생각했다. 그래서 의원들을 무력으로 퇴거시키라는 명령을 내렸다. 저녁 여섯 시에 병사들이 회의장에 난입했다. 뮈라의 명령은 간단했다. "저기 있는 사람들을 모조리 밖으로 끌어내라."[18] 열띤 소동이 끝나고 오백 명 중 소수가 집결했다. 그들은 헌법 제정을 유보하고 새로운 헌법을 작성할 임시 통령 세 명을 새로 임명했다. 그 세 명은 시에예스, 뒤코, 보나파르트였다. 그야말로 눈 가리고 아웅 하는 식이었다. 하지만 나폴레옹은 자신이 처한 상황이 얼마나 허술한지 파악하고 있었다. "튈르리에 있는 것으로 끝이 아니다. 그곳에 반드시 남아야 한다."[19] 그때부터 언제 빼앗길지 모르는 권력으로 인해 끊임없이 불안해하고 괴로워하기 시작했다. 스탕달은 『나폴레옹의 생애(Vie de Napoléon)』에 이렇게 기록했다. "국내에서는 자코뱅파와 왕당파에게 들볶이는 데다 바라스와 시에예스가 결탁했

---

17 파트리스 구에니피, 『보나파르트』에서 인용, 위의 책, p. 486.
18 앞의 책, p. 488.
19 루이 앙투안 포블레 드 부리엔, 『회상록』에서 인용, 위의 책, 4권, p. 6.

던 기억에 시달리고, 국외에서는 프랑스의 땅을 피로 적실 채비를 갖춘 외국 군대에게 압박을 느끼며 제1통령이 등장했다."[20]

*

"첫 번째 행로의 끝에 도착하자 작가로서의 길이 눈앞에 펼쳐졌다. 일개 시민이던 나는 이제 공인이 되려 한다. 순결하고 고요한 은신처에서 나가 더럽고 소란스런 세상의 교차로에 들어선다. 환한 빛이 생각에 잠긴 나의 삶을 비추고 어둠의 왕국에 스며들리라.[…] 안식처에 남겨둔 다시는 보지 못할 누이들처럼, 연인들처럼 내 젊은 시절의 생각들과 상상들을 떠난다."[21] 1800년 5월 6일, 샤토브리앙은 뇌샤텔(Neufchâtel) 공국의 신하 장 다비드 드 라사뉴(Jean David de la Sagne)라는 가명으로 망명 생활 팔 년 만에 프랑스 영지인 칼레(Calais)에 다시 발을 디뎠다. "부두에 닿으면 헌병들과 세관원들이 다리 위로 뛰어올라서 가방과 여권을 뒤졌다. 프랑스에서는 누구든 의심의 대상이 되었다."[22] 이 의심은 샤토브리앙이 프랑스에 돌아왔을 때도 계속되었다. 그래서 그는 파리에 도착해서도 평범한 시민인 척 각별히 신중을 기했다. 경찰총감 조제프 푸셰는 경찰들을 시켜 그를 감시했고, 경찰들은 그의 정체를 알게 되자 지체 없이 보고했다. "나는 일명 라사뉴라는 자를 감시했다[…]. 그 결과 단순히 견문을 넓히기 위해 여행하는 문인으로 밝혀졌다. 지식인들이나 출

---

20 스탕달, 『나폴레옹의 생애』, p. 54.
21 F.-R. 드 샤토브리앙, 『죽음 저편에 대한 사색』, 위의 책, 1부, 12권, 6장, pp. 430~431.
22 앞의 책, 13권, 3장, p. 437.

판업자들하고만 어울렸고, 특히 시민 느뵈(Neveu)와 어울린다."[23] 마침내 샤토브리앙은 시달림을 받지 않게 되었다.

칼레에서 파리로 가는 길에 샤토브리앙은 삭막하고 황폐해진 프랑스를 보았다. 비통한 광경이었다. 드넓은 묘지와 다름없었다. 과거에 사로잡혀 현재를 의심하는 프랑스는 미래에 대한 모든 믿음을 잃었다. '자유, 평등, 박애 아니면 죽음을'이라는 말이 그를 맞았다. 그렇지만 샤토브리앙은 곧 새로운 시대가 출현하리라는 느낌을 받았다. "이 나라는 일견 몰락한 듯 보이지만 이미 새로운 세상이 시작되고 있었다. 국민들 역시 중세의 야만과 파괴의 밤에서 벗어나고 있었다."[24] 샤토브리앙은 런던에서 두툼한 『나체즈족』 원고의 일부만 가져왔다. 그중에서 아탈라와 르네의 이야기를 따로 떼어서 부각시켰다. 파리에 도착한 그는 기거할 만한 작은 저택을 찾았다. 퐁탄이 쏜살같이 달려와 친구를 보살폈다. 퐁탄은 샤토브리앙에게 생제르맹(Saint-Germain) 근교에 있는 저택을 구해주었다. 파리의 분위기는 암울했고 의혹에 차 있었다. 옛 친구들과 후원자들은 사라지고 없었다. 원점에서부터 다시 시작해야 했다. 숙소는 작고 음침해서 숨이 막혔다. 누이에 이어서 아내까지 찾아오자 불쾌함은 절정에 달했다. 결국 조금만 더 떨어져서 기다려달라고 설득해야 했다. 샤토브리앙은 런던 생활과 사뭇 다른 비참한 파리 생활에 쉽게 익숙해지지 못했다. "오랫동안 그 나라[영국]에서 살다보니 그곳 습관이 몸에 뱄다. 그래서 우리 집과 계단, 테이블의 불결함 그리고 우리의 더러움과 소음, 친숙함, 수다의 경솔함에 도무지 익숙해지지 않았다. 나는 태도와

23 장 클로드 베르셰, 『샤토브리앙』에서 인용, 갈리마르, 2012, p. 311.
24 F.-R. 드 샤토브리앙, 『죽음 저편에 대한 사색』, 위의 책, 13권, 3장, p. 437.

취향 그리고 일정 부분 사고방식도 영국인이었다."[25]

그래서 샤토브리앙은 집에 틀어박혀서 작업만 했다. 책을 출간해서 생계를 유지하기 위해 글을 썼다. 퐁탄은 그에게 조제프 주베르(Joseph Joubert, 프랑스 작가이자 비평가—옮긴이)를 소개시켜주었다. 조제프 주베르는 이내 소중한 친구가 되었다. "기벽과 독창성으로 가득한 주베르를 아는 사람이라면 누구라도 그리워할 수밖에 없다. 그는 정신과 마음을 사로잡는 특별한 면을 가지고 있다. 한번 조제프 주베르에게 마음을 빼앗기고 나면 그의 모습이 어떤 기정사실처럼, 고정관념처럼, 강박관념처럼 마음에 새겨져 더는 몰아낼 수 없게 된다. 자부심이 강한 그는 겉보기만 차분할 뿐 누구 못지않게 혼란스러웠다. 그런 감정들이 건강에 해롭다고 생각해 억누르려고 애썼지만, 늘 친구들이 와서 마음을 다잡으려는 그를 방해했다. 번번이 친구들의 슬픔이나 기쁨에 동요될 수밖에 없었다. 이기주의자였지만 다른 사람들을 배려할 줄 아는 사람이었기 때문이다."[26] 예전과 달라진 파리에서의 고독 그리고 집필의 고독 속에서 샤토브리앙은 제1통령이 전복시키려는 사회를 바라보았다. "혁명은 아무런 공통점도 없는 세 가지 체제로 나뉘었다. 공화국, 제국 그리고 왕정복고. 확연히 다른 세 가지 체제의 세상, 차례차례 완전히 끝난 세 가지 체제의 세상은 몇 백 년의 시간으로 가로막힌 듯했다. 세 가지 체제는 제각각 정해진 원칙을 갖고 있었다. 공화국의 원칙은 평등이었고, 제국의 원칙은 무력이었으며, 왕정복고의 원칙은 자유였다. 공화주의 시대는 가장 독창적이고 인상적이었다. 역사상 가장 독특했기 때문이다. 정

---

25 앞의 책, pp. 439-440.
26 앞의 책, 13권, 7장, p. 450.

신적인 혼란이 빚어낸 물리적 질서, 다수의 정부에서 생겨난 통일성, 법을 대신해 인간성이라는 명목으로 사람들을 쓰러뜨린 단두대는 과거에도 없었고, 앞으로도 다시는 없을 것이다. […] 나날이 공화주의자들은 제정주의자들로 변신했고, 모두의 폭정은 단 한 사람의 독재정치로 바뀌었다."[27] 샤토브리앙은 벼락출세한 사회를 경멸했다. 퐁탄 덕분에 파리 살롱도 몇 군데 들어갔다. 그리고 〈메르퀴르 드 프랑스〉에 기사도 기고했다. 처음 기고한 기사 중 하나는 곧 나올 신간 『기독교의 정수』를 홍보하면서 제르멘 드 스탈(Germaine de Staël, 일명 스탈 부인, 프랑스 혁명 이념에 적극 동조하며 정치 무대에서 활약한 19세기 낭만주의 소설가이자 비평가―옮긴이)의 신간을 혹독하게 비평하는 내용이었다. 그는 이름난 풍자 작가가 되었다. 너무도 프랑스적인 그의 재능을 보여주는 문구가 있다. "종교 없이 정신은 가질 수 없지만 천재성은 갖기 쉽다."[28] 샤토브리앙은 다른 사람을 발판 삼아 풍자 작가로서의 유명세를 얻었다. 문단에서는 오래 전부터 흔한 일이었다. 마침내 샤토브리앙은 책을 출간하기로 결심했다. 방대한 전체 내용 중에서 발췌한 원고인 『아탈라』가 첫 간행물이었다. 그런데 퐁탄은 그에게 "형편없다"[29]며 다시 쓰라고 채근했다. 낙담한 샤토브리앙은 원고를 모두 불태워버리려다가 문득 뭔가에 홀린 듯, 오직 작가들만이 알 수 있는 은총과도 같은 필력으로 불과 하룻밤 만에 전부 다시 썼다. 길이 남을 『아탈라』는 그렇게 첨삭도 없이 일필휘지로 쓰였다. 샤토브리앙은 새벽에 끝낸 원고를 퐁탄에게 건넸다. 마침내 퐁탄이 끄덕였다. "내가 그렇게 말하길 잘했지 뭔가. 자네가 더 잘해낼 줄 알았다니

---

27 앞의 책, 13권, 5장, pp. 441-443.
28 같은 저자, 『기독교의 정수』, 위의 책, p. 833.
29 같은 저자, 『죽음 저편에 대한 사색』, 위의 책, 1부, 13권, 6장, p. 444.

까.”³⁰

*

1799년 12월 15일, 세 통령들은 새로운 헌법이 채택되었다고 선포했다. 새로운 통령체제가 공식적으로 발표되면서 지난 세기에 종말을 고했다. “시민들이여, 혁명은 애초에 시작한 원칙에서 더 나아가지 못했다. 이제 혁명은 끝났다.”³¹ 브뤼메르 18일 이후에 나폴레옹은 시에예스도 그가 쓴 헌법 초안도 무시했다. 시에예스의 초안은 실행 불가능할 뿐만 아니라 음흉하기 그지없었다. 그래서 나폴레옹은 여드레 동안 직접 헌법 문안 전체를 다시 썼다. 새로운 공화 체제의 정신을 보증하는 세 통령이 집행부를 맡았다. 루이 16세의 (집행 유예와 함께) 처형에 찬성한 옛 국민공회 의원 출신인 장 자크 드 캉바세레스(Jean Jacques de Cambacérès)는 혁명을 대표했다. 모푸(René Augustin de Maupeou) 대법관의 서기관 출신으로 의회의 항의에 맞서서 왕권을 확립하려 했던 샤를 프랑수아 르브룅(Charles-François Lebrun)은 구체제를 대표했다. 그리고 나폴레옹은 중도파로서 집대성과 미래를 담당했다. 다른 두 통령들이 반대할 일말의 가능성도 없이 제1통령이 최종 결정을 내렸다. 제1통령은 다름 아닌 나폴레옹이었다. 입법 권력은 법제 심의원과 행정부의 계획에 따라 의사를 표명하는 입법원 그리고 임명된 의원들이 입헌 문제에 전념하는 원로원으로 구성되었다. 새로운 체제에서 핵심 역할을 맡은 국가 참사원은 집

---

30 앞의 책, 위의 인용문에서.
31 『나폴레옹 1세의 서신』, 위의 책, 6부, p. 25.

행부의 임명을 받아 집행부를 보조했다. 몇 주 후, 내무장관 뤼시앵 보나파르트는 새 헌법을 다수결 국민투표에 부쳤다. 국민은 헌법 구성 어디에도 없었지만 도처에서 나폴레옹 권력의 합법성을 보장하는 기반으로 존재했다. 신뢰는 사라지고 체제는 붕괴되었다. 처음으로 권력이 여론에 굴복했다. 그때부터 나폴레옹은 모든 계승자들이 그랬듯 언제 흔들릴지 모르는 권력이 늘 불안했다. 그런데 더 큰 비극은 나폴레옹이 얻은 신뢰가 그가 거둔 승리에서 비롯되었다는 점이었다. 따라서 체제를 유지하려면 전쟁이 필요했다. 나폴레옹은 이 점을 너무 잘 알고 있었다. "나의 권력은 내 영광에 달려 있고, 나의 영광은 내가 거둔 승리에 달려 있다. 만일 더 큰 영광과 새로운 승리를 가져오지 못한다면 내 권력은 추락할 것이다. 정복은 지금의 나를 만들어주었으니, 오로지 정복만이 나를 유지해줄 수 있다."[32] 사 년 만에 제국을 선포하기까지 나폴레옹은 끊임없이 권력을 강화하고 안팎으로 정적들을 제거하면서 입지를 다졌다. 그렇지만 정적들은 제법 위협적으로 보였다. "십오 일의 우상[나폴레옹]에 대해 감히 말하자면 [이 장소들에서] 십오 세기 동안 지속되었던 우상[왕정]을 쓰러뜨린 인물로 기억될 것이다."[33]

이제 가장 힘든 일이 남아 있었다. 민심을 달래고 모아서 나라를 개혁하는 일이었다. 처음 한동안 프랑스인들은 브뤼메르 쿠데타가 단순히 혁명의 새로운 도약이라고 생각했다. 나폴레옹은 상징적인 조치들을 채택해 국민들을 설득하려 했다. 국내 치안과 국제 평화 확립, 정교협약 그리고 매각된 국유재산의 보장을 바라는 국민의 기대에 부응했다. 이

---

32 루이 앙투안 포블레 드 부리엔, 『나폴레옹에 대한 회상록…』에서 인용, 3부, p. 214.
33 도미니크 드 비유팽, 『권력의 어두운 태양』에서 인용, 위의 책, p. 179.

런 조치들은 국민을 분열시키는 증오를 해소하는데도 효과적이었다. 또한 그는 국가를 되살리고, 효율적이면서도 인정받는 행정부를 설립하고 싶었다. 이런 목적을 위해서 세 통령은 여론을 안심시키려는 일련의 대책을 강구했다. 망명자 친척들을 볼모로 한 법률 폐지, 추방자 사면, 일요 집회 회복, 서부지역 반란자들에게 무기를 내려놓는 대가로 종교의 자유를 허용하는 공문, 7월 14일 기념일과 공화국 선포일(방데미에르 1일)을 제외한 일부 혁명 기념일(루이 16세 처형, 지롱드파의 실추, 로베스피에르의 숙청) 폐지. 1799년 12월 25일에 나폴레옹은 자신의 정책을 설명했다. "프랑스를 국민들에게는 소중한 국가로, 외국인들에게는 존중할 만한 국가로, 적들에게는 무시무시한 국가로 만드는 임무, 이것이 우리가 최고 행정관직을 맡으면서 짊어진 책무입니다. 프랑스는 국민들에게 소중한 존재가 되겠습니다. 법, 즉 권위의 행위에는 언제나 질서와 정의, 중용의 정신이 깃들 겁니다. 질서 없는 행정은 혼란에 지나지 않습니다. 재정 상태도 공신력도 엉망이 됩니다. 그러면 국유재산과 함께 사유재산도 몰락합니다. 정의가 없다면 정당과 압제자 그리고 희생자만 있을 뿐입니다. 그리고 중용은 국민들과 마찬가지로 정권에도 엄중함을 심어줍니다. 중용은 늘 사회제도에 활력을 불어넣고 지속성을 보증하는 가치입니다. 외국이 프랑스의 독립적인 지위를 존중해준다면, 자주적으로 형성하고 신중하게 준비한 병력 지원 약속을 신의 있게 지켜준다면 외국인들도 위엄 있게 대할 것입니다. 끝으로, 프랑스는 적들에게 무시무시한 존재가 될 겁니다. 육군과 해군은 막강한 힘을 갖출 것이고, 프랑스를 지키는 수호자들은 저마다 소속 단체를 가족처럼 여겨 그 안에서 미덕과 영광의 유산을 찾을 것이며, 오랜 교육 끝에 양성된 장교는 꾸준한 승진을 통해 재능과 노력에 따른 보상을 받을 것입니다. 이런 원칙들은 정부의 안정성, 상업과 농업의 성공, 국민들의 위대함 및 번영과 관련 있습니다. 우리는 그런 원칙들을 바탕으로 판단 규칙을 작성했습니다. 프랑스 국민 여러분, 나는 지금까지 우리가 지켜야 할 의무에 대해 말씀 드렸습니다. 이제 우리가 그 의무를 다했는지 말해줄 사람은 바로 여러분입니다."[34] 나폴레옹은 이 년 만에 자신의 임무를 완수했다!

이상하게도 내부의 반목은 브뤼메르 후원자들로부터 비롯되었다. 이들은 나폴레옹을 활용해서 제 실속을 챙길 수 있으리라 믿었다. 하지만 머지않아 나폴레옹이 그리 만만한 인물이 아님을 온 세상이 알게 되었다. 일단은 나폴레옹과 타협해야 했다. 푸셰 주변의 자코뱅파들, 구체제로 돌아가고 싶은 탈레랑의 온건파들, 벤자맹 콩스탕 곁에서 정치적 자유주의를 옹호하는 사람들, 브뤼메르를 위해서 그토록 애썼으나 소외되었던 위원회의 관념론자들, 끝없이 비평을 쏟아내는 법제 심의원 의원들, 일부 국가 참사원 위원들, 성공한 동료를 시기하는 대다수의 장군들이 협상에 나섰다. 나폴레옹은 이처럼 다양한 대립에 맞서면서 새로 얻은 권력이 얼마나 불안한지 매일 확인했다. 권력을 확고히 다지려면 다양한 저항운동을 물리치는 동시에 모든 걸 다시 구성해야 했다. 나폴레옹은 국가 참사원, 입법의회, 법제 심의원 앞에 굴복하지 않았다. 루이 16세처럼은 되지 않을 작정이었다. 나폴레옹은 다른 사람들, 특히 장군들을 차례차례 대사 또는 군대 부관으로 보냈다. 그리고 공화파 반체제 인사들을 축출해 의회를 경질했다. 이내 새로운 체제에 봉사하려는 재능 있고 유능한 이들이 여론을 좌지우지했다. "우리는 혁명이라는 소설을 끝냈다. 이제는 원칙을 바탕으로 사색적이고 불확실한 것들은 젖혀

---

34 『나폴레옹 1세의 서신』, 위의 책, 6권, pp. 37-38.

놓고 실질적이고 가능한 것들은 추려서 역사를 새로 써야 한다. 오늘은 또 다른 길을 따라가는 것, 그건 정치가 아니라 철학이다."[35] 그리고 나폴레옹은 통치를 하려고 했다. 정교협약과 함께 종교적 평화를 도모하고, 행정 개혁으로 국가를 되살리고, 치안과 경제 번영을 확립하려고 했다. 그러면서 민법도 만들고 가족과 재산을 토대로 한 새로운 사회 계약의 토대도 세워야 했다.

*

1801년 4월, 샤토브리앙은 『아탈라 또는 사막에서 두 야만인의 두 사랑(Atala ou les Deux Amours de deux sauvages dans le désert)』을 출간했다. 책은 빠르게 입소문이 퍼졌다. 증거로 복제본이 수두룩하게 유통되었다. "좋은 작품들만 모작되는 법이라네, 친구. 그러니 만족해야지. 『아탈라』 복제본을 다섯 권이나 발견했거든[⋯]. 자네니까 하는 말인데, 가는 곳마다 받는 환대에 어리둥절할 지경일세. 리옹의 신문기사들이며 사교계, 경찰청까지 어딜 가나 칭송이 자자하다네. 내가 지나가면 무슨 귀빈이라도 지나가는 양 호들갑을 떨지 뭔가[⋯]."[36] 생트 뵈브(Sainte-Beuve, 비평가이자 작가─옮긴이)는 비평가와 관중의 반응을 이렇게 요약했다. "『아탈라』가 프랑스에서 발간되자 볼테르(François Marie-Arouet Voltaire)와 마리 조제프 셰니에(Marie-Joseph Blaise de Chénier)의 제자들과 후예들은 선두에서 웃음을 터뜨렸다(볼테르와 셰니에는 무종교적, 과학적 이성을 숭상한 문학자이자 철학자들이

---

35 나폴레옹 보나파르트, 『정치적 그리고 사회적 사상』, 파리, 플라마리옹, 1969, p. 23.
36 아비뇽에서 퐁탄에게 쓴 편지, 1802년 11월 6일 토요일(『샤토브리앙과 그의 아내 그리고 친구들』, G. 파일레스 사제 참고, p. 109).

었다―옮긴이). 하지만 나머지 프랑스인들은 그 웃음을 이해하지 못했고, 불행을 겪으며 이미 진지해질 대로 진지해진 사회는 웃지 않는 이들의 편이었다."[37] 비평가들은 혹평했지만, 군중은 열광했다. 바야흐로『아탈라』의 세상이었다. 그때부터 샤토브리앙에게 진정한 삶이 시작되었다. "내가 이 세상에서 소리를 내기 시작한 건『아탈라』를 출간하고부터다. 나는 한낱 개인으로서의 삶을 멈추고 공인으로서의 삶을 시작했다."[38] 일 년 후 샤토브리앙은『르네(René)』를 출간했다. 이번에도 성공적이었다. "샤토브리앙은 우리 중에서 상상력의 시, 아우스터리츠(Austerlitz)의 섬광 속에서도 빛바래지 않는 유일한 이름을 만들어낸 사람이다. 그의 상상 속에는 소포클레스(Sophocles, 고대 그리스의 3대 비극 시인 중 한 사람―옮긴이)와 보쉬에(Bossuet, 왕권신수설을 주장한 프랑스의 신학자 겸 정치학자―옮긴이)도 있고, 동시에 순수한 천재도 있다. 우리에게 감동을 주고, 언어를 수호하며 새롭게 정비하는 작가로서[…]. 현대의 유파는 모두 그에게서 비롯된다."[39] 샤토브리앙은 끝없는 자만심을 좀체 감추기 어려웠지만 애써 겸손하고 수수한 척했다. "나는 타고난 내성적 기질과 재능에 대한 의심 때문에 열렬한 갈채 속에서도 겸손했다. 눈부신 나의 광채에 몸을 돌렸다. 내 머리에 씌워진 후광을 끄려고 애쓰며 멀찍이 떨어져 거닐었다."[40]

그런 그의 성공에 불길한 그림자가 드리웠다. 샤토브리앙은 여전히 망명자 명부에 올라 있었기 때문이다. 그래서 제1통령인 나폴레옹에게 편지를 썼다. 하지만 그의 신상 자료에 문제가 있었고, 스탈 부인과 너

37 생트 뵈브,『샤토브리앙과 문학적 그룹』, 파리, 가르니에 프레르, 1861, 1부, p. 149.
38 F.-R. 드 샤토브리앙,『죽음 저편에 대한 사색』, 위의 책, 1부, 13권, 6장, p. 444.
39 장 폴 클레망,『샤토브리앙』에서 인용,《추억에서 깨어난 환멸》, 데쿠베르트 갈리마르, 2003, p. 59.
40 F.-R. 드 샤토브리앙,『죽음 저편에 대한 사색』, 위의 책, 1부, 13권, 6장, p. 445.

무 가깝다는 비난도 제기되었다. 〈메르퀴르 드 프랑스〉에서 스탈 부인을 혹평했던 샤토브리앙으로서는 어처구니없는 일이었다. 그는 나폴레옹의 누이동생이자 퐁탄과 연인 사이였던 엘리자 바치오키에게 억울함을 호소했다. 엘리자는 오빠에게 직접 『아탈라』를 건네며 한번 읽어보라고 부탁했다. 그러자 나폴레옹은 빈정거리며 대답했다. "또 '아-' 어쩌고 하는 소설 얘기로군! 내가 이런 하찮은 소설 나부랭이를 읽을 만큼 시간이 남아도는 줄 아는 모양이구나."[41] 그러자 엘리자는 오빠에게 책을 재차 건네면서 샤토브리앙을 망명자 명부에서 제명해달라고 부탁했다. 나폴레옹은 작가 이름을 확인하고 한발 양보했다. "아하, 이 자가 샤토브리앙이구나! 나중에 읽으마. 부리엔, 푸셰에게 그의 이름을 명부에서 지우라고 하게."[42] 1801년 6월 초, 나폴레옹은 말메종에서 조제핀 드 보나파르트(Rose Joséphine de Bonaparte)와 함께 의붓딸 오르탕스 드 보아르네(Hortense de Beauharnais)에게 그 책을 큰소리로 읽어보라고 했다. 1801년 7월 21일, 샤토브리앙의 이름이 마침내 명부에서 지워졌다. 샤토브리앙 본인의 말에 따르면, 믿긴 힘들지만, 엘리자 바치오키와 상관없이 푸셰가 단독으로 지시한 일이었다고 한다.

*

"모든 것이 파괴되었다. 처음부터 새로 만들어내야 한다. 정부와 권력은 있다. 그렇다면 국가를 이루는 나머지는 어떤가? 산산이 부서져 모

---

41 루이 앙투안 포블레 드 부리엔, 『회상록』에서 인용, 5권, p. 345.
42 앞의 책, 위의 인용문에서.

래알이 되었다. […] 우리는 지금 체제도, 집회도, 교류도 없이 뿔뿔이 흩어져 있다. 내가 살아 있는 한은 공화국을 책임지겠지만, 미래도 내다보아야 한다. 공화국이 완전히 좋아졌다고 생각하는가? 그렇다면 단단히 착각한 거다. 우리는 공화국을 진보시켜야 하지만 그러지 못했고, 프랑스의 토대를 굳건하게 다지지 못한다면 앞으로도 지키지 못할 것이다."[43] 나폴레옹은 굳건한 토대 위에 프랑스를 다시 세우고 싶었다. 도지사, 사법관, 민법, 세무 관리, 제르미날 프랑화(franc germinal)와 공교육 등의 사회적 기반들은 이백여 년 동안 현대 프랑스의 토대가 되었다. "나폴레옹은 전임자들의 재능을 흠 하나 없이 모두 물려받은 듯하다. 네케르의 타협 정신, 당통의 결단력, 로베스피에르의 미덕, 바라스의 실용주의까지. 우리의 굴곡진 역사 유산들에 의지해서 암초 사이를 무사히 헤쳐 나가, 그중 최고의 것들을 집대성해서 프랑스인들을 단결시키고 싶어 한다. 나폴레옹의 천재성은 혼돈의 시대 한가운데에서 대다수가 원하는 안정된 주축들을 파악해 대대적인 개혁을 준비한다는 점이다. 그는 혁명 정신에 담겨 있던 의기양양한 민족주의, 소유의 신성함, 부르주아 계급의 사회적 지배권 그리고 무엇보다도 평등주의의 열정을 간직하고 있다."[44]

1799년의 프랑스 상황은 샤토브리앙이 망명에서 돌아오는 길에 묘사했던 모습과 비슷했다. 모든 구조가 허물어지거나 사라졌다. 지방 삼부회, 동업조합, 의회, 자치권, 법……. 국가를 통째로 다시 세워야 했다. 지방 분권으로 정부의 능력과 권한은 제한되었고, 모든 요직에 대한 선거

---

43 앙투안 클레르 티보도, 『통령 정부와 제국 또는 나폴레옹 보나파르트의 역사』, 쾰 르누아르 출판사, 1834, 4권, p. 4.
44 도미니크 드 비유팽, 『1796-1804년 권력의 어두운 태양』, 위의 책, p. 229.

원칙이 무질서해져서 국가는 자유롭기는커녕 걷잡을 수 없는 형국이었다. 요컨대 새로운 국가를 다시 만들어야 할 때였다.

재건의 첫 번째 단계는 프랑스의 행정 조직이었다. "내가 생각한 체계는 지극히 간단하다. 정황상 국가를 설립하려면 권력을 중앙으로 모아서 행정부의 권한을 키워야 한다."[45] 혁명력 8년 플뤼비오즈 28일(1800년 2월 17일)의 법령에 따라 나폴레옹은 도(département, 道, 현縣이라고도 하는 지방 행정 단위―옮긴이)와 코뮌(commune, 프랑스 지역 분할의 최소 단위―옮긴이)에 대한 통제권을 강화하며 중앙집권체제를 다시 세웠다. 지방 행정을 책임지는 도지사(préfet)는 제1통령이 임명했다. 제1통령은 혼자서 정부의 행정과 부서를 책임졌다. 도지사의 의무는 자신의 관할구역에 머물면서 규칙적으로 도 전역을 방문해 요구 사항들을 받아서 처리하고, 파리에 보고서와 통계표들 그리고 장관들이 요구한 작업들을 처리해서 보내는 일이었다. 면(面, canton) 행정을 대체할 새로운 행정 단위도 생겼다. 바로 구(區, arrondissement)였다. 제한된 권한을 지닌 부지사(sous-préfet)는 통령의 임명을 받아 도지사의 활동을 보강했다. 구의 자문위원회가 부지사를 보조해주었다. 각각의 코뮌에서는 시장(maire)이 도지사나 제1통령의 임명을 받아 오천 명 이상의 거주민들이 사는 도시를 다스렸다. 시장의 역할은 도지사의 일을 대신하거나 예산을 제시하고, 일상적인 업무를 처리하는 정도였다. 행정 조직이 갖추어지자 지방의 자율성 남용 문제가 종식되면서 중앙 정부가 힘을 얻었고, 국토 전역에 걸쳐 불가분적인 단일성을 유지할 수 있게 되었다. 1980년대에 지방 분권 법령이 정해

---

45 앙투안 클레르 티보도, 『통령 정부에 대한 회상록, 1799년부터 1804년까지』, 퐁티외&시에, 1827, p. 315.

질 때까지 거의 변화가 없었던 이 조직은 나폴레옹의 자랑거리였다. "도청(préfecture)의 조직력과 기능, 그로 인한 결과들은 놀랍고도 굉장했다. 한결같은 추진력이 사천만 명 이상의 사람들에게 일사불란하게 전해졌다. 지방 업무의 중추 역할을 해주는 도청 덕분에 중앙은 물론이고 전국 방방곡곡으로 빠르게 영향이 미쳤다. [⋯] 권위와 중요한 지역 자원들까지 두루 갖춘 도지사들은 '축소판 황제들'이나 다름없었다. 하지만 어디까지나 상부에 임용되어 지시를 받아 움직이는 기관에 지나지 않기 때문에 영향력은 제한적이었다. [⋯] 그리고 영토를 점령하는 것이 아니라 관리만 할뿐이므로 절대 권력을 가졌던 옛날 관리들의 장점만 두루 살려서 불편함이 없었다."[46]

방대한 프랑스 제도 개혁의 두 번째 기반은 사법 조직이었다. 구체제에서는 재판소가 늘어났고, 혁명기에는 판사를 선출하는 일이 잦았다. 그러한 체제는 비효율적이고 너무 느렸다. 그래서 전 국민의 지탄을 받았다. 혁명력 8년의 헌법은 모든 사법 조직을 심도 있게 변형시켰다. 그때부터 민사 사건은 세 단계의 재판소, 즉 치안 판사와 지방 법원, 상고 법원을 거쳤다. 형사 사건은 사소한 범법 행위의 경우 치안 판사, 경범죄의 경우 상고 법원과 함께 경찰법원(경범죄를 다루는 즉결 법원—옮긴이) 그리고 중범죄의 경우 민간 배심원단을 갖춘 형사 법원을 거쳐야 했다. 특히 강도질을 퇴치하기 위해 예외 법원도 만들었다. 사법제도의 최정상에 있는 파기원(최고재판소)은 사실상 사건을 속단하지 않고 법의 규범을 존중하는 임무를 맡았다. 치안 판사를 제외한 사법관들은 행정부에서 임명받지만 독립성을 보장하기 위해 기능에 따라 종신 지명되었다.

---

46 라스 카즈, 『세인트헬레나 회상록』, 위의 책, 2부, p. 286.

1800년 5월, 나폴레옹은 미래 사법 조직의 획을 그으며 법관들을 향해 말했다. "과격파들 때문에 프랑스는 분열되었고, 사법 기관은 형편없이 운영되었다[…]. 벌써 십 년째 이 상태가 지속되고 있다. 이제는 멈추어야 한다. 앞으로는 여러분이 재판할 피고인이 어느 파 소속인지 절대 알 수 없을 것이다. 반면에 각자의 권리는 예외 없이 공명정대하게 검토될 것이다. 이는 여러분이 외압에 시달리지 않게 해줄 무기이기도 하다. 정의는 시민들 사이의 평화를 보장하는 수단이기 때문이다. 여러분은 종신 임명되었다. 누구도 여러분을 파면할 권리가 없다. 여러분의 판단은 오직 스스로의 양심에 맡긴다.[…] 앞으로 여러분은 대중의 신뢰에 부응하여 자랑스러운 법무부 행정관이 되어주길 바란다."[47] 변호사들은 복권되었고, 나폴레옹은 사법관들에게 직위와 법복 그리고 의식을 돌려주었다. 물론 역할도 돌려주었다. 즉, 영토 전체에 단 하나의 일관성 있는 법을 적용하는 역할이었다. 그 법이 바로 세 번째 기반인 민법이다.

새로운 사회 계약인 민법은 오늘날도 그리고 앞으로도 프랑스 영토에서 사람들 사이의 사법 관계를 지배할 것이다. 개인, 재화, 소유권은 1804년에 근대 민법이 채택된 이후로 프랑스의 사회생활을 조직하는 구성요소다. 수없이 꿈꾸기만 했을 뿐 좀체 결실을 맺지 못하던 민법전은 로마의 민법을 재편성하려 했던 유스티니아누스 법전(529-534년 비잔틴 제국 유스티니아누스 1세 때 편찬되었고, 근대 법 정신의 원류가 되었던 법령—옮긴이)의 후예였다. 이 방대한 계획이 비로소 빛을 보게 된 건 나폴레옹의 사법적 지식과 식견 때문만은 아니었다. 나폴레옹이 평의회 회의 절반은 참석해서 직접 구상을 이끌었지만, 무엇보다도 그의 끈기와 집요함 덕분에

---

47 티에리 랑츠, 『대통령』에서 인용, 아르템/파야르, 2014, 《플뤼리엘》, p. 632.

가능한 일이었다. 그는 법률학자들이 끝도 없이 논쟁을 벌이다가 미로 속에서 길을 잃지 않도록 적절히 나서서 중재했고, 가끔은 권한을 활용하면서 민법이라는 거대한 화강암을 자르고 다듬어 마무리했다. 구체제의 권리와 혁명의 유산을 모두 합쳐놓은 민법은 사회 계약의 토대를 다시 세웠다. 개인주의, 자유, 평등 그리고 권위의 원칙을 받아들이면서 가족과 재산은 프랑스 사회의 두 기둥이 되었다. 프랑스가 정복한 여러 속령에도 적용된 민법은 오늘날까지도 전 세계에 걸쳐 많은 국가들(네덜란드, 벨기에, 이탈리아, 루마니아, 포르투갈, 스페인, 볼리비아, 칠레, 아르헨티나, 이집트……)의 모범이 되었다. 그리고 나폴레옹은 그 점을 완벽하게 인식하고 있었다. "나의 진정한 영광은 마흔 번의 전투에서 거둔 승리가 아니다. 워털루 때문에 수많은 승리들의 기억은 지워질 테니까. 영원히 지워지지 않을 것, 영원히 살아남을 영광은 바로 민법이다."[48]

방대한 프랑스 재정비의 네 번째 기반은 조세 행정과 화폐였다. 재정 위기는 구체제 몰락의 원인이자 아시냐 지폐(Assignat, 프랑스 혁명 당시 혁명 정부가 부족한 재정을 구하기 위해 발행한 지폐―옮긴이)와 함께 총재정부의 평가를 하락시킨 원인이었다. 따라서 재계를 안심시켜서 국가 유동자산의 위기를 해결해야 했다. 새로운 체제의 사활이 걸린 문제였다. 그래서 국가의 재무 체계를 재정비하기 위해 재무부 안에 국고 담당 부서가 따로 설립되었다. 마찬가지로 징수와 예산 수립을 담당한 행정부 그리고 각 부서마다 실행과 비용 투입을 책임지는 행정부가 분리되었다. 당시는 세금 징수 조직이 대거 와해되어 국고가 바닥난 상태였다. 그래서 각 도마다 과세 기준을 정하고 이의 제기를 관리하는 직접세 총관리국을 만들었

---

48 도미니크 드 비유팽, 『1796-1807년, 권력의 어두운 태양』에서 인용, 위의 책, p. 263.

다. 또한 재무장관 샤를 고댕(Martin Michel Charles Gaudin)은 세금 징수 조직을 개편했다. 징세관을 늘리고 그해에 징수되어야 하는 총액, 일명 '입찰금(soumission)'을 다달이 불입하도록 만들었다. 그러면 국가는 그 불입금을 유통시켰고, 징세관들이 금고에 넣어둔 보증금으로 금액을 보장해주었다. 이러한 체계 덕분에 상당히 효율적인 수익을 거두었다. 1803년 1월에는 세리(稅吏)들이 생겼다. 세금을 걷어서 징세관에게 맡기는 업무를 담당하는 세리들은 제1통령의 임명을 받았다. 그때부터 새로운 조직을 통한 효율적인 세금 징수로 징수액이 해마다 꾸준하게 증가했다. 하지만 수입이 늘어나면 지출도 늘어나는 법이다……. 예산은 여전히 적자를 면치 못했다. 세금 개편 이후, 나폴레옹은 국가 신용도를 높여 굳건한 새 토대 위에서 경제 활동을 보장하기로 결심했다. 그 토대는 바로 금본위로 체계화한 제르미날 프랑이다. 제르미날 프랑은 1928년 6월에야 푸앵카레 프랑(franc Poincaré)으로 바뀐다. 이렇게 제대로 된 화폐를 갖추어 위조자들에 대한 대책을 강화함으로써 새 체제는 경제적 신용('확실한 신용' 화폐)과 번영을 도왔다.

새로운 프랑스의 다섯 번째 기반은 공교육이었다. 당시 상황은 참담하기 이를 데 없었다. 1799년에 파리에서 중등교육을 받는 아이들은 기껏해야 천 명 남짓이었다. 초등교육은 시에 일임했지만 비용이 많이 들어 완전히 등한시되었다. 나폴레옹은 공교육을 새로운 체제의 첨병으로 만들고자 했다. "공교육은 우리 정치체제에서 대단히 강력한 기구가 될 수 있고, 또 그래야만 한다. 입법부는 공교육을 통해 민족정신을 되살릴 수 있다. 교육부는 지성을 갖춘 인재들을 양성하는 부서다."[49] 따라서 분

---

49 티에리 랑츠, 『대통령』에서 인용, 위의 책, p. 655.

명한 목적을 가진 중등교육 기관이 프랑스 전역에 설립되었다. "정부가 우리에게 권하는 학교는 순수하게 도덕적인 시설이 아니라 일종의 정치 시설이기도 하다. 공교육의 목적은 일부 아이들이 유용한 지식을 얻어 고상하게 성장하도록 만드는 것만은 아니다. 기성세대와 신세대를 정부에 두루 기용하려는 목적도 갖는다. 기성세대는 신세대의 새로운 관심을 통해서, 신세대는 기성세대의 감성적 습관, 감사하는 마음 그리고 희망을 통해서 서로 연결될 수 있다."[50]

이러한 기반들에 레지옹도뇌르(Legion d'honneur) 훈장도 빠뜨려선 안된다. 레지옹도뇌르는 나폴레옹이 특히 자부심을 느끼는 부분이었다. "내가 설립한 것들 중에서 가장 아름다운 건 […] 이 시대의 가장 위대한 개념이자 국민들의 욕구를 충족시킬 뿐만 아니라 나에게도 흡족한 아주 훌륭한 제도다. 민간인과 군인, 사령관과 병사, 농부와 공작 사이에 명예로운 유대관계를 만들어주는 제도이기 때문이다."[51] 공적을 인정받아 진급하는, 이를테면 브뤼메르 정신의 화신과도 같은 제도다(레지옹도뇌르 훈장은 군공軍功이 있거나 문화적 공적이 있는 사람에게 대통령이 직접 수여하는 명예 훈장이다―옮긴이).

나폴레옹은 자신의 인기를 확고하게 굳히기 위해 1803년 6월부터 프랑스 일주 계획을 세워 80개 도시와 17개 도를 방문했다. 사 년 만에 나폴레옹은 프랑스인들의 깊은 열망에 대해 다음과 같은 결론을 끌어냈다. "프랑스인들은 자유에 관심이 없다. 자유를 이해하지도 못하고, 좋아하지도 않는다. 허영심만 가득한 프랑스인들이 유일하게 중요하게 여

---

50 앞의 책, pp. 657-658.
51 도미니크 드 비유팽, 『실추, 1807-1814』에서 인용, 파리, 페랭 출판사, 2009, 《템푸스》, p. 344.

기는 것은 누구든 원하는 위치에 도달할 수 있는 정치적 평등이다."[52] 나 폴레옹과 프랑스인들을 묶어준 이러한 결속을 샤토브리앙은 제대로 이 해했다. "일상을 통해서 그는 프랑스인들이 본능적으로 권력을 지향한 다는 사실을 깨달았다. 그들은 자유를 그다지 사랑하지 않는다. 평등만 이 그들의 우상이다. 그런데 평등과 전제군주제는 긴밀한 관계로 엮여 있다. 나폴레옹이 인기를 얻은 건 프랑스인들이 두 관계 속에서 군사적 으로는 권력을 지향하고 민주적으로는 계급을 사랑하기 때문이다. 권좌 에 오른 나폴레옹은 국민을 프롤레타리아 왕인 자신과 함께 왕좌에 앉 혔고, 대기실에서 왕족들과 귀족들을 굴종시켰다. 국민의 계급을 낮추 는 것이 아니라 높여서 평준화시켰다. 계급이 낮아졌다면 서민들의 욕 구를 더 채워주었을지 모르지만, 계급이 높아지자 서민의 자존심은 한 층 높아지고 우쭐해졌다."[53]

*

1801년 5월 중반부터 샤토브리앙은 폴린 드 보몽과 함께 시골에서 지냈다. 퐁탄이 두 연인을 보러 종종 들렀다. 샤토브리앙의 누이 뤼실도 나중에 합류했다. 샤토브리앙은 폴린의 관심에 힘을 얻어 『기독교의 정 수』 원고 작업에 매진했다. 그는 파리에서 책을 궤짝 째 가져왔고, 자료 속에 파묻혀 몇 시간씩 보내곤 했다. 폴린은 옆에서 연구하고 자료 읽는 일을 도와주었다. 1801년 12월, 그들은 파리로 돌아갔다.

---

52 스탕달, 『나폴레옹의 생애』에서 인용, p. 60.
53 F.-R. 드 샤토브리앙, 『죽음 저편에 대한 사색』, 위의 책, 1부, 24권 6장, p. 1004.

*

러시아는 점차 전장에서 물러났다. 반면에 영국과 오스트리아는 프랑스에 맞서 계속 싸우기로 모의했다. 나폴레옹은 프랑스 국민들이 자신에게 바라는 점이 평화라는 사실을 잘 알고 있었다. 하지만 평화를 이루려면 무기를 내려놓는 걸로 충분치 않았다. 영국과 러시아 군대의 위협을 받고 있는 네덜란드를 해방시키고 라인강 우안에 있는 오스트리아군을 물리쳐서 그 지역을 수호해야 했다. 또한 이탈리아에서 잃었던 밀라노와 볼로냐 같은 영역들을 되찾아 지중해 지역에서 주도권을 잡아야 했다. 그런데 영국이 먼저 선제공격을 시작했다. 1800년 1월 21일, 영국 수상 윌리엄 피트(William Pitt)가 내놓은 호전적인 계획이 하원에서 승인되었다. 1800년 3월, 윌리엄 피트의 편에 선 오스트리아는 파리의 평화 협정을 거절했다. "유럽의 왕들은 진작 평화를 원치 않았던 걸 후회하게 될 것이다."[54] 이제 나폴레옹에게 선택의 여지란 없었다. 그는 자신의 땅, 이탈리아를 선택했다. 나폴레옹은 권력을 얻은 후 예비군을 창설하고 군 사령부를 개편하는 등 군대를 재정비하려고 노력했다. 사실 당시 군대는 전투를 할 수 있는 상태가 못 되었다. 병사들의 봉급은 계속 밀렸고, 장비와 군수품은 터무니없이 부족했으며, 그 바람에 신병들의 탈영과 폭동, 불복종이 허다했다. 험난한 원정이 예상되었다.

1800년 4월 초, 오스트리아 군대가 이탈리아에서 전투를 개시했다. 수적 열세에 놓인 마세나 장군은 나폴레옹의 조언을 무시했다가 군대

---

54 장 자크 드 캉바세레스, 『미완의 회상록, 1. 혁명, 통령정부』, 페랭 출판사, 1권, p. 474.

가 양분되는 위기에 처했다. 나폴레옹은 소심한 모로 장군의 등을 떠밀어 라인강을 건너게 했다. 나폴레옹의 최후통첩에 모로 장군은 4월 말에야 마지못해 강을 건넜다. 프랑스가 오스트리아에 맞서 승리를 거두는 데는 여섯 달이 걸렸다. 1800년 12월 3일, 모로 장군은 호헨린덴(Hohenlinden) 전투에서 결정적인 승리를 거두었다. 이탈리아 전선에서는 나폴레옹이 기동력과 기습 공격을 결합한 천재적인 전략으로 몬테벨로(Montebello) 전투에서 승전보를 울렸다. 그 직전에 장 란느 장군의 군대는 눈이 덮여 있던 그랑 생 베르나르(Grand-Saint-Bernard) 길을 지나 알프스를 넘었다. 노새를 타고 눈 속을 헤치는 나폴레옹의 모습으로 유명한 바로 그 길이다. 어쨌든 오스트리아 병사들의 허를 찌르는 완벽한 기습 작전이었다. 하지만 1800년 6월 14일의 마렝고 전투는 섣불리 승리를 예측할 수 없었다. 막바지에 충성스런 부하 루이 드제(Louis-Charles-Antoine Desaix)의 군대가 도착해 전세를 역전시켰다. 비록 드제는 전투 중에 전사했지만 이탈리아에 있던 오스트리아 군대를 섬멸했다. "드제! 헌신적이고 용감했던 그는 영광에 대한 열정에 고취되어 있었다. 그의 죽음은 내게 크나큰 불행이다[⋯]. 그는 노련하고 조심스러우며 대담무쌍했다. 피로를 대수롭지 않게 여겼고 죽음도 불사했다. 세상 끝까지 마다않고 달려와서 적을 무찔렀다."[55] 전투 진행 상황이 불확실해지자 파리에서는 온갖 음모가 들끓었다. 푸셰는 그 상황을 강렬하게 묘사했다. "파리에서, 특히 대중과 왕당파라는 극단적인 두 파벌 사이에서는 의견이 분분하며 잔뜩 격앙되었다. 평소에 온건하던 공화당원들마저 적잖이 흥분한 상태였다. 그들은 자유의 모자와 정의의 저울보다는 대포와 칼

---

55 도미니크 드 비유팽, 『1807-1814년 권력의 어두운 태양』에서 인용, 위의 책, p. 185.

을 더 잘 다루는 한 장군을 불안한 눈초리로 주시하고 있었다. 아예 못 마땅하게 여기는 사람들은 프랑스의 크롬웰이라고 불리는 그 장군이 차라리 약탈 도중에 적의 포로가 되거나 전사했으면 좋겠다는 희망을 품었다."[56] 그때 나폴레옹은 권력의 아찔함을 맛보았다. "그는 깊은 구렁을 따라 걷고 있었다. 마렝고에서는 혼전을 벌이고, 파리에서는 변절을 겪으면서 이번에는 완전히 마음을 닫아걸었다. 이탈리아에서 돌아오는 길에 그는 상황이 어떻게 흘러가고 있는지 모두 전해 들었다. 대신들은 권모술수를 펼쳤고, 나폴레옹의 영향력은 그다지 대단하지 않았으며, 손 안의 권력은 너무도 아슬아슬하다는 사실을 깨닫게 되었다. 나폴레옹은 눈을 질끈 감고 침묵을 지켰다. 국익을 위해 권력을 장악하다 보면 추문쯤은 있을 수 있고, 적을 진압하는 데 위험이 따르는 건 당연하다고 끊임없이 되뇌었다. 하지만 이미 신뢰는 사라졌다. 그는 절대 권력의 끔찍한 고독을 맛보았다. 수중에 있는 모든 건 결국 도구에 지나지 않게 되었다. 하나같이 메마르고 차갑게 식은 기계의 강철이나 톱니바퀴로 변해버렸다."[57] 그때부터 나폴레옹은 똑같은 격언을 되풀이한다. "인간을 움직이는 두 지렛대는 공포와 이해관계다."[58]

프랑스에서는 부르봉 왕가의 귀환을 지지하면서 잡다하게 연합한 왕당파들이 적극적으로 루이 18세를 옹립하려 애쓰고 있었다. 이들은 프랑스식 멍크(조지 멍크, George Monck, 영국 청교도 혁명 초기에 왕당파를 지휘해 크롬웰 사후 왕정복고의 길을 열어준 군인—옮긴이)를 기대하는 타협파와 나폴레옹을 확실히 제거하려는 강경파로 양분되었다. 탈레랑은 나폴레옹에 대해

---

56 조제프 푸셰, 『회상록』, 플라마리옹, 1945, p. 139.
57 알베르 소렐, 『유럽과 프랑스 혁명』, 플롱, 1904, 6권, p. 51.
58 루이 앙투안 포블레 드 부리엔, 『회상록』, 위의 책, 3권, p. 108.

전자의 중개자 역할을 했다. 하지만 미래의 루이 18세인 릴 백작은 여러 차례 서신 왕래를 하면서도 확실한 대답을 내놓지 않았다. 마렝고 전투 후에 나폴레옹은 그들의 희망에 찬물을 끼얹었다. 루이 18세는 "십만 구의 시신들을 밟고 지나가는" 대신 "프랑스의 평안을 위해 개인의 이익을 희생"[59]하라는 권유를 받았다. 왕당파들에게 휴식은 끝났다. 그들은 행동에 옮기기로 결심하고 나폴레옹 암살 계획을 세웠다. 1800년 12월 24일, 나폴레옹이 탄 마차가 지나는 길목에서 "끔찍한 물건"(화약을 실은 짐수레―옮긴이)이 터져서 하마터면 나폴레옹은 목숨을 잃을 뻔했다. 다행히 가까스로 피해 다친 곳은 없었다. 하지만 푸셰가 왕당파 개입 증거를 가져왔는데도 마다하고, 가장 큰 위험요소였던 자코뱅파부터 시기적절하게 제거했다. 육십여 명이 식민지로 추방되었다. 또한 그 틈을 타고 베르나도트 장군을 보내 왕당파가 끊임없이 혼란을 일으키던 프랑스 서부 지역을 소탕했다. "그처럼 지독한 혼란의 시기를 겪은 다음, 대중의 불화와 당파들 사이의 무수한 대립 요소들에 맞서며 통치를 하다 보면 […] 불신도 일종의 미덕이 된다. 이는 어쩔 수 없는 필연이다."[60] 나폴레옹은 사람에 대한 환상이 하나도 남지 않은 듯 돌변했다. 훨씬 냉혹해지고 권위적이 되었으며, 더욱 파렴치해졌다. 사람들을 분열시키고 약하게 만든 뒤 악습과 약점을 이용해 굴복시켰다. 한마디로 사람들을 지배했다. 푸셰, 탈레랑과 함께 위엄을 갖추고 사람들을 다스렸다. 이 년 후인 1802년 5월, 나폴레옹은 권력을 완전히 확립했다. 원로원은 그의 임기를 십 년 연장시켰다. 하지만 종신 권력을 바라는 나폴레옹에게는

59 나폴레옹 보나파르트, 『일반 서신』, n. 5639, 3권, p. 386.
60 도미니크 비유팽, 『1807-1814년 권력의 어두운 태양』에서 인용, 위의 책, p. 188.

턱없이 부족했다. 종신 통령 여부를 묻는 국민투표에서 365만3,600명이 종신 집정 정부에 찬성했고, 반대표는 8,272명이었다. 이때 푸셰는 나폴레옹이 종신통령이 되려는 것에 반대하다가 해임되었다.

통령 정부를 통해서 나폴레옹은 세상 물정을 알게 되었다. "세계를 제패하는 비법은 단 한 가지, 강인해지는 길뿐이다. 힘에는 실수도, 환상도 없기 때문이다. 이는 적나라한 진실이다."[61] 거만함도 없지 않았다. "내가 무엇보다 추구하는 것은 위대함이다. 위대한 것은 언제나 아름답다."[62] 그런데 브뤼메르의 약점에는 제국의 불안이 숨겨져 있었다. 벤자맹 콩스탕은 이렇게 기록했다. "그때부터 위법 행위는 늘 유령처럼 그를 따라 다녔다."[63] 나폴레옹은 사람들을 현혹시켜 살아남기 위해 반대 명제들로 이루어진 말도 안 되는 논리를 펼쳐 가면서 정복에 정복을 거듭했다. "나는 길을 활짝 열었다. 그리고 그 길을 걷는 모든 이들을 지켜주었다. 한때 방데당이었든 올빼미당(서부 프랑스의 방데 지방에서 반란을 일으킨 반혁명지지 세력―옮긴이)이었든 콩데(Louis Joseph Condé)와 함께 싸운 이들도 지켜주었고, 루이16세의 처형에 찬성한 공회 의원이나 9월 학살에 참여했던 과격파들도 지켜주었다. 그래서 많은 사람들이 내 목표는 오로지 한 가지였음을 이해하지 못했다. 내 목표는 모두를 결집시키고 화해시켜서 모든 증오를 잊게 만들고, 온 세상이 친밀해지게 만들고, 대립하는 모든 요소를 한데 모아서 전체를 재구성하는 것, 즉 하나의 프랑스이자 하나의 조국을 만드는 일이었다."[64]

---

61 피에르 알렉상드르 에두아르 플뢰리 드 샤불롱, 『1815년 나폴레옹 황제의 사생활과 복귀와 통치 역사를 돕는 회상록』, 알렉상드르 코레아르, 1822, p. 423.

62 장 튈라르, 『나폴레옹, 운명의 위대한 순간들』, 파야르 출판사, 2006, 《플뤼리엘》, p. 294.

63 도미니크 드 비유팽, 『1807-1814년 권력의 어두운 태양』에서 인용, 위의 책, p. 166.

64 앙리 가티앵 베르트랑, 『세인트헬레나 수첩, 1818-1819년 일지』, 알뱅 미셸, 1959, p. 253.

권력을 확실하게 다져가는 이 년 동안, 나폴레옹은 세습 황제 권력에 대한 생각도 떠올렸다. 음모나 여론이 언제 돌변할지 모른다는 위험에 항상 시달렸고, 한편으로는 수중의 권력이 순식간에 사라질 수 있다는 생각에 잠시도 마음 편할 날이 없었다. 장군들의 경쟁 관계와 체제 지도층의 소심함은 말할 나위도 없었다. 푸셰의 감시를 받는 자코뱅파는 폭탄 사건 이후로 한동안 잠잠했지만 여전히 위협적이었다. 반면에 왕당파는 실질적인 위험 요소였다. 왕당파 지지자들만 위험한 것이 아니라, 부르봉 왕조를 복위시켜야 한다는 생각 자체도 위험했다. 브르타뉴 지방 올빼미당의 지도자 조르주 카두달의 사주를 받은 왕당파들의 숱한 음모들과도, 런던이 배후에서 조종하는 물자 보급 및 재정 지원과도 맞서 싸워야 했다. 나폴레옹은 영원히 암살 위협을 받으면서 살 생각은 없었다. "시시각각 사방에서 공격을 받았다. 공기총, 폭탄, 음모들, 온갖 함정들. 나는 가만히 내버려두었다가 기회를 포착해서 런던까지 그 공포를 고스란히 되돌려주었다. […] 피는 피를 부른다.[…] [이런 반응을] 자초한 이들에게 불행을!……. […] 집요하게 내란과 정치적 동요를 일으키다가는 제 스스로가 희생자가 될 우려가 있는 법이다. 어떤 가문이 무슨 특혜라도 가진 듯 매일 내 안위를 공격하는데도 나는 그들에게 앙갚음을 할 권리가 없다면, 상상만으로도 돌거나 격분할 일이다. 그 일가는 당연하게 법을 무시해도 된다고 주장하면서 남을 해코지할 수도 있고, 자신을 지키기 위해서 법을 내세울 수도 있지 않겠는가. 기회는 평등해야 한다."[65] 그러던 와중에 나폴레옹의 권위를 결정적으로 확고하게 만들어주는 사건이 일어난다. 1804년 초, 말메종 길에서 나폴레옹을

---

65 라스 카즈, 『세인트헬레나 회상록』, 2권, p. 383.

납치하려는 거대한 음모가 카두달의 지휘 아래 꾸며졌다. 이 음모는 왕정복고를 꾀하려는 '왕족들'의 영역을 침범할 수 있는 계기가 되었고, 실제 배후가 누구인지 정체를 밝힐 겨를도 없이 젊은 앙기앵 공작이 배후로 지목되었다. 파리에서는 카두달과 주변 공모자들을 체포했고, 프랑스 군대는 바데 영지에 침입해 앙기앵 공작을 체포했다. 1804년 3월 20일 밤부터 21일 사이, 우스꽝스럽게 흉내만 낸 약식 재판 끝에 앙기앵 공작은 뱅센(Vincennes) 성의 외호에서 총살당했다. 그 책임은 나폴레옹이 혼자 짊어졌고, 다른 사람들은 그의 뒤에 숨었다. 탈레랑도 예외는 아니었다. 그는 그 일을 두고 이렇게 털어놓았다. 제1통령이 "무고한 사람의 피로 얼룩진 왕위에 올랐다."[66] 카두달은 교수대에서 마지막 말을 내뱉었다. "우리는 프랑스에 왕을 돌려주고 싶었는데, 황제를 주고 말았다."[67]

*

앙기앵 공작이 암살된 뒤 나폴레옹과 샤토브리앙 사이에는 소리 없는 단절이 시작되었다. 샤토브리앙은 황제의 확고한 적이 되었고, 나폴레옹은 그런 상황을 개탄했다. "내가 가진 건 보잘것없는 교양뿐인데, 내 적은 위대한 문학이구나."[68]

---

66 샤를 모리스 드 탈레랑 페리고르, 『회상록과 서신』, 위의 책, p. 243.
67 장 튈라르, 『나폴레옹, 운명의 위대한 순간들』에서 인용, 위의 책, p. 243.
68 F.-R. 드 샤토브리앙, 『전집』, 피르맹 디도, 1842, 5권, p. 470.

시인과 황제

나폴레옹이 왕족은 해치웠는지 몰라도
나를 해치우지는 못했다.
샤토브리앙

샤토브리앙은 내가 바보인 줄,
내가 모르는 줄 알고 있다!
그놈을 튈르리 계단에서 칼로 베어버릴 테다.
나폴레옹

그때부터 두 개의 제국이 서로 대립했다. 말의 제국과 행동의 제국. 한쪽의 영광이 다른 한쪽의 영광을 함양했다. 두 사람은 세기의 전설을 만들어냈다. 서로 양쪽 강둑에서 마주보면서. 무력으로 차지한 불안한 권력에 언어의 차분한 힘이 맞섰다. 나폴레옹은 대외적인 무대 위에서 그리고 샤토브리앙은 내면의 망명길에 올라서.

*

"당신이 지금 걸치고 있는 그 화려한 의상들로 나를 에워싼다면, 아마도 나는 붉은털원숭이가 된 기분이 들겠죠. 하지만 아무리 황제 의상을 몸에 두른 당신이라도 오페라 거리에 가는 파리 시민들에게마저 그런 기분이 들게 만들지는 못할 겁니다. 파리 시민들은 나보다 잘 차려입은 라이스(Laïs)나 케롱(Chéron) 같은 오페라 가수들의 의상이 훨씬 더 아

름답다고 생각할 테니까요."[1] 1804년 12월 2일, 명철한 나폴레옹은 대주
교구에서 대관식이라는 희대의 희극을 연출했다. 아니, 차라리 비극에
가까웠다. 제국은 곧 제국주의로 이어지니까. 종말의 시작인 셈이었다.
사실 몇 달 전부터 성대하게 준비한 이 웅장한 의식은 나폴레옹이 손
에 쥔 권력의 허무함을 감추는 가면에 지나지 않았다. 앙기앵 공작을 처
형한 일은 나폴레옹의 제국 설립을 알리는 서막이나 다름없었다. 부르
봉 왕조를 완전히 단절시키는 동시에 혁명의 유산을 보장하는 행위였
기 때문이다. 그러니 혁명 좌파가 제국으로 가는 길을 이끌었다 해도 우
연은 아니었다. 실제로 1804년 3월 27일, 사면되어 돌아온 푸셰는 나폴
레옹에게 "[그의] 영광처럼 그를 불멸의 존재로 만들어줄 [그의] 업적
을 완성"하라고 은근히 부추겼다. 속이 빤히 보이는 이런 타산적인 청원
과 함께. "우리의 미래를 보호해주소서." 나폴레옹이 자신의 목표를 두
둔하는 한 달 동안 선전물이 활개를 쳤다. "국민은 결코 노예와 같은 속
박 상태로 되돌아가지 않는다. 쟁취한 자유를 공고히 다질 가장 확실한
방법으로 세습을 원한다.[…] 새로운 왕조를 세워서 자신들이 전복시킨
왕조의 경멸스러운 찌꺼기를 아예 뿌리째 뽑아내고 싶어 한다." 1804년
4월 25일, 나폴레옹은 제안을 수락했다. 나폴레옹을 "프랑스의 황제"로
선포하는 동의안이 법제심의원에 제출되었고, 1804년 5월 3일에 동의
안이 채택되었다. 5월 18일, 새로운 원로원의 결의로 나폴레옹의 권력
을 강화하는 대규모 헌법 개혁과 함께 체제 변화가 이루어졌다. "여러분
이 국가의 영광을 이롭게 한다고 생각하는 직위를 수락한다. 세습법을

---

1   작자 미상, 『보나파르트와 그의 통치에 대한 일화들』에서 인용, 셰 레 마르샹 드 누보테, 1814. p.
    45.

승인하는 일은 국민의 뜻에 맡긴다. 나의 가문이 누리게 될 명예에 대해 프랑스가 절대 후회하는 일이 없기를 바란다. 어떤 경우에든 내 후손이 위대한 조국의 사랑과 신뢰를 잃는 날이 오면, 그날로 내 정신은 후대에 계승되지 못하리라." 1804년 7월, 체제 변화는 국민투표에서 대폭적인 지지를 받아 승인되었음에도 한껏 과장되었다. 황제라는 칭호는 아무런 환상도 없던 나폴레옹에게조차 낯설었던 모양이다. "탈레랑은 내가 왕이 되기를 원했다. 그에게는 왕이라는 말이 익숙했으니까. 그러면 금세 다시 국왕 밑의 대 귀족이 될 수 있으리라 생각했던 모양이다. 하지만 귀족들에게 내가 원하는 바는 앞으로 내가 하려는 일들과 관련된 것뿐이다. 게다가 왕이라는 호칭은 진부하고 고정관념에 매여 있어서 나를 자칫 후계자로 전락시킬 수 있었다. 나는 어떤 식으로도 후계자는 되고 싶지 않았다. 나를 지칭할 호칭은 보다 위대하고 조금은 막연하더라도 상상력을 동원하는 호칭이어야 했다. 이제 혁명은 끝났지만, 나는 그 혁명에 은근한 자부심을 느낀다. […] 혁명은 무엇 하나 관심을 잃게 만들기는커녕 오히려 더 많은 관심을 일깨웠기 때문이다. […] 여러분도 스스로 늘 강한 자부심을 갖길 바란다. 여러분은 가혹한 공화정이 죽도록 지켜왔을 것이다. 무엇이 혁명을 만드는가? 자부심이다. 무엇이 혁명을 끝내는가? 역시 자부심이다. 자유는 구실이다. 평등은 여러분의 고정관념이다. 보라, 국민들은 군인의 계급에 있던 사람을 왕으로 내세우고 만족하고 있다."[2]

1804년 12월 2일, 나폴레옹은 파리의 노트르담에서 호화롭고 부자연스런 의식이 진행되는 동안 손수 왕관을 쓴 뒤 조제핀에게도 왕관을 씌

---

2 레뮈자 백작부인, 『레뮈자 부인의 회상록(1802-1808)』, 위의 책, pp. 142-143.

위주었다. 여러 차례의 교섭과 이면공작 끝에 특별히 파리에 온 교황 비오 7세는 그저 축복해줄 뿐이었다. 그 장면은 화가 다비드(Jacques-Louis David)의 손길로 수정되어 길이 남았다. 전날 밤에 약삭빠른 조제핀은 비오 7세에게 자신이 종교적으로는 나폴레옹과 혼인 상태가 아니라고 털어놓았다. 나폴레옹이 미처 생각지 못하고 잊은 부분을 얼른 바로잡아 혹여 군소리 못하도록 미리 손을 쓴 셈이다. 교황은 조제핀의 뜻에 따라 은총을 베풀어 주었다. 조제핀의 발 빠른 승리였다.

통령정부 초기부터 프랑스 사회는 달라졌다. 대혁명의 경험에 강하게 집착했다. 그래도 세습과 제국은 선뜻 받아들이기 힘든 부분이었다. 나폴레옹은 분명하게 그 점을 이해했다. 대관식 선서는 프랑스 혁명에 대한 충성의 맹세로 시작했다. "맹세합니다. 공화국의 영토를 보전하겠습니다. 정교협약에 명시된 법과 종교의 자유를 존중하고 또 존중받게 만들겠습니다. 평등한 권리, 정치적 그리고 시민적 자유, 국유재산 매각을 무효로 돌릴 수 없음을 존중하고 또 존중받게 만들겠습니다. 법에 근거하지 않고는 어떤 세금도 징수하지 않고 어떤 세액도 책정하지 않겠습니다. 레지옹도뇌르 제도를 유지하겠습니다. 오로지 프랑스 국민의 이익과 행복 그리고 영광을 위해서만 통치하겠습니다."

하지만 제국은 이미 서서히 좀먹으며 타락하고 있었다. 세습체제 속에 계승자가 없었으므로, 또는 궁정이 부활했으므로. 모든 제국이 그렇듯 금세 비굴하고 소심하고 경직되고 보수적인 제국이 되었다. 스탈 부인은 이런 제국을 신랄하게 비판했다. "프랑스에서 국가 수장들이 위력을 갖는 것은 사람들이 정부에서 자리를 차지하려는 놀라운 의욕을 품기 때문이다. 허영심은 물욕보다 더 큰 것을 추구하게 만든다. [⋯] 유독 프랑스 사람들은 무엇이든 다른 사람보다 돋보이게 해주는 거라면 좋아한다. 그들이 [평등을] 주장한 건 우월한 옛 사람들의 자리를 빼앗기 위해서였다. 그래서 불평등을 바꾸고자 했을 뿐, 찬미할 만한 단 하나의 정치 규범, 즉 법 앞에 만인을 평등하게 만드는 규범을 받아들일 생각은 애초에 없었다."[3] 어떤 이들은 지나치게 재기 넘치는 비판을 해서 제재를 받기도 했다. 나폴레옹의 동상 수립 계획에 수도 없이 토를 달았던 브뤽스 제독처럼. "차라리 동상을 알몸으로 만들어라. 그러면 엉덩이에 입 맞추기 훨씬 수월할 테니."[4] 지도층도 달라졌다. 그때부터는 세력가가 귀족을 대신했기 때문이다. 제국을 갉아먹는 마지막 악은 정복욕이었다. 나폴레옹은 새로운 왕좌를 지키려면 프랑스뿐만 아니라 전 유럽을 지배해야 했다. 그렇지 않으면 영국이 끊임없이 외국 군대와 내부 암살자들을 부추겨 프랑스를 공격할 테니까. 나폴레옹은 프랑스 국경 주변에서만이 아니라 유럽 전역으로 제국을 확장해야 했다. 사실 그때부터 나폴레옹은 마음속에 깃든 의심을 떨쳐내지 못했다. 끝없는 의심은 그를 좀먹으며 부추기는 병이 되었다. 끝없이 만족하지 못하는 비관론자가 되어갔다. 이따금은 미래에 대한 환상마저 잃었다. "이 모든 게 내가 살아 있는 동안만 지속되겠지. 죽은 뒤 내 아들은 연금 4만 프랑 정도면 감지덕지할지도 모르겠다."[5]

일단은 유럽이 언제 어디서 전쟁이 벌어질지 모르는 상태인지라 긴급 상태로 유지되었다. 나폴레옹의 통치는 대육군(일명 그랑드 아르메Grande Armee, 나폴레옹 1세가 명명한 프랑스군을 중심으로 한 다국적 군대의 명칭—옮긴이)의 위세에 좌우되기도 했다. 천하무적 대육군은 나폴레옹이 일종의 혁명 법

---

3   제르맨 드 스탈, 『사후 전집』, 피르맹 디도, 1844, p. 344.

4   부아뉴 백작부인, 『회상록』, 에밀 폴 프레르, 1921, p. 204.

5   장 사방, 『로마의 왕이 이러했도다』에서 인용, 파스켈, 1954, p. 88.

으로 연합된 프랑스식 유럽을 서방 제국(Empire d'Occident)이라 부르며 널리 알릴 수 있게 해주었다. 샤토브리앙은 제국의 딜레마를 이렇게 요약했다. "두 개의 프랑스가 있었다. 내면적으로 끔찍한 프랑스와 대외적으로 탄복할 만한 프랑스. 나폴레옹이 프랑스의 영광을 우리의 자유에 견주었던 것처럼, 우리는 영광을 우리가 저지른 죄악과 비교했다. 우리 앞에는 늘 승리라는 암초가 우리를 가로막고 있었다."[6] 한편 유럽의 군주국들은 국민주권과 국민 권리라는 혁명의 불씨를 끄기 위해 복수할 기회만 노리고 있었다. 요컨대 유럽 전체가 전쟁을 원하고 있었다.

*

샤토브리앙은 앙기앵 공작이 처형된 직후인 1804년 3월에 사임한 이후로, 비록 신념은 굽히지 않았지만 수입만큼은 손해가 막대했다. 사실 처음 있는 일도, 그때가 마지막도 아니었다. 늘 그랬듯이, 최후의 순간까지 곤궁하게 살아야 했으니까. 그때그때 임시방편으로, 미래의 수입을 담보로 한 어음으로, 빚으로 살아가는 샤토브리앙은 돈만 밝히는 사람은 아니었다. 다만, 돈 쓰는 걸 좋아하는 사람은 확실했다. 1804년에 그는 씀씀이를 줄여서 이사해야 했다. 새 황제를 둘러싸고 혼란에 빠진 파리를 벗어나 친구 조제프 주베르의 시골집에서 오랫동안 머물면서 글을 썼다. 머릿속으로 새로운 계획을 구상하고 있었다. 로마 황제들의 궁정을 묘사해서 나폴레옹을 징벌할 계획이었다. 제목은 『디오클레티아누스의 순교자들(Les Martyrs de Dioclétien)』로 정했다. 그래도 샤토브

---

6 F.-R. 드 샤토브리앙, 『죽음 저편에 대한 사색』, 위의 책, 1부, 19권, 10장, p. 698.

리앙은 그해, 1804년 가을에는 친구 주베르의 시골집에서 행복했던 듯하다. "오전에는 작업을 하고, 저녁 식사 후에는 아리따운 언덕 위나 빌뇌브(Villeneuve)를 에워싼 매혹적인 초원 한가운데에서 평화롭던 옛 시대의 쾌활함이 느껴지는 온갖 유쾌한 장난에 빠져들곤 했다. 평온하고 순박한 느낌이 드는 주베르의 집에서 지내는 동안은 늘 유쾌하게 지낼 수 있었다. 샤토브리앙이라는 이름이라고는 그가 쓴 저서밖에 몰라서 그저 『기독교의 정수』 저자이자 『아탈라』의 예찬자로만 알고 있던 근엄한 사람들마저 그 순간을 함께 했더라면, 아마도 가장 완벽하고도 사랑스러운 자연스러움에 마음을 열고 유치하기 짝이 없는 장난들에 기꺼이 동참했을지 모를 일이다. 그러고는 놀라워하면서 결국 이렇게 말했을 터이다. 이 재주꾼은 분명 훌륭한 사람일 거야."[7] 그곳에 머무는 동안 샤토브리앙은 가족이 쉬쉬하며 숨긴 바람에, 나날이 상태가 불안정해졌던 누이 뤼실이 끝내 자살로 생을 마감했다는 소식을 뒤늦게 알게 되었다. 그리고 1805년에는 샤모니 알프스로의 사랑의 도피와 여행을 꾸준히 이어갔다. 그때부터는 〈메르퀴르 드 프랑스〉에 정기적으로 몽블랑 여행기를 기고했다. 샤토브리앙은 내면의 망명으로 차분해진 반면, 나폴레옹은 외적인 풍랑에 시달리고 있었다.

*

"나는 한 번도 정복 정신으로 전쟁을 한 적이 없었다. 단지 영국 수상이 프랑스 혁명에 맞서 일으킨 전쟁을 받아들였을 뿐이다."[8] 나폴레옹

---

7 파일레스 사제, 『샤토브리앙과 그의 아내 그리고 친구들』에서 인용, 위의 책, p. 306.

의 전쟁은 결국 혁명전쟁의 연장인 1808년까지 이어졌다. 그 전쟁들은 유럽 대륙을 지배하기 위한 프랑스와 영국의 경쟁을 참혹하게 보여주는 표현들이었다. 나폴레옹은 대관식에서 서명하는 순간 그와 동시에 의무를 짊어졌다. 특히 라인 강 좌안과 이탈리아 북부에서 쟁취한 프랑스의 영토들을 보전하는 일은 그가 맡은 중요한 의무였다. 더군다나 프랑스와 영국의 경쟁 관계는 단순히 지정학적 위치 때문에 생긴 민감한 정서 문제만은 아니었다. 두 나라는 칠백 년 전부터 적국이었다. 영국은 프랑스를 상대로 경제적, 외교적 전쟁을 벌였다. 일명 불신의 알비옹(Albion, 영국의 옛이름―옮긴이)이라 불리는 영국은 유럽의 강대국인 프랑스를 괴롭혔지만, 결국 프랑스로 인해 경제적 판로가 닫혀 정치적 영향력까지 모조리 빼앗기고 말았다. 반면에 프랑스는 보복할 만한 분쟁거리가 많았다. 빼앗겼던 인도, 캐나다 그리고 다른 여러 식민 국가의 문제 등등. 하지만 두 적국은 서로 싸우는 영역이 달랐다. 하나는 바다를 호령했고, 다른 하나는 육지에서 천하무적이었다. 그래서 1808년 에스파냐 사건이 일어날 때까지는 서로 군사적 대립을 자제했다. 양국은 경제적 영역에서 서로 우위를 차지하려고 했다. 총재정부가 포고했던 경제 전쟁은 계속되었다. 경제적 패권을 보장하기 위해서 영국은 서쪽으로는 프랑스와, 동쪽으로는 오스트리아와 러시아 중앙에 있는 프로이센 사이에서 힘의 균형을 맞추며 유럽의 분열을 유지했다. 자국이 불참할 때에는 일시적으로 대프랑스 동맹을 맺어서 지원했다. 한편 나폴레옹은 영국 해군을 격퇴시켜서 영국의 식민 제국을 모조리 빼앗고 싶었다. 그는 프랑스 함대를 다시 구성하고 정비했다. 1803년부터 영국이 아미앵 평

---

8 『나폴레옹 1세의 서신』, 위의 책, XXXII권, p. 348.

화조약을 위반하면서 전투는 다시 시작되었다. 이로써 유럽에서는 장장 십일 년에 걸친 전투가 시작되었다. 공식적으로 아미앵 평화가 깨진 것은 영국 때문이었다. 영국은 기꺼이 그 책임을 떠안았다.

따라서 나폴레옹은 평화를 찾아 런던으로 갔다. 그는 하선을 준비했다. 1805년 봄, 빌뇌브(Pierre-Charles Villeneuve) 제독이 지휘하는 함대가 툴롱을 빠져나가 당시 프랑스의 동맹국이었던 에스파냐 함대와 합류할 때쯤, 나폴레옹은 이 년에 걸친 시도 끝에 드디어 목표에 근접했다고 생각했다. 이번 교란작전만 성공하면 불로뉴에서 출항해 영국을 침략할 수 있었다. 하지만 희망은 오래 가지 못했다. 함대 사령관인 빌뇌브 제독은 카디스(Cadix) 항구에 꼼짝없이 갇힌 채 영국 해안 쪽으로 달려들 엄두조차 못 내고 있었다. 나폴레옹은 노발대발했다. 화가 머리끝까지 치민 그는 빌뇌브를 파면시켰다. 1805년 10월 21일, 파면 소식을 들은 빌뇌브는 불명예를 씻기로 굳게 결심하고 부랴부랴 출항했다. 하지만 운은 조금도 따라주지 않았다. 트라팔가르(Trafalgar)에서는 넬슨 제독이 지휘하는 영국 함대가 기다리고 있었다. 그야말로 재앙이 따로 없었다. 서른세 척의 군함 중 스물네 대가 섬멸되었고 오천 명이 전사했으니, 영국에 비해 무려 열 배에 해당하는 수치였다. 그나마 위안이 되는 건 넬슨 제독도 그 전투로 전사했다는 점이었다. 쓰라린 참패 이후 프랑스는 오랫동안 바다의 패권을 영국에 넘겨주게 되었다. 영국 원정군에게 호시탐탐 위협을 받기도 했고, 영국이 바다에서만큼은 아무런 경쟁 상대 없이 세계 무역을 하면서 모은 자금으로 이런저런 권력을 행사하는 모습을 두고 볼 수밖에 없었다. 트라팔가르는 영국인들에게는 절호의 기회였다.

그동안에 영국의 사주를 받은 오스트리아가 동요하며 전쟁에 개입할

태세를 보였다. 그쯤 되자 불로뉴에 있던 프랑스 군대를 대륙으로 소환할 수밖에 없었다. 영국은 오스트리아와 러시아 그리고 나폴리 왕국과 함께 세 번째 대프랑스 동맹을 맺기 위해 차례차례 주변 국가들을 선동했다. 유럽의 상황은 실제로 혼란스럽고 불안정했다. 1804년 10월, 러시아의 차르 알렉산드르 1세는 프랑스와 외교 관계를 단절하고 영국과 연합했다. 1805년 4월 11일, 영국과 러시아는 새로운 동맹을 공식 발표했다. 그래도 충분치 않았다. 다른 동맹이 하나 더 필요했다. 이번에는 오스트리아가 나섰다. 프란츠 2세는 나폴레옹이 황제라는 직위를 차지했다는 사실을 용납할 수 없었다. 심지어 프란츠 2세는 1804년 8월 10일에 스스로 오스트리아 황제라고 선언했지만, 아무 소용없었다. 오스트리아는 옛 신성로마제국의 지방이었기 때문이다. 나폴레옹은 그 사실을 완벽하게 알고 있었다. "대여섯 가문이 유럽의 왕위를 나누어 갖고 있었는데, 웬 코르시카 촌놈이 와서 그중 하나에 앉겠다고 하니 차마 봐주기 힘들었던 모양이다. 내가 그 자리를 유지할 수 있는 방법은 무력뿐이었다. 그들이 나를 저들과 동등한 사람으로 바라보는데 익숙하게 만드는 방법은 오로지 그들을 지배하는 길뿐이었다. 내가 두려운 대상이 되지 못한다면 제국은 파멸하게 될 것이다. 따라서 그들을 억압하지 않으면 어떤 시도도 할 수 없었다. 사전 경고도 없이 나를 위협하도록 놔둘 수는 없었다. 유서 깊은 가문 출신의 왕이라면 무관심할지 모르지만 나에게는 대단히 중요한 일이었다."[9] 동맹군은 전쟁의 목적을 두고 합의했다. 프랑스의 국경을 예전으로 되돌려놓고, 북쪽에서 동쪽으로 완충국을 배치할 것, 부르봉 왕조를 복위시키고, 다시 정복한 영역을 나누어

---

9 나폴레옹 보나파르트, 『정치적 그리고 사회적 사상』, 위의 책, p. 56.

갖는다는 내용이 골자였다. 1805년 가을, 서로간의 합의로 자신감을 얻은 연맹국들은 나폴레옹에게 전쟁을 선포했다. 프랑스 제국은 정당방위 상태로 반격에 나섰다.

1805년 9월 초, 오스트리아 군대는 러시아 군대의 지원을 기다리지도 않고 칠만 오천 명의 병사들을 거느린 채 프랑스의 동맹국인 바이에른 왕국에, 그리고 구만 명의 병사들을 거느리고 이탈리아에 진입했다. 동맹군은 프랑스군이 영국 침략을 노리고 불로뉴에 주둔한 틈을 타서 행동에 돌입했다. 나폴레옹은 장 바티스트 베르나도트, 니콜라 술트(Nicolas Jean-de Dieu Soult), 오귀스트 마르몽, 루이 니콜라 다부(Louis Nicolas Davout), 장 란느, 미셸 네(Michel Ney) 그리고 피에르 오주로가 이끄는 일곱 군대, 일명 "일곱 격류(sept torrents)"를 오스트리아 빈에서 하나로 합쳤다. 마르몽은 승리를 확신했다. "이제껏 한 번도 본 적 없는 이 아름다운 군대는 병사 수도 가공할 만하지만 패기는 훨씬 무시무시하다. 거의 모든 군대가 전쟁을 치러 승리를 거머쥔 경험을 갖고 있기 때문이다. 혁명 전투의 생동감과 흥분감이 아직 남아 있었다. 하지만 움직임은 어디까지나 규정에 맞추어 절제되어 있었다. 최고사령관과 군단장들, 사단장들 그리고 일반 장교들과 사병들까지 모두가 단련된 전사들이었기 때문이다. 게다가 열여덟 달 동안 같은 진지에서 같은 명령을 받으며 숙영하는 동안 서로에 대한 무한한 신뢰마저 생겼다. 분명 현 시대가 한 번도 보지 못한 가공할 만한 최고의 군대였다."[10]

나폴레옹의 전략적인 천재성은 흠잡을 데 없었다. 속도와 공략 방법을 절묘하고 시기적절하게 조절하는 전략은 가히 연금술에 비할 만했

---

10 오귀스트 프레데릭 루이 비에스 드 마르몽, 『회상록』, 위의 책, 2권, p. 184.

다. 잘 조직된 수많은 부대들을 능란하게 지휘했다. 대개 나폴레옹은 병사들 한가운데에서 열광을 고취시켰다. "자신의 본래 상태를 넘어 더 출중해지는 것이야말로 진정한 영광이다. 제군, 나는 최고의 지위를 누리는 황제다. 내 수도에서 달콤하게 살 수도 있었다. 하지만 프랑스의 영광을 위해 전쟁을 치르며 제군과 함께 야영하고 전투에 나선다. 제군 모두와 마찬가지로 나 역시 총에 맞을 수 있다……. 하지만 지금 내 상태는 그 어느 때보다 출중하다."[11] 저마다 군대의 일원이 된 걸 자랑스럽게 여겼다. "이 정예부대에는 놀라운 집단정신이 있었다. 먼저 도착하는 일이 중요한 게 아니라 함께 도착하는 일이 중요했다."[12] 모두들 영광을 꿈꾸었다. "단순히 총 맞지 않고 잘 싸운다고 언젠가 제국의 원수가 될 수 있으리라고 굳게 믿는 장교는 아무도 없었다. […] 다들 예측불허의 상황에서 당장 죽더라도 기꺼이 죽음을 받아들일 수 있을 정도로 열정적인 명예심에 도취되어 음모 같은 건 안중에도 없었다."[13] 이런 전설은 1805년부터 〈대육군 공보(Bulletin de la Grande Armée)〉를 통해 전해졌다. 나폴레옹은 근위병들의 위력과 약점을 잘 알고 있었다. "그저 움직이기만 하면 되는 기계가 아니라 올바른 방향으로 이끌어주어야 하는 이성적인 존재들이다. 프랑스 군인은 어떤 힘든 일도 너끈히 해낼 수 있는 대담한 용기와 명예의식을 갖고 있다. 하지만 혹독한 훈련이 필요하니 너무 오랫동안 쉽게 두어선 안 된다."[14] 군대의 정예 중에서도 최정예들만 모아놓은, 나폴레옹이 가장 아끼는 제국 친위대는 말할 나위도 없었다.

---

11 루이 마들랭, 『제국의 절정기에서의 프랑스』에서 인용, 아셰트, 1970, p. 308.
12 자크 마르케 드 노르뱅, 『회상록』, 플롱, 1897, p. 204.
13 스탕달, 『나폴레옹의 생애』, p. 168.
14 나폴레옹 보나파르트, 『정치적 그리고 사회적 사상』, 위의 책, p. 291.

요컨대 나폴레옹은 전투를 이끌 병사들을 대략 이십만 명 정도로 추산했다. 하지만 대육군에도 약점은 있었다. 물자 관리가 심각하게 허술하고 장비가 노후해서 장거리 조직이 어렵다는 점은 자칫 결정타를 입을 수 있는 약점이었다. 사실 프랑스 육군은 제한된 거리 안에서 공격하는 훈련을 주로 받아서 후퇴할 줄을 몰랐다. 나폴레옹은 그 점을 알고 있었다. "퇴각 기술은 북부 병사들보다 프랑스 병사들에게 훨씬 더 어려운 기술이다. 전투에서 패배하면 전투력과 사기가 꺾이고 지휘관들에 대한 신뢰가 약해져서 명령에 불복종하게 된다."[15]

대육군은 한 달 안에 오스트리아 군대를 소탕했다. 1805년 11월 15일, 나폴레옹은 빈에 의기양양하게 입성했다. 외국 수도를 점령한 건 그때가 처음이었다. 그리고 그 수도가 어떤 수도인가, 신성로마제국의 수도가 아니었던가. 대육군은 계속해서 행군했다. 오스트리아와 러시아 군대가 합류하지 못하게 막아야 했다. 마침내 적군이 프라첸(Pratzen) 고원 근처에 이르자 나폴레옹은 일부러 군대를 노출시켜서 전투를 유도했다. 세 황제들의 전투가 시작되었다. 1805년 12월 2일, 톨스토이(Lev Davidovitch Tolstoi)가 『전쟁과 평화』에서 길이 남긴 불멸의 장면이 연출되었다.

"이탈리아 원정 때와 똑같이 회색 군용 외투를 입고 자그마한 회색 아랍 말에 오른 그는 장성들 선두에 나서서 묵묵히 언덕의 지형을 살폈다. 안개 속에서 언덕이 조금씩 모습을 드러내자 멀리서 러시아 군대가 움직이는 모습이 보였다. 그는 언덕 아래쪽에서 시작된 총소리에 촉각을 곤두세웠다. 당시 조금 야윈 그의 얼굴에는 일말의 움직임도 없었고,

---

15 앞의 책, 위의 인용문에서.

빛나는 두 눈은 한 지점을 응시하고 있었다. 그의 예상이 맞아떨어졌다. 러시아 군대 대다수는 골짜기로 내려와 연못을 따라 걸었다. 나머지는 프라첸 고원을 벗어났다. 프라첸 고원을 가장 유리한 진지라고 생각했던 나폴레옹은 그곳을 칠 작정이었다. 안개 속에서 모양도 다양한 러시아 종대의 총검 수천 개가 반짝이며 산골짜기 프라첸 마을에서 내려와 계곡을 향해 한 방향으로 일렬로 행진하는 모습이 보였다. 무수한 총검들이 안개의 바다 속으로 차례차례 모습을 감추었다. 전날 밤에 받은 보고와 간밤에는 전초부대도 듣지 못했던 바퀴 소리가 아주 선명하게 들리는 점, 평소 러시아 군대의 지리멸렬한 작전으로 미루어 보아서 나폴레옹은 상황을 분명히 파악할 수 있었다. 동맹군은 나폴레옹이 멀찍이 떨어져 있으리라 생각해서 프라첸 종대를 러시아 군대의 중앙에 배치했고, 그 중앙은 기습에 가뿐히 성공할 수 있을 정도로 충분히 약해진 상태였다. 하지만 나폴레옹은 바로 공격 명령을 내리지 않았다. 나폴레옹에게는 엄숙한 날, 대관식 일주년 기념일이었다. 새벽 무렵에 잠깐 선잠이 들었던 나폴레옹은 자신의 운명을 믿으며 활기차고 가뿐하게 일어났다. 뭐든 가능하고 뭐든 성공할 것 같은 기분 좋은 느낌이었다. 그는 말에 올라 지형을 점검하러 갔다. 미동도 없는 그의 차분하고 냉정한 얼굴에서 자신만만한 행복감이 고스란히 드러났다. 흡사 사랑에 빠져서 들뜬 사춘기 소년처럼 환히 빛나는 얼굴이었다. 태양이 높이 떠올라 햇빛에 반짝이는 꽃들이 평야 위로 활짝 잎을 피우자, 나폴레옹은 마치 그 순간만을 기다렸다는 듯 장갑을 벗은 흰 손을 뻗어 나무랄 데 없는 동작으로 공격 개시 신호를 알렸다. 부관들을 동반한 장성들은 각자 다른 방향으로 말을 달리기 시작했고, 몇 분 후에 프랑스 주력 부대들이 프라첸 고원을 향해 빠르게 움직였다. 러시아 군인들은 계곡에서 왼쪽으로 쏟아지듯 달아나기 시작했다."[16]

이 전투가 아우스터리츠의 승리다. "군사작전과 전투까지, 아우스터리츠 전투는 타의 추종을 불허하는 걸작이다. 그 작전은 가장 순수한 균형을 이룬 비극, 예술의 가장 높은 경지로 극찬되었다. 그 전투에는 모든 것이 담겨 있었다. 한 치의 오차 없는 계산과 신속한 계획, 책략과 위력, 정치의 완벽한 표현인 전략, 전략의 완벽한 표현인 전술까지. 너무도 풍부하고 강력한 상상력이 그 장면을 탄생시켰다. […] 정신만이 결정을 만들고, 천재성만이 승리를 이끈다."[17]

대륙에서만큼은 타의 추종을 불허하는 나폴레옹은 트라팔가르에서 당한 치욕을 톡톡히 갚았다. 그는 영광스러운 병사들을 향해 연설했다. "병사들이여, 나는 그대들이 더없이 만족스럽다. 아우스터리츠의 하루 동안 내가 그대들의 용맹함에 걸었던 기대를 조금도 저버리지 않았다. 제군은 우리 독수리에 영원한 영광의 관을 씌웠다. 러시아와 오스트리아의 황제가 이끄는 십만 대군은 네 시간도 채 안 되어서 포로가 되거나 뿔뿔이 흩어져 달아났다. 간신히 제군의 검을 피한 자들은 호수에 빠져 죽었다. […] 제군, 프랑스 국민이 내 머리에 황제의 관을 씌워주었을 때, 나는 제군이 언제까지나 높은 영광의 광채에서 왕관을 지켜 주리라 믿었다. 오로지 그 영광의 광채만이 왕관의 가치를 드높일 수 있다고 믿었다. 하지만 그 순간에도 우리의 적들은 그 영광을 허물고 전락시킬 궁리를 하고 있었다! 그리고 너무도 많은 프랑스 국민의 피로 정복한 이 철의 왕관을, 우리의 적들은 제군의 가장 잔인한 적들의 머리 위에 씌우려

---

16 톨스토이, 『전쟁과 평화』, 갈리마르 출판사, 《라 플레야드》, pp. 346-347.
17 앙드레 수아레스, 『나폴레옹에 대한 견해』, 알리아, 1988, p. 95.

했다! […] 그대들은 적들에게 제군을 무찌르기보다는 감히 제군에게 맞서고 위협하기가 더 힘들다는 사실을 깨우쳐주었다. 제군, 조국의 행복과 번영을 위해 필요한 임무를 모두 마치면 나는 제군을 이끌고 프랑스로 돌아갈 것이다[…]. 국민들은 기쁨으로 그대들을 맞을 테고, 제군은 그저 이렇게 말하면 된다. '내가 아우스터리츠 전투에 있었노라'. 그러면 국민들은 이렇게 응답할 것이다. '진정한 용사가 돌아왔도다.'"[18] 아우스터리츠의 마지막 사망자는 1806년 1월 23일에 숨을 거둔 영국 수상 윌리엄 피트였다(아우스터리츠 전투의 패배로 큰 타격을 받아 이듬해 런던에서 죽었다—옮긴이).

　나폴레옹은 찬란한 승리의 기세를 몰아 독일과 네덜란드 그리고 "어느 누구와도 공유하고 싶지 않은 연인"[19] 이탈리아의 영토들을 찬탈했다. 1815년 12월 27일, 그는 나폴리 왕좌에서 부르봉 일가를 몰아내고 형 조제프를 앉혔다. 1806년 3월에는 이탈리아 왕족인 보르게제(Borghèse)와 결혼한 여동생 폴린에게 구아스탈라(Guastalla) 영지를 물려주었다. 합스부르크(Habsbourg) 가도 꼼짝없이 프랑스의 동맹국인 바이에른과 뷔르템베르크, 바덴에 가문의 막대한 영지를 내주어야 했다. 샤토브리앙은 이렇게 기록했다. "백전백승으로 성공가도에 오른 나폴레옹은 유럽 왕조들을 모조리 바꾸어 자신의 가문을 그중 가장 유서 깊은 왕조로 만들려고 작정한 듯했다.[…] 그의 말 한 마디에 왕이 들어서기도 하고 창밖으로 뛰어내리기도 했다."[20] 나폴레옹은 친(親) 프랑스 독일 연

---

18 도미니크 드 비유팽, 『1807-1814년 권력의 어두운 태양』에서 인용, pp. 471-472.
19 루이 마들랭, 『통령 정부와 제국』에서 인용, 아셰트, 1931, 1권, p. 292.
20 F-R 드 샤토브리앙, 『죽음 저편에 대한 사색』, 갈리마르 출판사, 《라 플레야드》, 1부, 19권, 1장, pp. 668-669.

방국가의 서막인 라인 동맹(Confédération du Rhin, 나폴레옹의 후원으로 조직된 남서독일 16개국의 동맹—옮긴이)도 만들었다. 그리고 오스트리아에는 사천만 프랑의 배상금을 물게 했다. 프랑스는 역사상 유례없이 영토를 확장했다. 제국은 황제령이 되었다.

이 팽창주의에 유럽은 긴장했다. 평화가 찾아왔지만 전쟁은 끝나지 않았다. 패배의 충격을 비교적 덜 받은 러시아는 평화 협정 비준을 거부했다. 오히려 차르 알렉산드르 1세는 기회를 보아 프로이센도 참전하도록 압박했다. 프로이센은 1805년 12월에 나폴레옹과 맺은 포츠담(Potsdam) 조약을 폐기했고, 1806년 8월에 전쟁에 뛰어들었다. 프로이센의 참모는 이십만 병력을 믿고서 오스트리아인들과 달리 자신들은 성공하리라 믿었다. 나폴레옹은 놀라지 않았다. "나는 유럽 열강 중 어떤 나라와도 진짜 동맹을 맺을 수 없었다. 프로이센이 우리와 동맹을 맺은 이유도 두려움 때문이었다. 프로이센 정부는 너무 비열하고, 군주는 너무 우유부단하며, 궁정은 믿을 만한 힘도 없는 주제에 모험을 시도하려는 젊은 장교들이 독차지하고 있다. 프로이센은 예나 지금이나 별 다를 바 없을 것이다. 무장을 풀었다가 쌌다가, 다시 무장해서 싸우다가는 궁지에 몰려 갇혀 있다가 결국은 정복군과 타협할 것이다."[21] 프로이센 군대는 러시아 군대를 기다리지 않고 먼저 뛰어들며 오스트리아와 똑같은 실수를 저지르고 말았다. 프로이센, 러시아, 영국, 스웨덴 그리고 작센은 4차 동맹을 맺으면서 연합했다. 나폴레옹은 또 한 번 정당방위 태세에 돌입해 적군에 맞섰다. 하지만 적군들은 채 합류도 하지 못한 상태였다. 대육군에게 그 정도는 간단한 산보 수준이었다. 프로이센 군대는

---

21 나폴레옹 보나파르트, 『나폴레옹 1세의 미공개 서신들』(VIII‑1815), 플롱, 1897, p. 74.

아우스터리츠의 승리에서 아무런 교훈도 얻지 못했다. "모든 일이 계산한 그대로 정확히 진행된다. […] 한 가지 사건씩 단계적으로. 내 생각은 한 치도 틀림없다[…]. 적장들은 엄청난 바보들이다. 나름 재능을 믿고 맡겼을 텐데, 브라운슈바이크 공작이 얼마나 어리석게 군대 작전을 지휘하는지 짐작도 못할 정도다."[22] 대육군은 빠르게 전진하며 프로이센 군대들을 체계적으로 물리쳤다. 나폴레옹은 병사들의 사기를 북돋웠다. "거만하고 경솔하고 광기에 사로잡혀 있던 적들은 이제 불안과 근심, 공포에 빠져 있다."[23] 프로이센 군인들은 러시아와 합류하려고 애썼다. 하지만 부질없는 바람이었다. 1806년 10월 14일, 나폴레옹은 예나(Iéna)에서 프로이센군의 대규모 후방부대를 상대로 결정적인 승리를 거두었다. 삼십여 킬로미터 밖에서 프로이센의 주력부대와 맞섰던 다부 장군의 부대 역시 혁혁한 승리의 영광을 차지했다. 프로이센의 대참패였다. 로스바흐 전투(Rossbach, 1755년에 프로이센의 프리드리히 2세가 거느린 군대에게 프랑스가 대패했던 전투—옮긴이)의 패배를 드디어 설욕했다. 나폴레옹은 아우스터리츠에서처럼 도망자들을 추격해서 완전히 궤멸시켰다. 십만 명이 포로로 잡혔고 독일 진지들은 파괴되었다. 1806년 10월 27일, 나폴레옹과 대육군은 혁명가요 〈라 마르세예즈(La Marseillaise)〉와 〈사 이라(Ça ira)〉에 발맞추어 베를린으로 행진했다. 당시 헤겔(Friedrich Hegel)은 유럽의 분위기를 이렇게 해석했다. "황제가, 그 세계정신이 도시를 벗어나 정찰을 나서는 모습을 보았다. 여기서도 어느 정도 주목받는 그런 인물이 말을 타고 세상을 누비며 지배하는 모습을 직접 보니 확실히 경이로웠다."[24]

22 『나폴레옹 1세의 서신』, 플롱, 1980, n. 10989, XIII부, p. 342.
23 앞의 책, n. 10987, XIII부, p. 340.
24 도미니크 드 비유팽, 『1807-1814년 권력의 어두운 태양』에서 인용, 위의 책, p. 485.

유럽의 군주들이 평화를 거부하자 나폴레옹은 무력으로 밀어붙이려 했다. 베를린 입성을 축하하는 1806년 10월 26일의 선포는 이 사실을 더 없이 분명하게 밝혔다. "우리는 이제 다시는 음흉한 평화의 노리개가 되지 않을 것이다. 다시는 무기를 내려놓는 일이 없도록 할 것이다. 우리의 영원한 숙적 영국이 대륙과 바다에 침입해 함부로 횡포를 부리는 일이 없도록 할 것이다."[25] 1806년 11월 21일, 나폴레옹은 영국에 대해 대륙 봉쇄령을 내렸다. "나는 육지의 권세로 바다를 정복하겠다."[26] 지나치게 거창한 계획이었다. 이를 두고 샤토브리앙은 이렇게 기록했다. "이 명령은 무모해 보였다. 그저 원대하기만 할 뿐이었다."[27] 혁명기에만 해도 무모해보이던 일이 대육군의 승리 덕분에 가능해졌다. 그럼에도 영국의 대륙 봉쇄는 목적이 근본적으로 달라졌음을 나타냈다. 그동안 국경 지역에서 방어만 하던 프랑스의 태도는 그때부터 영국에 대한 단호한 공격 정책으로 바뀌었다. 그러자 영국은 대륙의 모든 항구를 지배해야 할 필요성을 절감했다. 프랑스의 전통적인 방어 정책은 영국의 공격에 맞선 호전적인 정책으로 바뀌었다. 이 정책의 모순들은 향후 치명적인 영향을 미친다. 혁명의 이상을 품은 프랑스는 자치를 원하는 국민들의 열망과 너무도 상반되는 지배를 오래 강요할 수 없었기 때문이다. 프랑스는 민족주의를 막지 못하고 오히려 민족주의의 귀감이 되었다. 나폴레옹에 대한 대중적인 지지는 그 지지가 상징하는 국내외의 평화를 토대로 세워졌다. 개선장군인 나폴레옹은 힘으로 평화도 얻을 수 있을 줄 알았다. 물론 프랑스인들은 그에게 깊이 감사하는 마음을 갖고 있었

---

25 앙투안 클레르 티보도, 『통령정부와 제국…』, 5권, p. 507.
26 도미니크 드 비유팽, 『1807-1814년 권력의 어두운 태양』에서 인용, 위의 책, p. 487.
27 F.-R. 드 샤토브리앙, 『죽음 저편에 대한 사색』, 1부, 20권, 6장, p. 754.

다. 하지만 제국주의와 함께 정복으로 얻은 평화는 끝없는 무장 평화가 되었다. 탈레랑 같은 몇몇 사람들은 나폴레옹에게 이런 유럽의 영토 확장주의에 대해 경각심을 일깨우려 했지만 소용없었다. 나폴레옹은 몽상에 빠져 있었다. "나는 프랑스라는 이름의 영광을 드높여서 다른 나라들에게 선망의 대상이 되도록 만들고 싶다. 언젠가는[…] 유럽을 여행하는 프랑스인이 언제나 고향에 있는 듯 편안하게 느끼도록 만들고 싶다."[28] 그리고 훗날 세인트헬레나(Saint Helena)에서 자신이 당시 했던 행동을 이상적인 유럽을 구상하는 밑그림이었다고 정당화한다. "우리에게는 유럽의 단일 규범, 단일한 유럽 파기원, 단일 화폐, 단일 도량형, 단일한 법이 필요했다. 나는 유럽의 모든 민족을 한 민족으로 통일해 파리를 세계의 수도로 만들어야 했다."[29] 하지만 대륙 봉쇄는 유럽의 시작이자 종말을 알리는, 막다른 길로 이어지는 무모한 짓이었다. 그런데도 나폴레옹은 이 막다른 길이 새로운 권좌에 오를 유일한 길이라 여겼다.

전쟁은 끝나지 않았다. 나폴레옹의 군대는 오스트리아에 이어서 러시아 군대를 무찔러야 했다. 러시아 군대는 1806년 11월에 비스툴라(Vistula) 강으로 진격해왔다. 작전은 추위와 진흙, 유사(流沙) 때문에 힘들어졌다. 주변 환경에 익숙하고 강인한 러시아 기병들에 맞서서 대육군은 고전을 면치 못했다. 피로와 굶주림, 추위에 지쳐 정신력은 바닥났다. 물질적인 곤경에 처하자 기강이 해이해졌다. 근위병들이 투덜댔다. 심지어 황제 면전에서조차. 규율이 느슨해지면서 탈영도 늘어났다. 대육군은 이제 프랑스 병사들로 이루어진 군대가 아니라 정복 국가들의 병

---

28 라스 카즈, 『세인트헬레나 회상록』, 위의 책, 1권, p. 809.
29 조제프 푸셰, 『회상록』, 르 루주, 파리, 1824, 2권, p. 114.

사로 강화된 군대였다. 나폴레옹의 별이 흐릿해지기 시작했다. 작게 투덜대는 비난과 회의의 소리가 들려왔다. 지옥 같은 두 달 반 남짓한 시간이 지난 뒤 러시아 군대는 마침내 정면대결을 받아들였다. 오스트프로이센의 작은 도시 아일라우(Eylau)에서 육만 명의 러시아 군과 사만 명의 프랑스 군이 맞닥뜨렸다. 러시아아인들이 수적 우세에 놓이자 충격은 더욱 컸다. 전투는 온종일 이어졌다. 저녁 무렵 미셸 네 장군이 이끄는 병사 만 명이 도착해 간신히 피로스(Pyrrhus)에서 승리를 얻어냈다. "그렇게 해서 혁명전쟁이 시작된 이래 가장 참혹하고도 끔찍한 살육전의 하루가 끝났다. 양쪽 군대 모두 어마어마한 손실을 입었다. 비록 승자라고는 하지만 우리도 패자 못지않게 혹독한 피해를 입었다."[30]

전투 양상은 그때부터 달라졌다. 양쪽 군대 모두가 병사의 삼분의 일 가량에 해당하는 막대한 손실을 입었고, 악착같고 모진 격전을 치러야 했으며, 결과는 불확실하고 불안정했다. 그때부터 나폴레옹의 병사들을 기다리는 운명은 그런 식이었다. 이런 변화는 기진맥진한 대육군이 달아나는 적군을 처음으로 뒤쫓지 않고 포기하는 모습에서도 여실히 드러났다. 심지어 나폴레옹도 전투와 사상자로 인해 동요했다. "나는 숱한 역경과 근심과 불운을 겪었다. 그런데 아일라우에서는 문득 행운의 여신이 나를 버릴지도 모른다는 생각이 들었다."[31] 나폴레옹은 회의가 들었다. "나는 여전히 아일라우에 있었다. 사방이 온통 시체와 부상자들로 뒤덮였다. 그 모습은 전쟁에서 찾을 수 있는 아름다운 면모와는 거리가 멀었다."[32] 대육군이 충격을 받았다는 또 다른 증거가 있었다. 동계숙영

---

30 도미니크 드 비유팽, 『1807-1814년 권력의 어두운 태양』에서 인용, 위의 책, pp. 505-506.

31 샤를 트리스탕 몽톨롱, 『황제 나폴레옹의 세인트헬레나 유배기』, 폴랭, 1847, 2권, p. 126.

32 『나폴레옹 1세의 서신』, 위의 책, n. 11813, XIV권, p. 304.

을 위해 비스툴라 강까지 퇴각하면서 병사들은 가장 약한 동료들을 죽게 내버리고 갔다. 생존본능이 대육군의 전설적인 연대감보다 강했다. 하지만 러시아는 한숨 돌린 것뿐, 패색은 전혀 보이지 않았다. "나폴레옹의 별은 한 자리에 머무는 붙박이별이 되었다. 이제껏 그랬듯 모든 것을 약탈하는 무시무시한 행성의 운행을 간직하기는커녕······. 이 전쟁은 그냥 전쟁이 될 것이다. 말하자면 동등한 운을 지니고 우리에게 그랬듯 프랑스인들에게도 백 배는 더 치명적이고 힘겨운 평범한 전쟁 말이다."[33] 파리의 여론도 불안을 감지했다. 황제가 자리를 비우는 시간이 길어지자 정치적으로 공백이 생겨서 캉바세레스가 아무리 열성적으로 대행을 해도 빈자리는 쉽사리 채워지지 않았다.

하지만 그런 난관들도 나폴레옹을 무너뜨리지 못했다. 오히려 흥분시켰다. 그는 군대와 재정을 강화, 재정비하고 배후 동맹들을 결속시켰다. 봄이 되자 작전은 재개되었다. 1807년 5월 26일, 프로이센의 마지막 진지인 단치히(Danzig)가 오랜 포위 공격 끝에 함락되었다. 1807년 6월 14일, 프리틀란트(Friedland)에서 최종 격전이 시작되었다. 전투는 온종일 불확실하게 이어졌다. 란느 장군이 이끄는 군대는 강을 건넌 러시아 군을 유인하는 미끼 역할을 했다. 마침내 정오 무렵에 도착한 나폴레옹 군대는 러시아 군의 배후를 공격했다. 오후 다섯 시쯤, 나폴레옹은 미셸 네 장군의 병사들을 보내 도시를 급습했다. 그 결과, 러시아 군은 패배했다. 러시아 군은 포로가 되지 않으려고 강물에 뛰어들었다. 러시아 병사 이만 명이 죽거나 부상당했다. 프랑스는 칠천 명이 고작이었다. 나폴레옹은 결국 전쟁에 승리했다. 이제는 대륙에서 감히 대육군에 맞설 수

---

33 알베르 소렐, 『유럽과 프랑스 혁명』에서 인용, 위의 책, 7권, p. 157.

있는 군대는 없었다. 그는 캉바세레스에게 귀환을 알렸다. "이제 막 끝낸 원정이 […] 우리 국민을 기쁘게 하기를 바라네. 러시아 군대는 오스트리아 군대에 비할 수도 없을 만큼 참패했다네."[34]

알렉산드르 1세가 졌다. 그는 나폴레옹에게 어떤 복수를 당하게 될지 몰랐다. 그래서 나폴레옹이 휴전만 제안하지 않고 동맹 계획을 제시했을 때 놀라면서도 내심 기뻤다. 나폴레옹은 차르의 사절을 맞아 지도 위 비스툴라 강이 있는 장소에 손가락을 대고 거만하게 말했다. "여기가 바로 두 제국 사이의 경계요. 한쪽은 그대의 군주가 다스려야 하고, 반대쪽은 내가 다스릴 거요."[35] 정상 회담이 준비되었다. 1807년 6월 25일, 네만(Neman) 강이 흐르는 틸지트(Tilsit, 러시아 연방 칼리닌그라드 주 네만 강 좌안에 있는 도시―옮긴이)에서 나폴레옹과 러시아 황제 알렉산드르 1세가 만났다. 샤토브리앙은 이 일을 이렇게 논평했다. "세계의 운명이 네만 강 위를 떠다녔다. 그리고 훗날 그곳에서 완성되었다."[36] 두 황제는 친목을 도모하며 완벽하게 합의를 보았다. 이십여 일 동안 두 사람은 자주 만났고, 1807년 7월 7일에 프랑스와 러시아의 평화조약이 체결되었다. 각자 자신이 원하는 바를 얻었다. 나폴레옹은 중앙 유럽과 지중해 연안을 장악했고, 러시아는 영국 봉쇄에 가담했다. 그 대신 알렉산드르는 영원한 앙숙인 오스만제국에 선전포고할 때 프랑스의 지원을 받기로 했다. 또한 프로이센 령의 폴란드와 발칸반도에서 영지 일부를 얻어냈고, 특히 스웨덴에 맞서서 핀란드를 정복할 때도 프랑스의 원조를 받기로 다짐을 받아냈다. 반면 프로이센은 영토가 분할되었다. 폴란드 지방들과 엘

---

34 『나폴레옹 1세의 서신』, n. 12772, XV권, p. 433.
35 알베르 소렐, 『유럽과 프랑스 혁명』에서 인용, 위의 책, 7권, p. 171.
36 F.-R. 드 샤토브리앙, 『죽음 저편에 대한 사색』, 1부, 20권, 6장, p. 755.

베 강 서쪽 영역 일부를 잃었다. 전체적으로 영토와 인구의 절반을 잃은 셈이었다. 결국 알렉산드르 1세는 패배했지만 틸지트에서 평화를 되찾을 수 있었다. 남은 건 폴란드뿐이었다. 나폴레옹은 작센과 러시아 사이에 바르샤바 대공국을 만들었다. "네만 강과 엘베 강 사이에 놓인 지방들은 위대한 두 제국 사이를 가르는 장벽이 되어 두 국가 사이에 […] 포격 전에 일어나는 위반 행위들을 줄여줄 거요."[37] 나폴레옹은 알렉산드르에게 설명했다.

틸지트에서 나폴레옹 황제는 전성기를 누렸다. 프랑스는 단 한 번도 지리적으로 이렇게 거대한 적이 없었고, 경제적으로도 이처럼 막강한 적이 없었으며, 군사적으로도 감탄스러울 정도로 우세했다. 게다가 그때부터는 배신의 알비온 영국도 고립되었다. 1807년 9월에 영국 왕립 해군이 덴마크를 침략해 코펜하겐을 포격한 뒤 한 달 후에 이번에는 러시아가 전쟁을 선포하면서 고립은 더욱 강화되었다. 스웨덴과 포르투갈만 비밀리에 영국에 항구를 개방했다. 대륙 봉쇄의 효과는 현저하게 드러났다. 영국은 수출품의 사분의 일을 잃었다. 1809년 봄이 되자 사회적 소요가 발생했다.

*

1806년에 샤토브리앙은 폭풍우처럼 휘몰아치던 구상과 차분한 전원에서 매진했던 글쓰기를 마쳤다. 그리고 성지 순례를 떠날 계획을 세웠다. 아내와 연인 델핀 드 퀴스틴(Delphine de Sabran Custine)은 난색을 보였

---

37 『나폴레옹 1세의 서신』, 위의 책, n. 12849, XV권, p. 479.

다. 하지만 샤토브리앙은 서둘러 그들 곁을 떠나, 무엇보다 귀로에 에스파냐에 들러서 또 다른 연인 나탈리 드 노아유(Natalie de Noailles)를 만나고 싶은 마음이 굴뚝같았다. 출발하기 전에 그는 〈메르퀴르 드 프랑스〉에 기고할 "문학과 문인들"이라는 마지막 기사를 완성했다. 샤토브리앙은 어린 시절을 보냈던 브르타뉴에서도 마지막 며칠을 묵었다. "어제는 어렸을 때 보던 석양을 보았다. 나는 이곳에서 마음속 깊은 곳에 담긴 감정들을 키웠다. 변한 건 장소들인가? 아니, 변한 건 나다. 물처럼 흐르되 결코 같은 상태로 머물지 않는 사람의 마음이다."[38] 그는 아내를 푸제르에 남겨놓고 연인으로서 시들해진 퀴스틴 부인에게도 작별인사를 전한 뒤 길을 떠났다. 편하게 여행하기 위해 외무장관인 탈레랑으로부터 통행증을 얻었다. 탈레랑은 샤토브리앙이 거쳐 갈 나라의 영사들에게 추천장을 써주었다. "『기독교의 정수』 저자 샤토브리앙 씨는 그리스와 소아시아 그리고 가장 빼어난 동양의 지방들을 두루 거칠 예정입니다. 문인들을 아끼는 벗들께서 이번 여행을 너그러이 살펴주시길 바랍니다. 유명한 고장들을 둘러보면서 풍요로운 기억을 일깨워 샤토브리앙 씨가 자신만의 느낌으로 기록할 수 있기를, 그리하여 프랑스 문학이 언젠가 그의 관찰 결과로 더욱 풍부해지기를 바랍니다. 친애하는 대사님, 샤토브리앙 씨를 친절하게 맞아주십시오. 그의 작품들은 존경 받아 마땅합니다. 분명 대사님도 그 점을 몸소 기쁘게 느끼실 겁니다. 그가 방문하는 고장들을 잘 둘러보고 안전하면서도 즐겁게 여행할 수 있도록 도와주신다면 개인적으로 무한히 감사하겠습니다."[39] 7월 중반, 퐁탄의 저

---

38 F.-R. 드 샤토브리앙, 『죽음 저편에 대한 사색』, 위의 책, 1부, p. 381.

39 기슬랭 드 디스바흐, 『샤토브리앙』에서 인용, 위의 책, p. 206.

택에서 저녁식사를 한 후에 샤토브리앙은 여정을 이어갔다. 비시(Vichy), 리옹(Lion), 베니스(Venise)를 거쳐서 1806년 8월 1일에 트리에스테(Trieste)에서 그리스로 향하는 배에 올랐다. 같은 순간, 나폴레옹은 퐁탄에게 소식을 물었다. "여전히 샤토브리앙이라는 광신자와 만나는가?" 퐁탄은 이렇게 대답했다. "예, 폐하, 그가 동방으로 떠나기 전에 제 집에서 함께 식사도 했습니다." "아! 그가 떠났다고?"[40] 나폴레옹은 무심한 듯하면서도 만족스러운 듯 빈정대며 대꾸했다. 샤토브리앙은 일 년 남짓 부지런히 여행을 다녔다. 길을 멈추거나 따로 시간을 내어 명상할 새도 없었다. 『파리에서 예루살렘까지의 여정(Itineraire de Paris à Jérusalem)』은 여행담을 구실 삼아 구상되었다. "나의 '여정'은 하늘과 땅과 물을 보러 가는 한 남자의 빠른 여정이다. 남자는 머릿속에 새로운 모습들을 담고 마음속에는 더 많은 감정들을 담아서 집으로 돌아간다."[41] 어떤 사람들은 샤토브리앙이 실수한 부분이나 다른 작품에서 차용한 부분은 없는지 찾아내느라 혈안이 되었다. 실제로는 길의 오른쪽에 있는데 길의 왼쪽에 있다고 묘사한 정도는 저자가 여행을 역방향으로 옮기는 와중에 미처 주의를 기울이지 못할 수도 있는 부분인데! 어쨌든 샤토브리앙은 탈레랑이 써준 추천장을 지니고 다니면서 극진한 대접을 받으려 했다. 무슨 왕족이라도 되는 양.

그리스에서는 이십여 일을 보냈는데, 그중 나흘은 아테네에서 지냈다. 『여정』에서 방문한 유적지들은 흡사 그의 모습을 비추는 거울 같았다. 그는 인간의 운명뿐 아니라 시간에서도 영감을 얻었다. 한편으로는

---

40 앞의 책, p. 207.
41 앙드레 모루아, 『르네 또는 샤토브리앙의 삶』에서 인용, 그라세, 1956, 《레 카이예 루주》, p. 191.

추락과 소멸에서도. "인간들도 마찬가지지만, 어쩌면 민족들도 어렸을 때나 노쇠했을 때나 늘 잔인한지 모르겠다. 어쩌면 국가를 수호하는 정령이 기진맥진하는지도. 모든 것을 만들어내고, 모두 지나고, 모두 맛보고, 완벽한 경지에 실컷 물려서 새로운 것을 만들어낼 수 없을 때면 지쳐서 순수한 자연의 감각으로 돌아가는가 보다. 기독교는 현대 국가들이 그처럼 비통하게 노쇠하지 않도록 해줄 것이다. 하지만 만일 우리 마음속에서 종교가 사라진다면, 오늘날 페드라와 안드로마케의 절규가 울려 퍼지는 무대에서 죽어가는 검투사의 비명이 들린다 해도 조금도 놀랍지 않을 듯하다."[42] 1806년 10월 4일, 샤토브리앙은 예루살렘에 도착했다. 그곳에서 그는 예수의 무덤에서 작위식을 치른 성묘 기사가 되었다. 샤토브리앙은 여행을 계속했다. 1806년 10월 20일에는 알렉산드리아에 갔다가, 이어서 카이로에서 나일 강을 따라 올라갔다. 1807년 1월에는 튀니스(Tunis)와, 그의 개인적인 신화에서 중요한 비중을 차지하는 카르타고(Carthago)에 갔다. 이어서 알헤시라스(Algesiras)에서 배를 내려 에스파냐로 돌아갔다. 그는 세비야(Seville), 코르도바(Cordoue), 그레나다(Grenade)를 따라 올라갔다. 여정의 궁극적인 목표인 나탈리 드 노아유를 찾아서.

한편 샤토브리앙의 아내 셀레스트는 점점 더 나폴레옹 정책에 빠져들면서 황제의 관심을 받았다. 사실 샤토브리앙이 난파되어 죽었다는 소문을 들었을 때, 나폴레옹은 내심 기뻐하는 듯한 측근들에게 냉소적으로 말했다. "아하, 기쁘겠구려? 그다지 조국을 명예롭게 한 위인은 아니지만 안타깝게 생각하는 사람이 행여 나뿐일까 걱정이군."[43] 그러면

---

42 F.-R. 드 샤토브리앙, 『낭만과 여행 전집』, 갈리마르 출판사, 《라 플레야드》, 2권, p. 887.

서 소문이 확산되지 않도록 만류했다. "샤토브리앙의 아내가 여기 있다. 공연히 부인을 괴롭히지 마라. 신문에 실려서 사실이 확실히 확인될 때까지 기다려라."[44] 그런 세심한 배려에 감동한 셀레스트는 완전히 나폴레옹에게 넘어갔다. "우리 부르봉 가 사람들도 보나파르트가 적을 위해 해주듯 친구들에게 그렇게 해주었을까?"[45]

*

프랑스에서는 알력이 끊이지 않았다. 겉보기에는 완전히 평화로워 보였지만 나폴레옹은 권력을 굳혀야 한다는 강박관념뿐이었다. 나폴레옹은 1807년 7월 27일에 파리로 돌아왔다. 사람들은 체제가 자유로워지리라고 예상했다. 대내외의 대립도 한풀 꺾였겠다, 이제는 거치적거릴 일이 없을 줄 알았다. 하지만 오산이었다. "아우스터리츠 전투 이후로 제국이 제대로 수립되었다면, 틸지트 조약 이후로는 독재정치가 널리 용인되었다. 더 이상은 비판도 비평도 없었다. 억압 받는 건 단지 말만이 아니었다. 사상도 아첨 일색이었고, 맹목적이고 비굴한 찬미가 난무했다. 저마다 새로운 야망을 품었고, 진보와 부에 대한 희망은 원대한 정복의 단계에 따라 평가되었다."[46] 틸지트에서 모종의 변화가 일어났다. 바로 나폴레옹의 변화였다. "나폴레옹이 틸지트에서 돌아온 후 그를 가까이에서 보았던, 감각과 생각이 있는 사람이라면 누구나 그의 외모

43 기슬랭 드 디스바흐, 『샤토브리앙』에서 인용, 위의 책, p. 219.

44 앞의 책, p. 220.

45 앙드레 모루아, 『르네 또는 샤토브리앙의 삶』에서 인용, p. 199.

46 도미니크 드 비유팽, 『1807-1814년 권력의 어두운 태양』에서 인용, 위의 책, p. 533.

나 태도에서 파리를 떠난 아홉 달 사이에 일어난 범상치 않은 변화를 감지하고 깜짝 놀랐다. 얼굴에는 조금 더 살이 올랐고, 눈빛은 여전히 깊었지만 생기가 사라졌다. 진지한 생각은 근심 어린 이마에 고스란히 드러났다. 통령시절처럼 호리호리하고 허약하지 않고 살이 많이 붙어 몸놀림이 굼떴다. 일거수일투족에서 강압적인 태도와 완고한 의지가 강하게 느껴지고 존경심보다는 두려움이 느껴져서, 최측근들조차 가까이 다가가지 못했다."[47] 분노는 기질이 되었고, 초조함은 성격이 되었다. 더이상 반대 의견을 참지 못했다. 1807년 10월 오스트리아의 정치가 메테르니히(Klemens Wenzel Lothar, Fürst von Metternich)는 이렇게 변화를 기록했다. "최근 들어 나폴레옹의 모습이 완전히 바뀌었다. 이제는 어떤 잣대도 감히 자신에게 들이대기에는 가소로울 뿐이라고 여기는 듯했다."[48] 그리고 스탕달(Marie Henri Beyle Stendhal)은 이렇게 개탄했다. "번영하면 할수록 그의 성격은 점점 바뀌어 타락했다. 자신이 거둔 성공에 지나치게 자만한 나머지 동료들인 왕족들을 무시하는 실수를 저질렀다. 아첨이라는 독약을 천천히 들이켰다. 반론을 견디지 못해서 누군가 견해를 약간만 밝혀도 불손하게 여겼고 심지어 허튼소리라고 일축했다."[49] 요컨대 나폴레옹의 인품 전체가 의심으로, 부질없는 승리와 적법하지 않은 권력에 대한 자의식으로 똘똘 뭉쳐 있었다. 남들을 업신여겨 누구의 말에도 귀 기울이지 않았고, 자의식에 사로잡혀 점점 권력의 토대를 약화시켰다. 제국은 결국 자신의 지배에 확신을 품기보다는 불안에 떨고 있는 한남자의 도피처에 지나지 않았다.

---

47 루이 귀스타브 르 둘세 드 퐁테쿨랑, 『역사와 의회에 대한 회상록』, 위의 책, III권, p. 106.

48 알베르 소렐, 『유럽과 프랑스 혁명』에서 인용, 7권, p. 190.

49 스탕달, 『나폴레옹의 생애』, p. 129.

파리에서 나폴레옹은 일에 전념했다. 토지대장을 실시하고, 회계감사원을 설립하고, 상법을 공포해 프랑스를 재정비했다. 하지만 동시에 자유를 제한했다. 강하고 상징적인 방법으로 모든 공문서에서 공화국이라는 단어를 삭제시켰다. 법제심의원을 철폐했다. 혁명 가요였던 〈라 마르세예즈〉를 금지하고 〈제국의 안녕을 굽어 살피소서(Veillons au salut de l'Empire)〉를 새로운 공식 찬가로 삼았다. 새로운 감찰관들을 모집했고, 푸셰는 〈르 모니퇴르(Le Moniteur)〉지에 실린 기사 외에는 모든 정치 기사를 금지했다. 대신들도 바뀌었다. 탈레랑은 해임되었다. 우려하던 대로였다. 탈레랑은 프랑스와 유럽의 평화 대사로 여겨진 반면, 나폴레옹의 호전적인 태도는 여전했다. 요컨대 나폴레옹은 아무리 건설적인 내용이라도 도통 들으려 하지 않아, 모든 활동과 비판이 경직되었다. 루이 마티유 몰레(Louis-Mathieu Molé)가 나폴레옹에게 보낸 답장을 보면 여실히 드러난다. "누구나 폐하로부터 영감과 지시를 받는데 너무나 익숙해서 위기에 처해도 감히 스스로를 구하지 못하고 위험에 직면하려는 시도조차 못하고 있습니다."[50] 결국 1808년 3월 1일 칙령으로 이루어진 마지막 개혁은 제국의 귀족 계급에 대한 개혁 정책이었다. 귀족들을 결속시켜 새로운 심복들로 왕좌를 강화한다고 생각했지만, 정작 그가 얻은 건 실망과 쾌씸한 마음뿐이었다. 그래도 나폴레옹은 사회적인 업적을 남긴다고 확신했다. "자유는 극소수 계층이자 일반 대중보다 훨씬 고상한 권리를 특혜로 누리는 계층의 욕구여서 별 탈 없이 속박할 수 있다. 반대로 평등은 다수를 기쁘게 한다. 따라서 이제는 진부하기 짝이 없는 출생의 문제는 따지지 않고, 능력에 따라 적절한 지위를 부여하여 평등을 위

---

50 루이 마티유 몰레, 『회상록』, 샹피옹, 1922, p. 156.

배하지 않고자 한다. 나는 세습 군주제를 만들었지만 여전히 혁명 속에 있다. 나의 고귀함은 조금도 절대적이지 않기 때문이다. 내가 누리는 지위들은 모두 시민들이 씌워준 왕관이다. 누구나 공적을 세우면 이런 지위들을 누릴 수 있다. 게다가 인간은 약삭빠른 존재여서 자신이 지배하는 이들에게 자신이 겪는 것과 똑같은 변화를 부여한다. 그런데 나의 변화는 상승하는 변화이므로, 국민을 선동할 때도 똑같은 변화가 필요하다."[51] 하지만 실상은 기대했던 경쟁심 대신에 음모와 비리가 판치고 시기심이 들끓었다. 저마다 작위를 노렸다. 점점 더 비열해지며 아첨꾼이 되어갔다. 나폴레옹이 실추할 때 체제를 유지해 주어야 할 귀족 계급은 벌써 자신들에게 작위를 약속해준 사람을 맞아 대놓고 뒷걸음쳤다. 그 사람은 바로 루이 18세였다.

*

아첨꾼들이나 침묵하는 자들 일색인 무리 속에서 커지는 단 하나의 목소리는 귀에 거슬리는 비평이었다. 위세당당하게 글을 쓰는 샤토브리앙이었다. "나폴레옹이 왕족은 해치웠는지 몰라도 나는 해치우지 못했다."[52] 검열의 발톱을 통과해 1807년 7월 4일 〈메르퀴르 드 프랑스〉에 실린 한 기사에서 샤토브리앙은 독설을 던졌다. "비천한 침묵 속에 노예의 사슬 소리와 밀고자의 목소리만 울려 퍼질 때, 다들 독재자 앞에서 숨죽여 떨고 있을 때, 그의 총애를 잃는 일만큼이나 호의를 받는 일도 위험

---

51 도미니크 드 비유팽, 『1807-1814년 권력의 어두운 태양』에서 인용, 위의 책, pp. 553-554.
52 F.-R. 드 샤토브리앙, 『죽음 저편에 대한 사색』, 위의 책, 1부, 18권, 5장, p. 630.

할 때, 국민들의 복수를 떠맡은 역사학자가 나타났다. 네로 황제가 호사를 누리는 동안 로마 제국에는 이미 타키투스(Tacitus, 로마 제정 초기의 역사가—옮긴이)가 태어났다." 파리 시민들은 글 속에 담긴 의미를 완벽하게 이해했다. 그래서 나폴레옹의 진노는 더욱 컸다. 샤토브리앙은 그 분노를 이렇게 이야기했다. "나폴레옹이 격분했다. 사람이 화를 내는 건 모욕으로 받아들여서라기보다 그 말이 자신을 겨냥한다는 생각 때문이다. '뭐라! 영광까지 멸시한다고, 감히 세상을 조아리게 만든 사람에게 또 도전하다니! 샤토브리앙은 내가 바보인 줄, 내가 아무것도 모르는 줄 안다! 그놈을 튈르리 계단에서 칼로 베어버릴 테다.' 나폴레옹은 〈메르퀴르 드 프랑스〉를 폐지하고 나를 체포하라는 명령을 내렸다. 내 재산은 사라졌어도 내 인격은 기적적으로 살아남았다. 나폴레옹은 세상에 관심을 쏟느라 나를 잊었지만, 나는 협박의 무게 아래서도 계속 건재할 것이다."[53] 결국 샤토브리앙은 신중을 기해 망명 대신 근교로 몸을 피했다. 숲과 들판이 펼쳐진 '사막'이나 다름없는 파리 근교 발레올루의 영지를 매입했다. 집을 개조해 아담한 집을 하얀 대리석으로 만든 여인상 기둥과 검은 대리석 원주들로 꾸몄다. 영국식 벽돌 계단을 만들고, 미국에서 지중해까지 자신이 머물렀던 다양한 기후 속 이국적인 나무들을 심었다. 샤토브리앙의 집은 이내 사람들이 즐겨 찾는 장소이자 오스트리아 빈까지 소문난 명소가 되었다. "우리는 살롱 구석에 놓인 탁자에서 글 쓰는 샤토브리앙의 모습을 종종 발견했다[…]. 우리가 보는 데서 그는 기쁨의 탄성을 지르기도 했고, 서류함 겸 책상으로 사용하는 낡은 안락의자 쿠션 아래에 종이들을 쑤셔 넣은 뒤 마치 수업에서 해방된 초등학

---

53 앞의 책, 위의 인용문에서.

생 같이 쾌활하게 우리 앞으로 성큼 다가왔다."⁵⁴ 샤토브리앙은 내면으로 망명을 떠났다.

*

활동은 일시적일뿐이어서 이내 기억에서 희미해진다. 반면에 글은 영원히 남아 시간을 초월한다. 나폴레옹은 운명을 추구하면서 손에 거머쥔 권력의 덧없음을 뼈저리게 느꼈다. 자기 자신과 끝없이 경주를 벌였고, 잠시의 멈춤도, 나약함도, 휴식도 용납하지 않는 인생을 상대로 경주를 벌였다. 구원인 동시에 무덤이 될 정복을 목표로 삼은 나폴레옹은 이미 진 줄 알았던 게임에서 꺼내놓는 마지막 카드처럼 제국의 군대를 유럽에 던져 넣었다. 샤토브리앙은 작가로서 처한 불안정한 상황에서 나폴레옹을 자양분으로 삼았다. 샤토브리앙의 작품은 도전하는 만큼 성장했다. 생말로의 바위들과 성벽에 끝없이 부딪치는 파도의 돌격처럼, 나폴레옹은 샤토브리앙의 창의적인 자유에 무력하게 직면했다.

54 앙드레 모루아, 『르네 또는 샤토브리앙의 삶』에서 인용, 위의 책, p. 205.

추락과
비상

6장

나폴레옹에 대한 나의 감탄은
언제나 지대하고 진지했지만
그래도 나는 더없이 격렬하게 나폴레옹을 공격했다.

F.-R. 드 샤토브리앙

승리에서 추락까지는 한 발자국 차이다.
나는 보았다. 중대한 상황에서 가장 중요한 사건들을
결정하는 건 늘 사소한 일이었다.

나폴레옹 보나파르트

나폴레옹이 실각을 향해 무참하게 곤두박질치는 동안, 샤토브리앙은 전투 무기로 팸플릿을 치켜들고 훨훨 날아올랐다.

*

　　나폴레옹은 틸지트에서 품었던 불패신화의 환상에서 헤어나지 못해, 실추로 이어지는 첫 번째 실수를 저질렀다. "비극적인 에스파냐 전쟁은 그야말로 재앙이었고, 이후 프랑스가 겪게 될 불행의 첫 번째 원인이 되었다. 에르푸르트(Erfurt)에서 내가 알렉산드르와 회담을 가진 이후로, […] 영국은 무력에 굴복해서든 혹은 정신을 차려서든 어쩔 수 없이 평화를 유지할 수밖에 없었다. 영국은 고립되어 대륙에서 신용을 잃었다. 코펜하겐 해전(1807년에 영국 함대가 프랑스의 동맹국인 덴마크의 코펜하겐을 포격하면서 벌어진 전투로, 영국의 대승으로 끝났다—옮긴이)은 지성인들의 공분을 샀고, 그 무렵 나는 상반되는 유리한 조건들로 찬란하게 빛나고 있었다. 그때 그 불행한 에스파냐 사건이 발생해 여론은 돌연 나에게 등을 돌리면서 영국의 명예를 회복시켰다. 그때부터 영국은 전쟁을 계속할 수 있었고, 남아메리카 판로가 영국을 향해 활짝 열렸다. 영국은 이베리아 반도에 군대를 보내서 의기양양한 승리자가 되었다. 그 일은 대륙에서 만들어지는 모든 음모의 가공할 매듭이자, […] 나를 파멸시킨 원인이 되었다!"[1]

새 시대의 여명에서 에스파냐는 더 이상 예전만큼 화려하지 않았다. 에스파냐는 유럽에서 단역이자 프랑스의 보충 세력으로 밀려났다. 설상가상으로 한 일가가 에스파냐 전제 군주제를 무너뜨리는 사건이 벌어졌다. 마드리드에서는 이상한 세 사람이 함께 나라를 통치하고 있었다. 왕인 카를로스 4세(Carlos IV)와 왕비 마리아 루이사(Maria-Louisa de Bourbon-Parma) 그리고 왕비의 연인 고도이(Manuel Godoy Alvarez de Faria)가 그 주역이었다. 왕비의 총애를 받는 고도이의 영향력에 맞서는 반란이 끊이질 않았다. 반란 세력은 카를로스 4세의 아들 페르난도(Fernando VII) 왕자를 옹립할 계획이었다. 나폴레옹은 탈레랑의 조언대로 에스파냐 내정에 개입하기로 결심했다. 해결하기 쉬워 보이는 일이었다. 프랑스 군대는 후방 원정부대를 엄호하기 위해 이미 에스파냐 북쪽을 점령했다. 당시 포르투갈은 영국의 선동을 받고 있었다. 나폴레옹에게는 이미 계획이 있었다. 형 조제프를 왕위에 앉힐 요량이었다. 1808년 3월 18일, 아란훼스(Aranjuez)에서 페르난도 왕자의 지지자들이 카를로스 4세는 아들에게 왕위를 양도하라며 폭동을 일으켰다. 그런데 며칠 후에 카를로스 4세는 태도가 돌변해서 왕위를 물려주지 않았다. 나폴레옹의 명령대로

---

1 라스 카즈, 『세인트헬레나 회상록』, 위의 책, 1권, pp. 783-784.

군대를 이끌고 마드리드에 입성한 뮈라의 종용을 받아서였다. 그야말로 난장판이 따로 없었다. 이 비극 같은 희극은 나폴레옹이 여러 주모자들을 불러 모은 바욘(Bayonne)에서 이어졌다. 1808년 5월 5일, 상황을 급변시키는 새로운 사건이 일어났다. 아버지와 아들이 나폴레옹에게 왕위를 맡기며 나란히 사임한 것이다. 1808년 6월 6일, 나폴레옹은 형 조제프를 나폴리와 에스파냐 국왕의 자리에 앉혔다.

이 발표로 에스파냐에서는 대대적인 민중 봉기가 일어났다. 스탕달은 이 상황을 완벽하게 분석했다. "황제는 어리석은 실수이자 죄를 범했다. 페르난도가 통치하도록 몇 개월만 놔두었더라면, 신하들이 왕자의 진짜 성격과 타고난 자질을 알게 되었을 텐데. 조바심에 그 몇 달을 기다리지 못한 나폴레옹은 가능한 무력과 가증스러운 궁정의 술책을 전부 동원했다. 모두가 분개하면서 에스파냐 전역이 들끓었다. 인심 좋고 소박한 에스파냐 국민들은 열렬한 애국심에 고취되었다. 한때 종교재판과 더없이 비열한 독재정치가 군림했던 나라지만, 에스파냐는 나폴레옹이 끝내 독일에서는 찾지 못했던 열정에 휩싸였다. 한편 교양이라고는 눈곱만큼도 없던 나폴레옹은 자신이 얼마나 희귀한 상황에 처했는지 알지 못했다. 정복이 결론적으로 한 국민을 더 행복하게 만드는 희귀한 상황 말이다."[2] 설상가상으로, 현장에 파견된 군대마저 대육군에 대해 형편없는 이미지를 심어준 터였다. "마렝고와 아우스터리츠 그리고 프리틀란트의 정복자들을 보겠다고 사방에서 달려온 에스파냐 국민들에게 대육군이 보여준 꼴은 그야말로 가관이었다. 간신히 가방과 무기를 들고 있는 초라한 신병들, 병사들이 모여 있는 꼬락서니가 한 왕국을

---

2 스탕달, 『나폴레옹의 생애』, 세르클 뒤 비블리오필, 1970, p. 365.

정복하며 행진하는 군대라기보다 차라리 병원에서 집단 이동하는 몰골에 가까웠으니 말이다."[3] 폭도들은 영국 정부에 도움을 요청했다. 영국은 원정군을 파견했다. 개입하기에 완벽한 구실이었다. 한편 새 국왕 조제프는 군대를 앞세워 마드리드에 입성했다. 하지만 이튿날 경고 포격이 전 유럽을 뒤흔들며 처음으로 나폴레옹이라는 견고한 바위를 요동시켰다.

1808년 7월 22일, 스페인 주둔군을 이끌던 프랑스의 뒤퐁(Pierre Antoine Dupont de l'Etang) 장군은 바일렌(Baylen) 전투에서 패배하고 항복 조약에 서명했다. 대육군의 첫 패배였다. 첫 번째 의구심이자 종말을 향한 첫 걸음이기도 했다. 패배로 자존심을 구긴 대육군은 더 이상 천하무적이 아니었다. 유럽에 미치는 파장은 어마어마했다. 세귀르(Philippe Paul, comte de Segur) 백작은 그 점을 완벽하게 이해했다. "[…] 제국의 폐허 아래에서 더는 꺼져선 안 될 불씨였다. 새로운 싸움을 알리는 첫 신호였다. 그 싸움에서는 역할이 뒤바뀌었다. 모든 정신력과 정의, 대중의 믿음, 사람들의 권리, 흥분된 국민적 자존심이 우리에 맞서 돌아섰다는 신호였다. 그리고 독립을 원하는 한 국민의 전쟁, 우리가 혁명에서 지켰던 격정과도 같은 전쟁이 이제 우리 반대편에 놓였다는 신호였다."[4] 어제의 패자들은 자신감을 되찾았지만, 에스파냐는 혼란에 빠졌다. 결국 조제프는 마드리드에서 달아날 수밖에 없었다. 남은 해결책은 한 가지뿐이었다. 나폴레옹이 개입하는 방법이었다. 나폴레옹은 에르푸르트에서 동맹들과 모여 다시 회담을 가졌지만 결과는 실망스러웠다. 샤토브리앙의 기록을

---

3 장 바티스트 앙투안 마르슬랭 마르보, 『마르보 장군의 회상록』, 메르퀴르 드 프랑스, 1983, p. 301.
4 필리프 폴 드 세귀르 백작, 『역사와 회상』, 피르맹 디도, 1873, III권, p. 238.

보면 분명했다. "에르푸르트에서 나폴레옹은 전쟁에서 승리한 군인처럼 뻔뻔스러웠고, 알렉산드르는 마치 패배한 왕자처럼 능청을 떨었다. 술수 대 거짓말의 싸움이었고, 서양의 정치가와 동양의 정치가 특유의 기질을 보여주었다."[5] 나폴레옹은 러시아와 맺은 연맹이 믿을 만한 관계가 아니라는 사실을 잘 알고 있었다. 탈레랑은 알렉산드르와 회담하는 자리에서 오히려 프랑스에 반대하는 연기를 펼쳤다. 괴테(Johann Wolfgang von Goethe)와의 만남만이 잠시나마 나폴레옹의 근심을 덜어주었다. "당신이 바로 그 사람이군요." 나폴레옹은 그런 말로 괴테를 반기며 『젊은 베르테르의 슬픔』을 일곱 번이나 읽었다고 했다. 한편 이렇게 씁쓸한 속내도 털어놓았다. "만약 카이사르에게 계획을 실행에 옮길 시간이 있었더라면 어떻게 세상을 행복하게 해주었을지, 만사가 어떻게 달라졌을지 세상 사람들에게 보여주고 싶었소."[6] 하지만 괴테는 그런 말에 속지 않았다. "희미하게 우수가 서린 그의 얼굴에는 모든 위대한 기질의 흔적이 남아 있었지만, 아리스토텔레스(Aristote)의 말처럼 사람의 얼굴에서는 그 사람의 정신만이 아니라 선량한 마음까지도 드러나는 법이다."[7] 나폴레옹은 에르푸르트에서 실망을 느낀 뒤 에스파냐로 들이닥쳤다. 기세등등하던 나폴레옹이 마드리드로 가자 영국 원정대는 혼비백산해서 도주했다. 하지만 휴식은 짧았다. 1809년 1월 1일, 오스트리아는 나폴레옹이 에스파냐를 점령하는 틈을 타서 다시 무기를 들었다. 오스트리아 군대의 배후 공격이 시작되자, 나폴레옹은 위기감을 느껴 술트 장군에게 에스파냐를 맡기고 서둘러 파리로 돌아갔다.

5 F.-R. 드 샤토브리앙, 『죽음 저편에 대한 사색』, 위의 책, 1부, 20권, 7장, p. 759.
6 도미니크 드 비유팽, 『실추, 1807-1814』에서 인용, 위의 책, p. 76.
7 앞의 책, p. 77.

그때는 나폴레옹도 몰랐지만, 에스파냐 사건은 종말의 시작이었다. 그 사건은 "지도층의 좌절과 패배주의, 보잘것없는 정신력, 사람들 사이의 경쟁관계를 보여주었다. 또한 늘 감시하는 주인 때문에 두려움은 점점 커지고 총애는 받지 못해 한껏 주눅든 하인들에게서 볼 수 있는 주도권의 부재도 볼 수 있었다. 두려움은 한때는 자산이었을지 몰라도 결국은 자신을 망친다."[8] 에스파냐는 제국의 명성을 실추시켰다. 나폴레옹 부대에서 사십만 명이 목숨을 잃었는데, 그중 절반이 에스파냐 게릴라 작전 때 사망했다. 고문과 약탈 그리고 인질에 대한 약식 처형으로 얼룩진 추잡한 전쟁이었다. 나폴레옹이 섣불리 나섰다가 실추를 유발한 유일한 전쟁이기도 했다. 샤토브리앙은 이렇게 말했다. "에스파냐에서 벌인 시도는 완전히 도가 지나쳤다. 이베리아 반도는 황제의 것이었다. 얼마든 반도를 유리하게 이용할 수도 있었다. 그런데 그러기는커녕 오히려 영국군이 진을 치게 만들었고, 한 민족의 봉기 때문에 스스로 파멸의 원인을 제공했다."[9]

*

샤토브리앙은 외부의 소요와는 동떨어진 발레올루에서 고즈넉이 글을 썼다. 『파리에서 예루살렘까지의 여정』, 『순교자들』 그리고 1809년에 시작해서 훗날 『죽음 저편에 대한 사색』이 될 『내 인생에 대한 회고록(Memoires de ma vie)』까지. 샤토브리앙의 『회고록』은 자기성찰이 담긴

---

8 앞의 책, p. 64.
9 F.-R. 드 샤토브리앙, 『죽음 저편에 대한 사색』, 위의 책, 1부, 24권, 5장, p. 996.

서사시다. "내가 글을 쓰는 이유는 주로 나 스스로를 해명하기 위해서다……. 죽기 전에 아름다운 시절들을 떠올려 당시에는 설명하지 못했던 내 마음을 설명하고 싶다."[10] 1831년 3월,『회고록』은『죽음 저편에 대한 사색』이 되었다. 제목의 변화는 샤토브리앙이 품은 문학적 야망의 변화를 드러내기도 했다. "내가 살 운명이라면『죽음 저편에 대한 사색』에 드러나는 나의 인간적 면모로 […] 이 시대의 서사시를 표현할 테다. 하나의 세계가 끝나고 시작되는 모습을 지켜보았던 만큼, 그리고 그 종말과 시작에 맞섰던 인물들이 내 의견에 동조하는 만큼. 나는 두 강의 합류점과도 같은 두 세기 사이에 있다. 그 혼탁한 물에 뛰어들어 내가 태어났던 낡은 강둑에 대한 회한으로부터 멀어지면서 새로운 세대가 다가오는 낯선 강둑을 향해 희망차게 헤엄친다."[11] 장장 삼십오 년에 걸친 작품이었다. 쉼 없이 계속 발전해 나가면서. 1830년 이후 새로운 망명을 마친 뒤로는 샤토브리앙의 분신이자 계통을 잇는 작품이 되었다. 이 서사시에는 샤토브리앙 자신의 존재를 성찰하며 세상과 나누는 대화가 담겨 있다. "고독하고 몽상적이며 시적인 나의 삶은 현실, 재앙, 소요, 소음으로 이루어진 이 세상을 통해 나아갔다. […] 시대를 지켜보며 살아온 나는 원한 적도, 추구한 적도 없는데도 그 세상에 종교적, 정치적 그리고 문학적으로 삼중의 영향력을 미쳤다."[12] 샤토브리앙은 일생 세 번의 순간을 스스로 이렇게 정했다. "소년기부터 1800년까지는 군인이자 여행자였다. 1800년부터 1814년까지 […] 내 인생은 문학적이었다. 그

---

10 앞의 책, 1권, p. X.

11 같은 저자, 1권,『유언 서문』, p. 1046.

12 같은 저자, p. 1045. M. 크레퓌,『세상에 대한 기억, 샤토브리앙에 대한 시론』에서 수정, 그라세 출판사, p. 10.

리고 왕정복고부터 오늘날까지는 정치적인 삶을 살아왔다."[13] 세 인생과 일치하는 세 역사는 구체제와 혁명 그리고 제국과 왕정복고였다. 샤토브리앙은 작품과 삶을 통해 개인적인 운명과 프랑스의 운명을 한데 버무렸다.『죽음 저편에 대한 사색』은 삼중 탐색, 즉 한 남자와 그의 동질성, 역사의 흐름 그리고 새로운 시학에 대한 탐색을 추구한다. "옛날 사람과 요즘 사람, 이 두 사람이 이상한 조합을 만들어 내 안에 자리했다. 옛날 프랑스어와 현대 프랑스어가 자연스럽게 느껴지던 때가 있었다. 둘 중 하나가 그리워지면, 내 사상의 특징 일부분이 그리워졌다. 그래서 나는 몇 가지 단어들을 만들어내기도 하고, 몇몇 단어들은 새롭게 바꿔보기도 했다. 하지만 억지로 꾸며낸 건 하나도 없었다. 그저 저절로 떠오르는 표현만 사용하려고 조심했다."

『죽음 저편에 대한 사색』을 마치기 전에 샤토브리앙은 1809년에『순교자들』을 발표했다. 로마 군대의 젊은 장교 외도르(Eudore)가 여행담과 사랑 이야기를 들려주다가, 나중에는 기독교로 전향해서 마침내는 자신의 신부이자 자신 때문에 개종한 젊은 그리스 여성 시모도세(Cymodocée)와 함께 원형경기장에서 순교자로 생을 마친다는 역사적인 대 서사시다. 종교적으로 무관심했던 한 청년이 정신적으로 고양되어 순교자의 고결한 열정을 품게 되는 여정을 담은 내용이다. 나폴레옹의 노여움을 샀던 〈메르퀴르〉기사 이후로 퐁탄은 샤토브리앙을 경계했다. "불멸에 대한 글을 쓸 때는 작은 암시도 있어선 안 되네⋯⋯. 잠자는 사자의 코털을 건드려선 안 된단 말이네."[14] 그렇지만 푸셰는 공동의 친구인 델핀

---

13 앞의 책, p. 1046.
14 기슬랭 드 디스바흐,『샤토브리앙』에서 인용, 위의 책, p. 233.

드 퀴스틴의 중재로 샤토브리앙이 자체검열을 한다는 조건을 걸고 그 소설을 검열하지 않기로 했다. 샤토브리앙도 제안을 수락해서 모호하게 느껴질 여지가 있는 문장은 전부 삭제하거나 수정했다.

사실 샤토브리앙은 비평이 없다는 점보다는 책 내용이 아쉬웠다. "샤토브리앙은 재능이 뛰어난 작가라고 할 수 없다. 진실하지도, 자연스럽지도, 마음을 끌지도 않는다. 작품에서 노력은 느껴지지만, 그건 그저 상당한 재능과 대단한 지성을 지닌 평범한 사람의 노고다. 그에게는 행복한 순간이 많아서인지 생각보다 감성적이고 고상하다. 그러나 이 작품에는 목적이 결여되었다.『기독교의 정수』저자의 명성과 무엇보다 종교에 누가 될 작품이다."[15] 바라던 만큼 성공하지 못해서 샤토브리앙은 적잖이 실망했다. "이 나라에서는 절대 두 가지가 연달아 성공하기를 기대하지 말라. 하나가 다른 하나를 파멸시키니까. 산문에 재능이 있는 사람은 시에 대한 재능을 섣불리 보이지 말라. 문학에 탁월하다면 정치에 나서지 말라. 그것이 지금의 프랑스 정신이자 그로 인한 참담함이다. 다들 불안에 떠는 자기애와 시인의 운 좋은 데뷔에 놀란 시기심으로 작당해서 확실한 복수를 위해 시인의 다음 출간을 노리고 있다."[16] 그는 비평가들에게 반응이 얼마나 무의미한지 명철하게 증명했다. "비난받는 작가들은 대개 세상에서 가장 훌륭한 것들을 이야기한다. 하지만 그래봤자 공정한 지성인들의 미소와 군중의 빈정거림을 자아낼 뿐이다. 그 작가들은 터를 잘못 잡았다. 프랑스인들의 기질상 방어적인 입장은 반감을 자아낼 뿐이니."[17] 설령 샤토브리앙이 끝내 자신이 쓴 책의 약점을 인

---

15 앞의 책, p. 242.

16 F.-R. 드 샤토브리앙,『죽음 저편에 대한 사색』, 위의 책, 1부, 18권, 6장, p. 634.

17 앞의 책, p. 635.

정한다 해도, "『기독교의 정수』는 만천하에 공개적으로 인정된 인용의 연속이고 『순교자들』은 은폐되어 녹아든 인용들로 넘쳐나는 강이다."[18]

같은 시기에 사촌 아르망 드 샤토브리앙(Armand de Chateaubriand)이 영국에 정보를 누설해 나폴레옹에 대한 반역 음모를 꾸몄다는 혐의로 체포되었다. 사형이 분명했다. 샤토브리앙은 푸셰에게 도움을 요청했지만 푸셰는 "혁명가답게 대수롭지 않다는 듯 냉정하게"[19] 사촌은 사형 당할 가능성이 매우 높다고 대꾸했다. 그래서 이번에는 조제핀에게 편지를 썼지만, 나폴레옹은 그 편지를 불에 던져버렸다. "샤토브리앙이 나에게 정의를 요구하는군. 곧 그렇게 될 거요."[20] 다음 편지는 나폴레옹에게 보냈다. 하지만 소용없었다. 아르망 드 샤토브리앙은 1809년 3월 31일 새벽에 총살당했다. "모두가 이 불행에 개입했다. 영문을 모르는 사람들에게만 충격적인 사건이었다. 알았다면 아마도 세상이 타락했다고 말했을지 모른다. 물결 위의 폭풍우, 땅 위의 복병, 보나파르트, 바다, 루이 16세를 죽인 자들 그리고 어쩌면 세상의 대재앙 속에 있는 미지의 영혼들까지 모두가. 사람들은 알지 못했다. 모든 일은 나에게만 충격적이었고, 내 기억 속에서만 살았다. 나폴레옹이야 자신의 왕관 위에 앉았기에 손으로 짓이겨 죽인 하찮은 벌레들 따위에게 무슨 관심이나 있겠는가?"[21]

샤토브리앙은 정원에서 책 속에 파묻혀 지내면서도 정치에 무관심하지 않았다. 어느덧 제국은 분열되었다. 1811년, 시인이자 극작가인 마리 조제프 셰니에가 죽자 나폴레옹은 샤토브리앙을 아카데미 프랑세즈

---

18 기슬랭 드 디스바흐, 『샤토브리앙』에서 인용, 위의 책, p. 372.
19 F.-R. 드 샤토브리앙, 『죽음 저편에 대한 사색』, 앞의 책, 1부, 18권, 2장, p. 642.
20 앞의 책, 위의 인용문에서.
21 앞의 책, 위의 인용문에서.

(1635년 리슐리외 추기경이 창설한 가장 권위 있는 학술기관. 회원 정원은 사십 명이며 종신 직이기 때문에 회원 가운데 누군가 작고해야만 새 회원을 받아들일 수 있다—옮긴이) 회원 으로 추천했다. 몇 달 전부터 나폴레옹은 문인들에 대해서, 특히 샤토브 리앙에 대해서 의견을 나눈 모양이었다. "문인들을 잘 대접하시오. 내가 문인들을 좋아하지 않는다는 말을 듣고 문인들이 나에게 반감을 품은 모양이오. 하지만 그건 누군가 악의적으로 퍼뜨린 말이오. 바쁘지만 않 다면 문인들을 더 자주 만날 거요. 쓸모 있는 인재들이니 문인들을 우대 하시오. 그들이 프랑스를 명예롭게 할 테니!"[22] 당시 나폴레옹은 샤토브 리앙과 화해하려고 애쓰는 중이었다. 심지어 샤토브리앙의 아내 셀레스 트는 정원사에게서 이상한 방문객 두 명이 금화를 남기고 갔다는 말을 듣고서 그중 한 명은 분명 시인의 집을 알고 싶어 찾아온 황제였을 거라 믿고 즐거워하기까지 했다. 작가들과 예술가들 그리고 학자들에게 사례 하기 위해 십 년마다 수여하는 상이 제정되었다. 상은 학사원(Institut, 아 카데미 프랑세즈, 금석학·문학 아카데미, 과학 아카데미, 미술 아카데미, 정신과학·정치학 아 카데미 등 다섯 개 주요 학술 협회로 구성된 프랑스 최고의 학술기관-옮긴이)에서 수여되 었다. 작가 선별 과정에서 샤토브리앙은 마리 조제프 셰니에의 완강한 거부로 탈락된 전적이 있었다. 그때 나폴레옹은 불같이 화를 냈다. 샤토 브리앙과 공식적으로 화해할 요량으로 내심 그 상을 기대했기 때문이었 다. 설명을 요구하는 나폴레옹에게 대답하기 위해서 위원회가 구성되었 다. 그 결과 황제가 직접 수여하는 특별 훈장이 고안되었다. 샤토브리앙 도 분노했다. "학사원에 공석이 나면 장관의 명으로 내가 제일 먼저 가서 단번에 상을 받아오리다."[23]

---

22 앙드레 모루아, 『르네 또는 샤토브리앙의 삶』에서 인용, 위의 책, p. 223.

그런데 운명처럼 셰니에가 그 무렵에 죽으면서 공석이 났다. 샤토브리앙은 단 한 번의 투표로 다수표를 얻어 선출되었다. 계몽주의의 후예들은 여전히 그에게 반감을 품고 있었지만, 나폴레옹은 만족스러웠다. "책의 장소에 잘 맞는 사람을 택하셨소."[24] 이어서 퐁탄에게 이렇게 털어놓았다. "새로 선출된 사람에게 제법 큼직한 문학적 자리, 제국 도서관 총 책임자 자리를 줄 방법이 없나 보겠소."[25] 하지만 그건 샤토브리앙의 길들일 수 없는 성격을 생각지 못한 말이었다. 샤토브리앙은 자유의 찬가나 다름없는 연설문을 준비하려 했다. "나는 자유를 요구하면서 독재정치에 맞서 목소리를 높이기로 결심했다. 1793년 과격파들의 공포정치에 대한 내 생각을 밝히고, 몰락한 왕가에 대한 아쉬움을 표현하고, 여전히 왕족들에게 충성했던 이들이 겪는 불행에 대해 탄식하고 싶었다. 친구들은 내 생각이 틀렸다면서 만류했다. 학술적인 담론에서는 어쩔 수 없이 정부 수장에 대한 찬사를 늘어놓아야 한다고 했다. 어떤 면에서는 보나파르트를 향한 적당한 찬사를 늘어놓아야 내가 꼭 말하고 싶은 진실을 받아들이게 할 수 있고, 내 의견을 고수했다는 명예도 얻으면서 동시에 아내의 불안도 덜어줄 수 있을 거라고 했다. 나는 곰곰이 생각하다가 마지못해 굴복했다. 하지만 친구들의 생각이 틀렸다고 장담했다. 아무리 그래도 나폴레옹이 자신의 아들, 아내, 영광에 대한 진부한 이야기를 간파하지 못할 리 없다고. 오히려 내 이야기를 더 신랄하게 받아들여서, 앙기앵 공작의 죽음에 대한 책임을 회피하고 〈메르퀴르〉지를 폐지시킨 장본인이 자신임을 깨달을 거라고. 결국 나는 휴식을 보장받

23 앞의 책, p. 225.
24 앞의 책, p. 226.
25 앞의 책, 위의 인용문에서.

기는커녕 오히려 박해만 자초하는 셈이라고. 친구들은 머지않아 내 말이 사실임을 인정할 수밖에 없었다. 내 연설문이 얼마나 무모한지 미처 예상하지 못했음을."[26] 과연 연설문은 나폴레옹이 삭제하려고 그어놓은 줄로 난도질되어 있었다. "여기저기 나폴레옹이 '홧김에' 찢고 표시한 괄호와 연필 자국들이 있었다. 사자의 발톱이 곳곳에 박혀 있었고, 나는 옆구리에서 느껴지는 듯한 일종의 신경질적인 기쁨을 느꼈다."[27] 그 결과, 샤토브리앙은 연설문을 새로 작성해야 했다. 하지만 그는 거절했고, 새로운 학사원 회원을 위한 공식 환영회는 열리지 않았다. 그러자 샤토브리앙의 내면에서 정치적 열정이 솟았다. "샤토브리앙의 독특한 성격을 이루는 건 정치적 글이다. […] 그를 고취시키고 자극하는 건 정치다. 『기독교의 정수』에서도, 심지어 『순교자들』에서조차 그의 생각을 깊이 파고 들어가면 정치가 보인다."[28] 나폴레옹은 분노했다. "이 연설문이 발표된다면 학사원의 문을 벽으로 막아버릴 테다. 그리고 샤토브리앙을 남은 평생 지하 감옥에 처넣어 버리겠다."[29] 시인과 황제 사이는 완전히 단절되었다.

*

1805년에 빈을 점령당하는 치욕을 겪은 후로, 오스트리아는 줄곧 복

26 F.-R. 드 샤토브리앙, 『죽음 저편에 대한 사색』, 위의 책, 1부, 18권, 8장, pp. 646-647.

27 앞의 책, p. 649.

28 피에르 노라, 『샤토브리앙, 최초의 지성인인가?』에서 인용, 갈리마르, 2001, 〈레 카이예 드 메디올로지〉, n.11.

29 샤를 루이 카데 드 가리오쿠르, 『오스트리아, 모라비, 바비에르, 1809년 원정 동안 프랑스 군대의 여정』에서 인용, 뢸리에, 1818, p. 127.

수할 방법을 모색했다. 때마침 일어난 에스파냐 사건은 오스트리아에게 절호의 기회였다. 1809년 4월, 오스트리아는 프랑스에 다시 전쟁을 선포했다. 카를 대공이 이끄는 오스트리아 군대가 프랑스의 동맹국인 바이에른을 공격했다. 나폴레옹은 신속하게 대처했다. 대육군의 젊은 신병들은 오스트리아 군대를 연달아 격파했다. 아벤스베르크(Abensberg, 4월 20일), 란츠후트(Landshut, 4월 21일), 에크뮐(Eckmühl, 4월 22일), 라티스본(Ratisbonne, 4월 23일) 전투까지 파죽지세였다. 1809년 5월 13일, 빈은 다시 한 번 프랑스에 점령되었다. 신중한 카를 대공은 다뉴브(Danube) 강 맞은편으로 철수한 뒤 다리를 허물었다. 그 바람에 나폴레옹은 다리 두 개를 새로 지어야 했다. 1808년 5월 21일, 나폴레옹은 오스트리아 군대를 기습하기 위해 에슬링(Essling)에 있는 전위부대를 보내 강을 건너게 했다. 전위부대는 눈에 띄지 않게 나폴레옹의 작전을 따랐다. 그런데 이번에는 수적으로 열세인 나폴레옹의 전위부대가 에슬링에서 기습을 당했다. 극적인 상황이 펼쳐졌지만 나폴레옹은 철수하기를 거부했다. 밤이 되자 증원군을 보내기가 한결 수월해졌다. 하지만 낮 동안에 있었던 오스트리아군의 공격으로 다리를 내주는 통에 물자 보급이 불가능했다. 결국 전투는 패배했고, 군대는 철수했다. 이틀 만에 프랑스 쪽 병사 만 팔천 명이 사망했고, 나폴레옹의 일급 사령관 장 란느 장군이 전사했다. 란느 장군은 들것에 실린 채 죽어가면서 나폴레옹에게 이렇게 경고했다. "큰 실수를 하신 겁니다. 그래서 당신의 가장 가까운 친구를 잃게 되었지만, 그래도 달라지진 않으시겠죠. 그러다가는 만족을 모르는 끝없는 야망 때문에 망하고 말 겁니다. 곁에서 가장 훌륭히 보필하는 사람들을 필요도, 후회도 없이 함부로 희생시키고 계시니까요. 감사할 줄 모르는 그 태도 때문에 한때는 당신을 존경하던 사람들이 멀어지고 있습니다. 이제 주변에는 아첨꾼들밖엔 남지 않았습니다. 감히 당신께 진실을 말하는 친구가 하나도 없더군요. 사람들은 당신을 배반하고 저버릴 겁니다. 서둘러 이 전쟁을 끝내십시오. 저희 장군들의 소망입니다. 그리고 분명 국민들의 소망이기도 할 테고요. 결코 더 이상 강력해질 순 없습니다. 더 이상 사랑받을 수도 없습니다! 죽어가면서 이런 진실을 말하는 저를 용서하십시오. 진심으로 아끼는 충심에 드리는 말씀입니다……."[30] 나폴레옹은 란느 장군의 죽음에 깊은 충격을 받았다. 그래도 포기하지 않았다. "다들 내 무덤에서 만나기로 했건만, 이제 모이지도 못하겠구나."[31] 1809년 7월 6일, 결국 바그람(Wagram)에서 나폴레옹은 오스트리아 군대를 격퇴했다. 무모했지만 아름다운 승리였다. 그리고 나폴레옹에게는 마지막 승리였다.

샤토브리앙은 나폴레옹의 군사적 '재능'을 호되게 분석했다. "군사학은 혁명을 통해 완전히 바뀌었다. 나폴레옹은 대전(大戰)을 만들어냈다. 무수한 징용병들을 이끌고 정복을 거듭하면서 만들어낸 개념이다. 그는 요새들을 우습게 여겨서 그저 엄폐하고, 침입한 지방으로 돌진해 전투 몇 번 만에 모든 것을 차지했다. 퇴각은 안중에도 없었다. 마치 벼랑과 산들을 우회하지 않고 곧장 가로지르는 로마의 길들처럼 직진했다. 다리 하나에서도 총력을 기울였고, 대형을 바꾸어 고립되었던 부대들을 반원으로 '모았다'. 나폴레옹에게 적격이었던 그 작전은 '프랑스 군의 용맹심'(furie française, 1495년에 샤를 8세가 이탈리아를 침공해 승리를 거두었던 '포르노보' 전투를 일컫기도 한다―옮긴이)과 일치했다. 하지만 격렬하고 민첩

30 도미니크 드 비유팽, 『실추, 1817-1814』에서 인용, 위의 책, p. 89.
31 장 바티스트 오노레 레몽 카프피귀, 『통령정부와 나폴레옹 제국 치하의 유럽』에서 인용, 부테르, 라스포에 에 시, 1842, 9권, p. 227.

한 병사들을 거느리고도 그 작전은 성공하지 못했다. 자신의 말로로 향하는 줄도 모른 채 대포를 장전하고 기병들을 시켜 각면 보루를 탈취했다. 결과는 어땠을까? 프랑스를 전쟁으로 몰아넣고 유럽에 행진을 가르쳤다. 그에게 중요한 건 수단을 늘리는 일뿐이었다. 총량은 매한가지였기 때문이다. 십만 명을 동원하는 대신 육십만 명을 동원했고, 대포 백문 대신 오백 문을 끌고 갔다. 기술은 조금도 나아지지 않았다. 다만 사다리만 넓어졌을 뿐이다. 앙리 드 튀렌(Henri de la Tour d'Auvergne, 나폴레옹이 존경했던 17세기의 위대한 프랑스 장군—옮긴이)도 그 점을 알았지만, 나폴레옹과 같은 절대군주가 아니었기 때문에 사천만 명이나 거느리지 못했을 뿐이다. 조만간 모로 장군(호헨린덴 전투의 승리로 일약 국민적 영웅으로 부각되었으나 나폴레옹의 미움을 받고 북아메리카로 망명했다—옮긴이)도 알고 있던 문명화된 전쟁으로 돌아가야 한다. 소수의 병사들이 의무를 다하는 동안 국민들은 쉴 수 있던 전쟁으로. 퇴각 기술, 요새를 이용한 지방 수비, 사람들이 피해를 입지 않도록 몇 시간만 소요하면 되는 끈기 있는 작전을 되살려야 한다. 나폴레옹의 막대한 전투들은 이미 영광을 넘어섰다. 요컨대 국민들이 겪는 재난에 합당한 어떤 결과도 가져오지 못하는 이 대량학살의 장을 그는 외면하고 있다. 뜻밖의 사건이 없는 한, 유럽은 오래도록 전투에 혐오를 느낄 것이다. 나폴레옹은 전쟁을 지나치게 과장한 나머지 전쟁을 죽이고 말았다."[32]

그러는 동안 나폴레옹도 서서히 지쳐갔다. 그 역시 전쟁을 끝내고 싶었다. 그래서 휴전 협상을 하려고 했다. 1809년 10월 14일, 빈 평화조약이 성사되었다. 그렇지만 복수의 갈망은 쉽사리 꺼지지 않았다. 유럽은

---

32 F.-R. 드 샤토브리앙, 『죽음 저편에 대한 사색』, 위의 책, 1부, 20권, 10장, pp. 772-773.

전쟁을 끝낼 줄 몰랐다. 결국 유럽은 1812년까지 잠깐의 휴전밖에 얻지 못했다. 러시아 원정까지 이년 반 동안의 상대적인 평화였다. 영국은 여전히 프랑스의 위세를 줄이려 안간힘을 썼고, 독일에서는 민족주의가 깨어나고 있었다. 그래도 빈 평화조약과 더불어 프랑스의 유럽 지배는 지속적으로 확립된 듯 보였다. 보나파르트 일가는 유럽을 장악했다. 의붓아들 외젠 드 보아르네(Eugène de Beauharnais)는 이탈리아의 총독, 막내동생 제롬 보나파르트(Jerôme Bonaparte)는 베스트팔렌(Westphalie)의 왕, 형 조제프는 나폴리 왕에 이어서 마드리드의 국왕이 되었다. 그리고 조아생 뮈라는 나폴리를 넘겨받았고, 또 다른 동생 루이(Louis Bonaparte)는 네덜란드의 국왕이 되었다. 게다가 작센, 바이에른 그리고 덴마크 왕들과 맺은 동맹도 숱했다. 나폴레옹은 헬베티아 연방(나폴레옹이 스위스에 세운 중앙집권적 공화국―옮긴이)의 중재자이자 라인 동맹의 수호자였다. 동맹국은 러시아와 프로이센이었고, 영국은 고립되었다. 이러한 외교 작업을 완수하기 위해 나폴레옹은 민법과 행정조직을 개편해 대륙의 지배를 강화하고 공적을 세워 출세할 수 있도록 유럽에 새로운 사상을 장려했다. "독일 국민들이 초조하게 염원하는 일은 혈통은 고귀하지 않으나 재능을 가진 개인들이 […] 동등한 고용 권리를 갖는 일이다. 군주와 최하층민 사이에 존재하는 온갖 속박과 중간 관계가 완전히 허물어지는 일이다. 나폴레옹 법전의 혜택, 소송 공표, 배심원단의 설립은 그런 독특한 성격을 띨 것이다."[33]

그런데 억센 손아귀 아래에서 민족주의가 발발하고 있었다. 국민은 생필품이 부족했고, 막중한 세금과 가혹한 징병 그리고 권위적이고 옹

---

33 『나폴레옹 1세의 서신』, 위의 책, n. 13361, XVI 권, p. 166.

졸한 지방 권력에 시달렸다. 실제로 제국은 완전히 지쳐가고 있었다. "황제가 생각하는 대제국은 실상은 영국에 맞선 연합에 지나지 않는다. 대륙 봉쇄령은 전쟁 기계에 지나지 않는다. 그 기계는 1810년에 만들어졌는데, 지금은 삐그덕거리면서 고장 나고 있다. 기계가 한 번 돌아갈 때마다 토대가 흔들린다. 제 무게에 짓눌려 땅속에 처박히면서 균형이 깨졌다. 만일 무너질 우려가 있다면 그건 톱니바퀴 속 구성이 잘못되어서도 아니고, 작동 중에 일어나는 어떤 사고 때문도 아닐 것이다. 오로지 구조 자체가 문제였다. 이미 인간의 작업을 초월했기 때문이다. 나폴레옹은 한 사람이 할 수 있는, 한 국가가 견딜 수 있는 한계를 넘어섰다. 대제국은 선출된 대표들만이 지배할 수 있었다. 터무니없이 확장된 전쟁은 장교들이 이끌 수 있는 수준이 아니었다. 기강은 터무니없이 해이해졌지만 대열에서 이탈한 군대는 보좌관들만이 충원할 수 있었다. 즉, 원동력이 약해졌다. 업적을 성공으로 이끌었던 모든 요소는 고갈되어 사라졌고, 국가와 군대에 대한 모든 권력은 지배와 전쟁의 천재인 한 남자의 손아귀에 집중되어 있었기 때문이다. 침략하면서 아직도 스스로를 방어한다고 믿고, 정복하면서 인간들을 해방시킨다고 믿는 한 사람의 격정 때문이다. 제국군의 정신인 혁명의 프랑스는 범세계적인 군대 속에서 쇠퇴하고 있었다. 프랑스는 정복욕에 빠졌다. 신분상승의 단초가 되었던 기질들이 이제는 실추의 화근이 되었다. 나폴레옹은 재능 놀음에 빠져 재앙의 씨앗이 되고 말았다. 한때 위대한 번영의 씨앗이었던 것처럼. 그런 점에서 그는 진정한 운명적 인간이다."[34]

대륙 봉쇄의 논리에 따르면 나폴레옹은 로마와의 관계도 끊어야만

---

34 알베르 소렐, 『유럽과 프랑스 혁명』, 위의 책, 7권, p. 504.

했다. 교황 비오 7세는 봉쇄 정책에 동조하기를 거부하고 중립으로 남으려 했다. 그래서 영국의 무역선에 항구를 열어주지 말라는 나폴레옹의 요구를 묵묵히 회피했다. 1806년 7월 8일, 나폴레옹은 교황에게 최후통첩을 보냈다. 하지만 4차 동맹에 맞선 전쟁을 이유로 별 효력은 없었다. 1808년 1월 21일, 나폴레옹 군대는 로마와 교황령을 점령했다. 비오 7세는 여전히 차분하고 단호했다. "나는 어린 양처럼 살았지만 스스로를 지키고 사자처럼 죽을 수 있다."[35] 나폴레옹은 재차 압박했다. 추기경들을 추방하고, 교황의 군대를 제국군에 합병시키고, 외교 관계도 단절했지만 묵묵부답이었다. 1809년 5월 16일에 결국 교황령을 합병했다. 1809년 6월 10일, 교황은 이런 권력 남용에 동참하는 이들을 모두 파문했다. 그러자 나폴레옹은 1809년 7월 5일 밤부터 6일 사이에 교황을 체포했다. 샤토브리앙이 볼 때 나폴레옹은 그 행동으로 종말에 한발 더 가까워졌다. "불공정한 에스파냐 침략을 보면서 정계가 나폴레옹에 반감을 품었다면, 이번에는 배은망덕하게도 로마를 점령함으로써 나폴레옹은 도의를 거스르고 말았다. 조금의 실리도 얻지 못한 채 국민과 제단, 인간과 신의 기쁨으로부터 멀어졌다. 인생의 양쪽 기슭에 파놓았던 두 낭떠러지 사이 좁은 도랑을 지나 스스로 파멸을 찾아 제국의 밑바닥으로 갔다. 마치 죽음의 신이 악의 도움을 받아 혼돈 사이로 뛰어들었던 그 다리 위에서처럼."[36] 그때부터 나폴레옹은 브뤼메르의 제복을 찢고 혼돈의 인간이 되었다.

수렁에서 벗어나려 안간힘을 쓰던 나폴레옹은 그제야 자신이 일군

---

35 아르망 르페브르, 『통령정부와 제국 치하의 유럽 내각 역사』, 멜린 출판사, 캉스&C, 브뤼셀, 1847, p. 299.

36 F.-R. 드 샤토브리앙, 『죽음 저편에 대한 사색』, 위의 책, 1부, 20권, 10장, p. 771.

업적을 영원히 이어나갈 후계자가 필요하다는 생각이 들었다. 특히 정부인 마리아 발레프스카(Marie Walewska)가 아들을 낳은 이후 문제가 조제핀에게 있다는 사실을 알게 되었다. 그 생각을 굳히는 데 시간이 걸렸던 건 무엇보다도 조제핀과 그녀의 아이들에게 품고 있는 깊은 애정 때문이었다. 그렇지만 1809년 12월 14일, 마침내 이혼을 결심하고 1810년 1월에 종교적으로 결혼을 무효화시켰다. 조제핀은 말메종으로 보냈다. "나는 후손을 얻기 위해 결혼했다."[37] 나폴레옹은 1810년 4월 1일에 오스트리아 대공비 마리 루이즈(Marie-Louise de Habsbourg-Lorraine)와 결혼하면서 측근들에게 그렇게 말했다. 한편, 마리 루이즈는 황제의 이혼 소식을 듣고 이렇게 말했다고 한다. "그가 누굴 간택할지 모르지만 왕비 될 이가 참 가엾다."[38] 그 결합으로 나폴레옹은 단번에 왕족 가문에 입성해 루이 16세의 조카가 되었다. 조제핀과 이혼하면서 1789년의 유산과도 갈라선 셈이었다. 하지만 아무리 그래도 유럽 군주들은 그를 자신들의 일원으로 받아들이지 않았다. 오히려 자국민들과 함께 복수의 민족주의로 더 끈끈하게 뭉쳤다. 나폴레옹이 전에 없이 움츠러든 건 두말할 나위 없었다. "나폴레옹은 전보다 훨씬 더 경계하고 의심이 많아졌다. 더는 누구도 감히 그에게 솔직하게 말하지 못했다. 사실상 그의 생각을 제대로 알지 못했다. 모두가 그를 두려워했다. 아무도 그를 사랑하지 않았다. 모두들 그가 살아 있는 한은 평화도 행복도 바랄 수 없을 거라고 입을 모아 말했다."[39] 샤토브리앙은 특유의 감각을 살려서 격언을 풍자해 비아냥댔다. "표면에는 아직 위대함이 남아 있으나, 도처에 불안이 도

---

37 루이 샤르디니, 『인간 나폴레옹』에서 인용, 페랭 출판사, 2014, 《템푸스》, p. 395.
38 앞의 책, 위의 인용문에서.
39 앞의 책, p. 407.

사리고 있다."[40] 일 년도 채 지나지 않아 그토록 기다리던 행복한 사건이 일어났다. 갓난아기는 로마의 왕으로 선포되었다. 더없는 기쁨이 나폴레옹과 후계자의 요람을 지켰다. 하지만 행복을 누리는 시간은 짧았다. 러시아가 대륙 봉쇄령을 어겼기 때문이다. 사실 러시아는 복수를 하고 싶었다. 못마땅한 부분이 한두 가지가 아니었다. 대륙 봉쇄령 때문에 경제는 위축되었고, 프랑스는 오스만투르크 제국을 두고 뜸을 들였으며, 오스트리아와 결혼하는 문제 때문에 마찰까지 빚어졌다. "알렉산드르와 나는 둘 다 […] 허세가 심한 편이라 싸우고 싶은 마음은 없으면서도 서로에게 겁을 주려 애쓰고 있었다."[41] 사실 마땅한 구실이 없을 뿐이었다. 마침 나폴레옹이 대륙 봉쇄를 강화하기 위해 올덴부르크 공국(Oldenbourg, 당시 알렉산드르 1세의 매제인 게오르그 공작이 대공으로 있던 공국—옮긴이)을 북부 독일에 병합시킨 일이 러시아에게 빌미를 내준 꼴이 되었다. 차르 알렉산드르 1세는 빈과 베를린에서 나폴레옹에게 지원군을 보내지 않는지 확인하면서 전장에 뛰어들 준비를 했다. 스웨덴의 새로운 왕위 후계자인 베르나도트 장군(나폴레옹 휘하에서 활약한 유능한 장군이었으나 스웨덴-노르웨이의 왕이 되면서 반프랑스적인 행동을 한다—옮긴이)의 중립도 확보했다. 차르는 러시아의 오랜 앙숙인 오스만투르크 제국과 조약을 맺으면서 결국 음흉한 속내를 드러냈다.

한편 나폴레옹도 가만히 있진 않았다. 샤토브리앙은 나폴레옹의 머릿속에서 무슨 일이 일어나고 있는지 정확하게 간파했다. "어느 모로 보나 그는 이제 본인이 정상에 남기로 마음만 먹는다면 명실상부한 시대

---

40 앙드레 모루아, 『르네 또는 샤토브리앙의 삶』에서 인용, 위의 책, p. 394.
41 라스 카즈, 『세인트헬레나 회상록』, 위의 책, 1부, p. 510.

의 주인이다. 그런데 안타깝게도 그에게는 세상을 멈출 권력은 있지만 스스로 멈출 힘은 없다. 그는 다른 모든 이들에게는 상이 될 마지막 왕관, 즉 불행의 왕관을 얻을 때까지 멈추지 않을 것이다."[42] 나폴레옹은 "이십 개 국가"의 군대를 모아 다국적 군대를 결성했다. 프랑스, 이탈리아, 에스파냐, 독일, 네덜란드, 프로이센, 오스트리아의 연대에서 오십만 명이 넘는 병사들을 모았다. 1812년 6월 8일, 러시아는 나폴레옹에게 군대를 철수시키고 통상조약을 체결하자고 촉구했다. 하지만 대답 대신 나폴레옹은 1812년 6월 24일에 대육군을 이끌고 네만 강을 건넜다. 그렇게 러시아 원정은 시작되었다. 원정의 목적은 모스크바가 아니었다. 나폴레옹은 속전속결을 원했다. 러시아가 바르샤바 대공국을 공격할 수밖에 없게 만든 다음, 배후에서 칠 셈이었다. 그러나 차르는 그런 함정을 경계하고 있던 터라, 오히려 전투를 거부하면서 시간을 끌었다. 수적으로 열세인 건 확실했지만, 차르에게는 결정적인 무기가 있었다. 드넓은 영토와 악천후 그리고 호전적인 국민이 비장의 무기였다. 그런데 나폴레옹은 승리의 열쇠를 오스트리아 재상 메테르니히에게 건네주고 만다(나폴레옹의 원정에 군대를 동원했던 오스트리아는 다시 러시아와 동맹을 맺고 프랑스에 선전포고를 했다—옮긴이). "승리는 끈기 있는 사람의 것이다. 나는 네만 강을 지나 원정을 시작하려고 한다. 원정의 종착지는 스몰렌스크(Smolensk)와 민스크(Minsk)가 될 것이다. 거기서 멈출 작정이다. 그리고 두 지점을 요새화하고, 러시아의 속박에서 벗어나려 안간힘을 쓰는 리투아니아의 빌뉴스(Wilno)를 총사령부로 삼아 겨우내 지낼 참이다. 두고 보아라, 둘 중 어느 쪽이 먼저 지칠지. 나는 러시아를 무찔러 내 군대를 살릴 테

---

42 F.-R. 드 샤토브리앙, 『죽음 저편에 대한 사색』, 위의 책, 1부, 20권, 10장, p. 776.

다. 아니, 알렉산드르가 제 조국을 희생시켜 내 군대를 살찌울 게다."[43]
그런데 나폴레옹에게는 그런 끈기가 없었다. 그래서 대육군은 러시아 영토 깊숙이 들어가며 보급로를 늘릴 수밖에 없었다. 변변한 전투 한 번 안 치렀는데도 막대한 손실을 입으면서 빌뉴스, 비테프스크(Vitebsk), 스몰렌스크를 점령했다. 러시아 군대의 쿠투조프(Mikhail Illarionovitch Golenichtchev-Koutouzov) 사령관은 모스크바까지 치밀하게 계획된 후퇴와 초토화 작전을 감행했다. 하지만 정작 러시아군은 후퇴하는데, 나폴레옹의 군대는 물자 보급이 제대로 되지 않아 삼분의 일이 탈영하고, 말들이 줄지어 쓰러지고, 진흙투성이 도로를 힘겹게 행군하느라 기진맥진해서 군대가 완전히 붕괴되는 참담한 상황에 처했다. 나폴레옹은 깜짝 놀랐다. "프랑스 군대를 이십 년이나 지휘했지만 이렇게 형편없는 군사 지원은 한 번도 본 적 없었다. 이제 아무도 없다. 이곳에 파견된 군대는 어떤 능력도, 지식도 없다."[44] 군대는 제대로 싸워보지도 못하고 녹초가 되었다. 나폴레옹은 무력감에 빠졌다. 샤토브리앙은 이렇게 표현했다. "제아무리 위대한 나폴레옹이라 해도 그런 식의 역경은 당해낼 재간이 없었다. 전성기에나 능력을 십분 발휘했을 뿐, 당시의 그로선 도저히 감당할 수 없는 불행이었다."[45] 추락은 더할 나위 없는 비극이었다.

차르의 측근은 전투를 개시하라고 차르를 부추겼다. 사실대로 말하자면, 톨스토이가 입증하듯 러시아군에게는 실질적인 전략이 없었다. "알렉산드르와 장군들은 나폴레옹을 유인할 생각이 없었고, 오히려 공격을 멈추고 싶었다. 나폴레옹은 어떤 작전에 유인되어 러시아 깊숙이

43 메테르니히, 『회상록』, 플롱, 1886, p. 122.
44 도미니크 드 비유팽, 『실추, 1807-1814』에서 인용, 위의 책, p. 236.
45 F.-R. 드 샤토브리앙, 『죽음 저편에 대한 사색』, 위의 책, 1부, 21권, 3장, p. 801.

들어간 게 아니라 […] 훨씬 더 복잡하게 뒤얽힌 음모와 계획, 전쟁에 연루된 인간들의 욕망에 이끌려 들어갔다. 앞으로 무슨 일이 닥칠지 짐작도 못한 채, 그 방법만이 러시아의 유일한 기회였다는 사실 또한 꿈에도 모른 채. 모든 일은 우연히 일어났다."⁴⁶ 1812년 9월 5일, 보로디노(Borodino)에서 뮈라의 전위부대는 대육군의 전진을 멈추기로 결심한 러시아 군대의 격렬한 저항에 맞부딪쳤다. 참혹한 전투가 이어졌다. 바로 모스크바 전투였다. 러시아 병사 십이만 명 중에서 오만 명이 죽었다. 프랑스 쪽에서는 사령부가 궤멸되었다. 사병 만 명이 전사하고, 이만 명이 부상당했다. 대육군은 사기가 꺾였다. "모두가 한패였다. 어두운 하늘, 차가운 비, 격렬한 바람, 잿더미로 변한 집들, 폐허와 파편으로 뒤덮여 울퉁불퉁한 평야. 지평선에 보이는 북부 지방 나무들의 슬프도록 짙은 녹음마저도. 곳곳에서 시체들 사이를 배회하며 죽은 동료들의 가방까지 뒤져가면서 생필품을 찾는 병사들. 굵은 러시아의 총알에 뚫려 처참하기 짝이 없는 부상들[…]. 더는 노래도, 읊조림도 없는 적막한 야영지. 침울한 정적."⁴⁷ 나폴레옹은 비로소 사태의 심각함을 깨달았다. "예전에는 어떤 방법으로든 반드시 성공의 왕관을 썼다. 집중 포격, 대열을 끊는 비축 창고 습격, 철인들이나 다름없는 기병대의 돌격까지 모든 방법을 총동원했는데도 승리를 얻지 못했다. 뿐만 아니라 사망하거나 부상을 당한 장군들 얘기며, 원군이 필요하다는 아우성, 러시아인들의 극렬한 저항 소식, 조직이 와해되고 있다는 내용이 담긴 보고가 사방에서 밀려 들어왔다. […] 나폴레옹 본인도 풍부한 경험상 여덟 시간이나 전

46 도미니크 드 비유팽, 『실추, 1807-1814』에서 인용, 위의 책, p. 236.
47 F.-R. 드 샤토브리앙, 『죽음 저편에 대한 사색』, 위의 책, 1부, 21권, 3장, p. 799.

투를 벌이고도 공격자가 승리를 얻지 못한 전쟁이 무엇을 의미하는지 잘 알고 있었다. 거의 진 것이나 다름없는 전투였고, 이제 이런 상황에서는 아주 작은 사고만 일어나도 자신과 군대에 치명적일 수 있다는 점을 알아차렸다."[48]

상황이 그쯤 되자 러시아도 결단을 굳혔다. 군대는 물론이고 국민들까지도. 쿠투조프는 일단 모스크바에서 철수했다. 1812년 9월 14일, 나폴레옹은 십만 병사를 거느리고 모스크바에 무혈 입성했다. 십만 명의 생존자들이라는 표현이 더 정확할 것이다. 어쨌든 나폴레옹은 그 위업을 만끽했다. "드디어 이 유명한 도시에 왔도다! 때가 되었노라!"[49] 하지만 만족은 오래 가지 못했다. 황량하기 그지없는 도시 앞에서 군대는 두려움으로 얼어붙었다. 그럴 수밖에 없는 게 1812년 9월 15일부터 모스크바 총독 로스토프친(Fedor Vassilievitch Rostopchine)이 도시에 불을 질러 나폴레옹의 군대에게 남은 거라곤 잿더미뿐이었기 때문이다. 사방이 아수라장이었다. "화마는 하늘도 땅도 삼켜버린 듯했다. 구름에 비친 모습마저 어찌나 강렬한지 현실과 허상이 구분되지 않을 정도였고, 지상의 불빛이 하늘까지 어른거리는 신기한 현상마저 일어났다. 눈앞에 펼쳐지는 장면은 시시각각 모습과 넓이 그리고 색채가 바뀌었다. 어마어마한 건물들이 무너진 뒤에 일어나는 칠흑 같은 어둠의 거대한 소용돌이에서 불꽃 속을 가로지르는 넓고도 긴 단층이 생겨났고, 그 위로 무수히 많은 불기둥이 쉼 없이 용솟음쳐 하늘까지 끝없이 솟구치는 화산처럼 보였다.[…] 불꽃들이 마치 제가 저지른 범죄를 뽐내려는 듯 벌어졌다 오므

48 도미니크 드 비유팽, 『실추, 1807-1814』에서 인용, 위의 책, p. 255.
49 F.-R. 드 샤토브리앙, 『죽음 저편에 대한 사색』, 위의 책, 1부, 21권, 4장, p. 805.

라들었다 하는 모습을 보자니, 흡사 세상에 마지막 작별 인사를 하는 요정의 광채 속에 있는 듯했다."[50] 나폴레옹은 러시아인들의 결단을 보여주는 화재 때문에 입성한 지 몇 시간 만에 진저리를 치면서 크렘린 궁을 떠났다. "이런 지독한 놈들이 있나, 그야말로 스키타이족(기원전 6-3세기 경 남부 러시아의 초원지대에서 활약한 최초의 기마유목 민족. 야만적이며 잔인하기로 유명했다—옮긴이)들이 아닌가."[51] 대육군이 지쳐갈 무렵, 러시아는 한층 더 강해졌다. 물질적인 난관에 부딪힌 나폴레옹은 약탈을 허용했다. 나폴레옹 군대의 황폐해진 정신 상태는 모스크바에서 고삐가 풀리고 말았다. 톨스토이는 이렇게 기록했다. "병력은 절반으로 줄어들었고 남루한 행색에 굶주리고 진이 빠졌지만, 프랑스 군대는 정연히 모스크바에 들어섰다. 지치고 약해졌어도 아직은 호전적이고 두려운 군대였다. 하지만 어디까지나 병사들이 집집으로 흩어질 때까지만 군대였다. 텅 빈 화려한 저택에 자리를 잡기 시작하면서부터는 더 이상 군대가 아니었다. 더는 시민도, 병사도 아니었다. 기껏해야 농작물을 노략질하는 불한당 패거리에 지나지 않았다."[52]

나폴레옹의 기대와 달리, 차르 알렉산드르 1세의 평화 제안은 감감무소식이었다. 사실상 알렉산드르 1세에게 선택의 여지란 없었다. 전쟁 아니면 왕좌였다. 그렇지만 쿠투조프는 대결할 생각이 없었다. "쿠투조프의 장점은 전략적으로 천재적인 작전이라 할 만한 뭔가가 아니라, 눈앞에서 벌어지고 있는 일들의 의미를 유일하게 꿰뚫어본다는 점이었다.

---

50 앙브루아즈 아나톨 오귀스탱 드 몽테스키우 프장삭, 『혁명, 제국, 왕정복고, 루이 필리프 치세에 대한 회상』, 플롱, 1961, p. 237.

51 F.-R. 드 샤토브리앙, 『죽음 저편에 대한 사색』, 위의 책, 1부, 21권, 4장, p. 806.

52 도미니크 드 비유팽, 『실추, 1807-1814』에서 인용, 위의 책, p. 267.

그래서 프랑스 군대가 얼마나 무기력한지 혼자 깨닫고, 보로디노 전투가 승리였다고 혼자 계속 주장하고, 공격을 지지해야 하는 총사령관이라는 위치에 있으면서도 러시아 군대가 쓸모없는 전투를 피하도록 총력을 기울였다."[53] 이런 입장 때문에 나폴레옹이 평화 제안을 할 수밖에 없었다. 역할이 뒤바뀐 셈이었다. 하지만 러시아 군대는 응답 대신 겨울 강추위를 기다렸다. 나폴레옹은 선뜻 모스크바를 떠날 결심을 하지 못했다. "정치적으로는 절대 퇴각하지 말아야 한다. 결코 발길을 되돌려서도 안 되고, 잘못을 인정하려면 조심해야 한다. 그렇지 않으면 신용이 떨어진다. 틀렸더라도 끈질기게 우겨야 한다. 그러면 결국은 옳았다고 인정받는다."[54] 샤토브리앙에 따르면 더없이 치명적인 오류였다. "나폴레옹은 일보후퇴가 영예를 망치고 자신의 명성이 지닌 공포를 사라지게 할 거라는 생각에 내려갈 마음이 없었다. 시시각각 닥쳐오는 위험 경고를 무시하고, 초조하게 상트페테르부르크(Saint-Petersbourg)의 응답을 기다렸다. 그토록 숱한 능욕을 지시했던 천하의 나폴레옹이 패자의 관대한 말 몇 마디에 한숨을 내쉬었다.[…] 실컷 포식하고 잠이 든 아프리카의 무시무시한 용들처럼 그는 삼십오 일 동안 잊혔다. 하지만 한 사람의 운명을 바꾸기 위해서 분명 필요한 나날이었다. 그러는 동안 나폴레옹의 운명의 별은 기울고 있었다. 마침내 잿더미가 된 얼음장 같은 도시에서 허겁지겁 일어나 잔해 한가운데로 슬그머니 내려갔다. 하지만 이미 때는 늦었다. 십만 대군은 꼼짝없이 궁지에 몰렸다."[55] 일찌감치 찾아온 겨울 앞에서 그들은 퇴각할 수밖에 없었다. 비축 식량과 장비들은 혹

---

53 레옹 톨스토이, 『전쟁과 평화』, p. 1291.

54 도미니크 드 비유팽, 『실추, 1807-1814』에서 인용, 위의 책, p. 267.

55 F.-R. 드 샤토브리앙, 『죽음 저편에 대한 사색』, 1부, 21권, 4장, pp. 811-813.

한을 이겨내기에 턱없이 부족했다. 그래도 나폴레옹은 스몰렌스크로 후퇴해서 겨울을 보내며 체력을 회복할 계산이었다. "행운의 여신이 너무 자주 웃어주었던 나머지, 행운이 자신을 배신할 수도 있다는 생각은 미처 하지 못했다."[56]

그때부터 대육군은 추격당하기 시작했다. 퇴각은 결국 패배로 이어졌다. 톨스토이가 지적했듯이 그들의 유일한 목적은 오로지 그곳을 벗어나는 일이었기 때문이다. "나폴레옹의 군대는 도저히 회복이 불가능한 상태였다. 보로디노 전투와 모스크바 약탈 이후로 그야말로 부패 직전이었다. 병사들은 대장들과 마찬가지로 어디로 가야 하는지도 모르면서 무작정 달아났다. 모두가 바라는 건 단 하나(나폴레옹도, 말단 사병도), 어렴풋이나마 알고 있는 그 상황에서 저마다 최대한 빨리 벗어나고 싶을 뿐이었다."[57] 그래서 나폴레옹은 쿠투조프, 비트겐슈타인(Louis-Adolphe-Pierre Wittgenstein)과 치차고프(Pavel Vassilievitch Tchitchagov) 장군이 이끄는 러시아의 세 군대가 집결하기 전에 스몰렌스크에 도착하려고 무리하게 강행군을 했다. 하지만 군대는 샤토브리앙의 표현에 의하면 "눈 등에"[58] 나 다름없는 러시아 기병들에게 쉴 새 없이 집요한 공격을 받았다. 러시아 기병들은 고립된 병사들이나 낙오병들을 가차 없이 죽였다. 심지어 나폴레옹도 하마터면 생포될 뻔했다. 때마침 기병중대가 와서 이미 한 손에 칼을 빼들고 있는 그를 구해주었다. 그때부터 근위병들은 하얀 지옥을 건넜다. "굶어죽거나, 천근만근인 군수품마저 잃거나, 피로와 결핍으로 기진맥진한 말들이 쓰러질지 모른다는 두려움에 가엾게도 모두

---

56 도미니크 드 비유팽, 『실추, 1807-1814』에서 인용, 위의 책, p. 297.
57 앞의 책, p. 286.
58 F.-R. 드 샤토브리앙, 『죽음 저편에 대한 사색』, 위의 책, 1부, 21권, 5장, p. 820.

마음을 닫아걸었다. […] 저마다 자신만, 오로지 자신만 생각했다."[59] 한편 쿠투조프는 대육군을 맹렬하게 추격했다. "나는 내 포로인 프랑스 군대를 쫓아간다. 그들이 멈추거나 대로에서 멀어지려는 순간 바로 징벌한다. 이제 나폴레옹의 최후의 운명이 보인다. 베레지나(Berezina) 늪지에서 모든 러시아 군대가 보는 앞에서 그의 유성은 꺼지리라. 나는 힘이 빠져 무력해진 채 죽어가는 나폴레옹을 러시아 병사들에게 넘길 작정이다. 그 정도면 나의 영광에 충분하다."[60] 1812년 11월 6일, 러시아의 매서운 겨울이 달아나는 프랑스군을 덮쳤다. 굶주림과 러시아 기병대의 맹추격에 이어진 혹한은 영하 십오 도에서 삼십 도 사이를 오가는 강추위였다. "말들은 얼어붙은 땅 위로 더는 앞으로 나아가지 못하고 쓰러졌다. 수송단과, 처음으로 대포들까지 연결재가 부족해서 뒤로 처졌다. 대육군이 스몰렌스크를 향해 다급히 발길을 재촉하는 길은 꽁꽁 언 시체들로 뒤덮였다. 하지만 이내 눈이 거대한 수의처럼 시체들을 뒤덮어 매장된 동료들의 흐릿한 윤곽 외에는 한 치 앞도 보이지 않았다."[61] 1812년 11월 9일부터 13일 사이에 스몰렌스크에 도착한 군대 인원은 절반으로 줄어들었다. 전사들이 휴식을 취할 수 있을 줄 알았던 도시가 알고 보니 무덤이었다. 심지어 필수품이 지나치게 제한되어 곳곳에서 아귀다툼이 벌어졌다. 나폴레옹은 최대한 빨리 파리를 향해 다시 출발하기로 결심했다.

스몰렌스크에서 빠져나온 병사는 고작 삼만 명이었다. 사기도 떨어지고 굶주린 채로. 러시아 군대에 붙잡히지 않으려면 서둘러 빌뉴스로 가야 했다. 다행히도 근위병은 그나마 싸울 수 있는 상태였다. 하지만

59 알랭 필리옹, 『경험한 사람들이 들려주는 베레지나』에서 인용, 프랑스 앙피르, 2005, p. 58.
60 F.-R. 드 샤토브리앙, 『죽음 저편에 대한 사색』, 위의 책, 1부, 21권, 6장, p. 822.
61 크리스티앙 빌헬름 폰 파베르 뒤 포르, 『1812년 러시아 원정』, 플라마리옹 출판사, p. 240.

그들도 동요하긴 마찬가지였다. 1812년 11월 27일, 미셸 네 장군이 전투에서 이긴 후 대육군은 간신히 베레지나 강을 건넜다. 도하는 아비규환 그 자체였다. "특히 병사들이 따르던 근위병이 동요했을 때였다. 근위병의 출발은 무슨 신호 같았다. 근위병들이 사방에서 달려와 강둑 위에 모였다. 사람들, 말들 그리고 짐수레들이 혼란스럽게 무더기로 몰려들어 순식간에 다리의 좁은 입구를 에워싸는 모습이 보였다. 앞서 도착한 이들은 뒤에 오던 사람들에게 떠밀렸고, 근위병들과 가교공병들에게 다시 밀쳐지거나 붙들려 짓눌렸고, 베레지나 강을 떠내려가는 얼음물 속에 빠졌다. 그 처참하고 거대한 무리에서 때로는 둔탁한 웅성거림이, 때로는 신음과 무시무시한 저주가 뒤섞인 커다란 탄식이 들려왔다. 어찌나 난장판이던지 새벽 두 시쯤 황제가 모습을 드러낼 무렵에도 무력으로 길을 터야 할 정도였다. 정예 근위병과 라투르 모부르(Latour-Maubourg) 장군의 기병대는 차마 불쌍한 무리를 뚫고 갈 수가 없어서 전진을 포기했다.[…] 강둑 위에서는 말들과 짐수레들이 끔찍하게 뒤죽박죽 엉킨 채 거대한 더미를 이루었다. 한낮이 될 무렵, 적군의 첫 포탄이 혼돈 한가운데에 떨어졌다. 모두에게 절망의 신호였다. 좌절한 무리에서 제일 먼저 뛰어들었던 많은 이들이 다리까지 채 가지도 못한 채 옆으로 기어오르려고 안간힘을 썼다. 하지만 대다수는 다시 강물로 내동댕이쳐졌다. 그때 얼음조각들 한가운데에서 품에 아이를 안은 여인네들이 물속에 몸을 던지면서까지 그들을 끌어올리는 모습이 보였다. 이미 물에 젖어서 뻣뻣하게 굳은 병사들은 안간힘을 쓰며 여자들의 팔을 움켜잡았다. 참담한 혼란 속에 포병대의 다리마저 폭파되어 끊어졌다. 좁은 통로에 들어선 부대는 후퇴하려고 안간힘을 썼지만 소용없었다. 뒤이어 오는 사람들의 물결은 그런 참사를 알지도, 앞서 간 사람들의 비명도 듣지 못한 채 서로 떠밀고 떠밀리다가 구렁 속으로 빠져들었다. 그러자 일제히 다른 다리로 향했다. 묵중한 수송차량과 짐마차와 포병대가 무리를 지어 사방에서 다리로 몰려들었다. 지휘자들이 이끄는 대로 가파르고 울퉁불퉁한 언덕으로 쏠려가서는 인파 속에 쓰러진 불쌍한 사람들을 짓이겼다. 곧이어 서로 부딪쳐 난폭하게 고꾸라진 대다수는 떨어지면서 주위를 둘러싼 사람들을 쳐 죽였다. 그러자 그 틈바구니에 밀쳐져서 이성을 잃은 사람들이 한데 뒤엉켜 곤두박질쳤고, 쉬지 않고 연달아 오는 다른 불우한 병사들 무리에 짓이겨졌다. 비참하게도 밀물처럼 그렇게 차례차례 굴러 떨어졌다. 고통과 분노의 외침만 들려왔다. 참혹한 혼전 속에서 짓밟히고 숨이 막힌 사람들은 동료들의 발밑에서 발버둥질을 했다. 손톱과 치아로 서로를 붙들고 늘어졌다. 적과 다를 바 없이 서로를 가차 없이 밀쳤다. 격렬한 몸부림, 포화, 휘파람 소리 같은 눈보라, 포탄, 파편, 비명, 신음, 끔찍한 저주가 뒤얽힌 아수라장에서 무절제한 무리는 자신들이 삼켜버린 희생자들의 신음소리를 듣지 못했다."[62] 다리를 지나자 마침내 휴식이 찾아왔다. 하지만 네만 강을 다시 건넌 인원은 고작 이만 명이었다. 나머지 병사들은 죽었거나 포로로 잡혔거나 버려졌다.

1812년 12월 5일, 나폴레옹은 병사들을 포기하고 파리로 향했다. 뮈라는 사령관을 방어하며 나폴리로 돌아갔다. 이번 패주로 유럽의 상황은 완전히 급변했다. 동쪽에서는 러시아군이 계속 전진했고, 영국인들은 에스파냐로 진군했다. 오스트리아인들은 프로이센인들과 마찬가지로 호기를 놓치지 않고 근위병을 돌려 동맹군에 합류했다. 귀로에서 나

---

62 .F.-R. 드 샤토브리앙, 『죽음 저편에 대한 사색』, 위의 책, 1부, 21권, 7장, p. 827.

폴레옹은 부관 콜랭쿠르(Armand Caulaincourt)에게 넋두리하듯 자신의 입장을 정당화했다. "제1통령이자 황제인 나는 국민들의 왕이었다. 일부 사람들의 아우성이나 이익 때문에 우회하지 않고 국민을 위해서, 국민의 이익을 위해서 통치했다.[…] 이 세상에는 단 하나의 대안밖에 없다. 명령하거나 복종하는 것이다. 프랑스에 대해 유럽 정부들이 보여준 태도는 오로지 프랑스의 권력밖에, 따라서 프랑스의 위력밖에 의지할 데가 없다는 사실을 확실히 깨닫게 해주었다. 따라서 나는 프랑스를 강국으로 만들어 위대한 군대를 유지할 수밖에 없었다. […] 나에게는 [목적이] 하나뿐이었다. 영국과의 평화, 다시 말해서 전반적인 평화다. 이 평화를 얻지 못하면 나머지는 휴전에 지나지 않는다."[63]

1812년 12월 18일, 파리에 도착한 나폴레옹은 권력의 덧없음을 새삼 깨달았다. 반역을 시도한 장군 말레(Claude François de Malet)는 황제가 죽었다고 발표하면서 하루아침에 권력을 장악하는 데 성공했다. 나폴레옹의 아들인 로마의 왕이 즉위해야 한다고 생각한 사람은 아무도 없었다. 그리고 샤토브리앙은 이렇게 언급했다. "한 줄기 바람이 제국을 무너뜨리다시피 했다. 한밤중에 감옥에서 빠져나온 일개 병사가 새벽녘에는 세상의 주인이 되었다. 꿈이 굉장한 현실이 될 뻔했다."[64] 나폴레옹은 이렇게 결론지었다. "이 사건은 당연히 파리의 웃음거리가 되었고, 어리석음을 넘어서 조롱거리가 된 당사자들은 즉결 처형되었다."[65] 마침내 나폴레옹 군대의 패주 소식을 들은 여론은 깜짝 놀랐다. 요컨대 대육군은 이제 사라지고 없었고, 제국은 시시각각 사라질 위기에 처했다.

63 콜랭쿠르, 『황제와 함께 러시아 썰매를』, 아를레아, 2013, pp. 167-174.
64 F.-R. 드 샤토브리앙, 『죽음 저편에 대한 사색』, 위의 책, 1부, 22권, 1장, pp. 836-837.
65 장 마생, 『나폴레옹 보나파르트』에서 인용, 《전집과 역사》, 클럽 프랑세 뒤 리브르, 1971, p. 241.

1813년 2월, 프로이센 왕이 독일 전체를 규합해 대프랑스 동맹을 맺었다. 그때부터 본격적인 민족주의가 시작되었다. 샤토브리앙은 이렇게 강조했다. "삶 자체가 격정적인 서정시였던 사내가 쓰러진 건 신생 독일의 시인들이 숙적이자 무장한 시인인 나폴레옹에 맞서 노래하면서 검을 잡았을 때였다."[66] 유럽 지식인들도 등을 돌렸다. 샤토브리앙은 프랑스의 고립을 이렇게 설명했다. "러시아는 나폴레옹이 이끄는 유럽에서 혼자 꿋꿋이 저항했다. 반면에 나폴레옹의 비호 아래 홀로 남겨진 프랑스는 등 돌린 유럽 아래 쓰러졌다. 아니, 러시아는 악천후의 보호를 받았고, 유럽은 제 주인 밑에서 마지못해 행진했다고 말하는 편이 옳겠다. 반대로 프랑스가 보존된 건 기후 때문도, 열 명에 한 명꼴로 줄어든 인구 때문도 아니었다. 가진 거라곤 용기와 영광에 대한 추억뿐이었으니까."[67] 그때부터 나폴레옹은 권위주의의 보루를 수호했고, 유럽의 왕들은 국민들의 자유의 깃발을 흔들었다. 나폴레옹은 에스파냐와 독일이라는 두 개의 전선을 동시에 맞닥뜨려야 했다. 다행히 독일 원정대는 러시아-프로이센 군대에 맞서서 나폴레옹 군대의 승리를 일구었다. "나는 다시 유럽의 주인이다."[68] 독수리 나폴레옹은 잿더미에서 다시 태어난 듯했다. 그래서 세력을 쥔 입장에서 협상하려 했다.

실제로 나폴레옹은 군대를 재편할 필요를 느꼈다. 어쨌든 적군을 계속 추격할 수 있는 형편이 아니었기 때문이다. 치명적이었던 지난 전투들은 이제 적의 세력이 전쟁에 훨씬 잘 단련되어 있음을 보여주었다. 이와 달리, 대육군은 허술한 기병대, 잦은 탈영, 가차 없이 약해지는 정신

66 F.-R. 드 샤토브리앙, 『죽음 저편에 대한 사색』, 위의 책, 1부, 22권, 5장, p. 845.

67 앞의 책, 1부, 22권, 5장, p. 817.

68 오귀스트 프레데릭 루이 비에스드 마르몽, 『회상록』, 위의 책, V권, p. 25.

력과 같은 약점을 연신 노출시켰다. 특히 러시아에서 패주한 이후로 충격에 빠진 최고사령부의 정신력은 말할 나위도 없었다. 베르티에는 그들의 정신 상태를 이렇게 요약했다. "연금 백오십만 리브르에 파리의 아름다운 저택, 근사한 토지를 준다 한들 그림의 떡이라면 그게 다 무슨 소용이란 말인가? 나는 여기 전쟁터에서 죽을 테지. 차라리 일개 사병이 나보다 더 행복할 것이다."[69] 그래서 나폴레옹도 목적만 이룬다면 더는 훈련을 시키지 않겠다고 다짐했다. "일반적으로 고위 장교들은 예전에 비해 전의를 상실한 게 사실이다. 내가 그들에게 너무도 많은 존경과 명예, 너무도 풍요로운 부를 주었기 때문이다. 그들은 쾌락을 잔째 들이켰고, 그때부터 휴식만을 요구했다. 돈으로 살 수만 있다면 기꺼이 어떤 대가를 치르더라도 휴식을 샀을 것이다. 열정은 식었다."[70] 나폴레옹 자신도 회의에 빠졌다. 특히 충신 뒤록이 죽어가는 모습을 지켜볼 때가 최악이었다. 하지만 선택의 여지가 없었다. "나더러 뭘 어쩌란 말인가? 내 명예를 실추시키려고? 어림도 없지! 나도 죽을지 모른다. 하지만 죽어도 한 치의 땅도 양보하지 않겠다. 왕관을 머리에 쓰고 태어난 너희 왕들은 스무 번을 싸워서 지고도 수도로 돌아가겠지. 하지만 나는 그럴 수 없다. 벼락출세한 군인이기 때문이다. 나의 통치는 내가 강인함을 잃는 그 순간, 따라서 더는 두려움의 대상이 되지 못하는 그날을 넘기지 못할 테니까."[71]

1813년 6월 4일, 휴전 조약이 맺어졌다. 프라하에서 강화회의가 개최되었다. 사실상 대프랑스 동맹군이 전력을 재정비하고 교섭을 유리하게

69 메느발 남작, 『회상록』, 당튀, 1894, p. 48.
70 라스 카즈, 『세인트헬레나 회상록』, II권, p. 11.
71 도미니크 드 비유팽, 『실추, 1807-1814』에서 인용, 위의 책, p. 396.

이끌 적기였다.

1813년 8월 중반에 군사 작전이 재개되었다. 그러자 오스트리아와 스웨덴이 연합에 들어갔다. 그때부터 전 유럽이 프랑스에 맞섰다. 나폴레옹의 약점은 그를 더욱 고집스럽게 만들었다. "결정적인 시간이 다가오고 있다는 걸 분명히 깨달았다. 별은 희미해졌고, 고삐가 손에서 빠져나가는 걸 느꼈지만 손 쓸 방법이 없었다. 청천벽력 같은 돌발 사태가 일어나지 않는 한은. 교섭하고 매듭짓는 일은 어리석게도 적에게 항복하는 일이었으니까[…]. 남은 방법은 오직 맞서 싸우는 것뿐이었다. 그래서 매일 이런 저런 숙명으로 우리의 기회는 줄어들었다."[72] 나폴레옹은 전투를 벌일 때마다 승리했다. 하지만 휘하의 장군들은 곤혹스러웠다. 휘하 장군들은 패배에 패배를 거듭하면서 프랑스의 운명을 더욱 약화시켰다. 그러자 나폴레옹은 라이프치히(Leipzig) 대전투 발발을 수락했다. 오십만 명의 병사들이 참전했다. 프랑스는 1813년 10월 16일부터 19일까지 사흘 동안 두 국가를 상대로 싸웠다. 프랑스는 무참히 패배했고, 나폴레옹은 망연자실했다. "접의자에 앉은 황제. 두 다리는 형편없는 의자에 올리고, 두 손은 배 위로 가지런히 모은 채, 눈을 감고 고개를 숙인 모습은 언뜻 보면 졸고 있는 듯이 보였지만, 그보다는 차라리 깊은 상념에 잠겨 있는 듯했다. […] 그렇게 낙담한 모습의 황제는 한 번도 본 적 없었다."[73] 충실한 시종장인 맘루크 알리(Louis Étienne Saint-Denis Ali)는 그렇게 증언했다. 결국 나폴레옹은 후퇴를 명령했다. 그렇게 제국의 종말을 알렸다. 1813년 11월 2일, 하나우(Hanau) 전투에서 승리를 거두었음

---

72 라스 카즈, 『세인트헬레나 회상록』, 위의 책, II권, p. 11.
73 맘루크 알리, 『나폴레옹 황제에 대한 회상』, 아를레아, 2000, p. 62.

에도 라인 강을 다시 건널 수밖에 없었다. 프랑스군은 네덜란드와 벨기에에서도 후퇴했다. 에스파냐에서는 1813년 6월 21일 비토리아(Vitoria) 전투의 참패 직후, 결정적인 패배로 승부는 끝이 났다. 뒤이어 나폴레옹의 부관들도 총퇴각했다. 나폴레옹 덕분에 나폴리 왕이 된 뮈라는 왕위를 보존하기 위해 프랑스에 맞서 전쟁을 선포하기로 협상했다.

그때부터 프랑스는 자국 땅에서도 직접적인 위협을 받았다. 하지만 나폴레옹은 소부대를 재편성했고, 프랑크푸르트에서 결성된 동맹군의 평화 제안을 거절했다. 상황을 역전시키리라 믿어 의심치 않았다. 자신이 얼마나 깊은 구렁에 빠져 있는지 깨닫지 못했다. 오히려 국민을 열광시키려 했다. "나에게 프랑스가 필요한 이상으로 프랑스에는 내가 필요하다. […] 프랑스에 가서 전하라. 누가 뭐라 해도, 전쟁을 치르는 건 나뿐만 아니라 프랑스도 마찬가지니, 프랑스가 지켜야 하는 대상은 나 개인이 아닌 프랑스의 국가적 존재라고."[74] 이제 프랑스 사람들은 사실상 믿지 않았다. 바야흐로 위기가 무르익었다. 열정적인 겉모습 뒤로 온 나라가 간절히 평화를 염원했다. 비관론과 염세주의가 프랑스 곳곳에서 성행했다. 나폴레옹은 '내 탓이로다' 했다. "감히 시인하건대 나는 두려움 없이 전쟁을 너무 많이 했다. 내게는 원대한 계획들이 있었다. 프랑스에서 세계 제국을 일구고 싶었다. 하지만 내가 틀렸다. 내가 세운 계획들은 우리 국민과 적합하지 않았다[…]. 내 운에 지나치게 의지했던 잘못을 속죄하고 또 속죄할 것이다. […] 이 평화는 오로지 나에게만 굴욕적일 것이다. 잘못한 사람이 나니까 고통도 내 몫일 뿐, 프랑스는 고통 받지 말라. 프랑스는 잘못한 것이 없다. 프랑스는 나를 위해 아낌없

---

74 아돌프 티에르, 『통령정부와 제국의 역사』, 그뤼아즈, 1858. IX권, pp. 355-356.

이 피를 흘렸고, 나를 위해 어떤 희생도 마다하지 않았다! [⋯] 나는 평화 조약을 체결하려 한다. [⋯] 이제는 프랑스 국민에게 내 계획을 위해서, 나를 위해서 피 흘리라고 요구하지 않는다[⋯]. 다만 이제는 프랑스와 프랑스 국경의 보전을 위해서 피 흘리길 바란다. [⋯] 내가 국민에게 바라는 건 우리 영토에서 적을 몰아낼 방법을 달라는 것뿐이다. [⋯] 나는 평화 교섭을 원한다. 단, 야만인 무리에게 유린당한 조국 한가운데가 아니라 국경에서 하고 싶다."[75]

1814년 초반에 대프랑스 동맹군 이십오만 명이 프랑스 동쪽에 진을 쳤다. 샤토브리앙은 적군의 기습에 짓밟힌 프랑스의 모습을 이렇게 묘사했다. "너무도 큰 고통과 스스로 내세운 주인의 배은망덕한 고집에 기가 막힌 프랑스는 침략자들을 망연자실하게 바라보았고, 무력함에서는 절망이 피어났다."[76] 적군의 승리를 의심하는 사람은 아무도 없었다. 시작은 1814년 2월 1일에 벌어진 라 로티에르(La Rothière) 전투였다. 하지만 지나치게 자신만만했던 동맹군은 힘을 분산시켰다. 나폴레옹은 프랑스를 더 이상 빼앗기지 않으려 필사적으로 몸부림쳤다. 황제는 다시 장군이 되었다. 박탈감은 그를 더욱 강하게 만들었다. 나폴레옹은 기회를 놓치지 않고 각개격파를 결심했다. 샹포베르(Champaubert), 몽미라유(Montmirail), 샤토티에리(Chateau-Thierry), 보샹(Vauchamps), 몽트로(Montereau)는 연달아 나폴레옹에게 승리의 전장이 되어주었다. 동맹군은 뜻밖의 패배로 당황했다. 그들은 간신히 정신을 차리고 다시 집결하기로 했다. 이어서 나폴레옹이 배후를 공격한다는 사실을 알고 곧장 파

---

75 도미니크 드 비유팽, 『실추, 1807-1814』에서 인용, 위의 책, pp. 458-459.
76 F.-R. 드 샤토브리앙, 『죽음 저편에 대한 사색』, 위의 책, 1부, 22권, 7장, p. 850.

리를 향해 진군했다. 1814년 3월 31일, 동맹군은 도시를 지켰어야 했을 조제프 보나파르트와 마리 루이즈가 버리고 떠난 파리에 입성했다. 나폴레옹은 퐁텐블로(Fontainebleau)에 자리를 잡았다. "그는 너무 세게 휘두른 나머지, 프랑스라는 검을 부러뜨리고 말았다. 물질과 마찬가지로, 영혼에도 한계가 있다. 결코 포기를 모르고, 행운을 지배한다고 늘 큰소리치다가 별안간 군사도 무기도 없는 처지가 되었다. 어느덧 악의와 비겁함, 배신의 파도가 그의 천재성을 휘감아 여물고 부풀었다가 산산이 부서졌다."[77] 샤를 드골(Charles De Gaulle)은 그렇게 분석했다.

나폴레옹의 실추를 둘러싸고 숱한 음모가 꾸며졌다. 탈레랑은 나폴레옹을 배신하고 임시정부를 꾸렸고, 이에 힘입은 부르봉 왕조의 귀환 쪽으로 다른 이들의 마음이 기울자 차르는 망설였다. 1814년 4월 2일과 3일, 원로원에 이은 입법부의 투표로 나폴레옹의 세력은 약해졌다. 그래도 그는 저항하며 다시 공격하려 했다. 그렇지만 1814년 4월 6일, 아들에게 왕좌를 양위하라고 부추기는 장군들의 압박과 마르몽 군대의 투항에 결국 나폴레옹은 자포자기하고 아무 조건 없이 양위를 결심했다. "어쩌겠는가? […] 저항하면 프랑스는 내란에 휩싸일 텐데. 그러기엔 프랑스를 너무 사랑한다! 내가 원한 건 오직 프랑스의 영광이었다. 프랑스를 불행에 빠뜨리진 않겠다……. 이 아름다운 나라가 나 때문에 황폐해지길 원치 않는다."[78] 원로원은 루이 18세를 소환해 왕관을 씌웠다. 1814년 4월 20일, 나폴레옹은 퐁텐블로에서 작별을 고했다. "정든 근위병들이여, 제군에게 작별을 고하노라. 이십 년 동안 나는 끊임없이 명예와

---

77 샤를 드골, 『프랑스와 프랑스 군대』, 플롱, 1972, p. 161.
78 장 티리, 『나폴레옹 1세의 첫 번째 양위』, 베르제르 르브로 출판사, 1948, p. 188.

영광의 길 위에서 그대들을 보았다. 전성기와 마찬가지로 최근에도 그대들은 변함없는 용맹과 충성의 본보기가 되어주었다. 제군 같은 사람들과 함께라면 우리의 명분은 사라지지 않았을 터이다. 하지만 전쟁은 끝이 없었다. 만일 그 전쟁이 내란이었다면 프랑스는 더없이 불행해졌을 것이다. 그래서 나는 국익을 위해 우리의 모든 이익을 희생했다. 이제 나는 떠난다. 제군은 계속해서 프랑스를 위해 봉사하라. 나는 오로지 프랑스의 행복만을 생각했다. 언제까지나 내 소망도 프랑스의 행복일 것이다. 나의 운명을 동정하지 마라. 내가 헛되이 살아남는 것에 동의한 건 우리의 영광을 다시 도모하기 위해서다. 우리가 함께했던 위대한 일들을 글로 쓰고 싶다! 안녕히, 나의 병사들이여! 모두를 꼭 끌어안아주고 싶구나. 최소한 그대들의 깃발이라도 안겠다!"[79] 벅찬 감동에 근위병들의 억누른 흐느낌 소리만 들렸다. 나폴레옹은 프랑스 국기를 품에 안은 뒤 작별 인사를 건넸다. "이 포옹이 모든 용자들의 가슴에 울려 퍼지기를!…… 안녕히, 나의 병사들이여!……."[80]

나폴레옹은 망명길에 올랐다. 1814년 5월 3일, 날개가 찢어진 독수리는 엘바 섬에 도착했고, 같은 날 루이 16세의 동생은 똑같은 근위병의 호위를 받으면서 파리로 돌아왔다. "인간의 얼굴이 그렇게 위협적이면서도 무시무시한 뭔가를 표현한 적이 또 있었을까 싶다. 한때 유럽의 승자였던, 온몸이 상처투성이인 정예병들은 한때 머리를 스치고 지나는 무수한 포탄들을 눈으로 보았던 이들이었다. 전장의 포화와 화약 냄새를 온몸으로 느꼈던 사람들. 자신들의 장군을 빼앗긴 바로 그 사람들은 전

79 F.-R. 드 샤토브리앙, 『죽음 저편에 대한 사색』, 위의 책, 1부, 22권, 7장, p. 883.
80 앞의 책, 위의 인용문에서.

쟁이 아니라 시대 때문에 불구가 된 옛 왕을 맞아 허리를 숙일 수밖에 없었다. 점령당한 나폴레옹의 수도에서 러시아와 오스트리아, 프로이센 군대의 감시를 받으면서. 어떤 이들은 이맛살을 찌푸리고 일부러 보지 않으려는 듯 깃이 달린 넓은 근위병 모자를 눈까지 푹 눌러썼고, 어떤 이들은 분노의 경멸 속에 입 꼬리를 내렸으며, 어떤 이들은 콧수염 사이로 호랑이처럼 치아를 드러내 보이기도 했다. 받들어총을 할 때의 몸짓에는 격분과 함께 무기에서 떨리는 소리가 났다. 단언컨대 그들에게는 단 한 번도 겪어본 적 없는 모진 시련과 고통이었다."[81] 혁명이 시작된 지 이십오 년 만에 왕이 돌아왔다.

*

"아직도 견고한 전제정치에 맞서서, 되살아나는 자유의 방패를 사용하기 위해 필사적으로 혼전 속에 뛰어들었다. 절망감에 힘이 세 배는 커졌다. 내 말에 확실한 권위를 싣고자 합법성을 거론하면서 말했다. 나는 프랑스에서 유서 깊은 왕가가 무엇인지 배웠다[…]. 이미 여러 차례 언급했지만, 루이 18세는 십만 대군보다 내 팸플릿이 훨씬 더 도움이 되었다고 털어놓은 바 있다. 아마도 그에게는 내 팸플릿이 생명 증서나 다름없었을 터이다. 그가 다시 왕좌의 기회를 얻는데 기여했으니[…]."[82] 나폴레옹이 퇴위되던 날에 팸플릿 「보나파르트와 부르봉 왕가에 대하여(De Buonaparte et des Bourbons)」를 발표하며, 샤토브리앙은 부르봉 왕조

---

81 앞의 책, 21장, pp. 895-896.
82 앞의 책, 1부, 22권, 15장, p. 868.

를 위해 "손에 검과 횃불"[83]을 들고 나섰다. 그에 대한 보답은 거의 받지 못했다. 어떤 지위나 칭호도 얻지 못했다. 샤토브리앙의 친구들은 화를 냈지만, 탈레랑은 스웨덴 대사나 콘스탄티노플 대사 중에서 택일하라고 했다. 어쩌면 잠재적인 경쟁 상대를 제거할 방법이었는지도 모른다. 1814년 10월, 샤토브리앙은 「정치적 사색(Réflexions politiques)」을 발표했다. 그 글에서 루이 18세가 공포한 헌장(양원제 의회, 종교의 자유, 모든 시민들에게 헌법상의 권리를 보장한다는 내용을 담은 헌장—옮긴이)에 근거하여 옛 프랑스와 새 프랑스, "뒤 게클랭(Du Gesclin, 백년전쟁 전반기에 프랑스군을 이끈 영웅—옮긴이)의 옛 영광과 모로의 새 영광"[84]의 동맹을 토대로 가능한 왕정복고를 대략적으로 그려보았다. 나폴레옹의 영광이 사라진 후, 왕정복고의 유일하고 진정한 힘인 자유를. 그런데 루이 18세는 팸플릿 내용을 들은 다음에 대신들에게 못을 박듯 선언했다. "여러분의 회의에 시인을 들이지 않도록 조심하시오!"

왕정복고는 오래 가지 못했다. 나폴레옹이 골프주앙(Golfe-Juan)에 첫발을 내딛을 때부터 왕좌는 비틀거리고 있었다. "거대한 그의 그림자 주위로 드리우는 공간에 들어간 병사들은 독수리의 매력에 꼼짝없이 사로잡혔다. 매혹된 적들은 그를 찾아 헤매지만 보지 못했다. 그는 마치 햇빛에 눈이 부신 사냥꾼들이 찾지 못하도록 햇살 속에 숨은 사하라의 사자처럼 자신의 영광 속에 몸을 숨겼다. 격렬한 소용돌이에 휩싸인 아르콜레, 마렝고, 아우스터리츠, 예나, 프리틀란트, 아일라우, 모스크바, 뤼첸(Lützen), 바우첸(Bautzen)의 피투성이 유령들이 백만 전사자들과 함

---

83 Ch.A.생트 뵈브, 『샤토브리앙과 제국 치하에서의 그의 문학 그룹』, 미셸 레비 프레르 출판사, 1872, II권, p. 110.

84 같은 저자, 『정치적 혼합. 견해와 담론. 논쟁』, 르페브르, 1836, V권, p. 439.

께 행렬을 이루었다. 불과 구름 기둥 한가운데 마을 입구에서 후기 로마 제국의 삼색기 신호에 섞인 나팔 소리가 들려왔다. 도시의 문이 떨어졌다. 나폴레옹이 네만 강을 지나 보병 사십만 명과 말 십만 마리를 이끌고 모스크바 황제의 궁으로 달려들 때보다, 추방령을 깨고 칸느에서 파리까지 홀연히 와서 왕족들의 얼굴에 쇠사슬을 던지고는 튈르리 궁에 태연하게 누울 때가 훨씬 더 놀라웠다."[85] 나폴레옹이 파리에 올라오자 정부는 마비되었고 루이 18세는 옴짝달싹 못했다. 적에 '맞서기' 위해 의원들이 모이자 루이 18세는 허겁지겁 파리를 떠나 다시 망명길에 올랐다. "혈통의 위대함, 고풍, 품위, 위풍에 대한 고정관념은 루이 18세에게 제국을 고스란히 안겨주었다. 제국을 지배하는 영향력이 느껴졌다. 심지어 보나파르트의 장군들조차 그렇게 고백할 정도였다. 그들은 숱한 전투에서 명령을 내리던 무시무시한 주인 앞에서보다 무기력한 노인 앞에서 더 위압감을 느꼈다. 파리에서 루이 18세는 의기양양한 군주들을 왕의 식탁에 초대해서는 루브르 뜰에 사병들을 야영시키던 왕족들을 유유히 앞서 지나갔다. 마치 의무적으로 봉건군주에게 사병들을 이끌고 가던 가신들 대하듯 했다. [···] 루이 18세는 정통성의 화신이었다. 하지만 그가 사라지자 정통성은 온데간데없이 사라졌다."[86]

샤토브리앙은 아내와 함께 벨기에의 항구도시 강(Gand)까지 루이 18세의 방랑길을 따라갔다. 그곳에서 나폴레옹의 〈신보(Moniteur, 일종의 정부 신문—옮긴이)〉에 맞서 베르탱(Louis-Francois Bertin)과 랄리 톨랑달(Trophime-Gerard Lally-Tollendal)과 함께 「강에서 보내는 신보(Moniteur de Gand)」를

---

85 F.-R. 샤토브리앙, 『죽음 저편에 대한 사색』, 위의 책, 23권, 1장, p. 914-915.
86 앞의 책, 8장, pp. 940-941.

작성하는 임무를 맡았다. 또한 영국으로 망명한 몽테스키우 프장삭 (Montesquiou-Fezensac) 공작을 대신해서 내무장관직을 일임받았다. 벨기에 땅에서 속수무책으로 나폴레옹의 전진 소식을 접하면서 루이 18세에게 프랑스 국내외 상황을 일일이 설명해야 했다.

1815년 3월 20일, 나폴레옹은 튈르리로 돌아갔다. 사실 나폴레옹이 돌아왔다는 소식에 놀란 사람은 아무도 없었다. 루이 18세 치하의 프랑스가 처한 정치적, 경제적, 사회적 상황을 알고 있었음에도, 나폴레옹이 엘바 섬에서 암살되었다는 소문이 무성했어도. "과연 그가 한 뙈기밖에 안 되는 채소밭의 주권을 받아들일 수 있을까?" 그리고 샤토브리앙은 이렇게 예언했다. "특별한 사람들은 인간 지성의 기념물이지만 인간 지성의 잣대는 아니다. 그래서 나폴레옹은 친구들의 허위 보고보다는 자신의 천재성이 말하는 필연성을 믿고 그런 결정을 내렸다. 자신이 품고 있는 신념을 굳게 믿었다. 위인은 절대 태어나지 않는다. 죽어야만 위인이 된다."[87] 사실 처음부터 누구나 백일천하의 모험은 이미 끝이 정해져 있다고 생각했다. 어떤 결정을 하든, 어떤 실수나 행동을 하고 안 하고는 중요하지 않았다. 나폴레옹의 머릿속에서는 워털루 전투가 수없이 되풀이되었다. 그 전쟁은 승리했어야만 했다. "그는 왕족들이 아직도 의회에 모여 있다는 사실을, 여전히 대치중인 유럽은 자신의 복권을 묵인하지 않으리라는 사실을 알고 있었다. 만일 성공한다 해도 하루를 넘기기 힘들다는 사실을 틀림없이 직관하고 있었다. 무대 위에 다시 등장하고 싶은 열정에 그동안 자신에게 피와 보물을 아낌없이 주었던 국민들의 휴식을 제물로 바쳤다. 나폴레옹은 과거와 미래를 전부 걸고 조국을

---

87 앞의 책, 1장, p. 915.

분열시킬 위험에 빠뜨렸다. 그 허황된 생각에는 흉악한 이기주의가 담겨 있었고, 가증스럽게도 프랑스에 대한 감사와 관대함은 어디도 없었다."[88] 의기양양한 행진은 나폴레옹을 불안정하게 만들었다. 그는 우수와 의혹, 염세주의에 사로잡혔다. 이미 매력은 온데간데없었다. 그 역시그 점을 간파하고 괴로워했다. "더 이상 전과 같은 결정적인 성공의 느낌이 들지 않았다. 전과 같은 확신도 더는 들지 않았다[…]. 뭔가 부족한게 느껴졌다. 예전에는 걸음을 옮길 때마다 행운이 나를 가득 채웠건만이제는 가혹한 운명이 발목을 붙잡았다. 완력으로 떼어내어 보아도 이내다시 들러붙었다. […] 나는 프랑스에 들어섰다. 널리 울려 퍼지는 환호속에 시민들의 폭발적인 애정을 받으면서 수도까지 떠밀려갔다. 그런데 파리에 도착하자마자 딱히 아무런 이유도 없이 마법이 풀리듯 갑자기 다들 뒷걸음쳤다. 주변이 싸늘해졌다. […] 불행한 결말을 본능적으로 알아차렸다. 그렇다고 내가 내릴 결정과 대책에서 달라질 것은 아무것도 없었지만, 어쨌든 그런 느낌이 들었다."[89] 나폴레옹은 더 이상 국민들에게 인정받지 못했고, 기대와 동경의 대상도 아니었다. "프랑스에 다시 돌아와서 발견한 사제들과 귀족들의 증오, 혁명이 시작될 때만큼이나 만연한 격렬한 증오에 소스라치게 놀랐다. 우리는 1789년을 다시 만들고 있었다. 의심의 여지없이 비운의 부르봉 일가들이 프랑스에서 저질렀던 모든 악행만 떠올랐다."[90]

샤토브리앙의 완벽한 요약처럼, 불화를 기반으로 한 백일천하는 그렇게 시작되었다. "조국에 온갖 재앙을 뿌려놓고 나폴레옹은 프랑스 땅

---

88 앞의 책, pp. 914-915.
89 라스 카즈, 『세인트헬레나 회상록』, 위의 책, II권, pp. 309-310.
90 노아유 호작, 『몰레 백작』에서 인용, Irnjs, p. 206, 209.

을 떠났다. 그가 영원히 떠났을 거라고 누가 생각이나 했을까? 그는 별 안간 나타나 여전히 프랑스인들에게 자유, 승리, 평화를 약속한다. 프랑스를 지배했던 가장 독재적인 조직의 장본인이 오늘에 와서 자유를 논하다니! 그야말로 십오 년 동안 자유를 침식하고 파괴했던 사람인데 말이다. 그는 추억들, 권력의 습관에 대한 변명의 여지가 없었다. 나폴레옹은 타고난 왕이 아니었다. 그는 동향인들을 복종시켰고, 동등한 사람들을 억압했다. 그는 물려받은 권력이 없었다. 그리고 독재를 원하고 구상했다. 그런 그가 어떤 자유를 약속할 수 있단 말인가? 우리는 그의 제국 아래 있을 때보다 지금 훨씬 더 자유롭지 않은가? 그는 승리를 약속하고서 세 번이나, 이집트와 에스파냐 그리고 러시아에서 자신의 군대를 버렸다. 동지들을 추위와 비참함, 절망이라는 삼중고 속에 내버렸다. 프랑스 국민들에게 점령당하는 굴욕을 안겼다. 그가 나타나기 이전에 우리가 정복했던 영토들을 잃었다. 평화를 약속하지만, 그의 이름만으로도 전쟁의 신호다. 이미 불행해진 국민들이 이제 와서 그를 섬긴다면 다시 유럽의 증오의 대상이 될 것이다. 그가 승리를 거둔다 해도 이는 문명화된 세계에 맞서는 죽음의 전투를 알리는 서막이 될 것이다…… 따라서 그에게는 주장할 것도 제공할 것도 없다. 그러니 대체 누구를 설득하고 누구를 매료시킬 수 있겠는가? 내란, 국외 전쟁, 그가 우리에게 가져다줄 선물은 그런 것들이다."[91] 처음 한동안 나폴레옹은 되살아나는 자코뱅파의 불꽃 앞에서 다시 시작되는 혁명에 맞서는 유일한 요새처럼 보이려고 했다. 자유주의자들에게 의지하면서 벤자맹 콩스탕에게 제국을 위해 새 헌법을 작성해달라고 부탁했다. "국가는 온갖 정치적 소요

---

91 F.-R. 드 샤토브리앙, 『죽음 저편에 대한 사색』, 위의 책, 1부, pp. 206-209.

로부터 십이 년간 휴식을 취했고, 일 년 전부터 전쟁을 치르지 않고 있소. 이중으로 휴식도 취했으니, 이제 국가가 다시 활동할 필요가 있소. 헌법, 토론, 연설에 대한 취향이 되살아나는 듯하오. 그런데 그런 것들을 원하는 사람들은 아직 소수에 지나지 않소. 거기에 속지 마시오. 다수의 국민들은 오로지 나를 원하고 있소. 나는 사람들 말처럼 군인들의 황제가 아니라 프랑스의 평민들, 농민들의 황제요. 그들은 나를 귀족들에 맞선 구원자로 여기오. 내가 신호만 보내면 또는 눈길만 돌려도 귀족들은 전 지역에서 학살될 거요. 하지만 나는 농민 폭동의 왕이 되고 싶지 않소."[92] 1815년 6월 1일, 나폴레옹은 1790년 7월 14일 대혁명 일주년 기념 축제에 필적하고자 '5월 광장' 의식을 조직했다. 경악스럽게도, 사람들 앞에 등장한 나폴레옹의 모습은 호화로운 튜닉에, 흰 깃발을 꽂은 다이아몬드 장식의 검은색 토크 모자, 흰 새틴 반바지, 흰 담비가죽에 금수를 놓아 두 겹으로 만든 망토 차림이었다. 웃을 수도 울 수도 없는 그 차림새에 현혹되는 사람은 아무도 없었다. "찬양하는 문구만 긍정적인 표현으로 바꾸었을 뿐, 여전히 자신이 만물의 주인이 되어야 하는 미래를 가리키는 모습은 이보다 더 교활할 수 없는 연설가의 모습이었다. 나폴레옹은 어떤 배우도 흉내 내지 못할 만큼 웅장하게 황제의 위엄을 표현하려고 혼자 안간힘을 썼지만, 결코 예전의 전투복과 회색 프록코트, 작은 모자, 하얀 비단 스타킹 위의 부츠, 장미매듭에 수놓은 구두를 대신하지 못했다. 무대의 검, 자수가 눈부신 의상과 망토, 로마 황제의 왕관으로 군인 나폴레옹의 시대가 끝났음을 보여주는 듯한 행진에 나는 가슴이 몹시 아팠다."[93] 나폴레옹의 우스꽝스러운 쇼는 다른 유럽 열강들

---

92 벤자맹 콩스탕, 『백일천하에 대한 회상록』, 베셰 에네, 1820, p. 21.

에게 평화를 제안했다가 거부당하면서 막을 내렸다.

빈에 모인 유럽 열강들은 그와 타협하려 들지 않았다. 1815년 3월 13일, 그들은 나폴레옹을 "세상의 휴식을 방해하는 자이자 적"이라고 지칭했다. 전쟁은 다시 이어졌다. 나폴레옹은 선택의 여지가 없자 선제공격을 감행했다. 목적은 벨기에에 주둔한 영국과 프로이센 원정대를 무찌르는 것이었다. 1815년 6월 12일, 나폴레옹은 최종 전투를 위해 병사 십삼만 명을 다시 집결시켰다. 처음에는 리니(Ligny) 전투에서 승리를 거두며 호기롭게 시작되었다. 그러다가 1815년 6월 18일 열한 시, 워털루(Waterloo) 전투가 시작되었다. 그가 치렀던 전투 중에서 가장 유명한 전투이자 마지막 전투였다. 결과는 쉽사리 예측할 수 없었다. 전투는 늦도록 이어졌다. 해질 무렵 프로이센 군대가 도착하면서 저주 받은 운명은 나폴레옹 진영을 선택했다. 프랑스 병사들은 박살이 났다. 황제 근위병은 필사적으로 저항했지만 결국은 패주했다. "근위병은 죽어도 항복하지 않는다!" 워털루 전투는 프랑스인들에게는 꿈의 종말, 즉 프랑스의 영광과 위대함에 대한 꿈의 종말을 알렸다. 나폴레옹은 이제 완전히 선택권을 잃었다. 1815년 6월 22일, 나폴레옹은 다시, 두 번째이자 마지막으로 양위했다, 영토 상당수가 분열되고, 적들에게 점령되어 갈취되었다. 나폴레옹은 미국으로 가는 배와 여권을 약속한 푸셰에게 속아서 로슈포르(Rochefort, 프랑스의 서부 항구 도시—옮긴이)로 향하는 길에 올랐다. 1815년 7월 14일, 궁지에 몰린 나폴레옹은 영국에 항복해 보호받는 처지가 되었다. 샤토브리앙은 그 분위기를 이렇게 묘사했다. "은혜를 모르는 자들은 두려움에 질려 서둘러 나폴레옹을 쫓아내야만 했다. 머잖

---

93 폴 샤를 티에보, 『회상록』, 플롱, 1897, p. 336.

아 대프랑스 동맹이 당도했다. 러시아의 차르 알렉산드르는 처음에는 그 무리 속에 없었다. 승리했다는 환희와 행운을 차지했다는 거만한 마음을 애써 억누르고 있었으니까. 파리는 이제 신성불가침한 영역이라고 미화될 수 없었다. 처음 당하는 침략으로 성역이 더럽혀졌다. 그건 더이상 우리에게 떨어진 하느님의 분노가 아니라 하늘의 경멸이었다. 천둥은 소멸되었다."[94]

*

　나폴레옹의 실추는 한때 무한한 영광을 누렸던 만큼 더욱 큰 파문을 일으켰다. 한편 맹위를 떨치던 나폴레옹을 상대했던 샤토브리앙은 이제는 아무리 부르봉 왕가의 일이라 해도 시시껄렁한 상대로는 성에 차지 않았다.

94 F.-R. 드 샤토브리앙, 『죽음 저편에 대한 사색』, 위의 책, 1부, 24권, 1장, p. 989.

마법사와
경기병

7장

사랑은 사회에, 인간의 개인적인 행복에 해로울 수 있다.
그것은 질병이고 망상이다.

나폴레옹 보나파르트

그동안 보았던 모든 여자들 중에서 한 여자의 모습을 만들어냈다.
내 가슴에 몸을 부딪쳤던, 큰 키에 이국적인 머리카락과 미소를지닌 그녀의 모습을.
마을에서 보았던 어떤 어린 아가씨의 눈에, 또 다른 아가씨의
풋풋함을 지닌 모습으로 묘사했다. 끊임없이 내 그림을 수정했다.
나의 미녀에게서 매력 하나를 들어내 다른 매력으로 바꾸었다.
몸치장도 바꾸었다. 모든 나라, 모든 세기, 모든 예술, 모든 종교에서
장식을 끌어다가 그녀를 꾸몄다. 이어서 걸작을 만든 다음에
그림과 색채를 다시 분산시켰다. 하나뿐인 나의 여인은 수많은 여성들로 변했고,
그 속에서 나는 열렬히 사랑해서 모아놓은 제각각의 매력들을 우상처럼 숭배했다.

F.-R. 드 샤토브리앙

나폴레옹과 마찬가지로 샤토브리앙도 매춘부를 통해 여자를 알게 되었다. 샤토브리앙은 겁을 먹고 달아난 반면, 나폴레옹은 호기심에 이끌려 유혹에 넘어갔다. 한 사람은 여자들에게 마법을 걸었고, 다른 한 사람은 여자들을 정복했다. 사랑에서도 샤토브리앙과 나폴레옹은 정반대였다. 여자들을 대할 때, 마법사와 경기병은 공략법이 완전히 달랐다. 샤토브리앙에게는 영광의 뛰어난 후원자인 여성들이, 나폴레옹에게는 한낱 정부에 지나지 않았다. 그의 사랑은 진지하지 않았다. 조제핀은 막대한 희생을 치르고 나서 그 사실을 깨달았다. 반대로 샤토브리앙에게 사랑은 문학적인 마법이었다. 살아남고, 꿈을 꾸고, 글을 쓰는 방식이었다. 하지만 사랑에서만큼은 그 역시 똑같이 이기적이었다.

*

샤토브리앙은 어수룩한 척 여자들의 마음을 사로잡는 매혹적인 마법사가 되었다. 염문을 꽤 많이 뿌렸다. 그중 가장 유명한 연애 상대로는 폴린 드 보몽, 나탈리 드 노아유, 클레르 드 케르생(Claire de Kersaint), 뒤라스 공작부인(Claire Louisa Rose Bonne de Kersaint), 델핀 드 퀴스틴, 코르델리아 드 카스텔란(Cordelia de Castellane), 오르탕스 알라르(Hortense Allart) 그리고 가장 전설적인 상대였던 쥘리에트 레카미에(Juliette Reéamier)가 있다. 샤토브리앙은 등반가처럼 하나를 잡아야만 다른 하나를 놓았다. 불륜 상대들에게조차 불성실한 셈이었다. 앞에서는 찬사를 바치면서도 뒤에서는 조롱과 변덕, 무심한 태도, 잔인하고 이기적인 행동들을 반복했다. 심지어 어떤 여자들은 광적으로 변하기도 했다. "그는 사랑했던 여자들을 불행하게 만들었는데, 혹시 여자들이 그를 만나기 전부터 이미 불행했기 때문은 아니었을까?"[1] 수줍음을 타는 성격 덕분에 샤토브리앙은 여러 여자들의 사랑을 받았다. 글을 쓸 때는 다작하지 않고 신중하게 썼다. 샤토브리앙은 난봉꾼도 바람둥이도 아닌, 자기도취적 심미주의자였다. 그는 사랑받는다고 느끼기 위해 여자들을 꿈꾸며 이상화시켰다. 샤토브리앙은 한껏 감수성이 고조되었다가도 이내 권태를 느끼고 마음이 갈팡질팡 옮겨 다녔다. 그런 그를 믿는 여자가 바보였다. 샤토브리앙은 젊은 여성들과 있으면 거북해서 상류사회 경험이 풍부한 기개 있는 여성들과 함께 있는 편을 좋아했다. 대개 좋은 집안 출신이거나 결혼을 잘해서 상류사회에 속하는 유복한 여성들이었다. 일찌감치 콩부르에서 어

---

1   앙드레 모루아, 『르네 또는 샤토브리앙의 삶』에서 인용, 위의 책, p. 184.

린 시절을 보냈던 샤토브리앙은 이상적인 여성상으로 실피드를 꿈꾸었다. "그래서 그동안 보았던 모든 여자들 중에서 한 여자의 모습을 만들어냈다. 내 가슴에 몸을 부딪쳤던, 큰 키에 이국적인 머리카락과 미소를 지닌 그녀의 모습을. 마을에서 보았던 어떤 어린 아가씨의 눈과, 또 다른 아가씨의 풋풋함을 지닌 모습으로 묘사했다. 살롱을 장식하던 프랑수아 1세, 앙리 4세, 루이 14세 시대 귀부인들의 초상화에서 다양한 특징들을 따왔다. 그리고 교회에 걸린 성모 마리아의 그림에서는 기품을 훔쳐왔다. 마법과도 같은 이 매력적인 여인은 눈에 보이지 않게 어디에나 나를 따라왔다. 나는 그녀가 실제 존재하는 양 함께 이야기를 나누었다. 그녀는 나의 광기에 따라 모습이 다양해졌다. 베일을 쓰지 않은 아프로디테가 되었다가, 창공과 이슬만 걸친 아르테미스(사냥의 여신), 웃는 가면을 쓴 탈리아(아홉 뮤즈 가운데 희극의 뮤즈), 젊음의 술잔을 든 헤베(제우스와 헤라의 딸로 청춘의 여신―옮긴이)가 되기도 했다. 대개는 내가 자연에 순응하도록 만드는 요정이 되었다. 끊임없이 그림을 수정했다. 나의 미녀에게서 매력 하나를 들어내 다른 매력으로 바꾸었다. 몸치장도 바꾸었다. 모든 나라, 모든 세기, 모든 예술, 모든 종교에서 장식을 끌어다가 그녀를 꾸몄다. 이어서 걸작을 만든 다음에 그림과 색채를 다시 분산시켰다. 하나뿐인 나의 여인은 수많은 여성들로 변했고, 그 속에서 나는 열렬히 사랑해서 모아놓은 제각각의 매력들을 우상처럼 숭배했다."[2] 마법사 샤토브리앙은 여자들과 관계를 맺으면서 우선 자신의 환상을 본 다음, 여자들을 소유하기보다 마음을 사로잡으려 했다. 요컨대 여자들의 마음속 중심인물이 되려고 했다. 편지에서 샤토브리앙은 이기적이고 자기도취

---

2 F.-R. 드 샤토브리앙, 『죽음 저편에 대한 사색』, 위의 책, 1부, 3권, 10장, p. 93.

적인 동시에 성급하고 예민한 모습을 보였다. 주로 다루는 주제는 자기 자신, 문학 활동이나 정치 활동 그리고 돈이었다. 실제로 그의 관계는 신화화된 부분이 많다. 문학 후예들에게 글로 남기기 위한 체험이나 다를 바 없는 관계들이었다. 자기 자신을 위해 남겨둔 추억이자 스스로를 더욱 승화시키기 위한 상상이었다. "그가 찾는 대상은 사람보다는 후회, 추억, 영원한 꿈, 젊은 시절에 대한 숭배였고[…], 소중했던 일을 되살리는 일이나 환상이었다."[3] 그리고 샤토브리앙은 첫 연인과 함께 다음과 같은 가혹한 묘비명으로 『죽음 저편에 대한 사색』을 시작한다. "폴린 드 보몽을 필두로 나를 스쳐지나간 여인들의 죽음의 행렬이 이어졌다. 까마득한 나의 추억들은 유골들 위에 내려앉으면서 잇달아 관에서 관으로 떨어졌다. […] 죽음의 기도를 읊조린다. 내 묵주의 꽃들이 퇴색할 때까지."[4]

*

"나는 한 번도 사랑을 사랑한 적 없었다. 어쩌면 조제핀만 제외하고. 어쩌면 그도 조제핀을 만났을 때가 내 나이 스물일곱이었기 때문이었을지 모른다. 마리 루이즈에게 느낀 감정은 우정에 가까웠다."[5] 정복의 모든 영역에서 경기병인 나폴레옹은 사생활에서도 경기병이었다. 여성을 혐오하는 그는 여성들에 대해 단호하면서도 편협한 견해를 갖고 있

3 생트 뵈브, 『낭만적인 사랑에 빠진 샤토브리앙』, 파리, 가르니에 프레르, 1851-1870, 1850년 5월 27일, 〈코주리 뒤 랭디〉에서, II권, p. 151.

4 F.-R. 드 샤토브리앙, 『죽음 저편에 대한 사색』, 위의 책, 1부. p. 449.

5 가스파르 구르고, 『세인트헬레나 일지, 1815-1818』, 오브리 출판사, 플라마리옹, 1947, II권, p. 65, 1817년 2월 17일자.

었다. 그래서 여자들을 불화와 반목, 음모의 원천이라고만 생각했다. 샤토브리앙은 이렇게 단언했다. "여자들은 대개 엄마의 입장에서 나폴레옹을 싫어했다. 여자로서 그다지 좋아하지 않았던 건 그에게 사랑받는 여자가 거의 없었기 때문이다. 그는 경솔하게 여성들을 모욕하거나 그저 한 순간을 위해 사귀려고 했다."[6] 그래서 나폴레옹의 정치나 인생에 어떤 식으로든 영향력을 미친 여성은 아무도 없었다. 심지어 조제핀도 정치 문제에는 개입하지 않으려고 조심했다. 하지만 타고난 기질을 활용해 브뤼메르 체제와 이어서 제정시대에 정치적인 타협을 돕는 역할을 했다. 체제에 반감을 품고 있는 망명귀족들과 반체제인사들을 포용해서 남편을 위해 타협점을 찾아주었다.

나폴레옹이 진짜 남자가 된 건 1787년 11월 22일이었다. "나는 이탈리아인들과 헤어지고 팔레 루아얄(Palais Royal)의 골목길을 성큼성큼 거닐었다. […] 철문을 막 넘는 순간 낯선 여인에게 시선이 끌렸다. 시간으로 보나 몸매로 보나, 상당히 어려 보이긴 했어도 거리의 여자가 분명했다. 나는 여자를 바라보았다. 여자는 [다른 창녀들처럼] 건들거리면서도 외모와 완벽하게 어울리는 걸음걸이로 다가와 내 앞에 멈춰 섰다. 내게는 그런 조화가 충격적이었다. 나는 여자의 수줍어하는 모습에 용기가 샘솟아서 말을 걸었……. 그런 여자의 추악한 면을 어느 누구보다도 잘 알아서, 흘깃 보기만 해도 더럽혀진다고 늘 믿던 내가……. 하지만 그녀의 창백한 낯빛, 호리호리한 몸매, 부드러운 목소리에 잠시도 머뭇거리지 않았다. 어쩌면 그 여자야말로 내가 하려는 관찰에 유용할 인물이거나 아니면 자신이 한낱 땔감에 지나지 않는다고 생각했는지도

6 F.-R. 드 샤토브리앙, 『죽음 저편에 대한 사색』, 위의 책, 1부, 20권, 12장, p. 746.

모른다."[7] 젊은 매춘부는 "우리 서로 몸이나 녹여요. 내가 즐겁게 해줄 게요."[8]라는 말로 부추기면서 대화를 끝냈다. 나폴레옹은 수첩에 그녀에 대한 일을 글로 남겼고, 그 일은 그의 모습을 여실히 보여주었다. 그 후로도 그다지 심각하지 않은 연애가 몇 번 더 있었다. 회고록에서 드러나는 첫 번째 진지한 일화는 툴롱에서 데지레 클라리(Désirée Clary)와 잠깐 사귀었던 일이다. 데지레는 형 조제프와 갓 결혼한 쥘리 클라리(Julie Clary)의 열여섯 살 난 동생이었다. 이어서 니스 공관에서 묵을 때는 한 방문객의 딸 에밀리 로랑티(Emilie Laurenti)와 종종 어울렸다. 나폴레옹은 젊은 아가씨들에게 약했다. 젊은 아가씨들은 열정적인 편지를 썼다. 하지만 그의 답장은 그만큼 격정적이지 않았다. 이미 다음 정복을 구상하고 있었으니까. 이탈리아에서는 스물네 살의 루이즈 튀로(Louise Turreau)와 연인 사이가 되었다. 루이즈 튀로는 군사 작전을 감시하기 위해 현장에 파견된 의원의 아내였다. "당시만 해도 젊었다. 내가 거둔 작은 성공에 행복하고 자랑스러웠다."[9]

*

반면 샤토브리앙의 첫 감동은 사뭇 판이했다. 야성적이고 비사교적인 샤토브리앙은 실수로 콩부르에서 젊은 옆방 아가씨와 살짝 스치기만 했는데도 소심하게 당황해서는 어찌할 바를 몰랐다. 파리에서는 사촌이 소개해준 노련한 매춘부에 질겁을 치며 달아났다. 다행히도 미국

---

7 프레데릭 마송, 『나폴레옹과 여자들』에서 인용, 파리, 에디시옹 리테레르 에 아티스티크, 1910, p. 1.
8 앞의 책, 위의 인용문에서.
9 라스 카즈, 『세인트헬레나 회상록』, 위의 책, I권, p. 102.

에서 미역을 감다 우연히 만난 플로리다 매춘부 두 명에게서 매력을 발견했다. 여자들은 샤토브리앙에게 젊은 사내의 감각을 일깨워준 뒤 포주에게 불려갔다. 다시 프랑스로 돌아와서는 젊은 사내다운 경험을 해볼 시간을 갖지 못했다. 어머니와 누나들의 잔소리에 자신은 이제 혁명 때문에 가세가 기운 가족에게 부담만 주는 골칫덩이에 지나지 않는다는 사실을 깨달았기 때문이다. 가족들은 샤토브리앙에게 재력을 보장해주고 혁명군에 맞서 싸우는 왕당파 군대에 합류할 수 있을 만큼 넉넉한 지참금을 가져올 신붓감을 찾았다. 실제로 가뜩이나 빈약했던 아버지의 재산에서 근근이 나오는 차남의 수입은 혁명을 겪으면서 비참할 정도로 줄어들었다. "이렇게 여러 사정이 겹치면서 내 인생에서 가장 중요한 일이 멋대로 결정되었다. 가족들은 나를 서둘러 결혼시켰다. 내가 평소 좋아하지도 않던 대의명분을 지지하는 전장에 뛰어들어 명을 재촉할 여비를 마련할 수 있도록."[10] 어머니와 누이들은 진주라도 찾아낸 듯 호들갑을 떨었다. 상대는 오십만에서 육십만 프랑 정도의 유산을 물려받은 스물세 살의 셀레스트 드 라비뉴였다. 하지만 샤토브리앙은 "남편으로서의 어떤 자질도 느껴지지 않았다."[11] 환상 속에서 어떤 여자든 가질 수 있는데 뭣 때문에 한 여자에 만족한단 말인가. 그렇지만 가족들의 뜻을 거스르기도 곤란했다. "나 같은 경우에는 공적인 일을 할 때는 확고한 신념을 갖고 행동했지만, 사적인 부분에서는 누구든 나를 독차지하려는 사람의 영향을 받는 편이었다. 그러다 보니 한 순간의 번거로움을 피하려다 한 세기 동안 노예가 되고 말았다."[12] 사실 그 결혼은 알고

---

10 F.-R. 드 샤토브리앙, 『죽음 저편에 대한 사색』, 위의 책, 1부, 9권, 1장, p. 287.
11 앞의 책, 위의 인용문에서.
12 앞의 책, 위의 인용문에서.

보니 실질적인 재산도 없고 명망 높은 귀족도 아니었던 셀레스트라는 여자와 세련미라고는 눈을 씻고 봐도 없는 샤토브리앙이라는 남자의 최악의 조합이었다. 결혼할 때만 해도 그는 (거의) 순진무구했다. 하지만 샤토브리앙은 재빨리 환상에서 깨어났다. 설상가상으로 결혼식을 두 번이나 해야 했다. 조카의 재산 관리에서 손 떼고 싶지 않았던 셀레스트의 숙부가 납치라고 주장하면서 소송을 걸었기 때문이다. 샤토브리앙은 열흘 가량 투옥되었고, 셀레스트는 수녀원으로 보내졌다. 결국 양쪽이 합의해서 1792년 4월 말에 부부는 사제 앞에서 다시 결혼식을 올렸다. 하지만 셀레스트의 재산은 스물다섯 살까지 동결되었다!……. 거래나 다를 바 없는, 애정 없는 결혼에 어울리는 웃지 못할 해프닝이었다. "이 결혼에는 유괴도, 위법도, 연애도, 사랑도 없었다. 그저 소설의 재미없는 한 부분에 불과했다. 진실이라는."[13]

법적으로 골치 아픈 일이 마무리된 후에야 비로소 샤토브리앙은 아내를 제대로 알게 되었다. 그는 살짝 가시 돋힌 말로 선심 쓰듯 포장해서 아내를 묘사했다. "아내는 내가 알아야 할 새로운 지식이었다. 그녀는 내가 몹시도 바라던 모든 걸 가져다주었다. 내 아내보다 섬세한 지성이 또 있을까? 그녀는 함께 이야기를 나누는 사람의 이마나 입술을 보고 그 사람이 하려는 생각과 말을 꿰뚫어보았다. 그래서 아무리 사소한 일이라도 아내를 속이기는 불가능했다. 독창적이고 교양이 넘치는 아내는 신랄하게 글을 쓰고 우아하게 이야기했다. 내 작품을 한 줄도 읽지 않았다면서도 나를 존경했다. 아마도 내 작품에서 자신과는 다른 생각을 발견하거나 아니면 사람들이 나에게 열광하는 이유를 찾지 못할

---

13 앞의 책, p. 288.

까 두려운 모양이었다. 아내는 열성적인 비판자이자 교양 있는 훌륭한 판단자다. 혹시라도 아내에게 단점이 있다면 그건 장점이 너무 많아서 생긴 부분일 것이다. […] 체념하고 인내하기, 건성으로 호의 베풀기 또는 차분한 기질을 갖기란 생각보다 그리 어렵지 않다. 어떤 일에도 흥미를 느끼지 않고, 매사에 권태를 느끼고, 행복할 때나 불행할 때나 '아무렴 어떻다는 거야?'라면서 절망하면 된다. 아내는 사귀기 쉬운 편은 아니지만 그래도 나보다는 나았다. […] 아내도 나와 같은 역경을 겪었다. 공포정치의 지하 감옥, 제국의 박해, 왕정복고의 실추도 모두 겪었다. 모성애를 느껴보지 못했기 때문에 모성에서 슬픔의 균형을 찾는 기쁨도 얻지 못했다. 자식을 갖지 못한 아내지만, 혹시 다른 남자와 결혼했더라면 자식을 낳아 끔찍이 사랑하며 키웠을지 모른다. 하지만 한 가정의 어머니로 아름다운 시절을 보낸 여인의 영광과 애정을 누리지 못한 채, 불임으로 고독하게 노년을 향해 가고 있다. 나와도 자주 떨어져 지내서 내 명성의 자부심도 아내에게는 충분한 보상이 되지 못했다. 나에게만 수줍게 떨던 아내는 끊임없이 되살아나는 근심들 때문에 충분히 자지도 못하고 병을 치료할 새도 없었다. 나는 아내의 영원한 결함이자 재발의 원인이었다. […] 그래서 나는 아내에게 영원히 다정한 감사의 마음을 전해야 한다. 아내의 애정은 감동적이면서도 깊고 진실했다. 내 인생을 더욱 근엄하고 고귀하고 명예롭게 만들어주면서 늘 내가 존중받을 수 있게 해주었다. 그렇지 않았다면 늘 의무의 강요만 있었을 것이다."[14]

사실 샤토브리앙은 아내에게서 도망치려 애쓰면서 평생을 보냈다. 상당히 끈질기게, 제법 성공적으로. 불과 결혼 넉 달 만에 그는 팔 년간

14 앞의 책, pp. 288-290.

의 망명을 떠났다. 처음에는 왕당파 군대로, 그 다음에는 런던으로. 그리고 십이 년이 지나서야 연인 폴린 드 보몽의 간청에 못 이겨 다시 아내와 함께 살기로 했다. 하지만 죽을 때까지 피해 다녔다. 심지어 아내의 소원에도 아랑곳없이 무덤도 따로 만들었다. 사실 말년에 아내와 함께 지내기란 그에게 돈 문제보다 훨씬 견디기 힘든 일이었다. "돈이 없으면 무슨 일에든 매이는 법이다. 의기투합하지 못하는 두 사람은 따로 제 갈 길을 갈 수밖에 없었다. 돈 몇 푼이 없어서 서로 토라지고, 투덜거리고, 까탈스럽게 굴고, 난처한 말로 물어뜯고, 영혼을 좀먹고, 심하게 다투고 버럭 화를 내면서 상대의 취향과 경향, 타고난 삶의 방식마저 서로 강요했다. 가난은 서로를 등지게 만들었고, 그 거지 같은 관계 속에서 서로를 안아주기는커녕 서로를 물어뜯었다."[15] 아무런 보장도 없는 돈의 결혼이란······.

*

나폴레옹의 연애에서 중요한 부분은 늘 조제핀의 몫이었다. 1795년 10월, 국내 총사령관으로 임명되고 며칠 후에 열네 살 난 외젠 드 보아르네가 나폴레옹을 찾아갔다. 외젠은 어머니 조제핀의 심부름으로 작고한 아버지의 유품인 검을 간직해도 되는지 허락을 받으러 왔다. 파리 시민들에게 무장 해제를 강요하는 국민의회 칙령 때문에 당국에 검을 맡겼기 때문이다. 나폴레옹이 이를 수락하자, 이튿날 조제핀은 개인적으로 감사 인사를 하러 찾아왔다. 그 뒤로도 방문은 여러 차례 이어졌다.

15 앞의 책, II부, 35권, 8장, p. 506.

조제핀은 평소 취향으로는 너무나 드문 일이라며 나폴레옹에게 핀잔을 주었다. 나폴레옹은 첫 만남 이후 보름 가까이 조제핀과 밤을 보내면서 용서를 구했다. 두 사람은 석 달 만에 결혼했다. 보나파르트 장군다운 속전속결이었다! 사실 조제핀은 의회에서도 낯설지 않은 인물이었다. 한때 라자르 오슈(Lazare Hauche) 장군과 아르망 콜랭쿠르 후작, 폴 바라스의 연인이었던 조제핀은 관록 있는 여성이었다. "보나파르트 부인은 바라스가 발행하고 캉바세레스가 배서해서, 보나파르트가 받아들인 어음이다."[16] 조제핀은 의회와도 관련이 깊은 여성 테레사 카바뤼(Theresa Tallien), 일명 마담 탈리앙 주변의 미녀 무리에 속해 있었다. '메르베이외즈(Merveilleuses)'와 '앵크루아야블(Incroyables)'이라 불리던 그 무리는 당시 사교계를 주도하던 가장 세련된 젊은이들이었다(전자는 여성을, 후자는 남성을 지칭하는 이 표현은 총재정부 기간 동안 파격적이고 퇴폐적인 파리 귀족 패션을 이끌던 멋쟁이 젊은 남녀들을 부르는 호칭이었다—옮긴이). 우아하면서도 관능적인 작은 사교계는 사람들을 사로잡아 매혹시키고 도취시켰다. 물론 때로는 급작스럽게 파멸할 때도 있었다. 어쨌든 나폴레옹은 조제핀에게 미쳐서 그 작은 사교계와 인연을 맺었다.

　나폴레옹과 조제핀의 이야기에는 촌극과 광적인 열정이 뒤섞여 있다. 나폴레옹은 열정적으로 조제핀을 사랑했다. 그에게는 평생 단 하나뿐인 사랑이었다. "온통 당신 생각으로 가득한 채 잠에서 깹니다. 당신의 얼굴과 황홀한 간밤의 기억이 내 감각을 조금도 쉬지 못하게 했습니다. 달콤하고 아름다운 조제핀, 당신이 내 마음을 얼마나 묘하게 뒤흔드는지 모릅니다![…] 당신의 입술에서, 당신의 가슴에서 나를 뜨겁게 태

16　호세 카바니스, 『나폴레옹의 대관식』, 위의 책, p. 25.

우는 불꽃을 길어 올립니다."[17] 조제핀은 나폴레옹의 감각을 깨워서 육체의 섬세함과 관능에 도취시켰다. 평생, 심지어 이혼 후에도 나폴레옹은 조제핀에 대해 감동적인 애정과 경탄을 간직했다. "조제핀은 기품의 화신이었다. 무얼 하든 기품이 넘치고 지극히 섬세했다. 함께했던 세월 내내 우아하지 않은 모습을 한 번도 본 적 없었다. 심지어 잠잘 때도 기품이 넘쳤다."[18] 처음에 조제핀은 갖고 있는 명성과 재산으로 나폴레옹의 자존심을 충족시켜주는 저명한 여성이었다. "사실 내가 조제핀과 결혼한 건 재산이 많다고 생각해서였다. 본인 입으로 그렇게 말했으니까. 그런데 사실은 전혀 그렇지 않았다."[19] 실제로 조제핀과 결혼한 이유는 겉으로 보이는 모습을 사랑해서였다. 그래서 자신도 모르는 새 연인 사이 첫 불화의 원인이 되는 조제핀의 거짓말까지도 포용했다. 결국 그 싸움에서도 조제핀이 이겼다. 그래서 그녀는 헤픈 씀씀이만큼이나 자주 거짓말을 할 수 있게 되었다. 그녀의 씀씀이는 또 다른 불화의 원인이었다. 한편 조제핀은 나폴레옹을 "우스꽝스러운" 남자라고 여겼다. 당시의 그는 그럴 만도 했고. 조제핀은 그를 사랑하지 않았다. 사랑이라고 믿기에는 산전수전을 다 겪은 그녀였다. 당시에 조제핀이 원하던 남자는 라자르 오슈였다. 하지만 그 사랑은 이루어지지 않았다. 그래서 체념하고 나폴레옹과 결혼했다. "우리 빨리 결혼해요!" 1796년 3월 9일, 이탈리아 원정 준비 때문에 한 시간 늦게 도착한 나폴레옹은 잠시도 시간을 허비하고 싶지 않았다. 바라스와 탈리앙(Jean-Lambert Tallien) 그리고 공

---

17 나폴레옹 보나파르트, 『일반 서신』, 위의 책, n. 387, I부, p. 285.

18 오미라, 『망명지에서의 나폴레옹』에서 인용, 파리, P. 가니에르 출판사, 퐁다시옹 나폴레옹, 1993, II부, p. 67.

19 루이 샤르디니, 『인간 나폴레옹』에서 인용, 위의 책, p. 390.

증인 한 명이 파리 2구의 저택에 모였다. 그런데 그 결혼은 온통 어색한 점들 투성이였다. 부부의 나이도 그랬고(조제핀이 나폴레옹보다 6살 연상이었다—옮긴이), 기다리다 지쳐서 이미 가버린 호적계원의 서명도 그랬다. 어쨌든 그 결혼으로 로즈 드 보아르네(나폴레옹과 결혼 전 조제핀의 본명—옮긴이)는 조제핀이 되었고, 부오나파르트는 보나파르트로 변했다. 순결한 사랑을 위한 새로운 이름들처럼. 신혼은 짧았다. 열흘 후에 나폴레옹은 이탈리아의 승리를 위해 떠났고, 조제핀은 전과 같은 삶을 다시 이어갈 수 있게 되어 크게 안도했다. 부부의 희극은 이미 지나치게 길어졌다.

하지만 이탈리아에서 나폴레옹은 매일 조제핀에게 열렬한 사랑의 편지를 썼다. "당신을 사랑하지 않는 날이 하루도 없소. 내 품에 당신을 안지 않은 밤이 하루도 없소. 차를 마시면서도 내 삶의 영혼과도 같은 당신과 나를 멀리 떼어놓은 영광과 야심을 저주하지 않은 적이 없소. 일을 하면서도, 군대의 선봉에서도, 전장을 달리면서도, 사랑스러운 당신만이 내 마음과 영혼을 차지하고 생각을 빨아들인다오. 론 강의 급류와 함께 당신에게서 멀어진다면 보다 빨리 당신을 다시 만나기 위해서라오. 한밤중에 깨어나서 일을 한다면 달콤한 내 사랑의 도착을 며칠이라도 앞당기기 위해서라오. 그런데 방토즈(프랑스 혁명력 여섯 번째 달, 2월 19일부터 3월 21일까지—옮긴이) 23일에서 26일 사이의 편지에서 당신은 나에게 어색한 존칭을 하더군. 어떻게 그럴 수가 있소! 아! 나쁜 사람, 어떻게 그런 편지를 쓸 수 있단 말이오! 쌀쌀하기도 하지! 게다가 23일부터 26일까지 나흘이나 있었는데. 남편에게 편지도 쓰지 않고 뭘 했단 말이오?……. 아, 내 사랑, 당신의 그런 존칭과 그 나흘 때문에 예전에 내가 무심하게 굴었던 일을 후회했다오. [……] 내 영혼은 슬픔에 잠겼소. 내 가슴은 노예가 되었소. 상상이 나를 두렵게 하오……. 당신은 내가 당신을 사랑하는 만큼 나를 사랑하지 않는가 보구려, 당신에게는 위안이 되겠군. 언젠가 나를 더 이상 사랑하지 않게 되면 말해주오. 최소한 불행이라도 누릴 수 있도록……. 안녕, 내 아내, 내가 사랑하고 두려워하는 이여. 나의 고통이자 행복이여. 내 인생의 희망과 영혼이여. 사랑하오. 그리고 두렵소. 당신을 생각하면 대자연으로 나를 부르는 다정한 느낌이 들고 천둥만큼, 화산만큼 위압적인 동요가 마음에 인다오. 나는 당신에게 영원한 사랑도, 정절도 요구하지 않소. 그저…… 진실만을, 무한한 솔직함만을 원할 뿐이오. 당신이 '이제 당신을 전처럼 사랑하지 않아요'라고 말하는 그날이 내 인생의 마지막 날이 될 거요. 보답 없는 사랑을할 만큼 내 사랑이 비루하다면 차라리 이로 심장을 물어뜯어버리겠소. 조제핀, 조제핀! 내가 가끔 그대에게 했던 말을 기억하시오. 자연의 여신이 나에게 강하고 확고한 마음을 만들어주었음을. 자연의 여신이 레이스와 베일로 그대를 만들었음을."[20] 하지만 조제핀은 사랑에 빠져 있었다. 이폴리트 샤를(Hippolyte Charles)이라는 청년과!…… 나폴레옹의 말에 의하면 "곱상하게 생긴 호색한"이었다. 총재정부의 귀부인들이 절로 고개를 돌려 바라볼 만큼 건장한 어깨를 가진 스물네 살의 청년이었다. 조제핀은 이탈리아로 자신을 만나러 오라는 남편의 부름에도 아랑곳 않고 파리의 연인 곁에 남고 싶어 했다. 그래서 임신했다고 거짓말을 했다. 나폴레옹은 그 핑계를 듣고 쉬게 해주어야 한다고 착각했다. 결국 1796년 6월 13일에 조제핀은 연인과 함께 밀라노에 도착했다. 나폴레옹은 행복해서 임신이 오진이었다는 거짓말까지도 기꺼이 믿었다. 하지만 나폴레옹은 금세 다시 전장으로 떠났고, 남겨진 조제핀은 연인과 오붓

---

20 나폴레옹 보나파르트, 『일반 서신』, 위의 책, n. 439, Iqn, pp. 310-311.

이 지낼 수 있었다.

　이윽고 나폴레옹이 돌아오자 조제핀은 결국 남편 곁을 떠났다. 나폴레옹을 환상 속에 남겨둔 채. 일 년 후인 1797년 11월 말, 나폴레옹은 조제핀이 없는 밀라노의 세르벨로니(Serbelloni) 궁을 찾았다. 그는 "감당할 수 없는 불행"[21]을 느끼고 의식을 잃었다. 기진맥진한 채 환상에서 깨어난 그는 며칠씩 또는 잠깐 동안 다른 여자들과 어울렸다. 열정적인 연인에서 남편이 되었다. 조제핀은 남편이 어떤 사람인지 바로 깨닫지 못했다. 운명은 황금빛 결혼반지에 새겨진 글귀처럼 이미 그녀 앞에 놓여 있었는데도, "운명적으로(Au destin)". 나폴레옹과 조제핀의 결혼은 부르주아적인 동시에 보헤미안 풍이었고 귀족적인 면모도 있었다. 나폴레옹은 아내를 사랑해서 침대를 함께 쓰고 부부 싸움도 했다. 가장 놀란 사람은 정작 조제핀이었다. 결혼과 사랑을 섞다니, 그런 어처구니없는 생각이! 그녀의 운명은 자신의 장군, 통령, 황제의 곁에서 비할 데 없이 기품 있게 제 역할을 다하는 완벽한 현모양처였다. 머지않아 그녀는 남편을 이해했다. "그는 세상에서 가장 불안한 영혼이고, 가장 적극적인 지도자이자 가장 풍부한 입안자이며, 가장 왕성한 상상력과 가장 고집스런 의지의 소유자이다. 만일 그가 큰 사건들에 쉼 없이 몰두하지 않는다면 매일 집안을 발칵 뒤집어놓을 테고, 그랬다면 도저히 그와 같이 살 수 없었을 것이다!"[22]

　조제핀이 쥐고 있는 또 다른 으뜸 패는 끊임없이 자신을 원망하는 시집 식구들을 후원한다는 점이었다. 시집 식구들은 천하에 배은망덕하

---

21 앞의 책, n. 1084, 1부, p. 680.

22 조르주 르페브루, 『집정정부 치하의 프랑스』, 에디시옹 소시알, p. 350.

게도 남편을 이용할 줄만 알았다. "그들은 그이한테 받는 혜택을 당연하게 여겼다. 그이에게 은혜를 입고 있다는 사실을 인정할 만한 최소한의 애착도 없었고, 은혜를 갚으려는 일말의 양심도 없었다. 타일러도 소용 없었다. 자기들 스스로 이루어낸 줄 아니까. [...] 나폴레옹은 그들이 이용하는 수단이자 꼭 필요한 도구, 빛을 쬘 수 있는 시간이다. 하지만 훌쩍 날아올랐으니, 이제 그의 도움 없이 스스로의 날개로 날 생각을 해야 한다. 그쯤 되면 어떤 사람들은 아무리 도움이 되는 형제라도 속박이나 후견으로부터 해방되고 싶은 의지를 느낀다. 그에게는 까다롭고 거추장스러운 면도 있으니까. 물론 훌륭한 장군이긴 하지만, 문학과 달변과 정치처럼 인재들만 다룰 수 있는 조심스러운 주제에는 얼마나 부족한지 모른다. 게다가 시집 식구들에게 닥친 일도, 그들이 살아가는 동화 같은 세상도, 경이로운 모험도 전혀 놀랍지 않다. 불과 며칠 만에 온갖 물질적인 근심에서 해방되어 모든 문이 활짝 열렸고, 전날까지만 해도 발을 디딜 수 있으리라고 상상조차 하기 힘들었던 온갖 특혜를 누리게 되었으니까. 그들은 아무 근심도 없어 보였고, 어떤 실수나 어리석은 짓을 저질러도 무엇 하나 두려울 일이 없었다. 책임을 질 걱정도 없었다. 지위에 따른 의무감조차 전혀 느끼지 않았다. 어떤 일이 있어도 끄떡없는 자신감을 과시하며, 운이 따르는 사람들에게조차 공짜로는 불가능한 일도 그들에게는 거뜬했다. 한껏 높아진 지위 속에서 저속함을 벗고 거리낌 없고 여유로운 태도를, 마치 저명한 집안 출신인 양 보이게 만드는 침착함을, 오만한 정신 덕분에 세련된 교양을, 너그러움과 고결함이라고는 조금도 배우지 못한 태도를, 누구 앞에서든 무엇 하나 두려워하지 않는 능력을, 무엇이든 시도해볼 대담성을, 무엇이든 성공하리라는 확신을 얻었다. 요컨대 천재가 아니면서도 천재의 모든 속성을 얻었다."[23]

조제핀은 브뤼메르 18일 전과 후로 나뉘었다. 예전의 로즈는 바람기 있는 여자여서 희한할 정도로 자신을 사랑하는 남편과 함께 있으면서도 죽을 정도로 지루했다. "내 삶 자체가 끝없는 형벌이다!"[24] 사치스러운 생활을 유지하기 위해 바라스를 이용해 군수품 납품업자들의 술책에도 서슴없이 가담해 암거래와 투기를 일삼을 정도였다. 나폴레옹은 가족들의 귀띔으로 그 사실을 알게 되었을 때 몹시 격분했다. 그 바람에 눈물 흘리는 조제핀이라는 여자와 잔뜩 화가 난 나폴레옹이라는 남자 사이의 비희극적인 부부 싸움이 연출되기도 했다. 나폴레옹은 화해의 대가로 조제핀이 세 들어 살던 빅투아르 가의 특별한 저택을 사주었다. 조제핀은 그때부터 가난으로부터, 무엇보다도 시집 식구들로부터 안전을 보장받게 되어 마음이 놓였다. 조제핀은 남편이 이집트에 간 사이 마침내 예전 같은 삶을 되찾을 수 있게 되어 기뻤다. 무도회, 사람들의 친절한 호의, 양재사들과 연인들과 함께 보내는 시간들 그리고 무절제한 낭비까지 맘껏 즐겼다. 남편으로부터 이렇다 할 소식 없이 일 년 반이 지났다. 불편한 점이라고는 사사건건 트집 잡는 시집 식구들뿐이었다. 1799년 10월에 나폴레옹이 돌아온다는 소식이 들리자 조제핀은 그를 만나러 한달음에 달려갔다. 시집 식구들보다 먼저 도착할 셈이었다. 하지만 소용없었다. 나폴레옹은 이미 마음을 바꾼 참이었다. 그녀가 파리에 도착했을 때는 시집 식구들이 벌써 다 일러바친 후였으니까. 조제핀의 짐 꾸러미들이 문간에 놓였다. 그녀를 집안에 들이지 말라는 명령이 떨어졌다. 조제핀은 제일 자신 있는 연기를 다시 한 번 펼쳤다. 울고,

23 프레데릭 마송, 『나폴레옹과 그의 가족』, 위의 책, p. 352.
24 파트리스 구에니피, 『보나파르트』에서 인용, 위의 책, p. 352.

소리 지르고, 아이들까지 동원해서 애원했다. 결국 문이 열렸다. 조제핀은 나폴레옹의 품에 와락 안겼다. 그날 밤, 그녀는 이튿날 "늙은 년"이 쫓겨났는지 확인하러 온 시집 식구들을 보란 듯이 이겨냈다. "나더러 어쩌라는 겁니까? 세상에 약점 없는 사람도 있답니까?"25 나폴레옹은 그렇게 말했다. 그제야 조제핀은 이혼하면 자칫 자신의 운명이 불확실해질 수 있겠다는 사실을 깨달았다. 그래서 그때부터는 신중한 태도를 취했다. 무엇보다도 나폴레옹이 그 자신에게, 더불어 그녀에게 일어나는 모든 운명의 카드를 손에 쥐고 있음을 알게 되었다. 나폴레옹의 격렬한 열정은 습관적인 애정으로 바뀌었다. 반면에 바람기 다분하던 조제핀의 무관심은 지조 있고 애정 어린 관심으로 바뀌었다. 브뤼메르 18일 이후, 루이 16세의 마지막 관저였던 튈르리 궁에서 보내는 첫 날 저녁에 부부는 작고한 왕가가 지냈던 방에서 한 침대를 썼다. 나폴레옹은 자신의 영향력과 권력으로 그 방을 새롭게 단장하고 싶었다. 나폴레옹은 기쁨을 음미하며 이렇게 말했다. "자, 예쁜 식민지 아가씨(조제핀은 서인도제도 마르티니크 섬에서 태어났다—옮긴이), 그대 주인들의 침대 속으로 어서 들어오구려."26

부부의 결합은 완전해졌다. 조제핀은 연인 이폴리트 샤를과 헤어졌고 그때부터는 오직 남편에게만 전념했다. 조제핀의 아이들인 오르탕스와 외젠과 함께 화목한 부르주아 가정을 이루었다. 나폴레옹의 히스테리에 보아르네 일가는 사는 즐거움으로 화답했다. 조제핀은 여전히 남편에게 몇 가지 비밀을 품었지만, 두 사람은 과소비와 보석에 대한 무절

---

25 루이 앙투안 포블레 드 부리엔, 『나폴레옹에 대한 회상록…』, 위의 책, IV권, pp. 118-119.
26 카바니스, 『나폴레옹의 대관식』에서 인용, 위의 책, p. 32.

제한 취향이 닮았다. 그녀는 빚을 지고 수상한 채권자들과 어울렸다. 모든 부르주아 결혼이 그렇듯이 남편은 부인 몰래 이따금 여배우들이나 여가수들과 바람을 피웠다. 그렇게 부부는 숨바꼭질을 했다. 나폴레옹은 소문이 나지 않도록 조심스럽게 불륜을 저질렀고, 조제핀은 여자로서 질투하기보다는 자신의 자리를 빼앗길까봐 불안해하면서 현장을 적발하려고 튈르리 복도를 누볐다. 조제핀은 교묘하게 질투했다. 정치에 관여는 안했지만 그럼에도 재기발랄하게 정치적 역할을 맡아 했다. "나폴레옹은 전투에서 이겼고, 조제핀은 사람들의 마음을 얻었다."[27] 실제로 망명귀족들이 귀국할 수 있도록 도움을 주어 옛 귀족 사회를 체제에 규합하는 데 일조하기도 했다. "조제핀과의 결혼을 기회로 나에게 필요했던 일파와 원활하게 접촉할 수 있었다. 그들은 나의 행정 원칙 중 가장 중요한 원칙인 합병 체제에 기여해 그 체제를 특별하게 만들어주었다. 아내가 없었다면 그 일파와 절대 자연스럽게 접촉할 수 없었을 것이다."[28]

그러나 부부의 화목함은 국익 때문에 영원하지 못했다. 권력의 영속성을 보장해야 했다. 후계자가 없는 체제는 오로지 나폴레옹을 통해서만 유지되기 때문이다. 따라서 나폴레옹이 죽으면 체제도 붕괴될 판국이었다. 조제핀은 나폴레옹에게 자식을 낳아주지 못했다. 서둘러 설득해야 했다. 아내를 배려하는 나폴레옹은 이를 두고 토론을 일절 금지하면서도 정작 본인은 끊임없이 생각했다. 조제핀에게는 두 아이가 있었기에, 오랫동안 그는 자신이 불임이라고 생각했다. 그런데 1806년에 자

---

27 프레데릭 마송, 『조제핀, 황후와 왕비』에서 인용, 구필, 1899, p. 452.

28 라스 카즈, 『세이트헬레나 회상록』, 위의 책, 1부, p. 582.

신에게 아무 문제가 없음을 알게 되었다. 엘레오노르 드뇌엘 드 라 플레뉴(Éléonore Denuelle de La Plaigne)와의 짧은 관계에서 아들 레옹(Léon)이 태어났기 때문이다. 그래도 의문은 남았다. 엘레오노르 역시 바람기가 다분한 여자였다. 하지만 마리아 발레프스카 덕분에 모든 점이 확실해졌다. 1810년 5월 4일, 마리아 발레프스카는 아들 알렉상드르(Alexandre)를 낳았다. 분명 나폴레옹과의 사이에서 만들어진 사랑의 결실이었다. 어찌 되었든 조제핀은 나폴레옹 일가가 큰소리치며 엄포 놓던 이혼에 대한 생각이 머릿속에서 떠나지 않았다. 그래서 푸셰에게 도움을 청했지만, 권력자는 공석을 두려워해서 후사를, 후계자를, 계승자를 요구했다. 나폴레옹은 이 문제를 해결해야 했다. 1807년 11월, 공식 접견 중에 푸셰가 먼저 과감하게 조제핀에게 이혼을 직접적으로 거론하면서 프랑스의 행복을 위해 그녀의 행복을 희생하라고 권유했다. 권력의 안정을 정당화하기 위해 용기를 낸 말이었다. 조제핀은 엄숙하게 대답했다. "황제와 나의 관계는 가장 고귀한 운명의 책에 쓰여 있다고 생각합니다. 황제와 직접 얘기하는 게 아니면 대답하지 않겠어요. 황제께서 내리시는 명령만 듣겠어요."[29] 그렇게 해서 공은 나폴레옹에게 넘어갔다. 나폴레옹이 결정할 몫이었다. 나폴레옹은 공식적으로는 푸셰를 비난할 수밖에 없었다. 그러면서도 포기하지 않았다. "당신에게는 아이들이 있지만 나는 없소. 왕조를 굳건히 해야 할 나의 불가피한 입장을 당신도 잘 알 거요. 그러려면 이혼하고 재혼해야 하오. 그 편이 당신의 아이들한테도 이로울 거요. 울어도 소용없소, 국익이 먼저니까. 호의적으로 이 결정을 받아들여주어야 하오. 좋든 싫든 나는 이미 결정했소."[30] 조제핀은 체념하

---

29 메테르니히, 『회상록』, 위의 책, p. 141.

면서도 그에게 결정을 내려달라고 요구했다. "당신이 나더러 튈르리를 떠나라고 명하신다면 바로 따르겠어요. 나는 당신의 아내이고 교황 앞에서 당신으로부터 왕관을 받았으니까요. 자발적으로 떠나는 건 아니지만 그 정도 명예를 지킬 자격은 있겠죠. 당신이 이혼한다면 프랑스 전체가 당신이 날 내쫓는다고 생각할 거예요. 그러면 내가 순순히 따랐다는 사실도, 내가 얼마나 깊이 고통스러워했는지도 모를 테죠."[31]

나폴레옹은 여전히 조제핀뿐만 아니라 그녀의 아이들 외젠과 오르탕스에 대한 애정도 깊었다. 이혼은 그에게도 고통스러웠다. 그럼에도 1809년 11월 30일, 저녁 식사를 하다 최종 통보를 건넸다. 조제핀은 기절했다. 나폴레옹은 빨리 끝내고 싶었다. 그도 그 상황이 고통스러웠다. "프랑스와 내 왕조의 이익 때문에 마음을 강하게 다잡았다. 조제핀은 이미 사흘 전에 오르탕스를 통해 우리가 헤어질 수밖에 없다는 걸 들어 알고 있었다. 그래서 그런 모습에 더 가슴이 아팠다. 진심으로 그녀를 불쌍히 여겼다. 조금 더 기개 있게 견뎌내리라 믿었는데, 그렇게 고통을 표출할 줄은 미처 몰랐다."[32] 나폴레옹은 조제핀을 안심시켰다. "그는 언제나 아이들한테 한결같을 거라고, 내가 물러난 후에도 나를 보러 자주 오겠다고 말했다. 내가 말메종에 살 수 있도록 허락해주었다. 그리고 계속해서 최대한 배려를 받을 수 있고 상당한 수입을 얻을 수 있게 해주었다."[33] 1809년 12월 15일, 밤 아홉 시쯤에 나폴레옹은 가족회의를 소집했다. 조제핀, 루이 보나파르트와 그의 아내인 오르탕스 보아르네, 제롬 보

30 구르고, 『세인트헬레나 일지, 1815-1818』, 플라마리옹, 1899, p. 480.
31 총집 『나폴레옹, 내밀한 인간과 예외적인 인간』에서 인용, 플라마리옹, 2013, p. 75.
32 앙투안 클레르 티보도, 『통령정부와 제국』, 위의 책, 7권, pp. 423-425.
33 샤를 막심 카트리네 드 비유마레스트, 『황후의 궁중 시녀장 아브리용 양의 회상록』, 메르퀴르 드 프랑스, 1969, p. 215.

나파르트, 폴린 보나파르트, 카롤린 보나파르트, 외젠 드 보아르네, 뮈라, 쥘리 클라리(조제프 보나파르트의 아내), 캉바세레스와 르뇨 생 장 당젤리 (Regnault Saint-Jean d'Angely, 당시 국가비서관으로 나폴레옹의 최측근—옮긴이)까지 모두 모이자, 공식적으로 법률혼 무효를 선언했다. 나폴레옹이 제일 먼저 뱉은 말은 이랬다. "이런 결단을 내리기까지 내 마음이 얼마나 고통스러웠는지는 하늘도 알 거요! 그러나 프랑스의 국익에 필요하다는 사실이 분명한 이상 어떤 희생도 무릅써야 하오. 굳이 덧붙여 말하자면, 사랑하는 아내는 한탄은커녕 애착과 애정을 보여주었음을 높이 치하하는 바요. 아내와 나눈 추억은 언제나 내 가슴 속에 깊이 새겨져 있을 게요. 내가 직접 왕관을 씌워주었던 만큼, 그녀가 임명 받았던 황후의 계급과 지위를 유지하기를 바라오. 무엇보다도 내 감정을 한 치도 의심하지 않고 언제나 나의 가장 소중하고 가까운 친구로서 나를 지지해주기를 바라오."[34] 그러자 조제핀이 말을 이었다. "존엄하고 소중한 남편의 허락으로, 세상에 다시 없는 가장 위대한 애정과 헌신의 증표를 남편에게 기꺼이 바침을 선언합니다. 나는 프랑스의 정치적 필요와 이익을 충족시킬 수 있는 자식을 낳을 희망이 없기 때문입니다. 그의 어진 마음을 충분히 알고 있습니다. 그는 손수 왕관을 씌워주었건만, 나는 왕좌에 앉아서 프랑스 국민의 애정과 사랑의 증명을 받기만 했습니다. 그런 모든 감정들에 대해 감사드립니다. 끔찍한 혁명의 폐해들을 없애고 교회와 왕좌 그리고 사회질서를 다시 확립하도록 부름을 받은 위대한 남자에게는 언젠가 이 나라를 다스릴 후손이 필요합니다. 따라서 신의 뜻에 따라, 그

---

34 외젠 드 보아르네, 『정치적 그리고 군사적 회상록과 서신』에서 인용, 미셸 레비 프레르 출판사, 1859, p. 291.

런 행복을 가로막아 프랑스 국익의 걸림돌이 되는 이 결혼의 무효에 동의합니다. 하지만 결혼이 무효가 된다 해도 내 사랑의 감정은 조금도 변치 않을 것입니다. 황제께서는 언제나 나의 가장 좋은 친구로 남을 겁니다. 정치 때문에 그리고 너무도 위대한 국익 때문에 이 명령을 내리면서 그의 마음이 얼마나 찢어졌는지 압니다. 하지만 우리는 조국의 이익을 위해 희생하는 것을 영광스럽게 생각합니다."[35] 조제핀은 목이 메어 첫 마디에서 멈추었다. 그 이후는 르뇨가 읽어나갔다. 나폴레옹은 눈물을 흘렸다. 극적인 작별 장면이 연출되었다.

*

영국에서 샤토브리앙은 목사의 딸 샤를로트 이브와 이루지 못한 사랑으로 망연자실했다. 그는 『르네』에 절망과 실망을 고스란히 담았다. 망명에서 돌아와 새로운 삶이 펼쳐졌어도 아내 셀레스트와 함께 살 생각은 눈곱만큼도 없었다. 오히려 망명자 명부에서 말소되기를 기다린다고 핑계를 대면서 아내를 거추장스러워했다. 이내 샤토브리앙은 퐁탄의 오랜 지기 주베르의 소개로 폴린 드 보몽을 만났다. 혁명 때 온 가족이 죽고 혼자 살아남은 폴린은 결핵을 앓고 있었다. "보기보다 상태가 더 심각했던 폴린은 르브룅 부인(Mme Lebrun)이 그린 초상화 속 모습과 상당히 닮았다. 수척하고 창백한 얼굴에 아몬드 같은 두 눈에 광채가 넘치도록 가득해서였을까, 반쯤 기력을 잃은 눈빛은 나른하고 그윽하게 빛

35 앙투안 클레르 티보도, 『통령정부와 제국 또는 나폴레옹 보나파르트의 역사』, 위의 책, 4권, pp. 430-431.

이 났다. 마치 햇살이 물의 투명함을 통해 은은해지듯이. 성격은 강렬한 감정과 앓고 있는 내면의 병 때문에 조금은 꼿꼿하고 성급했다. 고결한 영혼과 위대한 용기를 지닌 그녀는 만인의 사랑을 받기 위해 태어난 사람이었다. 불행히도 세상과 거리를 두고 은둔했지만, 다정하게 그 고독한 지성을 세상으로 불러내면 다가와서 하늘의 말을 전했다. 폴린은 극도로 쇠약해진 탓에 표현이 느릿했는데, 느려서 오히려 더 감동적이었다. 곁을 떠날 무렵에야 고통스러워하는 그녀의 모습을 발견했다. 그녀는 이미 죽음에 사로잡혔고, 나는 그녀의 고통을 달래주려 온몸을 바쳤다."[36]

주베르 덕분에 샤토브리앙은 폴린 드 보몽의 충직하고 다정한 친구로서 사랑의 달콤함을 만끽했다. 사랑의 중개자인 주베르는 두 연인을 몹시 아꼈다. 특히 그들의 은신처인 사비니 쉬르 오르주(Savigny-sur-Orge)에서 폴린은 샤토브리앙에게 『기독교의 정수』를 완성하기까지 필요한 평화를 가져다주었다. 그들은 다른 사람들과 함께 작은 지식인 모임을 만들었고, 그 안에서는 각자 서로를 동물 이름으로 불렀다. 샤토브리앙은 산맥의 까마귀로, 폴린 드 보몽은 제비로 통했다. 폴린은 자신의 시인 때문에 걱정이 많았다. "내가 두려운 것은 사람들이 외면하지 않도록 부드럽게 그리고 무한히 능란하게 제시해야 할 어떤 판단들을 그는 너무 가볍게 내린다는 점이다."[37] 하지만 샤토브리앙은 이미 다른 여자인 델핀 드 퀴스틴에게로 넘어갔다. 그래도 폴린 드 보몽이 임종 직전에 로마에 도착했을 때 한껏 가슴 아픈 척했다. "이제 기침은 덜 나지만, 아무

---

36 F.-R. 드 샤토브리앙, 『죽음 저편에 대한 사색』, 1부, 13장, 7장, p. 449.
37 앙드레 모루아, 『르네 또는 샤토브리앙의 삶』에서 인용, 위의 책, p. 138.

래도 그건 그저 소리 없이 조용히 죽음을 맞으려고 그러는 모양이다."[38]
그는 쇠약해진 폴린의 모습에 충격을 받았다. "그녀를 보자 겁이 더럭
났다. 더는 웃을 힘도 없어 보였다."[39] 그토록 고통스러워하는 모습에 더
열띤 표현을 했다. "나는 소중한 모든 것을 어렸을 때와 똑같이 격렬하
게 사랑한다. 슬픔은 나의 조건이다. 나는 가슴이 아플 때만 나 자신의
모습을 되찾는다."[40] 폴린 드 보몽이 죽기 전날 밤, 샤토브리앙은 눈물을
주체하지 못했다. 오히려 그녀가 달래주었다. "아이 같아요. 예상했던
일이잖아요?"[41] 폴린은 다음날 숨을 거두었다. "곱슬머리 몇 가닥이 이
마 위로 늘어졌다. 두 눈이 감기고 영면의 밤이 내려앉았다. 의사는 낯
선 여인의 입가에 거울과 불빛을 가져다 댔다. 거울은 생명의 숨결로 뿌
옇게 되지 않았고, 불빛은 미동도 없었다. 모두 끝났다."[42]

"성 루이의 아내 마르그리트 드 프로방스(Marguerite de Provence)의 긴 머
리카락을 혈육인 그녀가 물려받았다."[43] 델핀 드 퀴스틴도 관능적인 만
큼 바람기가 다분했다. 1802년 말부터 1805년 중반까지 샤토브리앙은
"오로지 그녀를 만날[…] 희망으로 살았다."[44] 노르망디의 마을인 페르
바크(Fervaques)의 이름을 따서 페르바크 부인이라고도 불리는 델핀 드
퀴스틴은 성을 한 채 갖고 있었다. 샤토브리앙은 그 성에 있는 앙리 4세
'베아르네'(Béarnais, 앙리 4세는 나바르 왕국 근처의 베아른 지방 태생이어서 베아르네라

---

38 앞의 책, p. 156.
39 F.-R. 드 샤토브리앙, 『죽음 저편에 대한 사색』, 1부, 15권, 1장, p. 509.
40 앙드레 모루아, 『르네 또는 샤토브리앙의 삶』에서 인용, 위의 책, p. 157.
41 F.-R. 드 샤토브리앙, 『죽음 저편에 대한 사색』, 1부, 15권, 4장, p. 515.
42 앞의 책, p. 517.
43 앞의 책, 1부, 14권, 1장, p. 472.
44 F.-R. 드 샤토브리앙, 『일반 서신』, 위의 책, 1권, n. 137, p. 190.

고도 불린다―옮긴이)의 침대에서 자는 걸 무척 좋아했다. 유복한 집안 출신인 델핀 드 퀴스틴은 정신의 기쁨만큼이나 육체의 기쁨도 주었다. 혁명의 공포에서 살아남았고, 카름(Carmes) 감옥에 투옥되어 무엇보다도 조제핀 드 보아르네와 함께 여덟 달을 보냈던 델핀 드 퀴스틴은 그녀를 사랑하던 한 자코뱅파 프리메이슨 단원 덕분에 간신히 목숨을 부지했다. 그녀에게는 연인도 많았지만 푸셰처럼 충실한 친구도 많았다. 열정이 넘치는 그녀는 심한 질투에 타올랐다. 물론 당연히 샤토브리앙에 대해서. 샤토브리앙은 몇 달 후에 또 다른 여인 나탈리 느 노아유에게로 마음이 옮겨갔기 때문이다. 델핀은 제 자유만 사랑하는 남자 때문에 짜증도 나고 괴로웠다. 애원도 하고, 감시도 하고, 비난도 퍼부었다. 샤토브리앙이나 보통 남자들이 흔히 그렇듯이 쉽게 불붙은 열정은 금세 권태로 바뀌었다. "문득 어느 날 아침, 열정의 아름다움 위로 무감각한 뭔가가 싹튼다. 마치 사랑했던 여인의 이마 위에 드리우는 첫 주름처럼. 사랑의 숨결과 향기는 젊음의 시기에 소멸된다. 저녁 산들바람이 꽃들 위에서 잠드는 듯이. 알아차리지만 선뜻 인정하고 싶지 않다. 글자들은 생략되어 줄어들고 새로운 글자들, 묘사들, 낯선 것들로 채워진다. 어떤 글자들은 느릿하지만 그다지 불안하지는 않다. 사랑하고 사랑받는다는 확신이 들면 이성적인 사람이 된다. 더는 중얼거리지 않고 부재에 순응한다. 맹세는 늘 단조롭게 이어진다. 언제나 같은 말이지만, 영혼이 사라진 죽은 말이다. 당신을 사랑한다는 말은 이제 습관적인 표현, 강요된 관습에 지나지 않는다. 모든 사랑의 편지에 나오는 '영광'이라는 말처럼. 차츰차츰 문체는 얼어붙거나 고조된다. 편지 오는 날이 더 이상 초조하게 기다려지지 않는다. 오히려 두려워진다. 글 쓰는 일은 피로가 된다. 우리는 종이에 털어놓은 미친 짓들을 떠올리고 낯을 붉힌다. 그 편지들을 빼앗아서 불속에 던지고 싶어진다. 대체 무슨 일이 있었던 거람? 이건 시작되는 새로운 애정인가 아니면 끝나는 낡은 애착인가? 중요치 않다. 사랑했던 대상 앞에서 죽는 건 사랑이다. 인간의 감정은 겉으로 드러나지 않는 작업의 영향을 받는다는 사실을 인정해야 한다. 세월이 흐르면서 머리가 세듯이 서서히 권태를 만들고, 환상을 흩뜨리고, 열정을 잠식하고, 마음을 바꾸는 시간의 열병이다. 그런데 이러한 인간적인 것들의 결함에는 예외가 있다. 정신력이 강한 사람들의 경우에는 사랑이 열정적인 우정으로 바뀔 만큼, 일종의 의무가 될 만큼, 미덕의 장점들을 갖출 만큼 충분히 지속되는 일도 가끔 있다. 그러면 그 사람은 타고난 결점을 잃고 불멸의 원칙으로 살아간다."[45] 둘 사이는 돈 문제로 틀어졌다. 그리고 열정은 우정으로 변했다. 영원히 꺼지지 않고 옅어질 수 있도록. 샤토브리앙은 델핀 드 퀴스틴이 죽기 직전까지 곁을 지켰다. 샤토브리앙이 델핀에게 소개시켜준 친구 셰느돌레(Charles Lioult de Chenedollé)의 요청을 받고서. "여기 당신 발치에 그가 무릎을 꿇었소."[46] 델핀은 이렇게 대답했다. "오히려 내가 그에게 무릎을 꿇은 거죠."[47]

1805년 봄에 만난 나탈리 드 노아유는 특유의 매력으로 샤토브리앙을 혼란스럽게 했다. "나탈리는 천부적으로 온갖 재능을 타고났다. 특히 사람을 기분 좋게 해주는 재능을. 그녀에게 사랑에 빠지지 않는 남자는 거의 본 적 없다. 그저 가볍게만 사랑했던 사람들을 보더라도. 노인들은 물론이고 여자들과 아이들도 돌아보았다. 그녀는 아무도 우습게 보지 않았고, 세상을 정복하고 싶다는 야망을 품고 있었다. 외모만 보아도 그

---

45 앞의 책, 『전집』, 르쿠, 5권, p. 148.
46 기슬랭 드 디스바흐, 『샤토브리앙』에서 인용, 위의 책, p. 192.
47 위의 책, 상기 인용문에서.

런 포부를 느낄 수 있었다. 우아하면서도 기품 있는 몸매, 광채 나는 피부, 고상하고 단아한 용모, 눈빛의 생기, 반듯한 이목구비가 모든 이의 시선을 끌었다. 외모만으로도 충분히 매력적이었지만 맵시 있는 자태는 도저히 거부할 수 없을 만큼 유혹적이었다."⁴⁸ 분명 가장 사랑했던 여인인 나탈리 드 노아유는 샤토브리앙의 마음속에서 독보적인 자리를 차지했다. 1807년 3월, 헤어진 지 일 년 만에 그들은 『파리에서 예루살렘까지의 여정』에서 돌아오는 길에 은밀히 에스파냐로 갔다. 두 연인은 각기 다른 방향으로 출발했다가 낭만적으로 재회했다. 샤토브리앙은 동방에서, 나탈리는 한 영국인 관리와 함께 샤토브리앙을 기다리다가. 모두가 두 사람의 일을 알고 있었지만, 두 사람은 밀회를 감추려고 갖은 책략을 동원했다. "그런데 내가 『여정』에서 데스데모나 항구와 오렐로 항구에서 시작된 여행에 대해서 다 얘기했던가? 회개하는 기분으로 그리스도의 무덤에 갔던가? 나는 단 한 가지 생각에 온통 마음을 빼앗겼다. 초조하게 그 순간들을 기대했다. 뱃전에서 저녁별을 뚫어져라 바라보면서 배가 더 빨리 갈 수 있게 바람을 불어달라고, 어서 내가 사랑받을 수 있게 해달라고 빌었다. 스파르타(Sparte), 시옹, 멤피스(Memphis), 카르타고에서 그녀를 찾을 수 있기를, 그리고 알함브라(Alhambra)로 데려갈 수 있기를 바랐다. 에스파냐 해안에 다가가는 동안 어찌나 가슴이 뛰던지! 내가 모진 시련들을 헤쳐 온 것처럼 그녀도 나와의 추억을 간직하고 있을까? 그런 불안한 의심 뒤에는 고통이 따랐다. 태양은 아직도 빛나고 있다. 간직하고 있던 이성이 고통을 일깨운다. 행복의 한 순간을 몰래 겪는다면 그 유혹과 마법과 망상의 나날에 대한 기억으로 혼란스러우리

---

48 앞의 책, p. 190.

라."[49]

오 년 동안 두 연인은 서로 사랑하고 다투었다. 하지만 결국 샤토브리앙이 지치면서 관계를 깼다. 나탈리는 터무니없는 요구들로 감당하기 힘든 여자가 되었다. 결국 그녀는 1817년에 미쳐버리고 말았다. "아! 맙소사! 가엾은 나탈리! 나는 대체 무슨 운명에 쫓기고 있단 말인가! 내가 사랑했고, 알았고, 어울렸던 모두가 미쳐버렸다고 얘기했던가? 그러니 여기서 끝내야겠다. 그녀를 행복하게 해주기 위해 내가 할 수 있는 일도, 줄 수 있는 것도 없다. 아직도 그녀의 머리가 정상으로 돌아오기를 바라고 있다. 그저 일시적인 이상이었으면 좋겠다. 그녀는 나를 그렇게도 행복하게 해주었는데, 나는 해줄 수 있는 일이 아무것도 없다니! […] 인간적인 우정이라는 통탄스러운 무력감이란."[50]

*

이혼 후에 나폴레옹은 석 달 동안 재혼 준비를 했다. 그 결혼은 정치적이었다. 상대는 오스트리아의 마리 루이즈였다. 열여덟 살의 마리 루이즈는 크게 똑똑하지도, 대단히 아름답지도 않았다. 나이에 비해 노숙했던 그녀는 그 나이처럼 천진하면서도 관능적이었고, 이미 제법 엉큼한 구석도 있었다. 게으르고, 이기적이고, 편협한 면도 있었으나 그런 건 중요치 않았다. 어차피 그녀의 역할은 나폴레옹에게 아들을 낳아주는 단순한 역할이었으니까. 나폴레옹은 그 상황이 재미있었다. 자신이 선

49 샤를 오귀스탱 생트 뵈브, 『내 소중한 친구들』에서 인용, 그라세, 2006, 《레 카이예 루주》, pp. 115-116.

50 가브리엘 파일레스, 『뒤라스 공작부인과 샤토브리앙』에서 인용, 플롱, 1910, p. 149.

택한 여성이 어떤 사람인지 빨리 알고 싶어 궁금했다. 그래서 초조하게 그녀를 만나러 갔다. 무엇보다 어서 그녀를 정복하고 싶었다. 마리 루이즈가 황후로서의 예의범절을 익히기 전 이틀 동안 그가 한 일이 그것이었다. 그녀의 어리숙함에 답답하면서도 많은 것을 가르쳐주려는 나폴레옹은 세련되지 못한 어린 아내에게 각별히 너그럽고 참을성 있게 대했다. 그런데 그녀는 성적으로 순진한 모습 속에 뜻밖의 쾌감을 가져다주었다. "첫날밤에 그녀가 내게 말했다. '또요!' 그 이후로 여자의 예감 때문인지 아니면 여자들에게 자연스럽게 그런 생각이 떠올라서인지 그녀는 그때 자신이 했던 말을 떠올리면 애써 부정했다. 내가 그 얘기를 꺼내면 얼굴을 붉히며 그런 말 한 적 없다고 잡아뗐다. 게다가 그녀는 가슴으로 또는 다른 특별한 방식으로 내 감각을 일깨우는 걸 좋아했다."[51] 그렇다고 해도 마리 루이즈가 결혼 생활을 한 건 겨우 오십 개월 정도였고, 그중에서도 삼십이 개월 정도는 남편을 보지 못했다. 그리고 나폴레옹이 폐위되자 바로 곁을 떠났다. 1821년에 나폴레옹이 죽었다는 소식을 들었을 때도 이런 끔찍한 말을 했다. "내 곁에서 멀리 떨어져만 있다면 더 오래 행복하게 살았어도 좋았을 텐데."[52] 실제로 둘의 결혼은 이해 관계가 얽힌 결합일 뿐이었다. 나폴레옹은 자식을 얻기 위해 결혼했고, 마리 루이즈는 왕관을 보고 결혼했다. 왕관이 사라지자 마리 루이즈는 일말의 아쉬움도 후회도 없이 사라졌다. "그에게 어떤 식으로든 강렬한 감정을 가져본 적은 단 한 번도 없었지만 어쨌든 그가 내 아들의 아버지이며, 세상 사람들이 생각하듯 나를 함부로 대하기는커녕 항상 정중

---

51 루이 샤르디니, 『인간 나폴레옹』에서 인용, 위의 책, pp. 411-412.
52 앞의 책, p. 415.

하게 대해주었던 점은 잊을 수 없을 듯하다. 그 정도면 정치적 결혼에서 기대할 수 있는 바로는 충분했다."[53] 1811년 3월 20일, 로마의 왕이 탄생했다. 삼 년 반 동안 아들이 아버지를 본 건 그 시간의 절반뿐이었다. 그 시대의 모든 아버지들이 자식에게 그러했듯이 멀찍이서 늘 점잖게 짬짬이. 하지만 아이의 가정교사를 제외하고는 진심으로 그 아이를 걱정해주는 유일한 사람이었다. "만일 아이에게 제대로 된 엄마가 있다면 잘 됐구나 하고 아이를 엄마에게 마음 편히 맡겼을 것이다. 하지만 그녀는 절대 그런 유형이 아니었다. 아이를 돌보는 낯선 가정교사보다도 아이에게 훨씬 무관심한 사람이었다."[54] 그리고 나폴레옹은 상황을 이렇게 요약했다. "이 결합에서 나의 유일한 실수는 너무 부르주아적인 마음을 품었다는 점이었다."[55] 젊은 여자들에 대한 그의 취향은 세월이 흘러도 무뎌지지 않았다.

*

샤토브리앙은 자신을 숭배해줄 여자들이 필요했다. 사랑에서 그가 찾는 건 늘 그런 식이었다. 그는 뒤라스 공작부인인 클레르 드 케르생과 사랑을 나누면서 그 부분을 찾아냈다. 그녀는 샤토브리앙의 "소중한 누이"가 되었다. 그녀를 만난 건 1809년 메레빌(Méréville)에서였다. 그녀는 "말할 나위 없이 사랑스러운 사람이었다. 그리고 한 마디로 단정짓기 어려운 성격의 소유자였다. 가령 그녀에게는 정복자의 의지처럼 단호한

53 앞의 책, p. 448.
54 앞의 책, p. 425.
55 앞의 책, p. 450

면이 있었다. 하지만 명령을 따를 군대가 없다 보니 그런 단호함은 쓸데없이 그녀를 괴롭혔다. 공식 석상에서 대화를 할 때도 […] 언제나 급류 속에서 혼신을 다해 노를 젓는 뱃사공처럼 노력했다. 성격은 대단히 강하고 뚜렷한데 의외로 남들을 따라하려는 경향이 있어서, 그녀를 조금이라도 아는 사람들은 그녀가 어떤 의견을 내놓기만 하면 어디서 들었는지 따져 묻게 되었다. 그런데 희한하게도 대답이 늘 달랐다. 아무래도 그녀는 남들을 지배하려는 경향이 특히 강했던 것 같다. 조언자로서의 자질은 절대적으로 부족했다."[56] 그런데 샤토브리앙 곁에서 그녀가 했던 역할은 바로 그가 품고 있는 야망을 알아주는 절친한 친구의 역할이었다. "뒤라스 부인은 나를 위해 야심적이었다. 우선 내가 정치적으로 어떤 가치가 있을지 알아본 유일한 사람이었다. 내가 남들의 시기와 무분별함 때문에 국왕의 회의에 참석하지 못하는 점을 늘 안타까워했다. 하지만 스스로 내 운을 걷어차는 성격을 훨씬 더 가슴 아파했다. 나를 꾸짖으면서 나의 태평함, 솔직함, 순진함을 고쳐주려고 했고, 스스로도 잘 참지 못하는 아첨하는 습관을 만들어주려고 했다. 사교계에서 발휘하는 영향력으로 나의 결함을 장점으로, 불완전함을 매력으로 인정받게 해주었다. 끈끈한 우정의 비호를 받을 때의 느낌처럼 사랑스럽고 고마운 느낌이 또 있을까? 남자는 자신이 가진 가치로 상대를 보호하고, 여자는 상대가 가진 가치로 그 남자를 보호한다."[57] 그래서 샤토브리앙은 가치를 인정받으려고 부단히 애썼다.

하지만 두 사람의 관계는 어디까지나 정신적인 관계였다. 뒤라스 공

---

56 장 폴 클레망, 『샤토브리앙』에서 인용, 위의 책, p. 438.
57 F.-R. 드 샤토브리앙, 『죽음 저편에 대한 사색』, 위의 책, 1부, 23권, 5장, p. 931.

작부인은 샤토브리앙에게 사랑의 격정을 조금도 불어넣지 못했기 때문이다. 따라서 의도치 않게 그녀는 "완전히 다른 자리, 혼란도 경쟁자도 없이 그를 지배하는 가장 중요한 자리를"[58] 차지했다. 둘 다 정치, 문학 그리고 자연을 사랑했다. 영향력 있는 여성인 뒤라스 공작부인은 소설도 쓰고 왕정복고 시대에는 정치 살롱을 열기도 했다. 하지만 원래 비사교적이던 샤토브리앙은 정치 살롱은 멀리했다. 뒤라스 공작부인의 야망은 샤토브리앙의 명예와 합쳐져서 외무장관으로 임명 받는 데 도움을 주었다. 수많은 편지를 주고받으면서 규칙적으로, 때로는 거의 매일 만나다시피 하면서 깊은 동질감으로 두 사람은 끈끈하게 이어졌다. 1828년에 뒤라스 공작부인이 세상을 떠날 때, 그녀는 샤토브리앙에게 유물로 추시계를 남겼다. 소중한 형제가 언제 자신을 보러 오나 기다리면서 그들의 "신성한 시간"을 확인하느라 연신 들여다보던 시계였다. 함께하는 그 시간 동안 그녀는 사랑하는 위대한 남자의 기대와 실망들을 속속들이 이해해줄 수 있는 절친한 친구인 동시에 궁정과 도시의 소문을 전해주는 소식통이었다. 뿐만 아니라 그가 다시 제 자리를 찾을 수 있도록 격려해주었고, 용기를 북돋워주었으며, 찬사와 감탄으로 포근히 감싸주기도 했다. 탈레랑의 표현에 의하면, 군주제도 시절에 가장 유명한 "두 객실" 중 하나였던 그녀의 살롱에서 뒤라스 공작부인은 샤토브리앙에게 최고의 변호인이었다. 그를 옹호하고 예찬하고 부추겨주었다. 그런데 한편으로는 그런 상황이 그녀에게 고통스러울 때도 있었다. 이따금 그가 연인들 이야기를 꺼낼 때면 그 사려 없음에 몹시 화가 났기 때문이다. "나에게 자랑거리가 있다면, 그건 바로 우리의 우정일 거예요.

---

58 앞의 책, 『일반 서신』, 위의 책, 1812년 7월 27일, II권, p. 169.

나는 어떻게 하면 당신을 기쁘게 해줄 수 있을지 궁리했고, 매사에 나보다 먼저 당신을 생각하면서 시간을 보냈어요. 하지만 이제 생각해보니 나 역시도 당신이 내 시련에 대해서 함께 걱정해주고 내 성공을 간절히 바라주길 원했던 것 같네요. 그런데 당신에게 그런 우정을 받기는커녕, 내가 당신에게 기울였던 노력에 대해 당신이 얼마나 무심했는지 원망하게 되는군요. 우리 둘을 울렸던 불쌍한 뤼실의 편지들을 다시 읽어봐요! 그 시절에 당신이 그녀의 가슴을 찢었던 것처럼, 지금 내 가슴을 찢고 있어요. 일부러 그러는 게 아니라면 알아채지 못하는 거겠죠."[59] 하지만 그녀는 자신의 소중한 형제가 질투와 모함을 이겨낼 수 있도록 그의 기질은 물론이고 다른 여자들과 나누는 사랑까지도 감당하고 견뎌냈다. 샤토브리앙이 정치적인 책략에 반감을 갖고 재능을 방치하거나 좌절하지 않도록 이끌고 조언하면서. 1820년부터 뒤라스 공작부인은 서서히 몸이 쇠약해졌다. 그러다 몸이 반쯤 마비되어 더는 읽지도, 쓰지도 못하게 되자 대화마저 불가능해졌다. 그래도 샤토브리앙은 끝까지 곁을 지키며 규칙적으로 그녀를 찾아가서 산책을 시켜주었다. 클레르 드 뒤라스는 작별 선물로 그를 니스에서 떠나보내 주었고, 그곳 니스에서 "추위를 두려워하지 않는 동백꽃처럼 붉은"[60] 삶을 마쳤다.

샤토브리앙은 외무장관이 되면서 젊고 아름다운 코르델리아 드 카스텔란의 연인이 되었다. 그녀는 사람보다는 장관이라는 광채에 더 매혹되었다. 대단히 부유한 은행가 그르퓔르(Louis Greffulhe)의 딸 코르델리아는 보니파스 드 카스텔란(Boniface de Castellane)과 결혼했고, 보니파스는 프

---

59 바르두, 『뒤라스 공작부인』에서 인용, 칼만 레비 출판사, 1898, p. 358.

60 가브리엘 파일레스, 『뒤라스 공작부인과 샤토브리앙』에서 인용, 위의 책, p. 512.

랑스의 장성이자 귀족원 의원이 되었다. 샤토브리앙은 열정에 불타올랐다. "관능의 여신"인 코르넬리아 드 카스텔란은 그의 감각을 흥분시키고 자극했다. 쥘리에트 레카미에와 샤토브리앙 사이에서 지속적으로 불화를 일으킨 원인도 바로 그 관능적이고 요란한 소용돌이였다. 스물일곱 살이나 어린 코르넬리아 드 카스텔란은 변덕스럽고 탐욕스러운 성격 못지않은 대단한 미모의 소유자였다. 샤토브리앙이 그토록 홀딱 반한 건 그녀의 정신이 아니었다. 그런데도 그녀에게 가장 열정적이면서도 과감한 편지를 남겼다. "나의 천사, 나의 인생, 또 무슨 말을 해야 할지 모르겠지만, 젊은 시절의 온갖 정열을 다 바쳐 당신을 사랑하오.[…] 그대의 발밑에 무릎을 꿇을 수 있도록 허락해준 이후로 난 모든 걸 잊었다오. 그래요, 그대만 원한다면 세상에서 멀리 떨어진 바닷가로 오구려. 마침내 내가 그토록 추구했던 이 행복의 꿈을 잡았소. 당신은 모르겠지만 내가 그토록 오랫동안 사랑했던 건 당신이오. 당신은 내 평생을 알게 될 거요. 내가 죽은 뒤에야 사람들이 알게 될 것을 보게 될 거요. 우리보다 오래 살아남을 것을 당신께 바치리다. 부디 이곳에서 내가 그대를 위해 마련하는 모든 것을 받아주시오.[…] 당신에게 내 평생을 바치리다."[61] 아무리 노련하고 지적인 남자라 해도 젊은 여자의 관능적인 매력에는 저항하기 힘든 법이다. 에스파냐 사태에서 카디스의 항복을 받아내는 일로 파리 전체가 조바심 내는 동안, 샤토브리앙은 자신이 그토록 탐냈던 장관 자리에 앉아서도 서둘러 코르넬리아의 품으로 돌아가고 싶어서 안절부절못했다. 하지만 장관직을 잃자마자 코르넬리아도 곧바로 사라졌다.

---

61 장 도르므송, 『나의 마지막 꿈은 당신의 꿈이 될 겁니다』, 라테스 출판사, 1982, p. 285.

*

　나폴레옹이 정복한 여성들은 꽤나 많았지만 특별히 애착을 품은 여성은 없었다. 궁정 귀부인들, 궁정의 낭독사들, 왕족들 또는 여배우들 중 몇몇이 두드러질 뿐이었다. 카르카손 특유의 노래하는 듯한 억양을 가진 폴린 푸레스(Pauline Fourès)는 과장된 듯한 순수함으로 이집트의 고풍스러운 분위기를 쾌활하게 해주었다. 성숙한 여자와 결혼한 나폴레옹은 젊은 금발 아가씨들을 좋아했다. 하지만 연애는 하룻저녁, 하룻밤이 고작이었다. 그 명단에서 단 한 명의 예외는 젊은 폴란드 백작부인 마리아 발레프스카였다. 전해지는 이야기에 따르면, 나폴레옹과 마리아는 1806년 12월 바르샤바로 가는 길에서 만났다고 한다. 나폴레옹은 대중의 환호를 받으면서 지나다가 길목에서 잠시 멈추었다. 그때 한 젊은 여자가 인파를 헤치고 나와 황제의 마차 앞으로 다가왔다. 그리고 더듬대면서 서툰 프랑스어로 말했다. "어서 오세요. 우리 땅에 정말 잘 오셨습니다……."[62] 나폴레옹은 그 아리따운 아가씨를 점찍었다. 그녀의 이름은 마리아 발레프스카였다. 1807년 1월 7일, 나폴레옹은 바르샤바의 상류층이 주최한 환영회에 그녀를 초대했다. 이어서 1월 17일에 탈레랑이 주최한 무도회에서 나폴레옹과 마리아 발레프스카는 처음으로 함께 춤을 추었다. 무도회 다음날 나폴레옹은 마리아에게 편지를 썼다. "내게는 당신만 보였소. 나는 당신에게만 감탄했고, 당신만을 원하오."[63] 가족을 비롯한 주변에서 마리아가 황제에게 몸을 바치도록 집요하게 정치적으

62　프레데릭 마송, 『나폴레옹과 여자들』, 위의 책, p. 215.

로 압박했다. 망설임 끝에 마리아는 그에게 몸을 바쳤다. 사실은 황제에게 젊은 여자들을 공식적으로 공급하는 역할을 맡았던 탈레랑이 중매자 노릇을 했다고 여겨진다.

어쨌든 그들의 관계는 지속되었다. 두 사람은 1808년에 파리에서 다시 만났다. 일 년 후에 그녀는 나폴레옹의 아이를 임신했다. 마리아 발레프스카는 장차 태어날 아이를 맡아 키워줄 나이 많은 남편을 설득하기 위해 다시 폴란드로 떠났다. 나폴레옹은 마리 루이즈와의 신혼 기간에 아들이 태어났다는 사실을 알게 되었다. 그는 마리아 발레프스카에게 브뤼셀의 레이스와 금화 이만 프랑을 보냈다. 1810년 11월에 마리아는 다시 파리에 돌아와 정착했다. 하지만 나폴레옹의 마음은 변했다. 마리아는 변함없는 마음으로 첫 번째 양위 이후에 퐁텐블로로 서둘러 달려갔지만, 나폴레옹은 그녀를 받아주지 않았다. 그럼에도 그 모든 세월 동안 마리아 모자의 삶을 돌봐주었고, 특히 아들에게는 넉넉한 수입을 보장해주었다. 마리아는 은밀히 엘바 섬으로 가기도 했고, 워털루 전투 이후에는 말메종으로 가서 나폴레옹을 마지막으로 만났다. 1816년 9월 7일, 그녀는 1807년에 만났던 미래의 프랑스 장군 필리프 앙투안 도르나노(Philippe Antoine d'Ornano)와 결혼해 위안을 얻었다. 1817년 12월 11일, 마리아 발레프스카는 셋째 아들 로돌프 도르나노(Rodolphe d'Ornano)를 출산하다 신장 감염으로 서른한 살의 나이에 파리에서 숨을 거두었다.

---

63 엘렌 콜룽바, 『마담 발레프스카 : 제국 시대 가장 아름다운 연애사, 나폴레옹 1세의 폴란드 애첩』에서 인용, 스코르피옹 출판사, 1964, p. 23.

샤토브리앙은 많은 여자들을 만났다. 심지어 나폴레옹과 같은 여자를 사이에 두고 만난 적도 있었다. 포르튀네 아믈랭(Fortunée Hamelin)이라는 여성이었다. "그녀는 아름답다기보다 독특했다. 상당히 억양이 강한 크리올료(criollo, 서인도제도를 포함한 남북아메리카의 에스파냐 식민지에서 태어난 백인—옮긴이) 여성이었다. 짙은 갈색 피부, 빨갛고 도톰한 입술, 희고 뾰족한 치아, 아름다운 검은 머리칼, 요정 같은 몸매, 아이처럼 아담한 키, 특별한 기품이 당대 최고의 미녀들에 견줄 만했다. 경쟁 상대들이 일반적으로 훨씬 더 아름답다면, 개인적인 우아함은 그녀가 월등했다."[64] 1823년, 포르튀네 아믈랭은 정기적으로 샤토브리앙을 찾아가 만났다. 심지어 오르탕스 알라르를 추천하기도 했다. 스물여덟 살의 오르탕스는 샤토브리앙에게 완전히 매료되어 1828년에 그를 따라 로마로 갔다. 그녀는 이렇게 말했다. "샤토브리앙에게는 진정한 이끌림이 있었다. 여자들을 사랑했기 때문이다. 그는 단춧구멍에 꽃 한 송이를 꽂고 대단히 우아한 차림새와 세련된 모습으로 우리 집에 왔다. 미소는 매력적이었고, 치아는 눈부시게 희었다. 그는 경쾌하고 행복해 보였다. 이미 로마에서는 그의 신선한 쾌활함에 대한 명성이 자자했다. 샤토브리앙이 처음에는 슬픔을 안고 회상했던 이탈리아가 갑자기 신선한 매력으로 그를 사로잡았다. 그는 지긋지긋해 하던 로마를 갑자기 사랑하게 되었다. 그는 나의 작은 집의 고독, 디오클레티아누스(Diocletien)의 온천 주변, 로마에서 동떨어진 이 고즈넉한 분위기를 눈여겨보았다. 그는 내가 프랑스에

---

64 바상빌 백작부인, 『옛날의 살롱, 내밀한 추억』, 브뤼네, 1862, pp. 23.

갈 수 있게 해주었고, 자신이 되찾게 될지도 모를 권력에 대해서 말해주었다."[65] 둘의 관계는 지속되었다. 1829년 3월에 샤토브리앙이 돌아오자 오르탕스는 그와 멀리 떨어지지 않은 곳에 정착했다. 두 사람은 매일 몇 시간씩 만났다. 정치적 기질을 가진 오르탕스는 글도 썼다. 토론도 많이 했고, 애정 어린 관계를 이어갔다. 다른 연인들도 많았던 그녀에게 샤토브리앙은 대단히 아름다운 편지를 썼다. "언제나 나를 조금은 사랑해주오. 꿈에서만이라도 내 삶을 그대의 삶에 기대게 해주오."[66]

그러나 샤토브리앙의 중요한 연애 상대는 단연 쥘리에트 레카미에였다. 그들은 1801년에 스탈 부인의 저택에서 처음 만났다. 첫 만남에서는 서로 한 마디도 주고받지 않았고, 어떤 결과로도 이어지지 않았다. 샤토브리앙보다 열 살 어린 쥘리에트는 총재정부의 여왕 중 한 명으로, 거느리고 있는 찬미자들도 많았다. 뤼시앵 보나파르트부터 벵자맹 콩스탕까지. 그녀는 많은 남자들을 매료시켰지만 결코 자신을 내어주는 법은 없었다. 그런데 샤토브리앙에게는 예외였다. "어쩌면 신선함의 묘미다. 다른 사람들은 나에게 관심을 가졌지만, 그는 내가 자신에게 관심을 가져주기를 요구한다."[67] 샤토브리앙과 그녀의 관계는 1817년에 시작되어 샤토브리앙이 죽을 때까지 계속되었다. 그녀가 1819년에 들어간 생제르맹 근교의 수도원 라베 오 부아(L'Abbaye-aux-Bois)는 샤토브리앙을 숭배하는 문학적, 정치적 살롱이 되었다. 그러나 1801년에만 해도 샤토브리앙은 감히 그녀를 바라보지도 못했다. "어느 날 아침, 내가 스탈 부인 저택에 있을 때였다. 스탈 부인은 몸단장을 하던 중에 나를 맞아주었

---

65 기 드 샤르나세, 『내 동시대인들에 대한 잡담』, 당퇴, 1874, p. 84-85.
66 호세 카바니스, 『샤토브리앙, 당신은 누구인가?』에서 인용, 갈리마르, 1998, p. 34.
67 앙드레 모루아, 『르네 또는 샤토브리앙의 삶』에서 인용, 위의 책, p. 186.

다. 올리브 양(Mlle Olive)의 도움을 받아 옷을 차려입던 부인은 작은 초록색 나뭇가지를 손가락으로 굴리면서 나와 잡담을 나누었다. 그때 새하얀 드레스를 차려입은 레카미에 부인이 들어와 흰 비단 소파 한가운데에 앉았다. 스탈 부인은 여전히 선 채로 활발하고 유창하게 대화를 이어나갔다. 나는 레카미에 부인에게서 눈을 떼지 못한 채 간신히 대답했다. 그러고는 이렇게 순진하면서도 관능적인 모습을 본 적이 있었나 생각했다. 한 번도 상상해본 적 없는 모습이었다."[68] 그런데 샤토브리앙이 쥘리에트 레카미에를 다시 만나기까지는 장장 십이 년이나 걸렸다. 쥘리에트 레카미에는 제르맨 드 스탈과 밀접한 관계였다. "매력적인 절세 미녀 레카미에 부인은 쇼세 당탱(chaussée d'Antin) 가에 있는 살롱의 우아한 안주인이자, 계급과 지성을 갖춘 남자들 모임의 아스파시아(Aspasie, 아테네의 장군 페리클레스의 애인이자 당시 사교계의 여왕—옮긴이)였다. 레카미에 부인과 스탈 부인은 이해관계로 얽힌 사이였다. 스탈 부인은 매사에 포부가 컸다. 반면에 레카미에 부인은 아무런 포부도 없었다. 아니, 적어도 포부를 가진 사람으로 보이지 않았다. 그래서 두 여인의 협력은 일시적이고 무익했다. 한 사람이 헌신과 찬사를 바치면, 다른 한 사람은 지성이라는 계급과 명성을 주었다. 새하얀 베울[69]은 레카미에 부인을 더 돋보이게 했다. 베울을 두르지 않았을 때의 레카미에 부인은 그저 어느 부유한 은행가의 아름답지만 평범한 아내에 지나지 않았다."[70] 1811년, 그녀는 제르맨 드 스탈과 너무 연관되어 있어서 파리에서 백육십 킬로미터 정도 떨어진 곳으로 망명을 갔다. 이후 스탈 부인은 다시 샤토브리앙과 쥘

---

68 F.-R. 드 샤토브리앙, 『죽음 저편에 대한 사색』, 위의 책, 2부, 29권, 1장, p. 156.
69 머리에 묶는 식민지 여성의 스카프.
70 오귀스트 프랑수아 드 프레니이, 『회상록』, 플롱, 1909, p. 92.

리에트 레카미에 사이에 다리를 놓아주었다. 1817년, 스탈 부인이 연 화려한 만찬에서 두 사람은 나란히 앉았다. 그때 둘의 운명은 다시 이어졌다. 그리고 샤토브리앙은 이렇게 고백했다. "내 기쁨을 당신의 발밑에서 속죄하고 싶소, 당신이 사랑하는 이 파도의 속삭임처럼."[71]

코르델리아 드 카스텔란 때문에 잠시 불화가 있긴 했지만, 두 연인은 상당히 충실한 관계로 남았다. 한 치의 의심도 없이, 쥘리에트는 샤토브리앙을 자신을 깨워주는 태양으로 여겼다. "샤토브리앙이 도착하면서 내 삶은 다시 활기를 띠었고, 그 삶은 꺼지지 않을 것처럼 보였다."[72] 이 열정은 샤토브리앙의 습관적인 권태도 이겨냈다. 두 사람은 생의 마지막 순간까지 함께 했다. 빅토르 위고(Victor Hugo)가 찬미하듯이. "감동적이고 슬픈 관계였다. 더는 보지 못하는 여자가 더는 느끼지 못하는 남자를 찾았다. 그들은 두 손을 서로 맞잡았다. 신의 축복이 있기를! 삶이 멈추지 않는 한 서로를 더욱 사랑하리라."[73] 쥘리에트는 사랑받고 격찬 받는 걸 좋아했다. 그리고 샤토브리앙에게서 자신의 분신을 찾았다.

*

자아도취가 지독했던 두 남자의 삶에 비록 연가(戀歌)의 자리는 없었지만 조제핀과 쥘리에트 레카미에는 그들의 삶에 확고부동한 인간미를 가져다주었다. 여성으로서 할 수 있는 최고의 부분으로.

---

71 F.-R. 드 샤토브리앙, 『죽음 저편에 대한 사색』, 위의 책, 2부, 36권, 18장, p. 597.

72 『레카미에 부인의 회상과 기록』, 미셸 레비 프레르 출판사, 1860, II권, p. 377.

73 빅토르 위고, 『보았던 것들』, 칼만 레비 출판사, 1906, p. 208.

정치
작가

8장

샤토브리앙이 되어라. 아니면 아무것도 되지 말라.

빅토르 위고

사회의 관심과 문학의 관심은 늘 뒤섞여 혼동된다. 내 경우는 어느
한쪽은 잊고 다른 한쪽에만 오롯이 관심을 쏟는 것이 불가능했다.
그런데 문학을 추상적으로 만들어 인간사 한가운데에 고립시키고 싶어 하는 사람들이 있
다. 완전히 다른 시대, 다른 풍습으로. 오랫동안 평화로운 시대를 살았던 선인들은 순수하게
학구적이거나 문학적인 토론에 빠져들 수 있었겠지만, 큰 조난을 겪은 불운아들인 우리의 생
각과 정신은 완전히 다른 방향으로 나아가야 한다.

F.-R. 드 샤토브리앙

『아탈라』, 『기독교의 정수』와 함께 샤토브리앙은 문학의 브뤼메르 18일을 만들어 프랑스 문단을 전복시켰다. "『기독교의 정수』는 나의 걸작으로 남을 것이다. 일대 혁명을 일으켜 문학의 새 지평을 열었기 때문이다."[1] 혁신적인 문체와 새로운 글쓰기로 가히 어휘의 제국을 세운 샤토브리앙은 정치적 글쓰기와 정치 작가를 만들었다. 앙드레 말로(André Marlaux)라는 빛나는 계승자로 여전히 영속되는 프랑스의 새로운 전통을 세웠다. 그때부터 문학은 대의를 돕고, 작가는 전사가 되었다. 글 쓰는 작가에서 그치지 않고 행동으로 이어갔다. 정계에 들어가 관직을 차지하는데 그치지 않고, 직접 행동하면서 권력을 잡거나 권력에 맞서면서 정치적 소임을 다했다. "문인들은 문제를 다루는데 적합하지 않다고들 말한다. 「법의 정신에 대하여(De l'esprit des lois)」를 낳을 정도의 재능이 장

---

1   F.-R. 드 샤토브리앙, 『죽음 저편에 대한 사색』, 위의 책, 1부, 18권, 6장, p. 637.

관직을 수행하기에는 부족하다니 못내 이상한 일이었다. [⋯] 이렇게 한 번 얘기해 보자. 뮤즈의 후광은 외지인이 들어가지 못하는 유일한 곳이다. 만일 전투에서 승리하면 병사들이 잘 싸워준 덕이라거나 운이 좋았다고 할 수 있다. 아킬레우스(Achilles)는 그리스인들의 도움으로 트로이인들을 물리쳤지만, 호메로스(Homeros)는 혼자서 『일리아드(Illiade)』를 썼다. 만일 호메로스가 없었어도 우리가 아킬레우스를 알 수 있었을까?"[2] 그리고 샤토브리앙은 자신이 살아온 정치 인생을 이렇게 설명한다. "나는 세 가지 일을 하는 동안 각각의 중요한 목적을 정했다. 여행자로서는 극지방에 가보고 싶었다. 문학가로서는 폐허 위에 종교를 복원시키려고 노력했다. 정치인으로서는 백성들에게 균형 잡힌 군주제를 만들어주고, 프랑스가 유럽에서 원래 갖고 있던 지위를 회복시키고, 빈 조약에서 잃었던 힘을 되찾으려고 노력했다. 적어도 나는 모두에게 가치 있는 우리의 자유, 즉 언론의 자유라는 힘을 쟁취하도록 도왔다. 신계에는 종교와 자유를, 인간계에는 명예와 영광을(종교와 자유의 인간적인 발전 단계인). 이것이 내가 조국을 위해 갈망한 바이다."[3]

한때는 나폴레옹과 함께 프랑스를 다스릴 생각도 품었지만, 왕정복고 시대에 샤토브리앙은 원하던 자리 대신 그저 평범한 자리 하나를 얻었다. 그런데 그의 성품은 배신이 난무하는 정치에 좀처럼 적응하지 못했다. 진실과 자유를 요구한다는 건 정계에서는 몰상식한 짓이었다. "이런 저런 사람들을 만나면서 어리석음이나 무지, 맹신이나 교활함, 이중성에 기가 막혔고, 내가 만난 거의 모든 사람들이 품고 있는 야망과 이

---

2 앙드레 모루아, 『르네 또는 샤토브리앙의 삶』에서 인용, 위의 책, p. 186.
3 F.-R. 드 샤토브리앙, 『죽음 저편에 대한 사색』, 위의 책, 2부, 44권, 8장, p. 935.

해관계, 정치적 증오도 상대해야 했다⋯⋯."[4] 게다가 샤토브리앙에게는 정치적으로 꼭 필요한 두 가지 자질인 인내와 융통성이 부족했다. "정치를 하다 보면 평범한 재주를 가진 사람이 천재를 이길 때가 잦다. 한쪽에서 천재성으로 분주하게 일을 만드는 사이에 다른 한쪽에서 평범한 사람들은 사태에 순응하기 때문이다."[5] 샤토브리앙은 정계 활동을 하는 동안 줄곧 부르봉 왕조에 충성하면서 범접할 수 없는 정치 원칙을 만들어 주었다. 하지만 부르봉 왕조는 그런 그에게 합당한 보상을 해주지 않았고, 결국 그 역시 왕가를 존중하지 않게 되었다. 그래도 독수리와 백합(독수리는 나폴레옹을, 백합은 프랑스 왕가를 상징한다—옮긴이)을 저울질하지 않고 오로지 충성심만으로 문필 활동과 재능과 천재성을 바쳤다. "명예와 정치적 의리, 조국의 국익이 눈앞에 놓여 있어서 어느 당의 편을 들지 고민하며 머뭇거릴 새가 없었다."[6] 하지만 샤토브리앙은 머잖아 남다른 족적을 남기면서 열렬한 왕당파 노릇을 그만두게 된다.

*

"나는 블라카 씨(Blacas d'Aulps, 루이 18세의 왕실 국무대신으로 왕의 자문 역할을 했으며 왕의 저택을 총책임졌으나, 백일천하 때 벨기에로 도주하여 왕의 총애를 잃었다—옮긴이)와 결별하려 합니다. 그래서 그 자리가 빌 겁니다, 샤토브리앙 씨."[7] 루이 18세는 파리로 돌아와 석 달 전에 버려진 왕좌를 되찾은 지 몇 시

4   마리 잔 뒤리, 『샤토브리앙의 로마 대사』에서 인용, 샹피옹, 1927, p. 79.
5   앙드레 모루아, 『르네 또는 샤토브리앙의 삶』에서 인용, 위의 책, p. 293.
6   기슬랭 드 디스바흐, 『샤토브리앙』에서 인용, 위의 책, p. 392.
7   F.-R. 드 샤토브리앙, 『죽음 저편에 대한 사색』, 위의 책, 1부, 23권, 19장, p. 975.

간 만에 샤토브리앙에게 총신의 지위를 제공했다. 샤토브리앙은 꿈인지 생시인지 어안이 벙벙해서 아무 대답도 하지 못했다. 급작스런 제안에 얼떨떨했다. 그래서 얼결에 탈레랑을 앞세웠다. "눈앞에 국왕의 거처가 펼쳐져 있었다. 약삭빠른 정치인이었다면 탈레랑에게 연연할 게 아니라, 얼른 마차에 말을 매고 국왕의 뒤를 따르거나 앞장섰을 터이다. 하지만 나는 어리석게도 여인숙에 남았다."[8] 결정적으로 샤토브리앙에게는 정치적인 잔꾀가 없었다. "내가 스스로에게 걸림돌이 되어 연신 앞길을 가로막았다. 이번에는 내 단점이 문제가 아니라 내 '자질'이 일을 그르쳤다."[9] 샤토브리앙은 루이 18세에게 탈레랑을 추천해 두 남자 사이에서 매개자 역할을 했다. 실질적으로 탈레랑은 자신이 꼭 필요한 존재라고 느끼고 요구사항들을 제시했다. 루이 18세가 요구 조건들을 무시하자 탈레랑은 지체 없이 자리를 박차고 나갔다. 그러다 뒤늦게야 자신이 실수했다는 걸 깨달았다. "다시 만난 탈레랑은 당황한 모습이었다. 그날 밤 왕을 찾아가라는 내 조언을 무시하고 거절한 일을 후회하는 얼굴이었다. 자신이 없는 새 협정이 이루어졌을까봐, 정치권에 끼지 못해서 앞으로 추진될 자금 조작을 운용하지 못하게 될까봐 애태웠다. 나는 비록 탈레랑과 견해는 달랐지만, 그래도 한때 그가 장관으로 있을 때 대사를 지냈던 사람으로서 어느 정도 애착은 있다고 말했다. 왕 주변에 내 친구들이 있으니 조만간 좋은 소식을 들을 수 있을 거라고."[10] 몽스(Mons, 프랑스 국경에 인접한 벨기에 도시—옮긴이)에서 일어난 이 웃지못할 일에 대해서 샤토브리앙은 결국 이렇게 되뇌었다. "그땐 내가 대체 무슨 생각으로 그

---

8 앞의 책, 위의 인용문에서
9 앞의 책, p. 973.
10 앞의 책, p. 976.

랬는지 모르겠다. 왕이 나한테 그렇게까지 말하면서 총신 직위를 제안했는데도 몽스에 남겠다고 고집을 부려 왕에게 상처를 주었다. 오히려 제대로 알지도 못하고 존경은커녕 존중하지도 않던 탈레랑을 위해 애를 썼다니. 나와는 달리 갖은 술책을 부리면서 나로선 숨도 쉴 수 없는 부패한 분위기에서 사는 탈레랑을 위해서 말이다!"[11]

어쨌든 샤토브리앙은 루이 18세를 따라 파리의 성문을 다시 보게 되었다. 왕은 푸셰를 부를지 말지를 놓고 고민했다. 루이 18세의 복귀가 그 선택에 좌우되는 듯했다. 즉석에서 국왕 자문회의가 열렸다. 샤토브리앙은 푸셰를 차기 장관직으로 들이는 데 혼자서 격렬하게 반대했다. 아무런 결단도 내려지지 않은 채 왕의 무리는 생 드니(Saint-Denis)까지 다시 행군을 시작했다. 루이 18세는 그날 밤 레지옹도뇌르 가(Rue de la Legion-d'Honneur)의 저택에 머물렀고, 샤토브리앙은 밤 아홉 시 무렵에 저택에 도착했다. "갑자기 문이 열렸다. 범죄자 푸셰의 후원을 받은 탕자 탈레랑이 소리 없이 걸어 들어왔다. 음산한 악령처럼 내 앞을 느릿느릿 지나, 국왕의 집무실로 유유히 사라졌다. 푸셰는 주인에게 믿음과 경의를 맹세했다. 충실한 시역자(푸셰)는 무릎을 꿇고 루이 16세의 머리를 떨어뜨린 두 손으로 그 동생의 손을 잡았다. 변절한 주교(탈레랑)가 서약의 보증인이 되었다."[12] 그 일은 영국의 웰링턴 공작이 추진했다. "웰링턴 공작은 워털루의 승리에 대해 우리 조국에 감사의 의미로 가져다주는 선물이라도 되는 양 프랑스에 푸셰와 탈레랑을 수여했다."[13]

샤토브리앙이 졌다. 우선은 직접 나설 수 있을 때 탈레랑을 지지해서

---

11 앞의 책, pp. 976-977.
12 앞의 책, 20장, p. 984.
13 앞의 책, p. 982.

였다. 그리고 푸셰의 사면 청원에 격렬하게 반대했기 때문이다. 정치는 샤토브리앙의 낭만적인 이상주의를 누르고 가뿐히 제 권리를 되찾았다. "정당들은 그들이 채택한 정부의 형태에 대해 생각지도 않고 행동했다. 저마다 헌법, 자유, 평등, 국민의 권리를 운운했지만 실제로 그런 걸 원하는 사람은 아무도 없었다. 그저 남들이 하니까 따라하는 허튼소리에 지나지 않았다. 사람들은 아무 생각 없이 헌장(나폴레옹 실각 후 임시정부와 원로원의 제안에 따라 루이 18세가 채택한 '헌법 헌장'―옮긴이) 소식을 물었고, 그러면서도 다들 헌장이 얼른 무용지물이 되기를 바랐다. 자유주의자들과 왕당파들은 풍습에 따라 수정된 전제정치 체제로 기울었다. 프랑스의 기질과 생활양식이 그런 식이었다. 물질적인 이해관계가 팽배했다. 혁명 때 하던 행태들을 조금도 버리려 하지 않았다. 저마다 자신의 삶을 부풀려 하소연하면서 옆 사람만 면제되었다고 징징댔다. 악이 공공요소가 되어 이제부터는 체제와 결합해 사회에 생존 원칙으로 들어서는 모양이었다."[14] 푸셰가 임명되었다는 소식에 작은 파리 사회는 이미 안도하고 있었다. "저마다 이미 승인이 떨어진 푸셰의 임명을 놓고 왈가왈부했다. 종교와 종교 모독, 미덕과 악, 왕당파와 혁명파, 외국인과 프랑스인, 여기저기서 중구난방으로 떠들어댔다. 그런가 하면 어떤 사람들은 이렇게 외쳤다. '푸셰 없이는 왕에 대한 확신도 없다, 푸셰 없이는 구원도 없다. 이미 나라를 구한 적 있는 그만이 자신이 만든 작품을 완수할 수 있다.' [...] 겁쟁이들은 나폴레옹을 너무도 두려워한 나머지 리옹의 학살자 푸셰(혁명기에 국민의회 의원으로 파견된 조제프 푸셰가 리옹에 머무는 몇 주 동안 소도시 리옹에서만 귀족과 왕당파는 물론이고 시민들까지 합해서 천육백 명이 학살되어서 붙은

---

14 앞의 책, p. 981.

별명―옮긴이)를 흡사 로마의 티투스 황제(유대 전쟁의 최고지휘자로서 예루살렘을 함락시켰고 즉위 후에는 선정을 베풀어 국민들의 환영을 받았던 로마 황제―옮긴이)라도 되는 양 떠받들었다. 나는 석 달 넘도록 생제르맹 근교의 살롱들에서 자신들의 장관 임명을 반대했다는 이유로 무신론자 취급을 받았다. 그 한심한 사람들은 '벼락 출세가들' 발밑에 조아렸다. 요컨대 귀족 계급, 혁명당원들에 대한 증오, 불굴의 충성심, 원칙의 엄정성을 운운하면서도 푸셰를 좋아했다!"[15] 정치적 파리에서는 모든 것이 바뀌는 듯했지만 정작 달라진 건 하나도 없었다. 샤토브리앙은 아무런 소득도 얻지 못했다. 백일천하에 벨기에 항구 도시 강(Gand)에 망명한 동안 내무장관으로 임명되기도 했던 그였건만. 1815년 7월 9일, 루이 18세는 샤토브리앙에게 일개 국무대신 직위를 수여했다. 장관직도 아니고 의회 좌석 하나도 차지하지 못하는 허울뿐인 직위였다. 그나마 위안이 되는 건 일 년에 이만 사천 프랑이라는 봉급이었다. 며칠 후에는 귀족원 의원으로도 임명되었다. 하지만 브르타뉴 출신 특유의 독립적이고 비판적인 기질, "왕족 얼간이들"에 대한 불신, 오만한 성격 때문에 더 높은 직위에는 끝내 오르지 못했다. 귀족원 의원으로 임명된 후에는 화가 나서 아내에게 이렇게 쏘아붙였다. "나를 좀 가만히 놔둘 수 없소? 더는 이거 하라 저거 하라고 부추기지 않을 수 없냐 말이오! 대체 의원이든 국무장관이든 정계에서 그 두 계급이 뭐가 필요하단 말이오? 돈? 돈은 언젠간 생길 거요. […] 나도 나름대로 잘 해내고 있고, 사실 저마다 특색이 있는 거요……. 그러니 이제 미친 야망은 접어두고 제발 좀 즐기면서 사시오. 내 행복을 원한다면 그냥 가만히 내버려두란 말이오."[16]

---

15 앞의 책, p. 984.

그런데 샤토브리앙은 어떤 야망에 대해서는 늘 부인하면서도, 어설프게 이용만 당했던 그 시절은 떠올릴 때마다 아쉬움을 감추지 못했다. "기질적인 무심함 때문에 사태의 중요성을 미처 파악하지 못했다. 사람들은 대부분 자신을 너무 과신해서 탈인데, 나는 스스로를 충분히 믿지 못해서 탈이었다. 나는 으레 출세를 경멸하는 체했다. 차라리 그 순간에는 프랑스의 국운이 나의 작은 운명과 맞닿아있음을 알아챘어야 했다. 꽤나 흔한 역사적 얽힘 중 하나임을."[17] 루이 18세는 생 드니를 떠나 파리에 즉위하러 가기 전에 샤토브리앙과 마지막 대화를 나누었다. 의견을 묻는 왕의 질문에 샤토브리앙은 침묵을 지켰다. 루이 18세가 재차 부추기자 결국 이렇게 털어놓았다. "저는 군주제가 끝났다고 생각합니다." 그 말에 루이 18세는 이렇게 대꾸했다. "실은 샤토브리앙 선생, 나도 같은 생각이오."[18] 사실 나폴레옹이 실각하면서 군주제의 매력도 함께 사라졌다. 그래서 샤토브리앙은 이렇게 털어놓을 수밖에 없었다. "나폴레옹의 제국 체제로 되돌아가는 일은 현실에서 무로 돌아가는 일이자, 산꼭대기에서 깊은 구렁텅이로 떨어지는 일입니다. 나폴레옹과 함께 모두 끝나지 않았던가요? 아니면 다르게 말해볼까요? 그 외에 어떤 인물이 또 관심을 끌겠습니까? 그런 사람 다음에 누구를 그리고 무엇을 논한단 말입니까? 단테만이 또 다른 삶의 지역에서 만난 위대한 시인들과 친교를 맺을 권리가 있었습니다. 어떻게 루이 18세를 황제 자리에 앉힌단 말입니까? 우리는 거대한 태양이 사라지는 모습을 직접 보지 않았습니까? 그렇게 직접 보고도 저를 포함한 미천한 존재들, 의심만 많은

---

16 F.-R. 드 샤토브리앙, 『일반 서신』, 위의 책, III권, p. 47.
17 같은 저자, 『죽음 저편에 대한 사색』, 위의 책, 1부, 23권, 19장, p. 977.
18 앞의 책, 20장, p. 986.

까막눈들끼리 모여 쑥덕거리고 있다니, 생각만으로도 낯이 뜨겁군요."[19]

　그래도 샤토브리앙은 비록 장관은 못 되더라도 자신의 조언과 광채로 정부를 조금이나마 밝혀주고 싶었다. 정치 현실에서 직접 하지 못하는 만큼 더욱 완강한 굳은 신념으로, 특출한 재능과 천재성으로 탁월하게, 아무 기대도 없고 아무것도 지배하지 않는 만큼 자유롭게. 그는 루이 18세 체제가 겪는 모든 문제가 헌장이 프랑스인들에게 수여되었기 때문이라고 설명했다(루이 18세는 국왕이 프랑스 국민들에게 헌장을 수여한다는 표현으로 주권이 국왕에게 있음을 명시했다―옮긴이). "'수여되었다.' 대단히 쓸모 없는 이 말은 왕권이나 국민의 주권에 대한 민감한 문제를 들쑤셨다. 루이 18세가 헌장에 명시된 왕권의 혜택을 받은 것도 보나파르트를 무효로 간주했다는 전제에서 보면 루이 18세 치세 십구 년째부터였다[…]. 하지만 그건 나폴레옹을 인정했고 그 순간 파리에 있는 주권자들에게는 일종의 모욕과도 같았다. 그런 고루한 말과 옛 군주제에 대한 주장들은 권리의 합법성에 아무런 보탬도 되지 않는, 그저 유치한 시대착오에 불과했다. 그 점을 제외하면, 헌장에는 전제주의를 대신해서 우리에게 법적인 자유를 가져다주어 양심 있는 사람들을 만족시켜줄 만한 부분이 있었다. 그럼에도 왕당파들은 투덜대면서 호의를 받아들였다. 제국 치하에서는 시골 고향이나 초라한 집 또는 어둡고 침침한 장소에 틀어박혀 지내다가 온갖 특혜를 받으며 높은 공직에 임명되었으면서 말이다. 반면에 나폴레옹의 독재정치에 기쁜 마음으로 만족했던 자유주의자들은 헌장을 진정한 노예 규범이라 여겼다. 우리는 바벨 시대로 돌아왔다. 그러나 이제는 혼돈이라는 공동 기념물을 만들지 않았다. 각자 역량과 규

---

19 앞의 책, 2부, 25권, 1장, p. 3.

모에 따라 자신에게 맞는 높이의 탑을 지을 뿐이었다. 게다가 헌장이 불완전해 보이는 까닭은 혁명이 제대로 끝을 맺지 못했기 때문이다. 평등과 민주주의 원칙은 사람들 마음속 깊은 곳에서 군주제도와 정반대로 작용했다."[20]

그렇게 해서 서로 다른 정당들이 다시 경쟁하기 시작했다(헌장 덕분에 정당 활동이 가능해졌다. 좌파에는 혁명의 자유에 충실한 자유주의자들, 중도파에는 헌장의 충실한 적용을 바라는 헌법옹호자들, 우파에는 구제도를 다시 부활시키려는 망명귀족과 성직자들의 과격왕당파들이 있었다ㅡ옮긴이). 그리고 상원과 언론은 1815년 11월 3일의 첫 연설과 더불어 샤토브리앙이 진실을 말하고 싶을 때 즐겨 찾는 장소가 되었다. 그 뒤로는 자신이 하는 연설을 사람들이 읽을 수 있도록 항상 연설문도 함께 배포했다. 1816년 봄에 "사람들이 신봉하는 체제와 간접 민주정체 원칙에 대한 프랑스의 무지에 경악한"[21] 샤토브리앙은 발레올루의 전원에서 휴식하면서 최고의 정치 무기인 새 팸플릿을 작성했다. 거기서 "국왕이 군림하되 지배하지 않는 헌법 교리 문답서"[22], 「헌장에 따른 군주제(La Monarchie selon la Charte)」가 나왔다. 새로운 소책자에서 샤토브리앙은 대표 군주제와 함께 헌장의 원칙들을 옹호했다. 여러 장관들을 향해 그들이 얼마나 실수를 많이 저질렀고, 권력의 새로운 원천인 여론에 얼마나 큰 빚을 지고 있는지 아느냐고 비난했다. 특히 루이 18세의 총애를 받는 "몹시 사랑하는 그의 아들" 엘리 드카즈(Elie Decazes, 당시 경찰총감이었으며 머잖아 내각의 총리가 되는 온건 왕당파 엘리 드카즈는 과격 왕당파들을 몹시 싫어했다) 공작을 맹렬히 공격했다. 엘리 드카즈가 "순수한"

---

20 앞의 책, 1부, 22권, 22장, p. 898.
21 앞의 책, 2부, 25권, 1장, p. 8.
22 앞의 책, 3장, p. 8.

왕당파들, 푸셰가 규탄한 "과격" 왕당파들을 멀리하고, 제국의 인사들을 유지해 황제와 똑같은 방법으로 통치한다고 비난했다. "국왕의 총아가 야비하고 긴밀할수록 그를 내쫓기는 힘들어진다. 그가 쥐고 있는 비밀들이 폭로되면 낯을 붉힐 사람이 많기 때문이다. 총아는 자신의 파렴치함과 제 주인의 약점을 이용해 힘을 얻고 있다."[23] 반대로 헌장은 낡은 군주제와 새로운 사상 사이에서 이상적인 타협안이라고 평가했다. 샤토브리앙은 내각의 통일성, 다수파와 정부 사이의 일치, 언론의 자유와 법의 우위를 옹호했다. 그리고 프랑스를 위한 또 다른 정치적 포부를 밝혔다. "어쩌면 내가 프랑스의 몰락을 막을 수 있을지도 모르겠다. 그만큼의 대가를 치르게 될지도 모르지만, 어쨌든 나는 모든 걸 밝혔다. 그동안 내가 했던 다른 희생들에 걸맞은 뭔가를 하려면 모든 걸 밝힐 수밖에 없었다. 더 고상한 말로 설교했어야 한다고는 생각하지 않는다. 훨씬 고결한 진실을 말했기 때문이다. 나는 종교와 자유, 도덕과 정의를 동시에 요구한다. 잘못된 모든 체제를 폭로하고, 왜 우리가 등을 돌렸는지 그리고 왜 등을 돌리려 하는지 알려주려 한다. 내가 핍박을 받는 한이 있더라도."[24] 그는 "그래도 국왕 만세"[25]라고 책을 끝맺었다.

경찰 조직은 유능했다. 루이 18세는 샤토브리앙의 계획에 대한 정보를 입수하고는 출간 시기가 적절치 않다고 귀띔했다. 그러나 샤토브리앙은 경고를 무시했다. 1816년 9월 18일, 그의 책은 미처 출간되기도 전에 경찰총감 드카즈의 명령에 따라 불법으로 출판사에서 압수되었다. 그러자 샤토브리앙은 출판사로 달려가서 저속한 짓을 저지른 경찰총감

---

23 앞의 책, 4장, p. 11
24 앞의 책, 『일반 서신』, 위의 책, III권, p. 81.
25 앞의 책, p. 363.

에게 반발했다. "나는 프랑스 귀족원 의원으로서 경찰총감의 명령을 인정할 수 없다. 내가 옹호하고 모든 시민이 수호를 요구하는 헌장의 이름으로, 내 저서를 압수한 일에 대해 공식적으로 항의한다."[26] 경찰총감은 헌병들을 불렀다. 결국 한 발 물러선 샤토브리앙은 프랑스 대법관과 경찰총감 드카즈에게 정식으로 항의문을 제출했다. 드카즈는 그에게 반란이라며 반박했다. 그러자 샤토브리앙은 화려한 언변으로 대꾸했다. "나에게 반역과 반란을 언급했소만 그런 건 없었소. 국왕 만세를 외쳤던 것을 말하는 모양이구려! 그건 법에 불온한 외침으로 등록되어 있지 않은 표현이오만. 적어도 경찰이 의회 몰래 다른 명령을 내리지만 않았다면 말이오. 게다가 이 모든 건 때와 장소에 따라 명백해질 거요.[…] 프랑스를 다스리는 게 경찰인지 헌법인지 이제 알게 되겠구려."[27] 대담한 정치 발언의 결과는 즉시 나타났다. 1816년 9월 20일, 샤토브리앙은 국무위원직을 빼앗겼고 그에 따라 매년 받던 연금도 잃었다. 그나마 기소는 면소 판결되었다. 1816년 11월 4일에 의회 회기가 열리자 루이 18세는 샤토브리앙을 직접 겨냥한 경고성 담화를 발표했다. "악의적인 공격들을 억압하고 지나치게 열정적인 헌신과 거리를 유지하려는 나의 흔들림 없는 단호함을 국민들이 믿어주길 바라는 바이다……"[28] 샤토브리앙은 그렇게 외톨이가 되었다. "프랑스 사람들은 어쩔 도리가 없다. 하루살이 권력자에 지나지 않는다면 누가 되든 한낱 궁신에 지나지 않을 테니까."[29] 그러나 압수 사건을 겪고 나서 샤토브리앙은 열렬한 언론 자유의

---

26 앞의 책, p. 85.
27 알프레드 네트망, 『왕정복고의 역사』에서 인용, 르코프르, 1866, p. 476.
28 F.-R. 드 샤토브리앙, 『죽음 저편에 대한 사색』, 위의 책, 2부, 25권, 4장, p. 12.
29 앞의 책, 6장, p. 14.

수호자가 되었다.

그러는 동안 샤토브리앙은 수입이 현저히 줄어들어 씀씀이를 줄여야 했다. 파산을 피하려면 우선은 서가를, 다음에는 발레올루의 집을 팔 수밖에 없었다. "이걸 다 팔아야 한다니, 몹시 가슴이 아프다. 그동안 정들었던 나무들은 어찌 보면 내 추억 속에 심고 키운 것이나 마찬가지였는데."[30] 그 후로 이 년 동안은 몽그람(Montgraham), 로네(Lonné), 보레(Voré) 그리고 몽부아시에(Montboissier) 등 노르망디의 성들을 전전하면서 방랑 생활을 했다. 의회에서는 여전히 과격왕당파들끼리 치열하게 싸워대며 왕보다도 더 골수 왕당파인 왕정주의자들을 규합했다. 정부가 과거 제국시대의 옛 정계 인사들과 관리들에 의존한다는 사실에 적개심을 품은 과격왕당파들은 처음부터 반대 진영이었다. "우리는 그을음을 내면서 타는 램프로 불 밝힌 살롱에 둥글게 모여 앉았다. 애매모호한 입법부 흉내를 내면서 이미 제시된 법안이며 앞으로 제출할 동의안, 서기직이나 재무부서 그리고 이런 저런 위원회에 어떤 당원을 앉히면 좋을지에 대해 이야기를 나누었다. 이내 사방에서 서로 치고받았다. 신념으로 무장한 적들이 상상했던 충신들의 회합과는 완전히 딴판이었다. 최악의 소식들에 대해 지껄였다. 사태는 국면이 달라질 것이고, 로마는 분열로 혼란스러워질 것이고, 우리 군대는 패배할 것이라며 떠들었다."[31] 과격 왕당파 무리는 그럼에도 혁명이 아무 대책 없이 구체제 사회를 일소시킨 심각한 위기였다고 생각하는 이들과, 혁명은 그저 왕정복고가 지워야 하는 경제 정세의 한 현상에 불과했다고 여기는 이들로 깊이 분열되

---

30 앞의 책, 8장, p. 16.

31 기슬랭 드 디스바흐, 『샤토브리앙』에서 인용, 위의 책, p. 312.

었다. 샤토브리앙은 면책 특권을 부여받은 대의제 체제에서 왕정복고가 자유를 수호한다는 생각을 옹호했다.

과격왕당파들은 자신들의 사상을 전하기 위해 〈콩세르바퇴르 (Conservateur)〉지(왕당주의 운동지로 일명 '보수주의자'—옮긴이)를 창설했다. 1818년 10월 8일에 첫 호가 나왔다. 순식간에 가입자가 삼만 명 넘게 모였다. 당시로서는 상당한 일이었다. 파리에서나 지방에서나 상당한 독자층이었다. 샤토브리앙은 〈콩세르바퇴르〉지를 통해 가장 빛나고 찬란한 문필 활동을 했다. 1820년, 그가 쓴 기사는 첫 호의 성명서는 차치하고도 족히 오십 편은 넘었다. 그 성명서는 일상적인 정치 사건들을 요약하는 "파리의 신문 기사들"과 교리에 대한 글이었다. "나는 예루살렘의 파멸을 알리는 예지자의 목소리다."[32] 그의 주변에는 서로 이질감은 느껴지지만 재기 발랄한 패거리가 몰려들었다. "왕당파들은 내 덕분에 비천한 처지에서 벗어났다. 얼마 전만 해도 서민들과 왕족들과 다를 바 없는 처지였으니까. 나는 프랑스 최고의 명문가들에 대해 글을 썼다. […] 언론의 자유를 도모하면서 특권 지배 계층을 움직였다."[33] 샤토브리앙은 평소 초연한 걸 좋아하면서도 이런 정치적 열정에 애착을 느꼈다. "나는 많은 사람들을 연구했고, 많은 것들을 배웠으며, 그 모임에서 많은 이해관계에 관심을 가졌다. 잘 알고 있다고 생각했던 재무, 군대, 정의, 행정의 기본 요소들을 새롭게 알게 되었다. 모임에 나가면서 조금 더 정치적인 사람이 되었고, 정치에 대해 얼마나 문외한이었는지 깨달았다. 밤새도록 몽롱한 상태에서 몸도 제대로 따라주지 않는 푸수수한 솔론(Solon,

---

32 F.-R. 드 샤토브리앙, 『죽음 저편에 대한 사색』, 위의 책, 2부, 25권, 9장, p. 18.
33 앞의 책, 8장, p. 17.

여러 개혁을 단행한 아테네의 정치가이자 시인―옮긴이)들의 다양한 태도와 표정들이 눈에 띄었다. 확실히 존경할 만했다. 하지만 나는 젊은 시절에 나를 깨워주던 제비들과 내 꿈을 채워주던 뮤즈들이 더 좋았다. 백조 한 마리 위로 내리쬐던 새벽 빛줄기는 어느새 황금빛 물결 위로 나머지 새들의 그림자를 드리웠다. 시리아의 어느 종려나무 줄기 사이로 떠오르던 태양은 흡사 불사조의 둥치처럼 내게 기쁨을 주었다."[34]

샤토브리앙은 리슐리외-드카즈 내각, 그 다음에는 드솔(Jean Joseph Dessoles)-드카즈 내각과 정면 대립하면서 지지자들과 함께 의회의 특권과 더불어 유일한 지주라고 생각하는 헌장을 옹호했다. 1818년 12월 5일, 그는 〈콩세르바퇴르〉지에 잔뜩 날이 서 있는 가혹한 정부를 신랄하게 묘사하면서 물질적인 이해관계와 도덕적 의무에 대해 훈계하는 기사를 실었다. "내각은 새로운 도덕, 즉 이해관계의 도덕을 만들어냈다. 의무적인 도덕을 지키는 사람들은 얼간이가 되어버렸다. 그런데 우리 정부가 토대로 삼으려는 이 이해관계의 도덕은 혁명기 사반세기보다도 지난 삼 년이라는 시간 동안 국민들을 더 타락시켰다. 국민들에게서 도덕을 파멸시키는 일, 그리고 그 도덕으로 국민들 자체를 파멸시키는 일, 이건 폭력이 아니라 유혹이다. 유혹을 통해 엉터리 교리 특유의 허울 좋은 아첨의 말이 들려온다. 사람들은 종종 그릇된 신앙을 진실로 착각한다. 마음과 정신의 능력이 제각각 잘못된 이미지를 갖기 때문이다. 냉담함과 미덕, 추론과 이성, 허공과 깊이가 비슷한 식이다. […] '의무' 위에 사회를 설립하는 건 허구 위에 사회를 세우는 일이고 '이해관계' 속에 사회를 놓는 건 현실 속에 사회를 확립하는 일이라고 누군가 말하더라

34 앞의 책, 10장, pp. 20-22.

도 놀랍진 않을 것 같다. 그런데 확실히 '의무'는 하나의 사실이고, '이해관계'는 허구다. […] 반대로 이해관계는 오늘날처럼 받아들이면 일종의 허구다. […] 아침일 때는 더는 저녁이 아니기 때문이고, 매 순간 속성을 바꾸기 때문이며, 재산을 토대로 삼으므로 이동성이 있기 때문이다. 이해관계의 도덕이 판을 치면 시민들은 누구나 법과 정부와 적대적인 상태가 된다. 사회에는 언제나 고통 받는 이들이 다수이기 때문이다. 질서, 평화, 조국이라는 추상적인 생각들을 위해서는 아무도 싸우지 않게 된다[…]. 자신과 관계된 이익만 생각하는 정치인들을 양성하라. 그러면 그들이 국가를 어떻게 조종하는지 보게 될 것이다. 그러면 동로마제국을 지배해서 모든 걸 팔아치웠으면서도 자신들이 팔려갔던 일만 기억하는, 신체가 훼손된 노예들과 비슷한 부패하고 탐욕스러운 장관들만 갖게 될 터이다. […] 이런 심오한 정치와 함께 헌신의 시간이 다가오면 각자 문을 닫고 창가에 서서 지나가는 군주제를 보게 되리라."35 국왕의 총아 드카즈를 겨냥한 말이 분명했다.

리슐리외 공작(Armand Emmanuel du Plessis Richelieu, 드카즈와 함께 입헌왕정을 진척시킨 온건왕당파의 수장으로 루이18세 내각의 총리직을 두 차례 역임했다ー옮긴이)이 떠난 후로는 드카즈와 정면 대결을 벌이기 시작했다. 둘 중 하나만 살아서 나갈 수 있는 대결이었다. 샤토브리앙은 과거의 인물들에게 의존하는 태도를 끊임없이 비난했다. "이 시점에 별 볼일 없는 사람들을 찾다니, 참으로 희귀한 본능이지 뭔가. 만일 나폴레옹 제국의 사병들 중에 이름도 들어본 적 없는 인재들이 있었다면, 아마 그곳에서 합법적인 군주제에 알맞은 위인들을 찾았을지도 모른다. 그 꼬마 사병들은 짧은 팔

---

35 같은 저자, 『전집』, 샤를 라드보카 출판사, 파리 1826-1831, IV권, p. 137.

을 뻗어서 자신들을 짓누르는 거대한 폐허를 지탱했다. 그러다 노력이 무의미하다는 사실을 느끼자 자만심에 상처를 입고 스스로 박해자들이 되었다. 천성적으로 시기심이 많은 그들은 어떤 의견에서든 단점부터 먼저 찾으려 했다……. 고결한 행동을 보고도 고결함을 느낄 줄 모르는 이들은 충성을 야망으로, 헌신을 어리석은 짓으로, 명예를 이해관계로 착각한다. 그래서 불행에 맞서 고상하게 무장하고, 혁명이 소멸하면서 전장에 남긴 일들을 완수하려 한다. 우리의 첫 혁명가들과 닮았다고 하기에 그들에게 부족한 건 생각 속에 있는 악을 실행할 용기뿐이다. 그들이 아무 짓도 하지 않는 건 무력하기 때문이다. 그들의 무지는 비겁함에 지나지 않는다."[36] 지인들은 샤토브리앙의 열의가 너무 저돌적이라면서 염려했다. "그는 궁지에 몰렸다. 더는 무서울 것이 없는 사람의 펜 끝에서 무슨 글이 나올지, 이보다 과장될 수 없는 의견들이 난무하는 곳에서 글을 쓸 때 무엇이 나올지 생각해 보라. 아무 기대도 해선 안 된다. 기개도 있고 무엇보다 재능이 있는 부류들 중에는 스스로 억압당한다고 생각하는 인물들이 있다. 거기서 샤토브리앙을 끌어낸다는 건 마치 자연을 거스르는 일처럼 도저히 불가능했다." 몇 년 후에는 샤토브리앙도 그러한 정치 수단이 아무 의미도 없었다고 인정했다. "대체 그런 무의미한 역경이 뭐 그리 중요했단 말인가! 나는 내가 살고 있는 시대를 한 번도 믿어본 적 없었는데! 과거에 속해 있던 나는 믿음도, 왕도, 국민들에 대한 확신도 없었는데! 몽상을 제외하고는 하룻밤밖에 지속되지 않는 한 아무 근심도 해본 적이 없는데!"[37]

---

36 기슬랭 드 디스바흐, 『샤토브리앙』에서 인용, 위의 책, p. 312.
37 F.-R. 드 샤토브리앙, 『죽음 저편에 대한 사색』, 위의 책, 2부, 25권, 9장, p. 19

그때까지 샤토브리앙은 "정치를 일종의 사기로 바꾸어서 때로는 한 사람의 것을, 때로는 다수의 것을 사취하려는"[38] 드카즈와 정부에 격한 비난을 거듭했다. 1820년 2월 13일, 왕정복고의 정계를 한바탕 뒤집어 놓는 사건이 일어났다. 베리 공작(Charles-Ferdinand d'Artois, 샤를 10세의 차남—옮긴이)이 오페라 하우스에서 한 광신자에게 암살당한 사건이었다. 이 사망 사건을 계기로 오를레앙 공작(duc d'Orleans, 샤를 10세에 이어 왕위에 오른 프랑스의 마지막 왕 루이 필리프 1세—옮긴이)이 프랑스 왕위 계승자가 되었다. 부르봉가에는 더 이상 후손이 없었기 때문이다. 루이 18세의 권력은 조카의 죽음과 함께 사라졌다. 샤토브리앙은 드카즈에 대한 모욕적인 글을 썼다. "왕자의 시신은 권력에 오르기 위한 계단으로 사용될 수 있지만, 그런 식으로는 권좌에 오래 머물지 못한다. 앙기앵 공작의 시체를 권력의 발판으로 삼은 나폴레옹이 증인이다. […] 우리의 눈물, 흐느낌, 오열에 어느 파렴치한 대신은 깜짝 놀랐다. 그는 결국 피를 밟고 미끄러져 넘어졌다."[39] 루이 18세는 그 문장에 격분했다. "나는 보통 […] 샤토브리앙 씨의 작품들을 어느 정도 건성으로 읽는 편이었다. 그런데 오늘은 힘겹게도 글 전체를 읽을 수밖에 없었다. 글을 읽고 화가 났다. 망나니, 건달이 틀림없는 저자를 당장 찾아가서 그 비열한 언행을 철회하라고 하고 싶은 심정이다."[40] 그러나 1820년 2월 20일, 드카즈는 과격왕당파들의 반응에 맞서서 결국 실추하고 말았다. 샤토브리앙의 승리였다.

그럼에도 특례법과 검열은 복구되었다. 상황이 그렇게 되자 샤토브리앙은 검열에 무릎꿇지 않기 위해 일간지 기자 몇몇을 희생시키면서

---

38 같은 저자, 『전집』, 퓌른, 1834, 4권, p. 688.
39 기슬랭 드 디스바흐, 『샤토브리앙』에서 인용, 위의 책, p. 328.
40 앞의 책, pp. 328-329.

까지 〈콩세르바퇴르〉지 출간을 자발적으로 중단했다. "샤토브리앙은 자신의 창작을 과시했다. 마치 드카즈 같은 사람을 파면해서 군주제, 종교, 정직한 사람들의 승리라도 얻은 양 자신의 휴업을 보란 듯이 과시했다. 왕좌에 루이 18세 같은 왕이, 장관직에 파스키에(Étienne Pasquier) 같은 장관이, 의회에 혁명당원 절반이 그리고 프랑스에 전염성 있는 타락이 남아 있는데 말이다!…… 나는 샤토브리앙 곁에서 그를 변호했지만 이기주의와 허영밖에 찾지 못했다. 그에게는 광채가 필요했고, 광채야말로 그가 매사에 만사 제치고 추구하던 바였다."[41] 1820년 11월, 선거에서 과격왕당파들이 인정되어 정부에 대거 들어갈 수 있게 되었다. 따라서 리슐리외 총리는 장관직에 임명할 인물들을 선택해야 했다. "장관이 되는 방법에는 두 가지가 있다. 하나는 난폭하게 완력을 쓰는 방법이고, 다른 하나는 오랜 시간에 걸쳐서 교묘하게 얻어내는 방법이다. […] 두 번째 방법으로 도달하려면 무엇보다도 아무리 많은 비난과 모욕이 쏟아져도 참아낼 줄 아는 것이 가장 중요하다. 탈레랑은 두 번째 종류의 야망 체제를 크게 활용했다. 대개는 갖고 있는 열악한 부분을 통해 출세해서 월등한 부분을 통해 그 자리에 머문다. 이렇게 대립 요소들이 모이는 경우는 지극히 드물어서 정치가가 부족한 것이다."[42] 그런데 샤토브리앙은 타고난 본성 때문에 직위를 얻으려면 꼭 필요한 숱한 비난과 모욕을 참지 못했다. 그리고 무엇보다도 장관으로서 샤토브리앙은 루이 18세의 입장에서 견디기 힘든 상대였다. 그래서 과격왕당파들이 장관으로 임명한 이들은 빌렐(Jean-Baptiste Guillaume Joseph, comte de Villèle)과 코

41 오귀스트 프랑수아 드 프레닐리, 『회상록』, 위의 책, p. 436.
42 같은 저자, 『죽음 저편에 대한 사색』, 2부, 25권, 13장, p. 29.

르비에르(Jacques Joseph Corbière)였다. 반면에 샤토브리앙에게는 베를린 대사직을 제안했다. 이 제안에 이어 그가 진 빚도 탕감해주겠다고 약속하면서 몇 달만 그 '명예로운 망명'을 다녀오면 된다고 구슬렸다.

1821년 1월 1일, 샤토브리앙은 부랴부랴 베를린으로 떠났다. 하지만 도착하자마자 돌아올 궁리만 했다. 늘 그랬듯이. 그러면서도 일찌감치 허무함을 느꼈던 역할을 정확하게 완수하려고 애썼다. "말도 많고 탈도 많은 공무 쯤은 바보가 아닌 다음에야 누구든 익힐 수 있으리라 평소 생각했는데, 이제 내가 그걸 입증하게 되었다. 나는 승인하고, 논쟁점들을 결정하고, 여기저기 찾아가고, 산만하면서도 유능한 분위기를 풍기고, 외무부에서 가장 평범함 직원처럼 공문을 휘갈겨 쓴다. 여의찮으면 일개 공사 역할도 할 수 있을 만큼 하찮은 존재가 되었다. 그래도 뭐 하나 크게 부족함 없는 제법 큰 관저도 책임지고 있고, 여간한 일은 매우 능숙하게 처리한다. 이거야말로 윗분 두 분이 혹시 내가 대단한 인물이라도 될까 두려워하며 바라지 않았던 모습일 게다."[43] 그런데 샤토브리앙은 망명지에서도 프랑스 상황을 완벽하게 꿰고 있었다. 그래서 외무장관인 파스키에게 공문을 잔뜩 보냈다. 장관의 한계와 무능력을 일깨울 뿐만 아니라 조언과 의견도 제시했다. 샤토브리앙은 이런 일을 특히 만족스러워했다. "사람들이 내 공문에 만족하는지 모르겠지만, 나는 대단히 만족스럽습니다. 이건 자기애가 아니라 정당한 자존심입니다. 공문으로 끊임없이 유럽 백성들과 프랑스 백성들의 자유를 옹호했고, 장관님이 알다시피 제 의견을 꾸준히 피력했기 때문입니다."[44] 1821년 4월

---

43 같은 저자, 『일반 서신』, 위의 책, IV권, p.44.
44 앞의 책, p.68.

17일, 샤토브리앙은 겨우 석 달 만에 휴가를 얻어 마침내 대사관에서 해방되었다. 5월 초 파리에서는 국무위원 직위와 봉급까지 되찾아 더없이 만족스러웠다. 그런데 막상 파리로 돌아오자 정계 친구들마저 난색을 표하며 몹시 거추장스러워했다. 샤토브리앙은 장관이 되기로 결심했지만 그 희망은 머지않아 실망으로 바뀌었다. 보궐선거는 우파에 유리했는데도 과격왕당파들에게는 장관직을 내주지 않아 빌렐과 코르비에르는 무임소 장관으로 남았다. 7월 말에 두 사람은 사임했고, 샤토브리앙도 함께 사임했다. "나는 자리를 갈망할 줄도, 경멸을 감출 줄도 모른다. 열정과 악을 성공시킬 만한 야망과 위선이 내게는 부족하다."[45]

다섯 달 후인 1821년 12월, 내각을 책임지던 리슐리외 총리는 사임을 강요받았다. 그 자리를 빌렐이 대신 차지했다. 그러나 정계에서 친구란 대개 최악의 적인 법이다. 새로 내각을 맡은 빌렐은 샤토브리앙을 당시에 유망해 보이는 외무장관직에서 멀찍이 떼어놓았다. 대신 위로의 의미로 다시 대사직을 맡겼다. 그것도 가장 명망 높은 영국 대사로 임명했다. 이번에 새롭게 떠나는 영예로운 망명에서는 예전에 루이 18세의 총애를 받던 루이 드카즈가 받던 예외적인 처우도 함께 누릴 수 있게 되었다. 이번에도 역시 그는 떠나기 전부터 돌아올 생각만 하다가 출발이 지연되었다. 1822년 3월이 되어도 마냥 꾸무럭거렸다. 샤토브리앙은 지시를 받기 위해 루이 18세를 접견했다. "당장은 당신에게 줄 수 있는 게 아무것도 없소."[46] 더없이 시큰둥한 태도였다. 마침내 1922년 4월 1일에 출발하기로 결정했다. 여행하는 동안 샤토브리앙은 예전 영국 망명 시

---

45 앞의 책, p. 198.
46 기슬랭 드 디스바흐, 『샤토브리앙』에서 인용, 위의 책, pp. 33-49.

절 이후 지나온 길을 되새기며 새롭게 얻은 영광을 맘껏 음미했다. "그 때 그 시절 이후로 내게 닥쳤던 일들을 생각하면, 한때 가난한 망명자로 너무도 암담하고 불행하게 떠나왔던 나라에 대사로 파견되는 지금 얼마나 감회가 깊은지 아무도 짐작지 못할 것이다. 하지만 이 운명을 스스로 일구어냈다는 자만심도 없진 않다. 이는 오로지 과거에 이곳을 지날 때 가슴에 품었던 바가 있었기에 가능한 일이었다."[47] 언제나처럼 샤토브리앙은 자신에게 대단히 만족했다. "여기서 내 관심은 나의 길을 가는 것뿐이다. 나는 영국 왕당파를 점령하고 싶다. 성공하기 시작했고, 솔직히 털어놓건대 그래서 기쁘다. 내 정치적 위세가 커지자 모든 대사들이 나와 친해지려고 한다. 내가 중요한 공문들을 보내자 파리에서도 만족하는 듯하다."[48] 샤토브리앙은 일은 거의 하지 않고 주로 외출을 많이 했다. 조지 4세(George IV)의 오찬에 초대된 일을 두고 "왕족들에게 시달리는 일이 내 운명에 있었나보다……."[49]고 투덜댈 정도로 대사 생활에 불평하면서도 완벽하게 즐겼다. 대사직에 재미를 곁들이는 연애 사건도 몇 차례 있었다.

그런데 런던에서 샤토브리앙이 할 수 있는 정치적 역할은 지극히 제한되었다. 사실 파리 정치에 훨씬 더 관심이 많기도 했다. 런던에서 지내는 여섯 달 동안에 그는 베로나에서 열리는 열강회의(1820년 에스파냐에서 일어난 혁명의 대처 방도를 의논하기 위해 주최된 국제회의―옮긴이)의 프랑스 대표가 되는 일에만 전념했다. 이를 위해 자신의 운명을 지켜주는 두 요정들인 레카미에 부인과 뒤라스 부인에게 매일 편지를 썼다. 정계 친구

---

47 F.-R. 드 샤토브리앙, 『일반 서신』, 위의 책, V권, p. 20.
48 앞의 책, p. 54.
49 앞의 책, 『죽음 저편에 대한 사색』, 위의 책, 2부, 7권, 11장, p. 252.

들과 장관에게도 편지를 썼지만 반감만 살 뿐이었다. 샤토브리앙은 초조하게 기다릴수록 점점 더 흥분해서는 애간장을 태웠다. 결국 대사 일등 서기관 샤를 드 마르셀뤼(Charles de Marcellus)에게 외무장관 몽모랑시(Montmorency-Laval)를 설득해보라고 부탁했다. 일등 서기관은 장관을 설득할 결정적인 방법을 찾아냈다. "대사님이 장관님과 함께 베로나에 못 가시면, 아마 장관님이 돌아오실 무렵 장관님 자리에는 저희 대사님이 앉아 계실 겁니다."[50] 샤토브리앙은 흥분이 채 가라앉기도 전에 이튿날 곧바로 일등 서기관이 가져온 소식에 기뻐서 펄쩍 뛰었다. 1822년 9월 8일, 그는 영국을 떠나 파리에서 삼 주 동안 머물렀다가 베로나에 도착했다. 그곳에서 자신의 두 요정에게 다시 탄식하는 편지를 썼다. 조금도 만족스럽지 않았다. 그래서 차례차례 신랄한 묘사를 하는데, 모두가 형편없거나 거짓된 묘사였다. 다행히 몽모랑시가 파리로 돌아올 수밖에 없게 되면서 마침내 샤토브리앙은 가장 중요한 자리인 외무장관직을 넘겨받았다.

당시에 샤토브리앙은 프랑스내에서 자신의 영향력을 높이려고 안간힘을 쓰고 있었다. 그 목적을 위해 오스트리아의 영향력을 제지하고 영국의 영토 확장주의를 제한하려 애썼다. 차르 알렉산드르 1세와 여러 차례 긴 대화도 나누면서 상당히 친밀해졌다. "왕족과 친구가 될 수 있다고 가정한다면."[51] 샤토브리앙은 프랑스와 러시아가 동맹을 이루어 프랑스의 안보를 보장하는 라인 강 좌안을 되찾고 에스파냐 식민지들에서 영국의 영향력을 격파해 부르봉 군주제를 설립하고 정통 교회와

---

50 마르셀뤼 백작, 『샤토브리앙과 그의 시대』, 미셸 레비 프레르, 리브레르 에디퇴르, 1859, p. 285.
51 F.-R. 드 샤토브리앙, 『죽음 저편에 대한 사색』, 위의 책, 2부, p. 1184.

라틴 교회들을 결속시키려는 희망을 품었다. 그런데 열강회의가 진행되는 동안 에스파냐의 국내 상황이 복잡해졌다. 에스파냐 국왕 페르난도 7세(나폴레옹의 간섭과 지배로 왕권이 정지되었다가 스페인 독립전쟁이 종식된 후 복위했지만 민중의 기대에 역행해 카디스 헌법을 무효화하며 자유주의를 탄압했다—옮긴이)가 카디스에서 영국인들의 지원을 받은 자유주의자들에게 볼모로 잡혀 국회에서 포로가 되는 사태가 벌어졌다. 열강회의에서는 파리의 의견과 반대로 에스파냐 국회에 공문을 보내기로 결정했다. 하지만 프랑스는 그 결정을 거부하고 나머지 세 열강의 지원을 받아 군대를 동원해 무력으로 개입하기로 했다. 무력 개입이 불가피해 보이자 빌렐은 사임 의사를 표시했다. 하지만 결과적으로 사임한 건 외무장관 몽모랑시였다. 그리고 마치 동맹에 대한 신뢰의 증거라도 되는 듯이, 그 공석이 난데없이 샤토브리앙에게 주어진 것이다. 샤토브리앙은 일부러 뜸을 들이면서 망설이는 체했다. 1822년 12월 28일, 그 임무가 얼마나 막중한지 납득시키려는 루이 18세와 접견하는 자리에서 샤토브리앙은 또 한 번 우스꽝스러운 소리를 했다. "오늘 밤에 저는 원래는 제 것이 아니었던 장관의 침대에서 잠을 청하겠군요. 제대로 잠도 못 잘테고 거의 쉬지도 못할 침대에서 말입니다."[52] 샤토브리앙은 그토록 오랫동안 간절히 추구해온 목적을 마침내 성취해냈다. 가장 명망 높은 외무장관이라는 직위를 손에 넣었다.

샤토브리앙이 맡은 에스파냐의 위업은 나폴레옹이 실패한 일이기도 했다. 처음 한 동안 샤토브리앙은 선임자의 정책을 유지했다. 다만 차이가 있다면 최고 열강국의 장관으로서 군주제의 요구 조건들을 분명하

---

52 같은 저자, 『일반 서신』, 위의 책, V권, p. 352.

게 주장하고, 에스파냐 사태에 홀로 개입해 영국의 영향력을 줄인다는 점뿐이었다. 영국 의회는 이의를 제기했다. 하지만 오스트리아의 메테르니히는 프랑스 군대의 행진을 보고 있을 수밖에 없었고, 프랑스는 앙굴렘 공작(Louis de Bourbon, duc d'Angoulême)을 필두로 옛 제국의 명성을 되살렸다(샤를 10세의 장남인 앙굴렘 공작이 이끄는 프랑스군 십만 병사가 에스파냐 카디스까지 진입해 헌정 정부를 붕괴시키고 페르난도 7세를 절대 군주로 선언했다―옮긴이). 페르난도 7세는 마침내 풀려났고, 샤토브리앙은 "내 인생에서 가장 아름다운 날"이라며 크게 기뻐했다. 하지만 정치에서 종종 그렇듯이 행복은 오래 가지 못했다. 페르난도 7세가 석방될 때 루이 18세가 제시한 조건들은 지켜지지 않았기 때문이다. 페르난도 7세는 프랑스에 보기 드물게 배은망덕한 모습을 보였다. 파리 궁정에서 총사령관인 앙굴렘 공작을 축하하는 동안 샤토브리앙은 뒷전으로 밀려났다. 샤토브리앙을 싫어하는 빌렐은 차르 알렉산드르 1세가 그에게 수여한 훈장에 기분이 언짢아졌다. 외무장관 샤토브리앙에 대한 빌렐의 원한은 컸다. 그래서 「헌장에 따른 군주제」의 저자를 별로 좋아하지 않는 루이 18세가 몸져누운 틈을 이용해 샤토브리앙을 해임했다.

1824년 6월 6일, 샤토브리앙은 루이 18세에게 문안을 드리러 갔다가 "헌신짝처럼" 해고된 사실을 알게 되었다. 일 년 반 동안 시간도, 일도, 재능도 아끼지 않고 헌신했고, 에스파냐에서 실질적인 성공을 거두었는데도 돌아온 결과는 그런 식이었다. 그래도 그는 애써 의연한 척했다. "타고난 천성 그대로 소박하게 아무것도 탐하지 않은 나를 두고 사람들은 욕심이 너무 많다고 생각했다. 오늘에서야 나의 독자적인 삶이 큰 실수였음을 똑똑히 느낀다. 아무것도 하지 말라고? 어떻게 그런 말을! 꺼져라! 감히 우리가 사랑하는 대상을 업신여기고 우리의 삶을 하찮다고 모욕할 권리는 누구에게도 없다."⁵³ 그의 파면은 여론에도 대단히 안 좋게 비쳤다. "야만적인 해임", "군주제 신조에 가혹한 사건". 그러나 어떤 보상도 주어지지 않았다. 심각한 결과들로 이어진, 체제의 큰 실수 중하나였다. 실상 1824년 6월 21일에 샤토브리앙은 신랄한 말로 펜을 적시면서 프랑스의 천재에게 맞서서 "비열한 방법을 사용하는 사기꾼 기질"을 지닌 "당대의 외무장관" 빌렐을 대담하게 공격했다. "가치가 있는 모든 사람들에게 앞으로 일어날 일에 대해 프랑스가 대비할 수 있도록"⁵⁴ 호소했다. 또한 예언적인 일면도 보였다. "혁명이 도래하고 있다. 혁명이 우리 문 앞에 와 있다. 재능, 이성, 상식, 경험을 조타수로 삼기를 거부했으니 이제는 두 눈을 질끈 감고 폭풍우에 몸을 내맡길 수밖에 없다. 시국을 앞장서 이끌려 하지 않았으니, 결국은 사건들에 휘말릴 터이다."⁵⁵ 그때부터 샤토브리앙은 언론의 자유를 대의명분으로 삼는 소수 왕당파의 수장이 되었다. "물론 일간지들은 사회권력, 왕위, 의회의 연단에 비하면 아무 것도 아닐지 모른다…… 아무도 일간지를 정치권력으로 여기게 되리라고 생각하지 않았다. 하지만 일간지에 실린 글은 여론을 표현하는 글이고, 만일 그 여론이 일간지에 박식하고 존경받는 사람들의 의견을 다양하게 싣는다면 대단한 권력이 될 수 있다. 그건 진실의 권력이다."⁵⁶ 이 진실을 샤토브리앙은 끊임없이 상기시켰다. 1824년 8월 말에 빌렐은 검열을 복귀시켰다. 그러자 샤토브리앙은 「다시 설립된 검열에 대하여(De la censure qu'on vient d'etablir)」라는 소책자를 통해 격렬

---

53 같은 저자, 『죽음 저편에 대한 사색』, 위의 책, II부, 28권, 1장, p. 105.
54 장 폴 클레망, 『샤토브리앙』에서 인용, 위의 책, p. 320.
55 F. -R. 드 샤토브리앙, 『전집』, 위의 책, XXVI 권, p. 539.
56 앙리 베랑제, 『샤토브리앙』에서 인용, 아셰트, 1931, p. 216.

한 비난을 퍼부었다. 비방문을 쓰는 재능은 여론을 흔들어 대단한 성공을 거두었고, 샤토브리앙은 말의 무게와 간결한 문구의 충격으로 모든 권력의 안정성을 뒤흔드는 새로운 전통을 시작했다.

1824년 9월 16일, 몇 달 전부터 괴저병을 앓던 루이 18세가 숨을 거두었다. 샤를 10세(Charles X)가 왕위를 계승했다. 샤토브리앙은 예견되었던 이 사건을 위해 새로운 소책자를 준비했다. '국왕이 서거했다, 국왕 폐하 만세!' "그래도 나는 국왕을 사랑했다." 그는 『죽음 저편에 대한 사색』에서 루이 18세의 초상을 그리기 전에 서두에서 이렇게 말했다. "이 기적이지만 편견은 없었던 루이 18세는 어떻게든 평화를 원했다. 그는 장관들이 다수당인 한 그들을 후원했다. 반면 다수당이 흔들리고 자신의 휴식이 방해를 받을라치면 곧바로 내쫓았다. 루이 18세는 승리를 얻기 위해 한 발 전진해야 했을 때 뒷걸음을 치며 균형을 잡지 못했다. 그의 위대함은 인내심이었다. 그는 사건들을 향해 가지 않았고, 사건들이 그에게로 왔다."[57] 샤를 10세는 자신의 형 루이 18세 보다는 샤토브리앙에 대해 호감이 있는 편이었다. 하지만 빌렐은 샤토브리앙에게 베푸는 모든 호의를 감시했고, 샤토브리앙이 국무위원 봉급을 다시 받을 수 있게 하려는 샤를 10세의 호의 정도만 승낙했다, 그러자 샤토브리앙은 거만하게 거절했다. 샤토브리앙은 이렇게 결론지었다. "왕들은 대관식과 임종 때만 나를 필요로 하고 치세 동안에는 아첨꾼들을 필요로 한다."[58]

샤를 10세는 검열법을 철회했다. 그러자 금세 빌렐에 대항하는 논쟁들이 되살아났다. 1824년 말에 샤토브리앙은 「프랑스의 어느 의원에게

57 F.-R. 드 샤토브리앙, 『죽음 저편에 대한 사색』, 위의 책, 2부, 25권, 4장, p. 10.
58 기슬랭 드 디스바흐, 『샤토브리앙』에서 인용, 위의 책, p. 394.

보내는 편지(Lettre à un pair de France)」를 출간해 샤를 10세에 대한 찬사와 장관들, 특히 빌렐에 대한 격한 비난을 퍼부었다. 1825년 5월 29일, 샤를 10세는 형 루이 16세처럼 랭스(Reims)에서 축성을 받았다. 예식은 똑같 았지만, 또 다른 형 루이 18세와는 달리 원해서 한 일은 아니었다. 샤토 브리앙이 서약하기 위해 왔을 때, 샤를 10세는 샤토브리앙과 악수하려 다가 장갑이 잘 벗겨지질 않아 조금 애먹었다. 그는 웃으면서 이렇게 말 했다. "장갑 낀 고양이는 쥐를 잡지 않는다오……."[59] 샤를 10세는 다정 한 말들과 호의들로 샤토브리앙의 반감을 누그러뜨렸지만, 빌렐은 좀 체 감시를 늦추지 않았다. 따라서 빌렐에 대한 샤토브리앙의 적대감도 그대로 유지되었다. 샤토브리앙은 그때부터 〈주르날 데 데바〉지에 글 을 기고했다. 기사에서는 그가 느낀 환멸과 유감이 적나라하게 드러났 다. 그러면서 자신의 인품도 크게 강조했다. 충실한 지지자들 중 라므네 (Félicité Robert de Lamennais) 같은 사람들도 싫증을 낼 만큼. "이보다 신기한 사람은 본 적이 없다. 그 자체만으로도 희극이다."[60] 샤토브리앙의 적개 심은 경제적으로 곤궁한 상황 때문에 더 심해졌다. 그나마 쑴쑴이를 메 우기 위해 쉴 새 없이 아슬아슬한 줄타기를 해야 했던 예전보다는 나아 진 편이었다. 1827년에 그는 빌렐의 새로운 검열 대책에 대한 응답으로 '언론 자유 협회(Société des Amis de la Liberté de la presse)'를 창설했다. "이 법 을 지지하는 사람들은 가능한 인쇄소를 없애고, 언론을 무력화하고, 작 가들을 교수대에 세우고 장작더미를 쌓으려는 모양이다. 인간의 독재 정치를 세우지 못하니 간절한 염원을 담아 법의 독재정치를 소환하는

---

59 앞의 책, p. 397.
60 르 구이유, 『샤토브리앙의 미발표된 세 통의 편지』, B.S.C., n. 13.

구나."[61] 그는 기사와 소책자를 더 많이 쓰면서 "천성적으로 공화주의자, 영광스럽게도 부르봉 왕가 지지자, 이성적으로 군주정치주의자"[62]를 자처했다. 대중 여론에서 그의 독자층은 폭이 넓어서, 샤토브리앙은 평소에는 애써 부정하면서도 내심 기뻤다. "[…] 나는 정치적 위세의 정점에 이르렀다. 에스파냐 전쟁을 통해서 유럽을 지배했다. 그러나 프랑스에서는 격렬한 반대로 나에게 맞섰다. 실각한 후에 나는 국내에서 여론이 인정하는 지배자가 되었다. 다시 펜을 잡았을 때 돌이킬 수 없는 실수를 저질렀다고 비난했던 사람들도 내가 처음보다 더 강력한 새 제국을 이루었다는 점을 인정할 수밖에 없었다. 신생 프랑스는 내 곁을 완전히 스쳐 지난 이후로 한 번도 나를 버리지 않았다. 많은 산업 계급에서 노동자들이 내 명령을 따랐고, 거리로 한 걸음만 내디뎌도 사람들에게 에워싸이곤 했다. 이런 인기는 어디서 왔을까? 내가 프랑스의 진실한 정신이라고 생각했던 것에서 비롯되었다. 나는 단 하나의 일간지와 투쟁하기 위해서 떠났고 거의 모든 일간지들의 주인이 되었다. 내가 대담할 수 있었던 건 무관심하기 때문이었다. 나는 실패할 때와 똑같이, 실패에 연연하지 않고 성공으로 나아갔다."[63] 빌렐과 샤토브리앙의 싸움은 쉼 없이 이어졌다. 한쪽에서 글을 쓰면 반대쪽에서는 음모와 공격으로 맞섰다. 그러나 상대가 성공에 성공을 거듭하면서 비상하자 권력은 가차 없이 약해졌다. 다수파의 입지가 좁아지면서 빌렐이 아무리 술책을 부려도 실각은 시간 문제가 되었다. 1827년 11월 선거 결과는 빌렐의 종말을 알렸다. "빌어먹을!……. 나를 삼 년 반이나 고생시키더니 이제야 쓰러

61 F.-R. 드 샤토브리앙, 『전집』, 앞의 책, XVII 권, p. 62.

62 크리스토프 프노, 『샤토브리앙의 오늘』에서 인용, 크리스텔, 1998, p. 223.

63 F.-R. 드 샤토브리앙, 『죽음 저편에 대한 사색』, 위의 책, 2부, 28권, 14장, pp. 137-138.

졌구나."[64]

　새로운 내각을 세워야 했다. 허술한 다수파의 안정을 보장하기 위해 샤토브리앙의 등장은 모두가 예견한 바였다. 협상이 시작되었다. 하지만 샤토브리앙의 강경한 요구와 샤를 10세의 망설임 사이에서 협상은 처음 한동안 우호적인 듯했지만, 결국 좌초되었다. 샤토브리앙은 마르티냐크(Jean-Baptiste Gay Martignac)가 이끄는 내각 대신들 목록을 읽다가 이성을 잃었다. "너무 격분해서 숨이 막힐 정도였다. 안색이 핏기 없이 해쓱해졌다. 이튿날 간신히 울화가 가라앉자 이번에는 슬픈 납빛이 되었다.[…] 그때의 그처럼 슬픈 모습은 거의 본 적 없었다. 범상치 않은 능력을 차마 거절할 수도 없고, 자기애에 상처를 주지 않는 한은 무엇에든 몹시도 무심하던 사람이 야망이 한풀 꺾이더니 그렇게까지 충격을 받고 슬픔에 빠진 고지식한 인상을 자아낼 줄이야."[65] 그런데 화가 나 있는 샤토브리앙을 사람들은 가만히 내버려두지 않았다. 여론에 미치는 그의 영향력 못지않게 정계 친구들도 지나치게 거들어 그를 감언이설로 꾀려 했다. 명예로운 해결 방안을 모색하려는 다양한 배수로들이 있었던 반면, 다른 사람들은 샤를 10세의 선입견을 없애려고 애썼다. 샤를 10세는 결국 짜증을 내면서 이렇게 대꾸했다. "아! 그래요, 샤토브리앙이요, 늘 샤토브리앙 얘기군요!" 그럼에도 이면공작들은 계속되었다. 그를 무임소 장관으로 임명하자는 의견이 제시되었다. 그러나 국왕의 자문 회의에는 참석하지 못했다. 마침내 타협안으로 찾은 방안은 로마 대사직이었다. 샤토브리앙은 마지못해 선심 쓰듯 받아들였다. "조국은 나를 치

---

64 슈발리에 드 퀴시, 『회상』, 리브레리 플롱, II권, 1909, p. 79.

65 페르디낭 드 베르티에, 『극우왕당주의자에 대한 추억』, 파리, 탈랑디에, 1993, p. 330.

워버리는 편이 유용했던 모양이다. 내가 느끼는 무게로 보아 나는 다른 사람들에게 존재만으로 짐이 되나보다."[66] 1928년 6월 3일, 대사 임명이 공표되었다.

1828년 10월 10일, 샤토브리앙은 늘 그렇듯이 꾸무럭대면서 대사관에 도착했다가 다시 로마로 갔다. 그리고 "요로결석으로 인한 발열"과 긴 산책이 이어졌다. 또한 언제나처럼 샤토브리앙은 돌아갈 꿈만 꾸면서 투덜댔다……. 대사관 직원들은 사람됨이 여실히 드러나는 태도를 보고 종종 놀라움을 금치 못했다. "대사는 줄곧 일상을 몹시 권태로워하는 분위기를 풍겼다. 그에게는 자연스러운 일일지 모르지만, 『르네』의 작가답게 매사에 거의 애정을 못 느끼는 듯했다. 그에게는 익숙한 태도였다. 거울 앞에 똑바로 서서 두 다리를 벌리고, 등은 살짝 굽은 자세……. 그리고 벽난로 가장자리에 양쪽 팔꿈치를 괴고 두 손으로 머리카락을 쓸어 넘긴 뒤 넓은 이마 위로 깍지를 낀다. 십오 분 넘게 그렇게 자신의 모습을 들여다보는 일이 종종 있었다."[67] 샤토브리앙은 자신에 대한 몽상 외에 아내의 성질도 견뎌야 했다. 아내는 쌀쌀한 태도와 남편에 대한 불평과 구박으로 대사관 직원 전체를 숨 막히게 했다. 로마에서 또다시 체류하는 동안 샤토브리앙은 깊은 우수에 빠졌다. "무슨 그림을 보든 그 속에는 늘 내 무덤이 보인다. 그렇다고 무덤 때문에 겁에 질리거나 하지는 않는다. 다만 세상만사에 대한 취향과 관심이 사라질 뿐이다. 죽음 앞에서는 아무리 큰일들도 하찮게 여겨지는 법이니까. 삶에 대한 애착은 남겠지만 홀로 버림받는다는 사실에 애착을 느낄 사람은 아무도

---

66 F.-R. 드 샤토브리앙, 『죽음 저편에 대한 사색』, 앞의 책, 2부, 28권, 16장, p. 147.

67 오송빌 백작, 『나의 젊음』, 칼만 레비 출판사, 1885, pp. 184-185.

없다."[68] 결국 샤토브리앙은 프랑스 정부 외에 로마에 있는 다른 대사들도 괴롭혔다. 아무도 그의 수준에 맞지 않았다. 남는 건 권태뿐이었다.

그러다 샤토브리앙을 무기력 상태에서 벗어나게 만드는 사건이 발생했다. 1829년 2월 10일, 교황 레오 12세(Leon XII)가 서거했다. 단숨에 로마는 흥분에 빠져들었다. 그러자 샤토브리앙은 오스트리아와 경쟁을 벌여 프랑스의 이해관계에 우호적인 교황을 선출할 계획에 대단히 진지하게 몰두했다. 외무장관을 대행하던 포르탈리스(Joseph-Marie Portalis)에게 공문을 보내서 여전히 강압적인 어조로 지시를 내리면서 포르탈리스를 부하 부리듯 했다. 포르탈리스는 감정이 상해서 샤를 10세에게 공문을 보냈다. 샤를 10세도 화를 내면서 대답했다. "샤토브리앙은 가벼운 사람이오. 아무에게나 명령을 내리고 싶어 하는구려."[69] 교황선거회의에서는 경쟁이 심화되었다. 오스트리아와 마찬가지로 프랑스도 거부권을 갖고 있었다. 하지만 거부권을 사용하면 자칫 약점이 될 수 있기 때문에 교묘하게 활용해야 했다. 샤토브리앙이 내세운 후보는 카스티글리오니 추기경(cardinal Castiglioni)이었다. 반면에 오스트리아에서 내세운 후보는 알바니 추기경(cardinal Albani)이었다. 당시 관습에 따라 교황선거회의실 벽에 뚫어놓은 구멍으로 각각의 대사는 추기경단이 표결에 들어가기 전에 자국의 입장을 표명하는 연설을 했다. 1829년 3월 10일, 샤토브리앙은 연설을 발표했다. 어느 정도 지지를 얻는 듯했다. 열강들은 저마다 교황선거회의 표결이 진행되는 상황을 알고 있었다. 정보원들과 첩자들이 수두룩했고, 저마다 자국의 후보를 위해 모함을 했다. 마침내

---

68 『비셰 후작부인과 나눈 샤토브리앙의 서신』, 페랭 출판사, 1903, p. 182.
69 M. 비유맹, 『M. 드 샤토브리앙』, 위의 책, p. 421.

1829년 3월 31일, 카스티글리오니 추기경이 교황으로 선출되었다. 샤토브리앙은 파리에 승전보를 전했지만, 파리에서는 거추장스러운 대사의 성공이 마뜩지 않았다. 축하 공문도 전혀 없었다. 게다가 샤토브리앙은 오스트리아의 총아인 알바니 추기경이 국무장관 추기경으로 임명되었다는 사실을 이틀 후에 알고 환상에서 깨어났다. 파리는 그 틈을 타서 그에게 비난을 퍼부었다. 다행히 교황과 장관 추기경을 알현하면서 샤토브리앙은 이 임명의 동기와 발령자의 의도에 대해 깨닫고 안심하게 되었다. 실질적으로 교황선거회의 결과에 만족할 수 있었다. 그래서 로마에서의 임무가 끝났다고 여겼다. 1829년 5월 16일, 그는 새롭게 온갖 야망과 진실을 대면할 각오를 하고 조바심 내면서 파리로 향했다. "나는 무엇을 원하지도, 바라지도 않기 때문에 더 쉽게 말할 수 있다. 나름 상황은 괜찮은 편이다. 나는 대단한 일을 해냈다. 남들은 절대적인 휴식을 취하리라고 생각하는 장소에서 힘겹고 영광스러운 원정을 했다. 사람들은 내가 잊히길 바랐겠지만 그럴 수 없었다. 휴식기 동안 나는 절대적인 독립을 누리면서 […] 여유롭게 의사를 표명하고 결심할 수 있었다."[70]

파리에서는 장관직에 다시 샤토브리앙이 물망에 올랐다. 하지만 샤를 10세는 그럴 생각이 추호도 없었다. "샤토브리앙 씨가 대단한 일을 한 건 알지만 실수도 많이 했다. 그는 상상력 때문에 생각을 잘못하는 경우가 잦다. 아니라고는 하지 않겠다, 나는 그에게 애착을 느끼긴 한다. 그가 나에게 상당히 유용한 인물이 될 수 있음을 알기에……. 그러나 아직 때가 되지 않았다……."[71] 정세가 심각해질수록 샤를 10세는 샤

---

70 『보드 로메니에 의해 출간된 레카미에 부인에게 보낸 샤토브리앙의 편지들』, 플롱, 1929, p. 139.
71 이드 드 뇌빌 남작, 『회상과 추억』, 플롱, 1890, III권, p. 439.

토브리앙의 장관 임명에 반대했다. 샤토브리앙은 번번이 부아만 치밀었다. "앙리 5세(Henri V, 샤를 10세의 손자이자 암살당한 베리 공작의 유복자로 태어난 아들—옮긴이)가 즉위할 때쯤이든 아니면 유년기를 보내는 동안이라도, 내가 늙어서까지 다시 장관이 되어야 한다고는 하지 않겠다. 왕세자는 샤를 10세보다도 나에 대한 애착이 없기 때문이다. 나는 그들의 보잘것없음을 두려워하게 만든다. 그들은 빌렐이 실각한 일을 두고 영원히 나를 원망할 것이다."[72] 샤토브리앙이 하찮게 평가한 쥘 드 폴리냑(Jules Auguste Armand Marie de Polignac) 총리 휘하에 새로운 내각이 꾸려졌다. 망설인 끝에 친구들의 만류도 뿌리치고, 샤토브리앙은 폴리냑에게 사표를 보냈다. "공작님께서 권좌에 오를실 수 있도록 기꺼이 길을 열어드리고선 하필 이 시점에 외교관직을 버리게 되어 심히 가슴이 아픕니다……."[73] 폴리냑은 그를 불러 만류했지만 허사였다. 사실 샤토브리앙은 풀이 죽었다. 자신의 꿈에서 장관직이 빠져나가는 모습을 보면서 그 어느 때보다 침울했다. "지금은 내가 이렇게 홀대받지만, 조만간 그들이야말로 다함께 실추하면서 자신들 편으로 나를 끌어들이려 할 것이다. 또 한 번 나의 명성과 인기로 그 배은망덕한 자들을 뒤덮을 날이 머지않았다. 죽어가는 왕조를 앞에 두고 도와달라고 나를 부른들 그때 가서 내가 최후의 숨을 늦출 수 있을까?"[74]

추락은 머지않았다. 폴리냑 총리는 의회의 거센 반대와 과격해진 여론에 부딪쳐 능력의 한계를 드러냈다. 결국은 의회를 해산시켰다(1827년 총선에서 자유주의파가 승리한 이후로 의회와 정부는 사사건건 대립하다가, 의회가 내각불신

---

72 앙드레 모루아, 『르네 또는 샤토브리앙의 삶』에서 인용, 위의 책, p. 352.
73 F.-R. 드 샤토브리앙, 『죽음 저편에 대한 사색』, 위의 책, 2부, 32권, 3장, p. 381.
74 마르셀뤼 백작, 『샤토브리앙과 그의 시대』, 위의 책, p. 383.

임을 결의하자 국왕은 의회를 해산하고 언론 규제를 강화시켰다―옮긴이). 알제리 군사 원정이 성공을 거두었음에도, 1830년 7월에 치른 선거 결과 역시 정부의 참패였다(다시 치러진 7월 선거에서도 자유주의파의 의석이 늘어나자 샤를 10세는 선거 결과를 무시하고 새 선거법을 제정해 선거를 다시 실시하려 했다―옮긴이). 1830년 7월 25일, 샤를 10세는 정부에 그나마 남은 부분이라도 구하기 위해 언론 통제를 강화하고, 의회를 해산하고, 선거에 필요한 납입금을 늘려서 선거인단을 축소시켜서 선거를 실시하겠다는 취지의 네 가지 칙령에 서명했다. 1830년 7월 28일, 결국 파리는 7월 혁명으로 붉게 물들었다. 역설적이게도 샤를 10세는 1789년 7월 14일에 형 루이 16세가 그랬던 것처럼 사태를 무시하기로 했다. 샤토브리앙은 레카미에 부인과 함께 체류하던 디에프(Dieppe)에서 명령문에 대한 소식을 접하자마자 파리로 달려갔다. 그는 혼란이 벌어진 이튿날에 도착했다. "삼색기가 나부끼는 모습을 보았다. 그건 폭동이 아니라 혁명이라고 판단했다. 내 역할이 바뀔 것 같다는 예감이 들었다. 공공의 자유를 수호하기 위해 달려간 이상 왕권을 수호할 수밖에 없었다."[75] 샤토브리앙은 상황을 분석한 후에 샤를 10세에게 편지를 썼다. 답장이 없었다. 그래도 그는 샤를 10세에 대한 슬픔을 간직했다. "확실히 폴리냑 씨는 유죄다. 그가 무능력하다는 건 잘못된 핑계다. 재능 없는 야망은 범죄다. 생 클루 궁정이 떠날 채비가 된 듯하다. […] 내 입장은 힘들지만 분명하다. 나는 헌장도, 왕도, 자유도, 합법적인 권력도 배신하지 않을 테다. 따라서 나는 할 말도, 할 일도 없다. 조국을 위해 기다리며 눈물을 흘릴 밖에."[76]

1830년 7월 29일, 파리는 봉기한 파리 시민들의 수중에 넘어갔다. 이

---

75 F.-R. 드 샤토브리앙, 『죽음 저편에 대한 사색』, 위의 책, 2부, 32권, 8장, p. 395.

튿날 뤽상부르 궁에서 귀족원 의원모임이 소집되었다. 샤토브리앙은 모임에 참석하기로 마음먹었다. 파리 거리를 지나는데 갑자기 사람들이 그를 알아보았다. "별안간 마음이 다급해졌다. 이런 외침이 들렸다. '언론의 자유 수호자 만세!' 내 머리카락이 사람들 눈에 띄었던 모양이다. 곧 청년들이 나를 붙잡고 이렇게 말했다. '어디 가십니까? 우리가 모셔다 드리죠.' 나는 그저 고맙다고 대답할 수밖에 없었다. 이내 몸부림을 치면서 보내달라고 애원했다. […] 결국 귀족원 의회에 간다고 말할 수밖에 없었다. 카페를 지나자 사람들의 환호가 시작되었다. 루브르궁에서 다양한 종류의 외침들이 들려왔다. 어떤 사람들은 이렇게 말했다. '튈르리로! 튈르리로!' 다른 사람들은 이렇게 외쳤다. '제1통령 만세!' 나를 공화주의자 나폴레옹의 후계자로 여기는 듯했다. 함께 걷던 내 보좌관 이아생트 필로르주(Hyacinthe Pilorge)도 연신 악수와 포옹을 받았다. 우리는 퐁데자르(Pont des Arts)를 건너서 센느 가(rue de Seine)에 도착했다. 사람들이 우리가 지나는 길로 달려왔다. 창가에도 사람들이 매달려 있었다. 갑자기 극심한 공포를 느꼈다. 누군가 내 팔을 잡아챘기 때문이다. 뒤에서 나를 밀치던 청년 한 명이 느닷없이 내 다리 사이로 제 머리를 넣더니 어깨 위로 목말을 태웠다. 그러자 또다시 환호성이 이어졌다. 사람들은 거리와 창가에서 구경하는 사람들을 향해 소리쳤다. '절을 올려라! 헌장 만세!' 나는 이렇게 대꾸했다. '그렇습니다, 여러분, 헌장 만세! 하지만 국왕 만세!' 사람들은 이 외침은 따라하지 않았지만 다행히 공분은 사지 않았다. 그렇게 승부는 판가름이 났다! 무엇이든 합의할 수 있었지만 국민들에게는 대중적인 인물들만 소개해야 했다. 혁명에서는

---

76 앞의 책, p. 396.

이름 하나가 어지간한 군대보다 나은 법이니까."[77] 하지만 샤를 10세는 샤토브리앙을 부르지 않았다. 귀족원 의회에서 샤토브리앙은 이렇게만 말했다. "진정하십시오. 언론의 자유를 지켜야 합니다. 나에게 펜과 잉크와 종이를 주십시오. 적법성이 무너지면 석 달 안에 제가 다시 일으켜 세울 수 있도록 말입니다."[78] 그러나 샤토브리앙은 폐위되는 샤를 10세를 무기력하게 방관할 수밖에 없었다. 샤를 10세는 생 클루에서 왕위를 이양했다. 7월 혁명은 다음과 같은 세심한 배려에 도달했다. "병사는 어떤 상황에서도 국민을 향해 발포해선 안 된다. 반대편에 속하는 사람들, 체제의 권위에 반란과 반항을 표현하는 사람들도 국민이다. 모든 고정관념이 완전히 바뀌어서 반란을 명예롭게 여기고 체제의 권위에 대한 헌신과 충성과 합법적인 수호를 범죄로 여기게 되었다"[79]

그때 오를레앙 가문이 등장했다(부르봉 왕조 방계인 오를레앙 가문 출신의 루이 필리프 1세를 지칭한다. 샤를 10세는 퇴위하면서 군통수권만 루이 필리프에게 맡기고 손자인 보르도 공작 앙리에게 선위한다고 밝혔다—옮긴이). 루이 필리프(Louis-Philippe Ier)는 삼부회의 도움으로 왕실 군단 사령관으로 임명되었다. 샤토브리앙에게 은근한 제안이 들어왔다. 오를레앙 공작 루이 필리프는 영향력 있고 인기 있는 인물을 내쫓는 실수를 저지르고 싶지 않았다. 샤토브리앙은 팔레 루아얄에 초대되었다. 오를레앙 공작의 누이인 아델라이드 부인(Adelaïde d'Orléans)과 오를레앙 공작부인 그리고 나중에 모습을 드러낸 오를레앙 공작까지, 세 사람 모두 샤토브리앙을 설득하려고 했다(7월 혁명에서 승리한 세력은 정통 왕위 계승자인 나이 어린 앙리 5세를 거부하고 루이 필리프를 왕으로

---

77 앞의 책, 9장, pp. 423-424.
78 샹슬리에 파스키에, 『회상록』, 플롱, 1893-1895, IV권, p. 291.
79 도풀 후작, 『추억』, 파리, 에밀 폴 출판사, 1904, p. 419.

추대했다—옮긴이). 그러나 샤토브리앙은 거만하게 거절했다. 어린 보르도 공작이 합법적인 왕위 계승자라고 옹호하면서 루이 필리프는 섭정밖에 할 수 없다고 했다(정통 왕조파들은 보르도 공작 앙리 5세를 주군으로 여기면서 루이 필리프를 찬탈자 취급했다—옮긴이). 그들은 이틀 후에 다시 샤토브리앙에게 외무장관직을 제안하면서 설득했다. 하지만 신념에 충실한 샤토브리앙은 또 거절했다. "[오를레앙 공작부인은] 여론에 대한 나의 권력을 언급했다. 실질적인 권력은 대중의 평가를 토대로 세워져야만 한다. 그런데 내가 깃발을 바꿔든다면 그 평가를, 그 권력을 잃고 말 것이다. 오를레앙 공작은 후원을 받을 수 있으리라 생각했겠지만, 그를 돕는다면 결국 나는 보잘것없는 글쟁이, 더는 아무도 목소리를 들어주지 않는 배신자, 누구라도 진흙덩어리를 던지고 얼굴에 침을 뱉을 일개 변절자에 지나지 않을 터이다."[80]

1830년 8월 7일, 샤토브리앙은 도도하고 화려하게 퇴장했다. 그는 귀족원 의회에서 마지막 연설을 했다. 마지막 연설은 일종의 정치 서약이나 다름없었다. 예술가 샤토브리앙이 무대에 등장하자 평소에는 시끌벅적하던 의회 회의장 안이 일순 조용해졌다. 그는 단도직입적으로 서두를 꺼냈다. "먼저 다루어야 할 문제가 있습니다. 왕위가 공석이 되면 우리는 정부의 형태를 자유롭게 선택할 수 있습니다. 누구든 한 인물에게 왕관을 주기 전에 어떤 정치 질서 속에서 사회 질서를 설립할지부터 알아야 합니다. 공화국을 세울 겁니까, 아니면 새로운 군주제를 세울 겁니까? 프랑스에 지속성과 힘과 휴식을 충분히 보장해줄 체제가 공화국입니까, 아니면 새로운 군주제입니까?" 그리고 샤토브리앙은 본론으로 넘

---

80 F.-R. 드 샤토브리앙, 『죽음 저편에 대한 사색』, 위의 책, 2부, 34권, 5장, p. 461.

어갔다. "공화국은 우선 제1공화정에 대한 기억 때문에 안 됩니다. 그 기억은 조금도 잊히지 않았습니다. 자유와 평등 사이에서 죽음이 팔짱을 끼고 걷던 시대가 여전히 생생합니다. [⋯] 착오가 아니라면 우리의 풍속 상태와 주변 정권들과의 관계 속에서 지금은 도무지 실현 가능해 보이질 않습니다. [⋯] 대의제 공화국은 물론 세계의 미래 상태라지만 그 시대는 아직 오지 않았습니다. 이제 군주제를 언급하겠습니다. [⋯] 사람들은 자유를, 무엇보다 언론의 자유를 원하고, 그 자유를 통해서 그리고 그 자유를 위해서 국민들은 너무도 놀라운 승리를 거두었다고 생각합니다. 그렇지만 모든 신군주제는 조만간 이 자유를 속박할 수밖에 없을 겁니다. 나폴레옹인들 그 사실을 인정할 수 있었을까요? 우리 불행의 딸이자 영광의 노예인 언론의 자유는 깊이 뿌리 내린 정부와 함께 할 때만 안전할 수 있습니다. 피비린내 나던 어느 날 밤의 서자로 태어난 군주제가 여론의 독자성을 두려워할 일이 무엇이 있겠습니까?" 그럼에도 자신이 수호하는 옛 군주제의 위력과 더불어 타고난 권리이자 그 무엇보다 우월한 법칙인 자유를 상기시켰다. "자유가 승리한다면 모두가 다시 한 번 등을 돌릴 주장을 내가 옹호하는 이유는 감정적 헌신 때문도, 앙리 4세의 요람에서 어린 앙리의 요람까지 배내옷을 통해 전달된 유모의 연민 때문도 아닙니다. 내가 추구하는 건 소설도, 기사도도, 순교도 아닙니다. 나는 왕권신수설을 믿는 게 아니라 혁명과 사실의 힘을 믿습니다. 굳이 헌장을 들먹이지 않고도 내 생각을 당당하게 얘기할 수 있습니다. 내가 평생을 살아온 시대의 철학에서 나온 생각이니까요. 그래서 가장 급선무로 논의해야 할 사안으로 보르도 공작에 관한 사안을 제안하는 바입니다. 다들 어린 보르도 공작을 멀리 쫓아내고 국민주권 원칙을 세우고 싶어 한다는 건 나도 압니다. 하지만 어리석은 구식 파당들은 옛 민주주의자들이 원로 왕권 수호자들만큼도 진보하지 못했음을 입증했습니다. 이제 절대 군주제는 어디에도 없습니다. 자유는 18세기에 생각했듯이 정치 권리에서 파생되지 않습니다. 천부적 권리에서 나오지요. 그래서 어떤 정부 형태에서든 자유가 존재하고, 군주제가 공화제보다 훨씬 더 자유로울 수밖에 없습니다. 하지만 정치 흐름을 만드는 건 시간도 장소도 아닙니다." 그리고 자신의 의연함과 충직함을 상기시켰다. "한 이름을 우상숭배하던 시대는 이제 저물었습니다. 군주제는 더이상 종교가 아닙니다. 여느 때보다 지금 이 시기에 바람직한 정치 형태입니다. 자유를 더 질서정연하게 해주니까요. 아무 짝에 쓸모 없는 예언자인 나는 왕위와 국가에 진력이 나도록 경고를 했지만 무시당했습니다. 이제 내게 남은 건 그토록 예견했던 난파 조각에 앉는 일뿐입니다. 불행에 빠진 온갖 종류의 권력이 보이는군요. 나를 충성서약에서 해방시켜준 권력만 제외하고 말입니다. 저도 이제 제 삶에 일관성을 부여해야겠습니다. 그동안 부르봉가를 위해서 했던 행동과 말과 글이 있으니, 그래야 그들이 세 번째이자 마지막으로 망명을 떠날 때 부르봉 가를 부인해도 덜 비참할 테니까요." 이어서 오를레앙 공작에게 표를 던지면서 거짓선서를 준비하는 이들을 거만한 어조로 공격했다. "신의라고는 눈곱만큼도 찾아볼 수 없었던 이 너그러운 왕당파들, 한때 나를 변절자나 배교자 또는 혁명당원으로 취급했던 이 제단과 왕위 옹호자들에게 겁을 좀 줘야겠군요. 독실한 풍자 작가인 변절자가 여러분께 도전합니다! 어서 와서 한마디라도 해보시죠! 여러분에게 선물을 듬뿍 안겨 주었건만 정작 여러분은 저버린 비운의 주인을 위해 한마디라도 말입니다! 쿠데타 선동자들, 제헌권력의 선전자들, 당신들은 지금 어디 있습니까? 진창에 숨어 있다가 빼꼼히 고개를 내밀고 진정한 국왕의 일꾼들을 헐뜯고 있군요. 오늘 여러분의 침묵은 어제 여러분이 했던 말과 잘 어울립니다. 쇠스랑을 휘두르면서 악착같이 앙리 4세의 후손들을 몰아냈던 용사들은 전부 지금 삼색휘장 아래 웅크린 채 떨고 있군요. 지극히 당연한 일입니다. 아무리 고결한 색으로 차려입어도 사람됨과 비겁함을 숨기지는 못하니까요." 마침내 결론에 이르렀다. "이 연단에서 솔직히 얘기하자면, 내가 영웅적 행위를 한다고는 눈곱만큼도 생각지 않습니다. 우리는 이제 사상에 목숨 거는 시대에 살고 있지 않습니다. 만일 그랬더라면 저는 지금 백 배 더 큰 소리로 말했겠죠. 최고의 방패는 적에게 발각될까 가슴 졸이지 않는 대담함입니다. 아무렴요, 여러분, 이성과 용기를 겸비한 국민도 두려워할 필요 없습니다. 나는 내 영혼의 능력을 총동원해 어린 왕세자에게 공감을 느낍니다. 내 고장에서처럼 그가 명예와 영광과 자유를 누릴 수 있기를 바랍니다. 하지만 내가 프랑스에 분열의 씨앗을 던지려 한다는 생각은 당치도 않습니다. 그래서 내가 연설에서 최대한 열정적인 어조를 자제한 겁니다. 내심 삼천 삼백만 명의 평안을 위해서 그까짓 아이 하나쯤이야 변변찮은 출신이라도 잘 먹고 잘 사는 사람들에게 맡기면 되지 않냐는 생각을 가진 사람이라면, 시대의 욕구와 모순되는 말은 무조건 범죄라 여기겠죠. 하지만 내가 가진 신념으로는 그럴 수 없습니다. 만일 나에게 왕위를 마음대로 할 권리가 있다면 기꺼이 오를레앙 공작의 발치에 갖다 놓을 겁니다. 하지만 내 눈에는 왕좌가 아니라 생드니(프랑스 왕실 묘지가 있는 곳—옮긴이)의 무덤에 빈자리가 보이는군요. 왕군 사령관 루이 필리프에게 닥칠 운명이 어떤 것이든 조국을 행복하게만 만들어준다면 나는 절대 그의 적이 되지 않을 겁니다. 내가 간직하고자 하는 건 오로지 나의 의식의 자유와 어디든 내가 독립과 휴식을 찾을 수 있는 곳에서 죽을 권리뿐입니다. 고로 나는 성명안에 반대합니다." 샤토브리앙은 퇴장하면서 연설을 이어나갔다. "나는 연단에서 내려갑니다. 홀을 나가 휴대품 보관소로 가서 의원복을 벗고, 보검(寶劍, 명예 표시로 차는 칼—옮긴이)과 깃털 모자를 내려놓습니다. 흰색 휘장을 떼어 입을 맞추고 내가 입고 있는 검정 프록코트 왼쪽 작은 주머니에 넣습니다. 귀족의원의 헌 옷은 하인이 가져갔으니, 나는 발에 묻은 먼지를 털면서 이 배반의 궁정을 떠나 내 삶으로 돌아가렵니다."[81]

그는 새로운 체제에서 아무 일도 할 생각이 없었다. 그래서 귀족의원 의회에서 사임하고, 장관직과 봉급을 포기했다. 아카데미 프랑세즈는 사임할 수 없어서 아카데미 회원의 사례금 중지를 요구했다. 그리고 필요한 경비를 벌기 위해서 다시 글을 쓰기 시작했다. 1831년 4월까지는 편집자에게 약속했던 원고를 완전히 끝내고 싶었다. 그래서 「역사 연구(Études historiques)」를 완수하기 위해 전력을 다해 작업했다. "'역사 연구 또는 담론(Études ou discours historiques)'에서 심층적으로 분석한 연구를 보면 내가 어떤 위대한 건물을 세우고자 했는지 의도를 알 수 있을 것이다. 시간이 부족해서 땅속에 박아 넣은 주 구성 성분 위에 일종의 널빤지나 조악한 붓질로 대충 그린 막사밖엔 짓지 못했다. 하지만 초안 위에 따로 조각했던 건축물의 구성요소들 일부를 섞어서 애초에 계획했던 기념물을 그럭저럭 잘 표현했다."[82] 그런데 과장된 몸짓으로 의회를 나간 그를 비판하는 기사들이 실렸다. 그러자 샤토브리앙은 소책자 「왕정복고와 선택적 군주제에 대하여 또는 새로운 정부에 내가 봉사하기를 거부한 데 대한 일부 일간지들의 질문에 대한 대답(De la Réstauration et de la monarchie élective ou Réponse à l'interpellation de quelques journaux sur mon refus de

---

81 앞의 책, 7장, pp. 466~473.
82 같은 저자, 『전집』, 위의 책, IV권, p. XXLIV.

servir le nouveau gouvernement)」으로 받아쳤다. "유일불가분의 공화국에, 오인 총재정부에, 삼인 통령정부에, 단 한 사람의 제국에, 최초의 왕정복고에, 제국의 제헌 활동에 서약을 해놓고 또다시 루이 필리프를 위해 다른 뭔가를 준비하는 사람들이 있다. 나는 그렇게까지는 풍요롭지 못하다……."[83]

샤토브리앙은 다시 자금난을 겪었다. 그래서 또 프랑스를 떠나 1831년 5월 말에 제네바에 도착했다. 처음에는 생활비가 비교적 적게 드는 스위스로 완전히 망명할 생각을 했지만 이내 권태를 느꼈다. 아내와 단둘이 지낼수록 견디기는 더욱 힘들었다. 그래서 9월부터는 파리의 분위기를 찾아, 무엇보다 레카미에 부인을 찾아 한 달 중 보름은 파리에서 지냈다. 그러다 1831년 10월 중반 무렵, 「상대적인 새로운 제안에서부터 샤를 10세와 그 가족의 추방까지(De la nouvelle proposition relative au bannissement de Charles X et de sa famille)」라는 제목의 새로운 소책자와 함께 완전히 귀환했다. 더는 잃을 게 없는 만큼 더욱 가차 없이 7월 군주제를 공격했다. "7월 군주제는 처량한 몰골로 빈손으로 와서는 받기만 할 뿐 주는 건 아무것도 없고, 각자에게 용서를 구하면서도 까탈을 부리고, 적법성을 맹렬히 비난하면서 적법성을 흉내내고, 공화주의에 맞서면서 그 앞에서 떤다."[84] 다시 성공이 보장되었다. 하지만 그럴수록 환멸은 더욱 쌓여갔다. 어느새 샤토브리앙은 루이 필리프 반대편 수장의 상징적 인물이 되었다. 사방에서 그를 끌어들이려 했다. 네덜란드 왕비 오르탕스(Hortense, 나폴레옹의 의붓딸이자 훗날 나폴레옹 3세의 어머니—옮긴이)는 나폴레옹

83 같은 저자, 『전집』, 피르맹 디도, II권, p. 406.
84 같은 저자, 『죽음 저편에 대한 사색』, 위의 책, II부, 35권, 11장, p. 512.

파에 그를 가담시키려고 했지만 허사였다. 비록 나폴레옹에 대한 감정은 바뀌었을지언정. 심지어 공화주의자들도 샤토브리앙에게 접근해서 일이 잘만 되면 공화당 통령직을 주겠다고 제안했다. 정통왕조 지지파들도 마찬가지였다. 마찬가지로, 어린 보르도 공작의 모후인 베리 공작부인(duchesse de Berry)은 샤토브리앙을 비밀 섭정 위원회의 공식 일원으로 임명했다. 베리 공작부인은 아들의 권리를 지키기 위해 방데 지역에서 반란을 일으키려 무모한 계획을 감행했다. 샤토브리앙은 그녀를 만류하기 위해 1832년 봄에 장문의 편지를 보냈다. 하지만 편지는 그녀에게 전달되지 않은 모양이었다. 공작부인의 결정에 아무런 변화도 일으키지 못했으니까.

1832년 4월, 베리 공작부인은 아들에게 왕좌를 되찾아줄 요량으로 이탈리아를 떠났다. 공작부인을 저지하기 위해 변호사 베리에(Pierre Antoine Berryer)가 급파되었다. 변호사는 가진 재주를 총동원해 공작부인을 설득해 생각을 바꾸려고 했다. 남부지방에서 새로운 희망을 줄 만한 고무적인 소식이 들려올 때까지. 하지만 방데를 빼앗아 아들의 땅으로 만들기로 결심한 공작부인은 되돌아갈 마음이 없었다. 경찰은 베리 공작부인 주변에 대한 감시를 늦추지 않았다. 베리에는 파리로 돌아오는 길에 체포되었다. 섭정 위원회 일원들도 전부 이들 중 누군가의 집에서 명부가 발견되어 같은 신세가 되었다. 1832년 6월 16일 새벽 네 시 무렵, 샤토브리앙이 소환되었다. 그는 그다지 쾌적하지 않은 감옥에 잠시 갇혔다가 파리 경찰청장의 집에서 근위병의 감시를 받으며 지내게 되었다. 심지어 침실 사환까지 부리는 특혜도 받았다. 방문객들이 점차 늘어났다. 쾌적한 감금 상태였지만, 샤토브리앙이 체포되었다는 소식은 충격이었다. 항의문이 빗발쳤다. 샤토브리앙은 본인의 이름을 대라는 예심판사 앞에서 자신은 루이 필리프 체제를 인정할 수 없다면서 끝내 거부했다. 샤토브리앙의 심리를 맡은 예심판사는 심리 대상이 샤토브리앙밖에 없던 터라 보름 동안 끈질기게 이름을 말하라고 요구했다. 이 소식을 들은 파리 시민들은 판사를 조롱했다. 비극은 희극으로 바뀌었다. 1832년 6월 30일, 모든 주동자들이 면소 혜택을 받았다. 이미 무죄 선고를 받은 베리에만 제외하고. 하지만 이 소란으로 사람들은 체제에 불만을 품기 시작했다.

샤토브리앙은 정치적인 이유보다 재정적인 이유로 다시 외국 망명을 떠나려 했다. 사실상 정치적으로도 스스로를 내면의 망명자로 느꼈다. 하지만 1832년 여름에 제대로 정착하지 못하고 방황하면서도 스위스로 향한 까닭은 무엇보다도 스위스에서는 생활비가 적게 들어서였다……. 스위스 여행 중에 그는 네덜란드 왕비 오르탕스를 만났다. 서로 정중하게 예의를 갖춘 두 사람은 화기애애하게 의견을 나누었다. 그렇지만 샤토브리앙은 소신을 굽히지 않았다. "보나파르트 일가는 자신들이 이제 아무것도 아니라는 사실을 납득하지 못한다. 보나파르트 가문은 혈통 없는 가문이다. 반면 부르봉 일가에는 남자가 부족할 뿐이다. 따라서 왕정복고의 가능성은 부르봉 가문에게 더 많은 편이다. 사람은 갑자기 나타날 수 있지만 혈통은 만들어낼 수 없기 때문이다. 나폴레옹 일가는 나폴레옹과 함께 모두 물거품이 되었다. 물려받을 거라고는 그의 명성뿐이었다."[85] 샤토브리앙은 스위스 여행을 계속하다가 뤼체른(Lüzern)에서 무덤덤하게 아내와 재회했다. 부부는 이내 제네바로 출발했다. 샤토브리앙은 그곳에서 일 년간 아파트를 빌려 작업했다. 그렇게 아내를 피해

---

85 앞의 책, 36권, 20장, p. 603

권태 속에서 글쓰기에 전념했다.

다행히도 부부를 무기력 상태에서 벗어나게 해주는 새로운 사건이 일어났다. 베리 공작부인이 체포된 사건이었다. 샤토브리앙은 부인의 변호인을 자처했지만 체제로부터 거절당했다. 그러자 새로운 팸플릿 「베리 공작부인의 체포에 대한 회고록(Mémoire sur la captivité de Madame la duchesse de Berry)」을 발행했다. 그는 서로 공작부인을 변호하겠다고 몰려드는 사람들을 향해 혀를 찼다. "사치의 국가 프랑스는 소문을 만들 기회만 생겼다 하면 재빨리 그 기회를 포착한다. 선의로 행동하는 이들도 있지만, 스스로 유능하다고 믿고 나서는 이들도 있다. 그래서 나에게는 경쟁자가 많았다."[86] 어쨌든 샤토브리앙은 그 자만심 강한 사람들에게서 배척당한 듯했다. 그의 팸플릿은 대단한 성공을 거두었다. 정통 왕조 지지파들은 '부인의 아드님이 나의 왕입니다'는 샤토브리앙의 말을 구호 삼아 외쳤다. 팸플릿은 증쇄되며 삼만 부나 팔렸다. 정통 왕조파가 파문을 일으키자 결국 정부는 1833년 1월에 샤토브리앙을 기소했다. 1833년 2월 말, 파리 중죄재판소에 출두하기 전날, 그는 〈르 모니퇴르〉지를 통해 베리 공작부인이 임신했다는 파렴치하면서도 수치스러운 소식을 접했다. 누구의 아이인지 아무도 몰랐다. 샤토브리앙은 그 불명예가 자신을 응원해주는 사람들에게까지 불똥이 튀자 더욱 격분했다. 그럼에도 그는 재판에 참석해서 무죄선고를 받았다. 무엇보다도 변호사 베리에의 능변 덕분이었다. 샤토브리앙의 인기는 절정에 달했다. 그는 인기를 음미하면서도 신중한 태도를 유지했다. "[…] 인기는 […] 나에게 별 것 아니었다. 혁명에서 승승장구하다가 순식간에 시궁창에 처박

---

86 앞의 책, 25장, p. 611

히는 사람들을 너무 많이 보았기 때문이다. 천성적으로는 민주주의자, 사회 도덕적으로는 반혁명가인 나는 민중과 조금이라도 관련된 일이라면 재산이든 목숨이든 기꺼이 국민들에게 바칠 수 있다. 어찌 되었든 나는 프랑스 귀족원 의회에서 헹가래쳐준 7월 청년들에게 큰 애착을 느꼈다. 그들이 헹가래쳐준 이유는 나를 수장으로 생각해서가 아니라 내가 그들처럼 사고하기 때문이었다. 비록 신념이 다른 적이라도 올바르게 평가했을 뿐이었다. 그들은 자유와 명예를 아는 나라는 사람을 제대로 알아보았다. 그 관대함에 감동했다. 그러나 내가 조국에서 최근에 얻은 색다른 인기는 아무런 감흥을 자아내지 않았다. 왕당파들과 나 사이에는 뭔가 냉담한 부분이 있었기 때문이다. 똑같이 왕을 갈망한다는 점을 제외하면 우리의 소망은 대부분 대립된다."[87]

그 무렵 샤토브리앙은 베리 공작부인을 대신해서 왕가의 용서를 구하기 위해 프라하(Prague)에 머물던 샤를 10세를 만났다. 샤토브리앙이 샤를 10세에게 양해를 얻었다고는 하지만, 두 사람 사이의 첫 대화는 해묵은 원한 이야기로 흘러갔다. 두 사람은 점잖게 에둘러치면서 서로의 부족한 점을 상기시켰다. 샤를 10세는 단호했다. 베리 공작부인은 환영받지 못했다. 앙굴렘 공작부인(루이 16세와 마리 앙투아네트의 장녀 마리 테레즈. 샤를 10세의 아들인 앙굴렘 공작 루이 앙투안과 결혼하여 앙굴렘 공작부인이 되었다―옮긴이)을 통해 교섭 작전을 펼쳤으나 여전히 입국이 금지된 상태였다. 파리로 돌아오는 길에 샤토브리앙은 정치 선언문에 가까운 장문의 편지를 썼다. "프랑스의 정통성은 더는 감정이 아니다. 소유와 이익, 권리와 자유를 보장하는 한 하나의 원칙이다. 하지만 소유와 이익, 권리와 자유를

---

87 앞의 책, 27장, p. 618.

수호하지 않거나 무능해서 지키지 못한다면 더는 원칙도 아니다. 정통성이 반드시 도래하리라고, 정통성 없이는 지낼 수 없다고, 기다리기만 하면 된다고 주장하는 이유가 프랑스가 무릎을 꿇고 살려달라고 아우성치게 만들기 위해서라면 그건 잘못된 주장이다. 정통성이 사라진 곳에서 힘을 추구한다면 왕정복고는 두 번 다시 나타나지 못하거나 잠깐밖에 지속되지 못할 것이다. [⋯] 왕들은 왕좌 근처에 보초를 세우면 공모를 막을 수 있으리라고 생각한다. 원칙의 특징을 대면 국경에서 체포할 수 있으리라 생각한다. 세관과 헌병, 첩보원, 군사위원회를 늘리면 그들이 유포되지 못하도록 막을 수 있다고 확신한다. 하지만 사람들의 생각은 걸어서 전진하는 게 아니라 바람을 타고 날아가서, 사람들은 숨을 쉬듯 그 생각을 들이마신다. 전신국, 철도, 증기선이 설립되는 마당에 14세기의 정치적 교리 수준으로 지성인들을 붙잡고 싶어 하는 절대 정부들은 자가당착에 빠져 있다. 점진적인 동시에 복고적인 그들은 모순적인 이론과 실행의 결과로 생기는 혼란에 사로잡혀 있다. 자유의 원칙과 산업적 원칙은 분리될 수 없다. 아무리 두 원칙을 모두 짓누르려 해도, 차례로 받아들이게 하려 해도 소용없다. 곳곳에서 프랑스어가 들리고 사상이 세기의 여권과 함께 당도하고 있다."[88] 샤를 10세는 잠시 여지만 주었을 뿐 자신의 입장을 견지하면서 더는 베리 공작부인을 인정하지 않았다. 샤토브리앙은 『죽음 저편에 대한 사색』에서 왕관도 능력도 없는 왕족들을 신랄하게 비판했다. 자신이 임무에 실패했다고 전하면서 베리 공작부인에게도 이제 돕지 않겠다고 선언했다. 일말의 환상도 남기지 않고 따끔하게 조언했다. "부인, 부인만이 내가 미래를 위해 더욱

---

88 앞의 책, 40권, 1장, pp. 754-756.

전념하도록 만들 수 있지만, 불행하게도 미래는 이제 아무런 가망도 없습니다. 터무니없게 뒤섞인 광기와 어리석음이 미래를 망치고 말았습니다."[89]

마침내 샤토브리앙은 다른 왕비에게로 마음이 기울었다. 바로 공화국이라는 미래의 왕비였다. "나에게는 살날이 얼마 안 남았습니다. 아마 당신들의 꿈이 이루어지는 모습은 보지 못하겠죠. 하지만 그 꿈이 피어날 때가 임박했음이 강하게 느껴집니다. 여러분의 가장 아름다운 상상인 공화국이 이미 지평선에 모습을 드러내고 있습니다, 동지 여러분. 공화국이 우리 땅에 발을 디딜 무렵 아마도 저는 이 세상에서 그 모습을 보지 못하겠죠. 미래의 왕비께 저 대신 인사해주십시오."[90]

그럼에도 샤토브리앙의 말년은 앙리 5세, 그때부터는 샹보르 백작(Chambord, Henri de Bourbon)이라 불리는(앙리 5세 본인도 여러 작위 중에서 샹보르 백작이라는 호칭을 가장 좋아했다고 한다—옮긴이) 보르도 공작이 그에게 바치는 존경의 표시로 환히 밝혀졌다. 1842년 8월, 샤토브리앙은 샹보르 백작의 반신상 초상화를 받고 감동했다. 샹보르 백작은 정통 왕조파들만 아니라 모든 사회계층에서 그와 합류할 준비가 된 이들을 전부 집결시켰다. 런던에서 온갖 종류의 대표단을 맞이했다. 당연히 샤토브리앙도 초대될 수밖에 없었다. 그는 공식 초대장이 도착하자 투덜대면서도 차마 거절하지 않았다. "저 사람들은 당최 내가 조용히 죽는 꼴을 못 보는구만!"[91] 1843년 11월 초에 샤토브리앙은 런던으로 떠났다. 11월 초에 도착해서 샹보르 백작의 저택에 머물렀다. 샤토브리앙을 만난 샹보르 백

---

89 기슬랭 드 디스바흐, 『샤토브리앙』에서 인용, 위의 책, p. 507.

90 위의 책, p. 519.

91 생트 뵈브, 『서신』에서 인용, 스톡, 1947, 5권, p. 314.

작은 홀쩍 늙어버린 그의 모습을 보고 안타까움을 금치 못했다. 두 사람은 서로 여러 가지 견해를 주고받았다. "이곳에 닥쳐올 미래 문제들에 대해 이야기를 주고받으면서 지극히 늙고 쇠약해졌지만 많은 실수들을 딛고 더욱 합리적인 사람이 된 샤토브리앙 씨를 발견했다."[92] 자신을 위해 마련된 성대한 환영회에 울컥한 샤토브리앙은 눈물을 흘렸고, 샹보르 백작은 그런 그를 달래주었다. 어떤 이들은 이 예식을 비웃었다. "샤토브리앙은 가련하게 울 줄밖에 몰랐다. 그는 자신의 역할이 끝났다는 사실을 잘 알고 있었다. 언론의 자유를 돌려주는 데 기여했던 추억과 자신의 문학적인 명성 아래 당파의 '반동적인' 열정을 감추기 위한 낡은 허수아비에 지나지 않는다는 사실을 알고 있었다. 그래서 비참하게 자신의 역할을 수행했다. 여전히 정통 왕조파가 부활하리라고 믿는 눈치여서 그의 눈물은 친구들을 절망케 했다."[93] 한편 샤토브리앙은 만족했다. "지금 평생의 보상을 받았습니다. 할 수 있다면 한 말씀 드리고 싶은데, 바보처럼 이렇게 눈물이 나오네요……. 내 나이에 아직도 희망적인 존재가 될 수 있다는 사실에 감격하고 희망으로 가득차서 갑니다."[94] 그가 돌아오자 루이 필리프 체제는 그 방문을 빌미삼아 1844년 1월에 샹보르 백작을 찾아갔던 모든 이들에게 '낙인'을 찍었다. 하지만 그 낙인은 자택 앞에 모인 청년 사백 명의 환영을 받았던 정통 왕조파 샤토브리앙에게는 가슴에 매달린 새로운 훈장, 줄어들고는 있지만 여전히 그가 정치 무대에 영향을 미친다는 흔적과도 같았다.

---

92 피에르 드 뤼즈, 『앙리 5세』, 파리, 1931, p. 102.
93 마리 잔 뒤리, 『샤토브리앙의 노년』에서 인용, 르 디방, 1933, p. 296.
94 앞의 책, p. 298.

샤토브리앙은 정치적 글쓰기만이 아니라 정치하는 문인으로서의 서막도 열었다. 남은 생애 동안 그는 정치하는 작가에게 정통성과 스스로 한 번도 잃지 않았던 우월성을 부여했다. 정치 현실에 미치는 말이 지닌 힘의 우월성. 공적인 활동에 미치는 말의 위력의 우월성. 정치의 타협적인 거짓말에 대한 완강한 진실의 우월성을 부여했다.

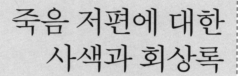

죽음 저편에 대한 사색과 회상록

9장

순교는 나에게서 독재자의 가죽을 벗겨낸다.

나폴레옹 보나파르트,
세인트헬레나에서

나폴레옹은 행동하는 시인이자, 전장의 탁월한 천재요,
지칠 줄 모르는 노련하고 분별 있는 행정가였으며,
근면하고 합리적인 입법자였다.
그래서 그가 대중의 상상력을 그토록 사로잡았을 것이다.

F. R. 드 샤토브리앙

말은 현실보다 영원해서, 전설을 승화시킨다. 나폴레옹이나 샤토브리앙의 회상록을 보면 두 사람은 이 점을 완벽하게 알고 있었다.

*

엘바 섬은 나폴레옹을 잡아두지 못했고, 세인트헬레나 섬이 결국 그의 무덤이 되었다. 영국의 결정이었다. 1815년 7월 31일, 영국은 나폴레옹에게 세인트헬레나 섬이 그의 망명지라고 알렸다. 대서양 한가운데에 버려진 작은 섬, "한 세상에서 다른 세상으로 날아가던 악마가 낳은 섬."* 나폴레옹은 항의했다. "나는 내 의지로 이곳에 왔다. 그런데 사람들은 나에게 함정을 내밀었다. 세인트헬레나는 내 죽음의 정류장이다." 반대로 샤토브리앙에게는 기회였다. "황제가 유럽에 남고 싶어 했던 건 추억의 이해타산에 속아서였다. 그래서 결국 머지않아 생기 잃은 평범한 죄수에 지나지 않게 되었다. 그가 맡았던 옛 역할은 거기까지였다. 그러나 그 역할 너머 새로운 입장이 새로운 명성으로 그의 젊음을 되찾아주었다. 떠들썩하게 이름을 떨친 어떤 사람도 나폴레옹과 같은 최후를 맞진 않았다. 처음 실각했을 때처럼 누구도 그를 독재자라고, 담금질한 검처럼 무자비하고 대리석 동상처럼 싸늘한 냉혈한이라고 부르지 않았다. 독수리라 불리던 그에게는 죽을 때까지 햇빛을 받으면서 쉴 수 있는 곳에 바위 하나가 주어졌다. 육지에서도 보일 수 있도록."[1]

영국인들은 나폴레옹에게 선택의 여지를 주지 않았다. 짐 가방을 뒤져서 혹시나 탈출할 때 쓸지 모를 금을 압수하고, 상당히 제한된 수행원만 선택하도록 했다. 장교는 딱 세 명이 전부였다. 첫 번째 장교인 마흔두 살의 앙리 베르트랑(Henri Bertrand) 장군은 수행단의 총사령관을 맡았다. 베르트랑은 아내와 세 아이들과 함께 갔다. 넷째 아이는 그 섬에서 태어났다. 두 번째 장교인 서른두 살의 샤를 트리스탕 몽톨롱(Charles Tristan Montholon) 장군은 아내와 아들과 함께 갔다. 끝으로 세 번째 장교인 가스파르 구르고(Gaspard Gourgaud) 장군도 서른두 살이었다. 베르트랑은 엄격하고 근엄한 사람이었고, 몽톨롱은 계산적이고 모험가적인 기질이 있었고, 구르고는 관대하지만 충동적이고 거만하며 질투심이 많은 편이었다. 나폴레옹의 수행원단에 포함되었던 라스 카즈(Marie-Joseph Emmanuel Auguste Dieudonne Las Cases) 백작은 유일하게 영어를 할 줄 알아서 통역관을 겸했다. 라스 카즈는 나중에 앞서 세 장교에게 미운 털이 박혔다. 열다섯 살 난 그의 아들은 여행 중이었다. 수행원단에는 주치의

---

* 세인트헬레나 섬에서 마지막까지 황제와 동행했던 측근 베르트랑 장군의 아내 파니 베르트랑이 한 말이다.

1 F.-R. 드 샤토브리앙, 『죽음 저편에 대한 사색』, 위의 책, 1부,24권, 5장, p. 995.

도 포함되어 있었다. 처음에는 아일랜드 출신의 외과의사 배리 오미라 (Barry Edward O'Meara)였다가 나중에 코르시카 출신의 프란체스코 안토마르치(Francesco Antommarcchi)로 바뀌었다. 이어서 나폴레옹의 하인들이 도착했다. 수석 시종장 마르샹(Louis Marchand), 급사장 치프리아니(Franceschi Cipriani), 주방장 르파주(Michel Lepage), 일명 알리라 불리며 마구간과 간식을 담당하는 맘루크 생 드니, 시종 장티이니(Achille Gentilini)와 노베라즈 (Jean-Abram Noverraz), 사무국장 피에롱(Jean-Baptiste Pierron), 재산 관리인 겸 문지기 상티니(Giovan-Natale Santini), 재무관 루소(M. Rousseau), 마부인 아르샹보(Archambault) 형제.

1815년 8월 9일, 나폴레옹 일행을 태운 영국 군함 '노섬버랜드 (Northumberland)'호가 출항해서 세인트헬레나 섬으로 직행했다. 1815년 10월 17일, 나폴레옹과 그 일행은 세인트헬레나 섬에 내렸다. 일행을 맞은 건 쥐가 들끓는 막사로 이루어진 감옥이었다. 나폴레옹에게는 좁은 방 네 개가 배정되었다. 하인들에게는 나폴레옹의 숙소와 다른 건물 두 채 위쪽 다락방 두 개. 나머지 일행들에게는 부속건물에 있는 초라한 방이 배정되었다. 날씨는 비가 잦고 변덕스러운 편이었다. 감시 체제는 엄격했다. 서신 교환은 공개적으로 이루어졌고, 산책은 밀착 감시 아래 했으며, 이동은 한정된 섬 안에서 동행과 함께 해야만 했다. 경비들은 이중으로 보초를 서면서 감시를 했고, 섬 주민들과의 대화는 금지되었다. 방문객은 엄격한 허가를 받아야만 가능한 데다가 감시 하에 제한된 말밖에 전하지 못했다. 지출은 이만 리브르에서 팔천 리브르로 축소되었다가, 나중에 나폴레옹이 항의하자 만 이천 리브르로 늘어났다. 감시자인 영국 총독 허드슨 로우(Hudson Lowe)는 1816년 4월 17일부터 1816년 8월 18일까지 여섯 번밖에 모습을 드러내지 않았지만, 이들의 유배 생활을 엄격하게 제한하면서 갖은 학대를 했다. 아무리 항의해도 소용없었다. 그때부터는 급격하게 상황이 변했다. 나폴레옹도 별 수 없이 수행원들 틈바구니에서 질투와 인색한 경쟁관계에 시달려야 했다. 나폴레옹은 물질적으로나 인간적으로 비참하고 고통스러운 조건에서 복종하는 충신을 보게 되었다. 요컨대 남은 생애 동안 나폴레옹을 순교자로 만들 모든 조건이 갖추어진 셈이었다. 그리고 순교는 그에게 전설의 길을 터주었다. 오 년 육 개월 십팔 일 동안 갇혀서 고립되어 속절없이 지낸 나날은 나폴레옹의 영광을 만들었다. 나폴레옹을 멀찍이 떼어놓았다고 생각한 영국인들은 오히려 그에게 전설의 문을 활짝 열어주었다. "불행에는 영웅적 정신과 영광도 담겨 있다. 내 행보에는 역경이 부족했다. 내가 만일 왕좌에 앉은 채 절대 권력의 구름 속에서 죽었더라면 많은 사람들에게 불완전한 존재로 남았을 터이다. 하지만 오늘 사람들은 불행 덕분에 나를 적나라하게 판단할 수 있으리라." 그리고 샤토브리앙은 나폴레옹에 대해 이렇게 결론지었다. "영국인들은 옹졸하게 앙심을 품은 정책에 휘둘려 마지막 승리를 놓치고 말았다. 정치범 수용소에 집어넣거나 자신들의 잔칫상에 초대해서 세간에서 잊히게 만드는 대신에, 강제로 빼앗았다고 생각한 왕관이 오히려 후대에 더 찬란히 빛나게 만들었다. 포로 상태에서도 그는 막대한 권력의 공포를 차지했다. 대서양이 그를 묶어 놓아도 소용없었다. 유럽 군대는 강둑에 진을 친 채 바다에서 시선을 떼지 못하는 꼴이 되고 말았으니까."[2]

---

2 앞의 책, 1부, 24권, 3장, p. 993.

*

정치 일선에서 물러난 후 샤토브리앙의 마음을 사로잡는 건 온통『죽음 저편에 대한 사색』저작뿐이었다. 1834년 초에 그는 저서의 성공 분위기를 돋우는 강연을 시작했다. 대중은 조바심 내며 일간지에 실린 기사보다 더 많은 내용을 읽고 싶어 했다. 그럼에도 샤토브리앙은 재정 상황 때문에 말년을 저당 잡힐 수밖에 없었다. 작가들에게 돈이 화근인 경우는 너무 흔한 일이었다. 또한 예술을 하는 데 없어서는 안 될 동력이기도 했다. 샤토브리앙도 그 숙명을 피하지 못했다. 변변한 재산도 물려받지 못한 차남인 그는 평생을 돈 때문에 허덕였다. 그렇다고 돈밖에 모르는 사람은 아니었다. 차라리 그랬더라면 부자가 되었을 테니까. 안됐지만 샤토브리앙은 한 번 이상 파산을 겪을 만큼 돈 쓰는 걸 좋아하는 소비형 인간이었다.

어찌 보면 자유와 영광의 대가이기도 했다. "만일 돈이 많았더라면 분명 나는 말 그대로 일개 '지주'가 되어 별 볼 일 없는 역할로 생을 끝냈을 것이다. 하지만 나는 돈과 허영심 그리고 세상의 온갖 어리석음을 혐오한다."[3] 그가 주고받은 편지를 읽어보면 평생 돈 걱정 없이 마음 놓고 살고 싶어서 얼마나 근심했는지 알 수 있다. "아! 돈이여, 내가 그렇게도 경멸했지만 무얼 하든 사랑할 수밖에 없으니, 너에게 장점이 있음을 인정할 수밖에 없구나. 자유의 원천인 너는 우리 삶에 무수히 많은 것들을 마련해주니, 어디서든 네가 없으면 힘겹구나. 영광을 제외하고

---

3 에르베르트 로트만,『참여 작가와 그의 양면성, 샤토브리앙부터 말로까지』, 오딜 자콥, 2003, p. 120.

는 네가 무언들 구할 수 없겠느냐? 너와 함께 있으면 아름답고, 젊고, 사랑받는다. 존경도, 명예도, 장점도, 미덕도 갖추게 된다. 물론 돈으로 누리는 건 껍데기뿐이라고 할지도 모른다. 하지만 그게 무슨 대수인가. 가짜라 해도 내가 진짜로 믿으면 그만인 것을. 나를 속여다오. 그러면 나는 나머지로부터 면제될 테니. 삶이야말로 거짓이 아니던가? 무일푼일 때는 매사 온 세상에 종속된다. […] 돈이 없으면 활로를 찾지 못해 빠져나갈 도리도 없으며, 아무리 자존심 강한 영혼이라도 끊임없이 족쇄를 차게 된다."[4] 금전적으로 곤경을 겪으면서 샤토브리앙은 오로지 이익이 앞서는 민주주의 사회의 변모 또한 예리하게 통찰하여 묘사했다. "탐욕스러운 정신이 민주주의 사회를 덮치기 시작한다. 이해타산은 전 국민의 악덕이 되었다. 이미 몇몇 국가에서는 은행들의 움직임이 제한되었고, 파산은 공공자산을 위협한다. 자유가 황금알을 낳는 한 산업 공화국은 기적을 낳지만, 금을 확보하거나 금이 고갈되면 독립에 대한 사랑을 잃고 만다. 그 사랑은 도덕적인 감정에서 생겨난 사랑이 아니라, 이윤에 대한 갈증과 산업에 대한 열정에서 파생되기 때문이다."[5] 샤토브리앙은 노예 상태의 절정에 이르렀고, 결국 『죽음 저편에 대한 사색』을 종신 연금으로 팔아버렸다. "언제나 내 목을 졸랐던 구차한 가난 때문에 어쩔 수 없이 '내 인생에 대한 회고록'을 팔고 말았다. 내 무덤을 저당 잡힐 수밖에 없어서 얼마나 고통스러웠는지 아무도 모를 것이다."[6] 그렇게 해서 1836년 초에 들로이(Delloye) 출판사는 『죽음 저편에 대한 사색』을 사들인 대가로 부인에게 이양될 수 있는 종신연금 만 이천 프랑보다 높은

---

4 F.-R. 드 샤토브리앙, 『죽음 저편에 대한 사색』, 위의 책, 2부, 35권, 8장, p. 506.
5 앞의 책, 1부, 8권, 6장, p. 277.
6 앞의 책, 1부, 〈서문〉, p. 1

금액인 만 오천 프랑을 제시했다. 1840년에 원고를 인도할 때는 이만 프랑에 달했다. 출판사는 샤토브리앙의 모든 저작물에 대한 우선권도 얻었다. 영국 문학에 대한 평론도 마찬가지였다. 평론에 담긴 바이런 경(George Gordon Byron)에 대한 샤토브리앙의 의견은 마치 거울처럼 자신의 모습을 비췄다. "영국 시인을 한 걸음씩 따라가면서 우리는 그가 노리는 효과가 무엇인지, 드물게 몰입하는 관점이 뭔지, 항상 취하는 태도가 무엇인지, 그가 호의적으로 취하는 것이 무엇인지 인정할 수밖에 없게 된다."[7] 또는 「베로나 의회에 대하여(Sur le congrès de Vérone)」에서 유럽 군주들을 서슴지 않고 혹평했다. "그들은 영원할 줄 알았던 권력에 도취되어 지상의 개념을 상실했다. 그들의 제단에 있지 않은 모든 것, 몸을 깊이 숙여 엎드린 기도마저도 모두 불경했기 때문이다. 그들은 불행을 겪으면서도 아무것도 배우지 못했다. 그들에게 시련은 존경이 부족한 저속한 평민에 지나지 않고, 재난은 그저 불손함일 뿐이었다. 그러나 시간이 지나면 그들도 한 줌 흙으로 돌아간다. 남는 건 그저 기념물, 피라미드, 유명한 무덤에 지나지 않는다."[8]

죽음의 문턱에서 샤토브리앙은 정적들이 자신보다 먼저 떠나는 모습을 보면서 만족을 얻었다. 그렇게 1836년에 샤를 10세가 세상을 떠났다. 1838년 봄에는 탈레랑이 사망했다. 샤토브리앙의 편집자는 그가 장수한다고 생각했다. 샤토브리앙은 이렇게 대꾸했다. "결국 나도 머잖아 죽게 될 거요. 그러면 세상은 비로소 안도할 테지……."[9] 심지어 생 말로에 매장될 수 있도록 조치를 취해두었다. 군대 소유의 땅이어서 그리 어

---

7 F.-R. 드 샤토브리앙, 『전집』, 퓌른, 주베&시에, 6권, p. 317.
8 같은 저자, 『베로나 의회』, 페노 프레르, 1851, p. 391.
9 마리 잔 뒤리, 『샤토브리앙의 노년』에서 인용, 디방, 1933, p. 372.

려운 일도 아니었다. 영원히 바다를 굽어보는 그랑베(Grand-Bé) 꼭대기의 한 평 남짓한 땅이었다. "영광을 사랑한 사람들이여, 그대들의 무덤을 돌보라. 그곳에 편히 누워라. 그곳에서 잘 지내려 노력해라. 그곳에 머물러야 할 테니까."[10] 그랑베와 『죽음 저편에 대한 사색』과 함께 샤토브리앙은 확실히 바뀌었다. 사실상 그는 1841년 11월 16일에야 『죽음 저편에 대한 사색』을 완성했다. 그때부터는 차분하게 죽음을 맞을 수 있었다. 그렇게 칠 년 가량 더 기쁨을 누렸다. 매일 조금씩 죽어가고 다음 날은 한결 생기를 되찾으면서, 한편으로 레카미에 부인 같은 측근들을 피곤하게 만들면서. "샤토브리앙 씨는 남은 힘을 자신이 잃은 힘에 대해 절망하는데 쓰고 있다. 충실한 친구 레카미에 부인의 인생을 고달프게 만들고 있다. 레카미에 부인은 부족한 기분전환 거리를 상상하느라 녹초가 되고 있다. 샤토브리앙은 실제 노화 상태보다 지레 늙어가면서 자기 연민 외에는 아무 관심도 없다. 성숙하지 못한 칠십오 세다. 모두가 그에게 무례하다지만, 실은 무엇보다도 그 자신이 스스로에게 소홀하다. 매일 저녁, 그 가련한 여성에게 마지막 작별인사를 한답시고 유일하게 남아 있는 말주변을 활용해 그녀를 더 힘들게 하고 있다. 마치 어린아이처럼 울고 있는 부인을 보게 된다. 부인은 수척한 채, 비탄에 잠겨 있지만, 부인도 두 사람의 친구들도 비뚤어진 늙은 어린애에 맞서서 아무것도 하지 못한다……."[11] 마침내 샤토브리앙의 능력이 그를 놓아버렸다. 관절염 때문에 온천 도시에서 지루한 휴양을 하느라 글을 쓰기도 힘들었다. 매일 아침 죽어가면서도 샤토브리앙은 마지막 저서 『랑세의

---

10 F.-R. 드 샤토브리앙, 『죽음 저편에 대한 사색』, 위의 책, 2부, p. 1053.
11 마리 잔 뒤리, 『샤토브리앙의 노년』, 위의 책, p. 356.

삶(La vie de Rancé)』집필을 시작했다. 루이 14세가 통치하던 시절 트라피스트 수도회 개혁가의 삶을 다룬 이 책은 1844년 5월에 출간되었다. 고해 신부 세갱(Jean-Marie Séguin) 사제 때문에 마지못해 한 고행이었다. 그렇지만 샤토브리앙은 인간에게서, 자신의 유명한 개혁에서 조차 아무런 공감을 얻지 못했다. "그를 지배하는 힘은 삶에 대한 열정적인 증오다 […]. 그는 사람들에게 인간에 대해 지녀야 할 난폭한 태도를 가르친다. 인간들의 불행에 대해 아무런 연민도 갖지 않도록. 투덜대지 마라, 너희들은 날 때부터 십자가에 매달릴 운명이었으니, 그곳에 매달려서 내려오지 마라. 죽음으로 가라, 오로지 인내심으로 하느님에게서 은총을 받을 수 있도록 노력하라. 회의주의와 숙명론이 혼합된 이 교리보다 절망적인 교리가 또 있을까? 기독교라는 종교를 초월한 자비의 몇 가지 특징들에만 감동하는 교리다. 랑세가 그토록 많은 형제들이 죽어가는 모습을 보면서도 어떻게 무덤덤할 수 있었는지, 고통 속에서 느끼는 최소한의 안도를 어떻게 거의 죄악에 가까운 특별한 약점으로 여겼는지 느껴진다."[12]

*

오 년 동안 나폴레옹은 역경의 동반자들을 일부 잃었다. 라스 카즈가 제일 먼저 떠났다. 1816년 12월 30일, 라스 카즈는 편지 한 통을 빼앗긴 후 아들과 함께 추방되었다. 압수된 그의 글은 1823년에야 돌려받았다. 1818년 3월 14일, 구르고도 떠나겠다고 숱하게 위협한 끝에 결국 지

---

12 F.-R. 드 샤토브리앙, 『전집, 랑세의 삶』, 뒤푸르, 뮐라 에 불랑제 출판사, 1841, 20권, p. 226.

친 나폴레옹을 남기고 섬을 떠났다. 넉 달 후에는 주치의 오미라가 떠났다. 영국인들의 무례한 언동과 나폴레옹과의 우정 어린 관계 사이에서 모순을 느껴 견디기 힘든 상황이었기 때문이다. 1819년 7월 2일, 더는 견딜 수 없었던 몽톨롱 부인은 두 아이들과 함께 떠나도 좋다는 허락을 받았다. 하인들 중에도 변절자들이 많았다. 아르샹보 형제 중 하나인 상티니와 재무관 루소는 물자 제한을 이유로, 르파주와 장티이니는 병을 핑계로, 후에 1818년 2월에 알 수 없는 이유로 숨을 거두는 치프리아니는 복통을 이유로 들었다. 새로운 하인들이 1819년 9월에 도착했다. 신부인 부오나비타(Antonio Buonavita) 사제와 비냘리(Angelo Paulo Vignali) 사제, 의사 프란체스코 안토마르치, 나중에 심각한 병에 걸려서 대체되는 주방장 샹들리에(Jacques Chandelier) 그리고 급사장 쿠르소(M. Coursault)가 그때 들어온 이들이다.

나폴레옹은 견디기 위해 삶을 설계했고, 설계한 삶을 위해 예법과 예식을 강요했다. 일과도 습관에 따라 리듬을 정했다. 여섯 시에서 일곱 시 사이에 기상. 몸단장과 의사 검진 그리고 날씨에 따라 산책. 오전 열 시경에 홀로 아침 식사. 그 다음에는 회상록 구술 작업 또는 낮잠. 오후 두 시 경이면 제법 오랜 시간 동안 욕조에 몸을 담그고 목욕하면서 장교 한 명과 함께 하는 토론 시간. 때로는 심지어 몽톨롱 부인과 그 토론을 함께 해서 터무니없는 소문이 돌기도 했다. 그런 뒤에는 방문객 접견. 오후 네 시경에는 사륜마차를 타고 전속력으로 달려 수행하는 부인들을 질겁하게 만들며 유람을 했다. 돌아와서는 작업 및 독서 또는 정원 산책. 저녁 여덟 시 무렵 저녁 식사. 그러고는 살롱에서 오랜 시간 동안 자신이 살면서 겪었던 다양한 사건들을 이야기했다.

나폴레옹에게 최후의 전투는 여전히 진행 중이었다. 그 전투는 바로 회상록이었다. 나폴레옹은 세인트헬레나의 바다 안개에도, 영웅적 무훈이라는 추억의 안개에도 지고 싶지 않았다. 살기 위해서 글을 써야 했다. 자신이 어떤 사람인지, 어떤 업적을 남겼는지 후대에 알리기 위해서 써야 했다. 나폴레옹 서사시와 자신의 유산이 거부되거나 억압되거나 잊히지 않도록. 그래서 라스 카즈와 구르고, 베르트랑, 몽톨롱에게 자신의 신화를 구술시켰다. 보수적인 유럽의 타격에 쓰러져가는 백성에게 이해받지 못한 자유주의자의 전설을. "브루투스는 카이사르를 제물로 바침으로써 그리스 유파의 영향을 받은 교육의 편견에 지고 말았다. 브루투스는 일부 음모가들의 꾐에 넘어가 카이사르가 펠로폰네소스 반도에서 도시의 권위를 찬탈했던 비천한 독재자들과 다를 바 없다고 생각했다. 그래서 카이사르의 권위가 적법하게 여겨지지 않기를 바랐다. 하지만 그 권위는 로마의 이익을 보존하고 수호하기 위해 꼭 필요한 권위였으며, 국민의 의지이자 여론의 결과였다."[13] 그리고 나폴레옹은 주치의 오미라에게 이런 말도 받아적게 했다. "나는 늘 주권이 백성에게 있다고 생각했다. 사실 황제 정부는 일종의 공화국이었다. 국민의 목소리를 통해 머리로 부름을 받은 나의 좌우명은 출생이나 재산의 구분 없이 재능이 있는 사람은 누구나 출세할 수 있어야 한다는 생각이었다. 바로 그런 평등한 체제 때문에 과두제가 그토록 나를 싫어하는 것이다." 그리고 몽톨롱에게는 이렇게 예측했다. "빈 의회는 유럽에서 평화를 보장한다고 생각하지만 틀렸다. 끔찍한 전쟁은 제국의 잿더미 아래에서 은근히 불타고 있다. 조만간에 내가 왕위에 앉혀주었거나 용서했던 왕들의 배은망덕에 대해 백성들이 나 대신 복수할 것이다"[14] 나폴레옹은 이미

---

13 『나폴레옹 1세의 서신』, 위의 책, XXXII권, p. 89.

세상에 현대적 인간, 이를테면 성스러운 불과 같은 의지와 장점을 갖춘 새로운 프로메테우스를 보여주었다. 자신의 운명을 통해 문인들에게 영향을 미치게 될 낭만적인 차원을 부여했다. 결국 그는 자신이 맡은 수호의 임무를 누구에게도 맡기지 않았다. "나는 무질서한 수렁을 덮고 혼란을 해결했다. 혁명의 오점을 제거했고, 백성들의 품위를 높였으며, 왕정주의자들을 진정시켰다. 모든 선의의 경쟁을 장려했고, 능력에 맞게 타당한 보상을 했으며, 도달할 수 있는 영광에 한계를 두지 않았다! 이 모든 일은 참으로 대단하다! 게다가 역사학자도 보호하지 못할 만큼 내가 비난받을 일이 뭐란 말인가? 내 의도? 하지만 그 점에 대해서는 무죄를 충분히 입증할 수 있다. 내가 독재정치를 했다고? 하지만 역사가들은 독재가 불가피했음을 증명할 것이다. 자유를 속박했다고 말할 텐가? 하지만 역사가들은 방종과 무정부주의의 대혼란이 당시에 문 앞까지 와 있었음을 보여줄 것이다. 내가 전쟁을 너무 좋아했다고 비난할 텐가? 하지만 나는 늘 공격당해왔다는 사실을 알 것이다. 보편적인 군주제를 원했다고? 그 군주제는 정황들로 인한 우연의 작품에 불과했음을, 우리의 적들이야말로 나를 한 걸음씩 그곳으로 인도했음을 보여주게 될 것이다. 끝으로 그게 내 야망이었다고? 하! 물론 나에게서 야망을 찾을 것이다, 그것도 많이. 그러나 가장 크고 고상한 야망은 전혀 찾지 못했다. 이성의 제국을 설립하고 마침내 신성화하기 위한 야망 그리고 인간의 모든 능력을 충분히 실행하고 완전히 만끽하려는 야망 말이다! 그리고 역사학자는 어쩌면 그런 야망이 완수되지 못했다고, 충족되지 못했음을 아쉬워할 수밖에 없으리라!……"[15]

---

14 샤를 트리스탕 몽톨롱, 『황제 나폴레옹의 세인트헬레나 유배기』, 위의 책, 2권, p. 139.

*

　샤토브리앙이 말년에 마지막으로 집착한 것은 자신의 회고록인『죽음 저편에 대한 사색』이었다. 오랜 시간 공들여 수정했다. 그런데 출판업자가 파산을 막기 위해 계약서를 팔 수밖에 없게 되자 자신의 원고가 어떻게 될지 노심초사했다. 원고를 사들인 일간지는『죽음 저편에 대한 사색』을 연재 형식으로 독자들에게 소개하려 했다. 그 소식에 겁먹은 샤토브리앙은 반대했지만 소용없었다. "내 유해의 주인은 나이므로 사람들이 바람에 흩뿌리도록 용납할 수 없다."[16] 그래서 자신의 유지(遺志)가 존중되어 올바른 판본이 출간될 수 있도록 유서를 수정했다. 이와 병행하여 원고를 다시 읽고 수정해서 비평가와 레카미에 부인 같은 친구들의 견해를 구했다. 작업은 1846년 말에야 완전히 끝났다. 그는 책의 구성을 수정해서 총 4부로 구성된 마흔두 편의 책으로 만들었다. 최종 원고는 상자에 담아 맹꽁이자물쇠 두 개로 잠갔다. 이제야 마음 놓고 눈을 감을 수 있었다.

　샤토브리앙은 몹시 쇠약해진 채 삶의 마지막을 맞이했다. 거동이 불편한 곳이 한두 군데가 아니었다. 정신은 여전히 제 기능을 발휘했지만 육신은 그를 저버렸다. "나는 조각조각 죽어간다."[17] 처음에는 두 다리였다. 그는 매일 꼼짝도 못한 채 말없이 레카미에 부인의 집으로 옮겨졌다. 그 다음에는 오른손이었다. 1846년 8월, 마차에서 내리다가 쇄골이 부러졌다. 그때부터 휠체어를 타는 신세가 되었다. 귀도 잘 들리지 않게

15　라스 카즈,『세인트헬레나 회상록』, 위의 책, 1권, p. 570.
16　기슬랭 드 디스바흐,『샤토브리앙』에서 인용, 위의 책, p. 559.
17　앞의 책, p. 567.

되었고, 레카미에 부인 역시 앞이 거의 보이지 않았다. 둘이 나란히 있으면 마치 양쪽 굴뚝의 두 미라가 머리를 맞대고 있는 듯 보였다. 그런 모습을 지켜보는 친구들에게는 크나큰 고통이 아닐 수 없었다. "무엇보다 가슴이 아픈 건 죽음이 아니라 쇠퇴하는 모습이었다. 레카미에 부인이나 샤토브리앙을 보면서 분명히 느낄 수 있었다. 요컨대 어떻게 해서 그 둘 사이에 그런 슬픈 느낌이 존재하게 되었는지가 느껴졌다."[18] 샤토브리앙은 날이 갈수록 극도로 쇠약해졌다. 측근들은 그의 건강 상태가 점차 악화되는 모습을 지켜볼 수밖에 없었다. "[…] 이런 [극도로 쇠약한] 상태에서 그는 자신에게 몰두한 채 아무것도 읽지 않고, 찾는 사람 하나 없이 흡사 묘지와도 같은 이 작은 정원에[…] 어울리는 신세가 되어 이리저리 시선을 돌리는 일밖엔 달리 할 일이 없는 상태로 하루 대부분의 시간을 보낸다. 이 가엾은 위인은 끔찍이도 권태로워하고 있다. 하지만 무엇 하나 더는 그에게 감흥을 주지 못하고, 무엇 하나 그의 무료함을 달래주지 못한다."[19] 생애 마지막 몇 달의 만족감뿐이었다. 1848년 2월에 루이 필리프가 실각했다.

그런 말년의 분위기 속에서 마침내 복수하려는 사람이 있었다. 바로 아내인 셀레스트 드 샤토브리앙이었다. "샤토브리앙은 몹시 가련하다. 이제 방에서 나오지도 못한다. 레카미에 부인은 매일 그를 보러 가지만 샤토브리앙 부인의 눈총 아래 그저 바라만 볼 뿐이다. 샤토브리앙 부인은 마침내 오십 년간 버림받은 설움을 복수하고 있다. 그 바람둥이 천재에 대한 모든 결정권을 손에 쥐고 있다. 재치 있고 독실한 면도 있지만

---

18 아네스 케틀러, 『레카미에 부인에게 보내는 발랑슈의 편지, 1812-1845』, 오노레 샹피옹 출판사, 1996, p. 49.

19 에두아르 에리오, 『레카미에 부인과 그녀의 친구들』에서 인용, 플롱, 1913, p. 381.

빈정거리기 좋아하는, 한 마디로 못된 여자다."[20] 그렇지만 운명은 셀레스트를 벌하고 말았다. 셀레스트는 1847년 2월 8일에 숨을 거두었다. 드디어 자유로워진 샤토브리앙은 레카미에 부인에게 청혼했다. 레카미에 부인은 다정하게 이렇게 대답했다. "결혼을요, 왜요? 뭣 하려요? 우리 나이에 내가 당신을 돌보는 일에 어떤 관습이 반대할 수 있다고요? 외로움이 당신에게 슬픔이라면 나는 언제든 당신과 한집에서 함께 살 마음의 준비가 되어 있어요. 단언컨대 세상은 우리 관계의 순수함을 인정하고 있으니, 늙어가는 당신을 행복과 휴식과 애정으로 감싸주는 일은 모든 면에서 더 쉬워질 거예요. 우리가 더 젊었더라면 망설이지 않고 기쁜 마음으로 당신에게 내 삶을 바쳤겠죠. 그런데 세월이 흘러 눈이 멀고 나서야 나에게도 권리가 생겼네요. 그래도 우리의 완벽한 애정은 아무것도 달라지지 않아요."[21] 그리고 이 관계는 1848년 7월 4일 혁명의 혈기로 가득한 파리에서 레카미에 부인이 곁을 지키는 가운데 샤토브리앙이 마지막 숨을 거둘 때 비로소 끊어졌다.

*

　　1817년 5월부터 세인트헬레나의 역사도 나폴레옹의 병세와 맞물렸다. 첫 통증이 시작되었다. 나폴레옹은 고통에 몸부림치면서 극도의 피로를 느꼈다. 1817년 9월, 주치의 오미라가 내린 진단은 간염이었다. 이후 여러 달 동안 일시적으로 차도가 보였다가 발작적으로 격렬한 통증

---

20 앞의 책, p. 382.
21 『레카미에 부인의 서류에서 뽑아낸 회상과 서신』, 미셸 레비 프레르, 리브레르 제디퇴르, 1860. II 권, p. 558.

을 호소하는 상태가 반복되었다. 특히 1817년 11월과 1818년 4월, 5월 그리고 7월에. 의사가 내린 처방으로도 나폴레옹의 통증은 좀체 가라앉지 않았다. 수은 염화물 또는 염화제일수은, 레몬 시럽, 온욕과 마사지 처방까지 다 동원해 보아도 병세는 점차 악화되었다. 주치의 오미라가 영국 당국의 지시로 섬에서 쫓겨나자 나폴레옹은 통증이 점점 강해지는데도 모든 투약을 거부했다. 1819년 1월에 지독한 발작 속에 나폴레옹은 의식마저 잃고 말았다. 나폴레옹은 오미라의 친구인 의사 스토코(John Stokoe)에게 도움을 청했고, 그 역시 만성 간염 진단을 내렸다. 그러자 총독 허드슨 로우는 스토코가 환자를 진찰하러 오지 못하도록 금지했고, 결국 영국으로 돌려보냈다. 1819년 9월이 되어 새로운 의사 프란체스코 안토마르치가 도착할 때까지 병은 깊어만 갔다. 나폴레옹은 며칠 동안 외출도 하지 않고 집에서만 지냈다. 그리고 영국 의사를 무조건 거부했다. 그다지 경험이 많지 않은 젊은 의사 안토마르치는 도착하자마자 새로 맡은 환자를 진찰했다. 진단은 같았다. 오미라를 통해 나폴레옹이 약을 싫어한다는 사실을 알고 있던 안토마르치는 식이요법을 취하고 무엇보다도 규칙적으로 운동을 하라고 권했다. 그래서 나폴레옹은 원예를 시작했다! 여러 달 동안 정원을 가꾸면서 집의 담장을 바꾸었다. 병은 완치된 듯했다. 잠시 기력을 되찾아 식사도 다시 하며 새로운 계획을 상상했다.

그러나 1820년 10월, 나폴레옹은 복부의 날카로운 통증을 호소했다. "뱃속에 누군가 칼을 쑤셔 넣고 돌리는 것 같았다."[22] 1820년 11월과 12월은 고통스러운 나날이었다. 연이은 통증에 구토, 기침까지 계속되었

---

22 폴 가니에르, 『나폴레옹 사전』에서 인용, 파야르, 1999, II권, p. 710.

다. 안토마르치도 당황했다. 그는 무엇 때문에 나폴레옹이 고통스러워하는지, 어떻게 치료해야 하는지 알 길이 없었다. 결국 둘 다 화가 났다. 나폴레옹은 안토마르치의 일관성 없는 행동을 통렬히 비난했고, 안토마르치는 자신이 부당한 대접을 받고 있다고 느꼈다. 자신의 한계를 솔직히 털어놓지 못해서 그런 감정은 더욱 배가되었다. 일시적으로 통증이 가라앉았을 때 나폴레옹은 고락을 함께 하는 동행들에게 1821년 1월 1일에 자신이 그 해를 넘기지 못할 거라고 선언했다. 이후 몇 주는 견디기 힘든 고통의 나날이었다. 나폴레옹은 거의 외출도 하지 못했다. 걸을 때도 간신히 몸을 끌며 걸었고, 몽톨롱의 부축을 받아야 했다. 먹는 음식은 수프와 육즙으로 만든 고기 젤리가 고작이었다. 구토는 더 심해졌고, 그때부터는 어지럼증과 오한도 느껴졌다. 1821년 3월 17일, 나폴레옹은 유난히 지독한 통증을 느꼈다. 그야말로 단도로 복부를 쑤시는 느낌이었다. 결국 안토마르치의 부족함을 일시적으로 대처하기 위해 영국인 의사 한 명이 불려왔다. 하지만 그도 납득할 만한 이유를 찾지 못했고, 처방한 약도 효과가 없었다. 그러자 나폴레옹은 더 이상 의사들의 무능함에 속지 않았다. 이제 살날이 얼마 남지 않았음을 깨달았다. 그래서 1821년 4월 13일부터 24일까지 갖은 애를 써가며 유서를 작성했다. 1821년 4월 29일, 그는 숨이 가쁘다고 호소했다. 그의 침대는 창문 두 개 사이로 옮겨졌다. 여러 날이 지나도 나폴레옹은 계속해서 정신착란 상태에 빠졌다가 의식을 잃기를 반복하며 고통스러워했다. 모든 음식을 거부했다. 5월 3일, 그는 마지막으로 비냘리 신부를 불러 병자성사를 받았다. 5월 4일에서 5일 사이에 불안한 밤을 보냈다. 나폴레옹은 자꾸만 침대에서 나오려고 했다. 몽톨롱은 간신히 그를 진정시켰다. 새벽 네 시 무렵, 나폴레옹은 마지막 말을 내뱉었다. "군대 앞으로."[23] 그러고는 옆으로 누워 몸을 있는 대로 웅크린 채 초점 잃은 눈빛으로 힘겨운 숨을 몰아쉬었다. 다섯 시 사십구 분, 나폴레옹은 숨을 거두었다.

*

그때부터 나폴레옹 신화가 영광을 대신했다. 그리고 샤토브리앙은 명철한 선구자가 되었다. 『죽음 저편에 대한 사색』에서는 두 인물이 대립한다. 샤토브리앙과 나폴레옹이다. 평행한 두 사람의 삶을 이야기하면서, 샤토브리앙은 나폴레옹 신화를 완성시켰다. "나폴레옹은 사라져가는 옛 세상에서 예외적인 최후의 존재가 될 것이다. 평준화된 이 사회에서는 이제 아무것도 수직 상승하지 않고, 개인의 위대함은 이제 인류의 위대함으로 바뀔 것이다."[24] 샤토브리앙은 자신들의 교차된 운명을 아로새겼다. 샤토브리앙에게 있어서, 나폴레옹은 "긍정적인 생각과 낭만적인 감정, 체제와 공상, 진지한 연구와 약동하는 상상력, 지혜와 광기가 섞인 사람이었다. 세기의 기괴한 산물들 속에서 제국을 끌어냈다. 그를 배출해낸 무질서한 어둠처럼 급하지만 원대한 꿈을."[25] 사실 샤토브리앙은 나폴레옹에게 매료되었다. "나폴레옹의 위대함은 스스로 운명을 일구어냈다는 점이다. 앞에서 끌어주며 권력을 준비해준 혈통 하나 없이."[26] 그리고 이렇게 매듭지었다. "사실상 그는 어느 것에도 집착하지 않고 스스로 만족했다. 다만 불행이 그를 삶의 오지로 보냈을 뿐이다."[27]

---

23 앞의 책, p. 711.
24 F.-R. 드 샤토브리앙, 『전집』, 데스레 르페브르 출판사, 1837, IV권, p. 207.
25 앞의 책, 『죽음 저편에 대한 사색』, 위의 책, I권, p. 711.
26 앞의 책, p. 988.

샤토브리앙은 나폴레옹에 대해 꾸밈없는 초상화를 그려냈다. "그는 오래된 세상에서 떠들썩하게 전투를 벌였다. 원한 건 명성을 얻는 일뿐이었고, 어깨에 짊어진 건 자신의 운명뿐이었다. 사명은 짧고, 높은 곳에서 떨어지는 급류는 그만큼 빠르게 지나가리라는 사실을 아는 듯했다. 덧없는 젊음처럼 자신의 영광을 서둘러 즐기고 남용했다. 호메로스의 신들을 본떠서 성큼성큼 세상의 끝에 도달하고 싶어 했다. 세상 곳곳에 나타나 모든 민족의 영화에 다급히 자신의 이름을 새겼다. 그리고 가족과 병사들에게 왕관을 던져주었다. 자신의 기념비에, 법에, 승리에 서둘러 달려들었다. 한 손으로 왕들을 퇴치하면서 다른 한 손으로는 혁명의 거인을 쓰러뜨렸다. 그러나 무정부 상태를 진압하고 자유를 억누르더니, 최후의 전장에서는 결국 자신의 자유마저 잃었다. […] 나폴레옹은 한 민족에게서 독립을 빼앗았다. 폐위된 황제는 망명지로 내몰렸지만, 육지의 공포는 그가 대서양의 감시 아래 감금된 것만으로는 아직 충분치 않다고 여기는 모양이었다. […] 그러나 그 거인은 자신의 운명과 동시대인들의 운명을 조금도 연결 짓지 못했다. 천재성은 현대적이었으나, 야망은 구식이었다. 자신이 평생 일구어낸 기적들이 왕관의 가치를 넘어섰음을, 왕관의 중세풍 장식이 자신에게 어울리지 않는다는 사실을 알아차리지 못했다. 때로는 미래를 향해 달려들었고, 때로는 과거를 향해 뒷걸음쳤다. 시대의 흐름을 거스르기도 하고 따르기도 하면서 비범한 능력으로 물결을 이끌거나 밀쳐냈다. 그에게 사람들은 권력의 수단에 지나지 않았다. 그들의 행복과 그의 행복 사이에는 아무런 공감도 없었다. 사람들을 해방시켜주겠노라 약속하고는 속박했다. 나폴레옹은 그

27 앞의 책, p. 990.

들과 동떨어져 고립되었고, 사람들은 그에게서 멀어졌다. 이집트 왕들은 번창한 들판이 아니라 메마른 모래밭 한가운데에 음산한 피라미드를 세웠다. 그 거대한 무덤들은 고독 속에 영원처럼 서 있다. 나폴레옹은 그 모습을 본떠서 자신의 명성을 기리는 기념물을 세웠다."[28] 또한 냉혹하면서 단호한 일면도 보였다. "그는 정복할 때와 마찬가지로 빠르게 유럽을 잃었다. 기적 같은 군사적 기지를 보였지만 대프랑스 동맹의 군대를 두 번이나 파리로 끌어들였다. 세상을 제 발 밑에 두었으나 그 세상에서 정작 자신이 얻은 건 감옥, 가족과의 이별, 그동안 이룬 모든 정복과 옛 프랑스 영토의 상실뿐이었다."[29]

샤토브리앙은 나폴레옹의 성격에 대해서도 가차없었다. "살아 있는 나폴레옹을 고약하게 만드는 데 가장 크게 일조한 일은 무엇이든 깎아내리는 성향이었다. 불타는 도시 속에서 일부 위선자들을 복권시키는 법령이나 군주들을 없애는 판결을 짝짓고 있었다. 흡사 세상의 운명을 결정하는 전지전능한 신과 개미의 패러디처럼. 강대국들의 실추에 여인들에 대한 모욕을 섞었다. 자신이 무너뜨린 이들의 굴욕을 즐겼다. 특히 주제넘게 저항했던 이들을 비방하고 모욕했다. 거만함은 행복에 필적했다. 다른 사람들을 꺾을수록 자신이 더 위대해 보인다고 믿었다. 부하 장군들을 질투해서 자신이 잘못한 일조차 그들을 탓했다. 자신에게는 아무 부족함도 없다고 믿었기 때문이다. 남의 공적은 경멸하고, 남의 실수는 혹독하게 비난했다."[30] 그리고 덧붙여서 이렇게 말했다. "끔찍한 오만과 끝없는 강한 욕망이 나폴레옹의 성격을 망치고 있었다. [⋯] 지배

---

28 앞의 책, 6권, 8장, pp. 223-225.
29 앞의 책, 위의 인용문에서.
30 앞의 책, 위의 인용문에서.

의 화신인 그는 메마른 사람이었다. 그 냉담함이 정열적인 상상력의 해독제가 되어서 할 줄 아는 건 말밖에 없었다. 아주 작은 독립에도 화낼 준비가 되어 있었다. 자신의 명령 없이 날고 있는 각다귀조차 그의 눈에는 반항하는 벌레로 보였다. [⋯] 황제는 모든 일에 개입했다. 결코 생각을 쉬지 않았다. 생각들은 끊임없이 요동쳤다. 솔직하고 꾸준하기보다는 격렬한 기질을 지닌 나폴레옹은 비약적으로 성큼성큼 전진했고, 세상에 뛰어들어 요동시켰다. 기다릴 수밖에 없다 해도 세상을 조금도 원망하지 않았다. 세상은 그가 했던 가장 중요한 투쟁들을 무시하면서 깎아내리는 비결을 찾고, 가장 고상하지 못한 행동들은 그의 키만큼 높인 불가사의한 존재였으니까. 의욕이 앞서서 성급했으나 강단은 대단했고, 미완하고 불완전했던 나폴레옹의 천재성에는 결함이 있었다. 그의 분별력은 그가 죽어가게 될 지구 반쪽의 하늘, 허공에 별들이 흩어져 있는 그 하늘과 흡사했다."[31]

샤토브리앙은 『세인트헬레나의 회상』에도 속지 않았다. "나폴레옹은 사건들이 일어나는 동안에는 결코 생각지 못했던 일들, 새롭게 떠오른 생각들, 완수했던 일들을 가지고 자신을 변호하고, 과거를 정당화하기에만 급급했다. 찬반이 난무하고 제시되는 견해마다 그럴 듯한 권위와 결정적인 반박이 다양한 그의 회상 속에서 나폴레옹의 것과 보좌관들의 것을 분간하기란 쉽지 않다. 읽는 사람들이 취향껏 선택해서 제 나름대로 미래의 나폴레옹으로 거듭날 수 있도록 저마다 다르게 해석한 판본도 있을 수 있다. [⋯] 세인트헬레나의 회상은 그저 순수하고 소박한 감탄의 대상으로 보기에는 좋다." 그러면서 이렇게 결론을 맺었다. "나

---

31 앞의 책, 1부, 24권, 6장, pp. 1002-1004.

폴레옹의 일생은 반박할 수 없는 진실이지만, 그 진실이 작성한 건 위선이었다."[32] 샤토브리앙은 나폴레옹의 엉터리 초상화들에 휘둘리지 않고 공정하게 판단했다. "나폴레옹은 이제 진짜 나폴레옹이 아니라 시인의 엉뚱한 생각과 병사의 한담, 백성들의 민담으로 이루어진 신화적인 존재가 되었다. 오늘날 우리가 보고 있는 건 중세시대 영웅적 무훈담의 샤를마뉴 대제(Charlemagne)와 알렉산더 대왕(Alexander)과 다를 바 없다. 이 환상적인 영웅은 실존 인물로 남고, 그 외의 다른 초상화들은 사라질 것이다. 이제 나폴레옹에게는 너무도 강력한 절대적 영향력이 생겨서, 그의 독재정치를 겪고 난 지금도 우리는 그에 대한 기억의 독재정치를 겪어야 한다."[33]

샤토브리앙은 나폴레옹의 진면목을 보았다. 그는 나폴레옹의 서사시를 들려주었고, 전설을 해체해서 그 사람을 본래의 모습 그대로 재구성했다. 나폴레옹이 죽은 뒤로 많은 사람들이 그의 모습을 그리고, 분석하고, 결론지으려 노력했다. 그렇지만 샤토브리앙만이 진실이라는 잔인한 조명 아래에서 그를 그려냈다. 나폴레옹에 대한 평가에서 아무것도 허투루 제외하지 않았다. "나폴레옹이 위대한 이유는 결코 그가 한 말, 연설, 남긴 글, 결코 갖지도 못했고 세웠다고 주장하지도 못했던 자유에 대한 사랑 때문이 아니다. 합법적이고 강력한 정부, 다양한 지방에서 채택된 법률 규범, 법정, 학교, 강력하고 능동적이며 지적이어서 우리가 다시 살아갈 수 있게 해주는 기반이 되어주는 행정부를 만들어냈기 때문이다. 이탈리아를 다시 번창시키고 밝히고 탁월하게 경영했기 때문에

---

32 앞의 책, 5장, pp. 999-1001.
33 앞의 책, 8장, p. 1008.

위대하다. 혼란한 프랑스 한가운데에서 다시 질서를 만들어냈기에, 교회를 부흥시켰기에 위대하다. 격앙된 선동가들와 오만한 지식인들, 무질서한 문인들, 볼테르주의의 무신론자들, 광장의 연설가들, 감옥과 거리의 도살자들, 연단과 클럽과 단두대의 걸인들을 복종시켰기에 위대하다. 무질서한 천민 무리를 예속시켰기에 위대하다. 공동재산의 벽을 허물었기에, 병사들을 자신과 동등한 존재들로, 장교들은 자신의 지도자나 경쟁자로 대우해 자신의 의지에 굽히도록 만들었기에 위대하다. 무엇보다 자수성가했기에, 자신의 천재성 외의 다른 권위 없이 왕좌를 둘러싼 아무런 환상도 없는 시대에 삼천 육백만 명이나 되는 사람들을 복종시킬 줄 알았기에 위대하다. 자신에게 맞서는 모든 왕들을 쓰러뜨렸기에, 그들이 받은 교육과 가치가 저마다 다른데도 모든 군대를 무찔렀기에, 미개한 백성들이나 세련된 백성들에게 두루 이름을 떨쳤기에, 그보다 앞섰던 모든 정복자들을 뛰어넘었기에, 십 년이라는 세월을 오늘에야 간신히 이해할 수 있는 경이로운 행동들로 채웠기에 위대하다." 그리고 이렇게 결론지었다. "그는 최후의 위인이 될 것이다. 이제는 평준화된 최하층의 사회를 어느 무엇도 지배하지 않을 것이다. 나폴레옹의 그림자는 오로지 파괴된 낡은 세계의 양극단에서만 솟아오를 것이다. 깊은 구렁 가장자리에서 솟구치는 대홍수의 유령처럼. 먼 후대는 낯선 시대가 저무는 깊은 구렁 위에서 그 그림자를 발견하게 될 것이다. 사회가 부흥하는 그날까지."[34]

나폴레옹을 통해서 샤토브리앙이 이야기하려는 것은 프랑스인들의 초상화이기도 하다. "프랑스인들은 본능적으로 권력을 지향한다. 그들

---

34 앞의 책, 14장, pp. 1025-1026.

378

은 자유를 전혀 좋아하지 않는다. 평등만이 우상이다. 그런데 평등과 독재정치는 은밀한 관계로 묶여 있다. 나폴레옹의 근원은 이 두 관계 아래에서 군사적으로는 권력을 지향하고, 민주적으로는 계급을 사랑하는 프랑스인들의 마음속에 있다. 왕위에 오른 나폴레옹은 그 자리에 국민들을 함께 앉혔으며, 무산자 계급 출신 왕인 그는 왕의 대기실에서 왕족들과 귀족들을 굴종시켰다. 계급을 낮추는 게 아니라 높여서 평준화를 이뤘다. 계급이 낮아지면 평민의 욕구를 더욱 기쁘게 했을 테고, 계급이 높아지면 그들의 거만함을 더욱 우쭐하게 했을 것이다. 프랑스인들의 허영은 나폴레옹이 유럽의 나머지 전역에서 주었던 우월감으로도 한껏 부풀었다. 나폴레옹이 인기를 얻은 또 다른 이유는 그가 말년에 겪은 불행과 관계있었다. 그가 죽은 뒤 사람들은 세인트헬레나에서 그가 고통받았다는 사실이 널리 알려지자 동정하기 시작했다. 그가 했던 독재정치는 어느새 잊고 그가 무엇보다도 우리의 적들을 물리치고 그 다음에는 프랑스로 불러 모은 후에 그들로부터 우리를 지켜주었다는 사실만을 기억한다. 우리를 지금의 수치로부터 구해줄 거라 상상한다. 나폴레옹의 명성은 그가 겪은 역경을 통해 되살아났다. 영광은 불행을 이용했다. [⋯] 그의 전대미문의 행운은 불손한 야망을 품은 누구나 그처럼 될 수 있으리라는 희망을 남겼다."[35] 비관론자인 샤토브리앙은 다가올 세상에 아무런 기대도 없었다. "민첩한 자산가들, 저속한 풍습, 현대인들의 기민한 상승과 몰락은 [⋯] 우리 시대에서 역사의 고귀함을 빼앗을 것이다."[36]

나폴레옹이 실추하고 머지않아 세상을 떠나자, 사실상 샤토브리앙은

35 앞의 책, pp. 1004-1005.

대적할 상대가 없어져서 적잖이 실망했다. "나폴레옹이 떠나니 허무하다. 앞으로 다가올 제국도, 종교도, 야만인들도 보이지 않는다. 문명은 최고점에 올랐지만 더는 아무것도 생산해내지 못하는 불모의 물질문명이다. 도덕을 통해서만 생명력을 불어넣을 수 있기 때문이다. 하늘의 길을 통해서만 민족들의 창조에 이르게 되고, 철길은 우리를 더욱 빠르게 심연으로 이끌 뿐이다."[37] 샤토브리앙은 나폴레옹의 인생에 여전히 매료되어 있었다. "어떤 별도 그의 운명을 저버리지 않았다. 창공의 절반은 그의 요람을 비출 것이다. 나머지 절반은 무덤을 비출 테니."[38] 나폴레옹이 죽으면서 텅 비어버린 허전한 마음을 채우기 위해, 샤토브리앙은 자신의 일대기를 썼다. 소멸에 맞선 개인의 영웅적인 새 서사시와도 같은 『죽음 저편에 대한 사색』을 집필했다.

*

나폴레옹은 샤토브리앙 때문에 짜증날 때가 많았다. 그러면서도 그의 재능이 자기편이 아님을 한탄스러워했다. "내가 가진 건 보잘것없는 교양뿐인데, 내 적은 위대한 문학이로구나."[39] 그는 끝내 샤토브리앙이 자신을 따르도록 만들지 못했다. 분명 닮은 점이 너무 많았기 때문이었을 것이다. 18세기 귀족계급 출신으로서 그들이 받았던 고전 교육부터 통찰력 있는 정신과 거만한 성격까지. 나폴레옹은 샤토브리앙을 더

---

36 앞의 책, 1부, 24권, 1장, p. 989.

37 앞의 책, 2부, 30권, 12장, p. 261.

38 F.-R. 드 샤토브리앙, 『영국 문학에 대한 소론』, 『전집』 중에서, 가르니에 출판사, t. XI, p. 711.

39 같은 저자, 『전집』, 피르맹 디도, 1842, 5권, p. 470.

이상 곁에 둘 수 없었고, 샤토브리앙도 마찬가지였다. 프랑스 제국의 하늘 아래에서는 두 사람이 함께 할 수 없었다. 나폴레옹은 샤토브리앙과 거리를 유지하며 조소하다 못해 경멸하면서도 내심 깊은 실망감을 감추지 못했다. "난감한 점은 샤토브리앙을 매수해야 한다는 점이 아니라, 그가 스스로 평가하는 만큼의 대가를 치러야 한다는 점이다."[40] 그러면서 더 후한 값을 매겼다. "자질이나 재능만 믿고 무엇이든 할 수 있다고 생각하는 사람들이 있다. 프랑스에는 안타깝게도 그런 사람이 넘쳐난다. 샤토브리앙도 그런 사람들 중 하나다. 그는 내가 자신을 써주지 않아서 반항한다. 쓸데없이 따지기를 좋아하지만, 변증법적으로는 대단한 능력을 타고 났다. 정해준 선에서 재능을 활용하겠다고만 한다면 쓸만한 인재가 될 것이다. 그러나 그는 그럴 준비가 되어 있지 않으니 아무 짝에 쓸모가 없다. 본인이 처신하는 법을 배우거나 명령에 복종하는 법을 배워야 한다. 그런데 그는 이도 저도 할 줄 모른다. 그러니 그를 기용해선 안 된다. 그는 몇 번이나 나에게 와서 기용해달라고 했다. 하지만 나에게 복종하기는커녕, 뒤틀린 행동을 하는 그의 상상력 때문에 번번이 내가 굽혀야 했다. 그래서 그의 조력을 받는 건 사양하겠다. 다시 말해서 그를 기용하는 일은 없을 것이다."[41] 사실상 몇 번의 알력이 있었지만, 나폴레옹은 샤토브리앙의 재능에 언제나 민감했다. 샤토브리앙의 재능은 "욕망이나 희망을 절대 잃지 않는 황제에게는 보기 드문 편애의 대상이자 치세의 자랑거리였지만 한편으로는 원통하기 짝이 없는 특징이어서 늘 일시적으로 박해를 받아야 했다."[42] 그래서 결국은 세인

---

40 레뮈자 백작부인, 『레뮈자 부인의 회상록(1802-1808)』, 위의 책, p. 267.

41 알베르 카사뉴, 『프랑수아 드 샤토브리앙의 정치적 일생』에서 인용, 플롱 출판사, 1911, p. XI.

42 샤스트네 부인, 『회상록, 1771-1815』, 알퐁스 로즈로 출판사, 파리, 플롱, 1896-1897, II권, pp. 79-80.

트헬레나 망명지에서야 비로소 샤토브리앙을 향한 존경심을 표현했다. "1814년과 1815년에, 지독히 힘겨운 상황들을 겪으면서 유약해진 사람들 또는 신성동맹(1815년에 러시아의 알렉산드리아 1세, 오스트리아의 프란츠 요제프 1세, 프로이센의 프리드리히 빌헬름 3세가 파리에서 체결한 동맹—옮긴이)의 지배를 받는 동안에만 왕에게 굽실거리던 조국의 변절자들을 왕이 믿지만 않았더라도, 리슐리외 공작이 외국의 총검 앞에서 야심차게 조국을 해방시키기만 했더라도, 최근에 강(Gand)에서 탁월한 능력을 보여준 샤토브리앙이 업무 지휘권을 갖기만 했더라도, 프랑스는 두 번의 커다란 국제적 위기를 모면하고 더 강력하고 무시무시한 존재가 되었을 것이다. 샤토브리앙은 숭고한 열정을 타고났다. 그의 작품들이 이를 증명한다. 문체는 라신의 문체와 사뭇 다른, 예지자의 문체다. 혹시라도 샤토브리앙이 사태를 직접 지휘하게 되면 횡설수설할 우려가 있다. 많은 사람들이 그 때문에 낭패를 보았던 것처럼! 다만 확실한 건 국민을 대표하는 모든 위대한 것이 그의 천재성과 어울린다는 사실과, 그가 분개하며 떨쳐냈던 건 당시 행정의 불명예스러운 행위들이었다는 점이다."[43]

*

"그는 시간의 깊이 속에 숨겨진 진솔한 인간들을 위해 존재한다. 그런데 감춰진 진실들은 세월의 도움을 받아야만 모습을 드러낸다. 지구로부터 너무 멀리 떨어져 있어서 미처 이곳까지 빛이 닿지 못하는 별처럼."[44] 고대 문명으로 빚어져 찬란한 꿈을 품고, 공적에 집착해 계몽주의

---

43 F.-R. 드 샤토브리앙, 『전집』, 크라브, 1853, 2권, p. 185.

이상을 품었던 나폴레옹은 여전히 매력적이다. 무수한 전쟁을 일으켰음에도. 나폴레옹은 인간의 의지가 얼마나 위력적인지 세상에 보여주었고, 그 의지를 운명으로 승격시켰기 때문이다. 최초의 현대적 인물이었다. 마르몽은 이렇게 분석했다. "자신이 저항할 수 없는 상급 권력의 특별한 대리인이라고까지 감히 생각할 수 있는 사람은 아무도 없었다. 하지만 그는 확실히 그렇게 믿었다. 하지만 다른 한편으로, 자신이 세상을 지배하는 법칙의 특별한 예외라고 여기는 건 자존심을 살리기 위한 일이었다."[45] 그러나 벤자맹 콩스탕의 말처럼, 나폴레옹은 자신을 영예로운 실각으로 몰고 간 체제에는 저항할 수 없었다. "나폴레옹은 태어나서부터 보고 자란 주변 여건들 때문에 바뀌어 갔다. 그 여건이란, 잔인하게 변해버린 혁명을 통해 싹틔운 절대군주의 잔해였다. 부패, 인간에 대한 경멸, 쾌락과 부에 대한 욕구 그리고 그 욕구를 채우기 위한 감언이설, 독재정치에 충성하려는 열의. 강인한 젊은 야심가의 눈을 사로잡은 건 그런 광경이었다. 그가 스스로를 위해 세운 체제는 바로 그런 요소들로 이루어졌다. 그래도 그는 그 요소들보다 나았다. 그 체제보다 나았다. 다만 자신이 될 수 있었던 존재, 되어야만 했던 존재가 되지 않았기 때문에 곤두박질치고 무너졌던 것이다. 세상은 그가 타락했다고 벌을 주었다. 그는 스스로 타락의 길로 접어드는 벌을 받았다."[46] 그렇다면 나폴레옹은 진정 어떤 사람이었던가? 샤토브리앙은 『죽음 저편에 대한 사색』을 통해 답했다. 다른 이들이 나폴레옹에게서 애써 보려고 했던 건, 자신이 지배하려고 했던 숙명과 치열하게 대결하는 투사의 모습이었다.

---

44 같은 저자, 『죽음 저편에 대한 사색』, 위의 책, 1부, 24권, 15장, p. 1029.
45 오귀스트 프레데릭 루이 비에스 드 마르몽, 『회상록』, 위의 책, II권, p. 42.
46 장 발랭, 『벤자맹 콩스탕과 나폴레옹』, 페로네, 1965, p. 59.

"그런 영광 속에는 잎을 갉아먹는 음험한 벌레가 숨어 있었다. 억누를 수 없는 시대의 산물이었던 프랑스 혁명은 애초에 사람들을 자극해 자의적인 의지를 군건히 다지게 하려던 건 아니었다. 당시의 계몽사상, 건전한 사상의 발전, 자유정신이 그 속에서 몰래 맞서 싸우고 있었다. 막을 수 없는 인간 정신의 흐름에 반대되는 화려한 권력의 발판을 전복시켜야만 했다. […] 나폴레옹을 가장 뛰어난 위인으로 만들고, 다른 사람들을 지배할 운명을 타고난 최고의 권력자로 부각시켰던 건, 그가 시대를 완벽하게 파악했고 언제나 맞서 싸웠기 때문이다. 기꺼이 시대를 거스르는 힘겨운 길을 선택했다. 그 사실을 군이 감추지도 않았다. 홀로 혁명을 멈추었다고, 자신이 지나간 후에 혁명이 다시 전진을 시작했다고 공공연하게 말하곤 했다. 나폴레옹은 혁명을 진압하기 위해 혁명과 동맹을 맺었지만, 자신의 역량을 과대평가했다. 혁명은 교묘하게 우위를 되찾아 마침내 나폴레옹을 무찔러 밀쳐냈다."[47]

권력에 대한 의지. 어쩌면 이것이야말로 나폴레옹의 진정한 얼굴, 흔들리는 권력의 얼굴이었는지도 모른다. 여론에 대한 권위의 유약함에 맞섰던 최초의 현대적 정치인이었다. 이런 불안정성은 그의 불안을 키웠다. 정통성이 부족하다는 점을 인식한 정치인이었다. 메테르니히는 이렇게 분석했다. "그가 가장 통렬히 그리고 끊임없이 아쉬워했던 점은 권력을 토대로 정통성의 원칙을 내세우지 못했다는 점이었다. 토대를 빼앗긴 권위가 얼마나 유약하고 덧없는지를 나폴레옹보다 뼈저리게 느낀 사람은 아무도 없었다."[48] 이런 불안정성은 끊임없이 그를 앞으로 떠밀었다. 내면의 비극처럼. 나폴레옹이 추구했던 영광은 그가 쓴 의심의

47 레뮈자 부인, 『회상록』, 1802-1808』, 칼만 레비 출판사, 1880, 3권, p .225.

가면에 지나지 않았다. 언제든 새롭게 태어날 준비가 되어 있는 프랑스 인들의 환멸을 치유할 처방으로서의 정복과 함께. 나폴레옹은 이렇게 결론 내렸다. "정치야말로 현대적 비극의 원동력이 될 것이다."*

샤토브리앙과 나폴레옹 사이에 진정한 접전은 없었다. 두 천재 사이에 놓인 가식적인 태도와 압도적인 경쟁관계 때문이었다. 남몰래 서로의 입장을 동경했다. 낭만주의는 나폴레옹주의에 저항했다. 프랑스의 두 앙팡테리블이 대화를 나눌 수 있는 유일한 기회의 장은 정치와 문학이었다.[49] 행동과 사상, 낙관주의와 회의주의, 복종과 비판, 거짓말과 진실, 어둠과 밝음, 야심과 열정이라는 부자연스러운 동맹이었다. 나폴레옹이 샤토브리앙을 무례하게 대한 게 아니라, 샤토브리앙이 나폴레옹을 무례하게 대했다. 군대와 문학의 두 천재는 정치적, 문학적인 쿠데타의 현대성에 눈뜬 프랑스라는 나라에서 성공을 거머쥐었다. 각자의 브뤼메르 18일에. 샤토브리앙은 낭만주의의 다이너마이트로 문학을 폭발시켰다. 그때부터 문학은 대의명분을 도왔다. 샤토브리앙은 문학을 통해 정치를 했다. 글이 정치적인 역할을 했다. "프랑스 문학의 혁명은 나에게서 시작되었다." 그리고 빅토르 위고는 이런 전복을 이렇게 요약했다. "샤토브리앙이 되어라. 아니면 아무것도 되지 말라."*

프랑스는 혁명과 함께 태어났다. 영광과 위대함에 대한 생각도 마찬가지다. 나폴레옹이 영광과 위대함을 세운 건축가라면, 샤토브리앙은 선구자다. 두 사람은 정치적인 그리고 문학적인 브뤼메르 18일을 통해

---

48 메테르니히, 『회상록』, 위의 책, p. 283.

* 불행히도 풋볼이 등장해 모든 걸 뒤집기 전까지만.

49· 장 마리 루아르, 『나폴레옹 또는 운명』, 갈리마르, 2012, p. 200.

* 빅토르 위고가 1816년 7월 10일, 열네 살에 자신의 습작노트에 쓴 말.

오랫동안 프랑스에서 정치와 문학을 연결했다. 분노와 공포 속에 프랑스 혁명이 모든 것을 휩쓸어낸 후, 샤토브리앙과 나폴레옹은 프랑스 역사의 새로운 장을 썼다. 새로운 사회가 세워졌다. 매사에 무감각하고 무심한 새로운 사회는 개인주의 속에서 구원을 찾았다. 수직적인 사회에서 수평적인 사회가 되었다. 이런 평등은 열정이 되었고, 공로는 평등을 감추는 가면이 되었다. 나폴레옹과 샤토브리앙은 지금의 현대성의 기본 형태를 가르쳐주었다. 정치인과 작가는 유일하게 세상에 맞서는 이들이다. 역사를 공유하는 자아도취자들이다. 새로운 경계를 세우는 현대인들이다. 결코 결합하지 못하고 끝없이 대립하며 고뇌하는 격렬한 두 열정은 흡사 프랑스의 영광을 위해 쓰인 새로운 소설과도 같다. 프랑스가 그토록 많은 상징체계들을 부여받을 수 있었던 건 나폴레옹과 샤토브리앙 덕분이다. 두 사람의 천재성을 보여주는 징표처럼. 군주제를 벗어난 위대한 국가는 비로소 국민들에게 끝없이 갈망하는 꿈을 선사하며 힘차게 날아올랐다. 언제나 더 높고, 언제나 더 원대한 꿈을. 갑갑한 현실 속에서 우리는 꿈에 대한 갈증을 느낀다. 때로는 꿈을 이루기도 하고 때로는 실패하기도 한다. 그러나 결코 포기하지 않고 끝없이 다시 시작한다. 한 편의 소설과도 같은 인생을. 필사적인 탐색을. 결코 해소되지 않는 이상에 대한 갈증을. 삶의 한계를 초월하려는 노력을. 인류 최후의 표시를. 죽음으로 흩어져 사라지지 않고 더 훌륭히 거듭나기 위해 끊임없이 기억을 만들어내는 인류를.

참고문헌

Bainville, Jacques, *Napoléon*, collection 《Texto》, Éditions Tallandier, 2012.

Bénardeau, Christiane, *Napoléon dans la littérature*, collection 《La bibliothèque de Napoléon》, Éditions Nouveau Monde / Fondation Napoléon.

Berchet, Jean-Claude, *Chateaubriand, le Tremblement du Temps*, colloque de Cerisy, collection 《Cribles》, Éditions Presses Universitaires du Mirail, 1994.

—, *Chateaubriand ou les aléas du désir*, Éditions Belin, 2012.

—, *Chateaubriand*, collection 《Biographies NRF》, Éditions Gallimard, 2012.

Bertaud, Jean-Paul, *Histoire du Consulat et de l'Empire. Chronologie commentée*, collection 《Tempus》, Éditions Perrin, 2014.

Bloy, Léon, *L'Âme de Napoléon*, collection 《Tel》, Éditions Gallimard, 1983.

Bordonove, Georges, *Napoléon. Biographie*, collection 《J'ai lu Biographie》, Éditions Pygmalion / Gérard Watelet, 1978.

Cabanis, José, *Chateaubriand qui êtes-vous?*, collection 《NRF》, Éditions Gallimard, 1998.

—, *Le Sacre de Napoléon*, collection 《Les journées qui ont fait la France》, Éditions Gallimard, 1970.

Castelot, André, *Bonaparte*, Éditions Librairie Académique Perrin Paris, 1967.

—, *Napoléon*, Éditions Librairie Académique Perrin, 1968.

Général Caulaincourt, *En traîneau avec l'Empereur*, Arléa, 2013.

Chaptal, Jean-Antoine, *Mes souvenirs sur Napoléon*, collection 《Le Temps retrouvé》, Éditions Mercure de France, 2009.

Chardigny, Louis, *L'Homme Napoléon*, Éditions Perrin, 2010.

Chateaubriand, *Analyse raisonnée de l'Histoire de France*, collection 《La petite Vermillon》, Éditions de La Table Ronde, 1998.

Chateaubriand. Correspondance générale, Pierre Clarac, Béatrix d'Andlau, Pierre Christophorov et Pierre Riberette, collection 《NRF》, Éditions Gallimard, 1977.

Chateaubriand, penser et écrire l'Histoire, Ivanna Rosi et Jean-Marie Roulin, collection dirigée par Jean-Marie Roulin, Publications de l'Université de Saint-Étienne, 2009.

Clément, Jean-Paul, *Chateaubriand, 《Des illusions contre des souvenirs》*, collection 《Découvertes Gallimard Littératures》, Éditions Gallimard, 2003.

—, *Chateaubriand politique*, collection 《Pluriel》, Éditions Hachette, 1987.

—, *Chateaubriand*, collection 《Grandes Biographies》, Éditions Flammarion, 1998.

Crépu, Michel, *Le Souvenir du monde. Essai sur Chateaubriand*, Éditions Grasset et Fasquelle, 2011.

Damamme, Jean-Claude, *Les Soldats de la Grande Armée*, collection 《Tempus》, Éditions Perrin, 2002.

De Diesbach, Ghislain, *Madame de Staël*, collection 《Tempus》, Éditions Perrin, 2011.

De Villepin, Dominique, *La Chute, 1807-1814*, collection 《Tempus》, Éditions Perrin, 2009.

—, *La Chute ou l'Empire de la solitude, 1807-1814*, Éditions *Perrin*, 2008.

—, *Le Soleil noir de la puissance, 1796-1807*, collection Tempus, Éditions Perrin, 2009.

De Waresquiel, Emmanuel, *Talleyrand, le prince immobile*, Éditions Fayard, 2003.

Démier, Francis, *La France de la Restauration (1814-1830). L'impossible retour du passé*, collection 《Folio histoire》, Éditions Gallimard, 2012.

Englund, Steven, *Napoléon*, Éditions de Fallois, 2004.

Fautrier, Pascale, *Napoléon Bonaparte*, collection 《Folio biographies》, Éditions Gallimard, 2011.

Fumaroli, Marc, *Chateaubriand. Poésie et Terreur*, collection 《Tel》, Éditions Gallimard, 2006.

Godo, Emmanuel, *Chateaubriand, 《Génie du christianisme》*, 《Collection de l'abeille》, Éditions du Cerf, 2011.

Grunberg, Gérard, *Napoléon Bonaparte. Le noir génie*, CNRS Éditions, 2015.

Gueniffey, Patrice, *Bonaparte*, collection 《Biographies NRF Gallimard》, Éditions Gallimard, 2013.

—, *Histoires de la Révolution et de l'Empire*, collection 《Tempus》, Éditions Perrin, 2013.

—, *Le Dix-huit Brumaire. L'épilogue de la Révolution française*, collection 《Les journées qui ont fait la France》, Éditions Gallimard, 2008.

Hazareesingh, Sudhir, *La Légende de Napoléon*, Éditions Tallandier, 2005.

Histoire de la Restauration, 1814-1830, Emmanuel de Waresquiel et Benoît Yvert, collection 《Tempus》, Éditions Perrin, 2002.

Histoire et dictionnaire du Consulat et de l'Empire, Alfred Fierro, André Palluel-Guillard, Jean Tulard, collection 《Bouquins》, Éditions Robert Laffont, 1995.

Itinéraire de Napoléon au jour le jour (1769-1821), Jean Tulard et Louis Garros, Éditions Tallandier, 1992.

Jourdan, Anne, *Napoléon héros, imperator, mécène*, 《Collection historique》, Éditions Aubier, 1998.

Lefebvre, Georges, *Napoléon*, 《Collection poche》, Éditions Nouveau Monde, 2012.

Lentz, Thierry, *Le Congrès de Vienne. Une refondation de l'Europe, 1814-1815*, Éditions Perrin, 2013.

—, *Le Grand Consulat, 1799-1804*, Éditions Fayard, 1999.

—, *Napoléon*, 《Mon ambition était grande》, collection 《Découvertes Gallimard histoire》, Éditions Gallimard, 1998.

—, *Napoléon diplomate*, CNRS Éditions, 2012.

—, *Napoléon*, collection 《Idées reçues》, Éditions Le Cavalier Bleu, 2001.

Lottman, Herbert, *L'Écrivain engagé et ses ambivalences. De Chateaubriand à Malraux*, Éditions Odile Jacob, 2003.

Mascilli Migliorini, Luigi, *Napoléon*, Éditions Perrin, 2004.

—, *Napoléon*, collection 《Tempus》, Éditions Perrin, 2006.

Mort de Napoléon (la), Thierry Lentz et Jacques Macé, collection 《Tempus》, Éditions Perrin, 2009.

Napoléon. L'intime et l'exceptionnel, Hélène Renard, Anne Jouffroy, Jean Tulard et Thierry Lentz, collection 《Les Académiciens racontent》, Éditions Flammarion, 2013.

Napoléon raconté par ceux qui l'ont connu, anthologie réalisée par Arthur Chevallier, Éditions Grasset et Fasquelle, 2014.

Ormesson, Jean (d'), *Mon dernier rêve sera pour vous*, Éditions Lattès, 1982.

Paoli, François, *La Jeunesse de Napoléon*, collection 《Bibliothèque napoléonienne》, Éditions Tallandier, 2005.

Petiteau, Natalie, *Napoléon, de la mythologie à l'H*istoire, collection 《L'Univers historique》, Éditions du Seuil, 1999.

Rémusat (comtesse de), *Mémoires de Madame de Rémusat (1802-1808)*, Mercure de France, 2013.

Rouart, Jean-Marie, *Napoléon ou la destinée*, Gallimard, 2012.

Sainte-Beuve, Charles Augustin, *Mes chers amis…*, collection 《Les Cahiers Rouges》, Éditions Grasset et Fasquelle, 2006.

Stendhal, *Vie de Napoléon*, collection 《Petite bibliothèque Payot》, Éditions Payot, 2006.

Tapié, Victor-L., *Chateaubriand*, collection 《Microsome écrivains de toujours》, Éditions du Seuil, 1965.

Tulard, Jean, *Dictionnaire Napoléon*, Éditions Fayard, 1987, 1999.

—, *Le Grand Empire, 1804-1815*, collection 《Bibliothèque de l'Évolution de l'Humanité》, Éditions Albin Michel, 2009.

—, *Napoléon. Le pouvoir, la nation, la légende*, collection 《Le Livre de Poche références》, Éditions Librairie Générale Française, 1997.

—, *Napoléon. Les grands moments d'un destin*, collection 《Pluriel》, Éditions Fayard, 2006.

—, *Napoléon. Les grands moments d'un destin*, Éditions Fayard, 2006.

—, *Napoléon*, collection 《Pluriel》, Éditions Fayard, 1987.

Wagener, Françoise, *L'Impératrice Joséphine*, collection 《Tempus》, Éditions Perrin, 2005.

Winock, Michel, *Les Voix de la liberté. Les écrivains engagés au xixe siècle*, collections 《Points》, Éditions du Seuil, 2001.

감사의 말

작가로서의 내 삶을 매혹시켜준 마법사 필리프 솔레르스(Philippe Sollers), 그 비범하고 경이로운 작가에게 특히 제일 먼저 감사드린다. 그에게 감사하는 마음과 아울러 변함없고 진심 어린 존경심을 표하고 싶다.

나의 지지부진함과 불안과 의혹에도 타고난 부드러움으로 끝까지 포기하지 않고 세심하고 끈기 있는 관심으로 내게 힘을 보태준 안 비주(Anne Vijoux) 덕분에 이 책을 만들 수 있었다.

또 샤토브리앙과 나폴레옹의 회상록과 작품을 보존해주었고, 특히 회상록에 나온 삶과 현장 보존을 확인해준 모든 분들께도 감사드린다.

파시 뷔장발(Passy-Buzenval) 중고등학교 4학년과 2학년을 맡아 가르치신 멋지고 너무도 매력적이셨던 역사교사 도미니크 타케(Dominique Taquet) 선생님께 각별한 감사의 말씀을 드린다. 선생님은 대단히 참을성 있게 우리를 가르치셨다. 그리고 내가 교실 뒤편에서 흔들던 플래카드를 보시고는 분명 속으로 몰래 웃기도 하셨을 것이다. 나는 그 플래카드에 "나폴레옹은 누구인가?"라는 질문을 적어 넣었다. 당시 교과 과정에서는 우리 역사의 그 페이지를 슬쩍 누락시켰을 때였다.

로즐린 에흐레(Roselyne Ehret) 선생님, 필리프 미셸(Philippe Michel) 선생님, 생트 클로틸드(Sainte-Clotilde) 초등학교 교사진과 내 아이들의 교육에 지대한 관심과 격려를 해준 내 사촌 로랑 스탈라 부르디용(Laurent Stalla-Bourdillon) 신부님에게도 감사의 마음을 전한다.

나의 이전 책들과 이번 책의 구상과 제작과 보급에 참여해준 갈리마르 출판사의 모든 분들, 특히 클레르 베케(Claire Becquet), 피에르 제스테드(Pierre Gestède), 필리프 르 탕드르(Philippe Le Tendre), 브리엑 필리퐁(Briec Philippon), 카티아 슈흐만(Katya Schuchman) 그리고 도미니크 발랑티넬리(Dominique Valentinelli)에게도 진심으로 감사드린다. 이 분들은 늘 나에게 많은 관심과 친절과 유연성을 보여주셨다.

내 가족에게도 감사한다. 특히 나에게 한결같은 애정을 품고 계신 내 부모님과 할아버지가 계시지 않았다면 이처럼 행복하지 못했을 것이다. 그리고 너무나 사랑하는 의붓누이 로르(Laure)에게도 세심하고 한결같은 지지에 대해 감사한다.

나와 함께 삶의 시련을 견뎌주고 계신 나의 대자 기욤(Guillaume), 그의 어머니 카트린(Catherine), 그의 할머니 안느(Anne)에게도 감사드린다. 우리는 아버지이자 남편이었고 사위였으며 내 친구였던 장 루이(Jean-Louis)가 어떻게 죽음을 넘어 이십 년 넘게 우리를 이어주고 있는지 잊지 않고 함께 삶의 시련들을 견뎌내고 있다.

나의 바위인 동시에 나의 자유이고, 매일 나의 감탄과 사랑을 강요하는 내 아내 프랑스(France)와 내 아이들 폴(Paul)과 마르고(Margaux) 그리고 콤(Côme)에게도 감사한다. 이 아이들이 갖고 있는 삶의 기쁨과 독서에 대한 취향은 나를 너무도 자랑스럽고 행복하게 만들어주는 일상의 마법이다.

마지막으로, 그리고 앞에 말씀드린 분들과 마찬가지로 중요한 프랑스와 프랑스 국민에게 감사드린다.

인명 색인